金砖国家概览

General Studies of BRICS

林宏宇◎主　编
陈文寿◎副主编

时 事 出 版 社

主　编： 林宏宇

副主编： 陈文寿

撰稿人：（按照姓氏拼音排序）

陈琮渊　谌华侨　黄日涵　胡越云　龙兴春　罗姣姣
李丛宇　马军兰　毛克疾　倪春丽　任　琳　王　洋
谢婷婷　张乐超　张　行　郑建成　张　虱

序言

（华侨大学校长）贾益民

2017年将是国际局势动荡多变的一年。十字路口的全球化给国际社会带来了严峻挑战，但也给中国的大国外交带来了难得机遇。积极推进“一带一路”建设，努力构建全球命运共同体，以中国的方式引领新一轮的全球化进程，将是新的一年中国外交工作的重点和难点。在此背景下，深化金砖国家伙伴关系，探索新型全球治理机制，不仅是中国的责任和担当，更是中国的自信与智慧。2017年9月金砖国家领导人厦门会晤将是这种责任、担当、自信与智慧的最好体现。

2001年，美国高盛公司经济学家吉姆·奥尼尔在一份研究报告中首次提出“金砖国家”概念。他认为在未来几十年全球经济增长中，四个人口众多且有雄心的国家，即巴西（Brazil）、俄罗斯（Russia）、印度（India）和中国（China）将扮演重要角色。他用这四个国家英文名称首字母造了一个新词“BRIC”，我们中国把它译为“金砖国家”。但实际上，奥尼尔的研究报告在当时并未引起轰动，许多人对他所提的金砖概念并不感冒。后来“金砖国家”之所以受到国际社会的广泛关注，是由于发生了三件事。第一件是2003年奥尼尔的同事威尔逊和普鲁修撒曼合撰了另一篇研究报告《与金砖四国一起梦想：通往2050之路》。该报告预测，到2050年，巴西、俄罗斯、印度和中国的经济总量将分别跃升为世界第五大经济体、第六大经济体、第三大经济体和第一大经济体。这一预测使“金砖国家”概念的重要性急剧上升。第二件是2006年金砖四国外长首次在美国纽约会晤，这标志着金砖国家合作机制开始启动。第三件是2008年的国际金融危机，这场危机使得金砖国家的地位进一步凸显，并直接促成了2009年金砖国家领导人的首次会晤，标志着金砖机制的成熟。随着2011年南非受中国邀请正式加入金砖机制，金砖四国变成金砖五国，金砖国家实现了四大洲覆盖，具有了更强的地域代表性，整体实力也更强了。

迄今为止，金砖国家领导人已举行了 8 次会晤，金砖国家合作领域日益广泛和深入。除了首脑会晤之外，金砖国家外长、财长、贸易部长等部长级会议，以及工商论坛、金融论坛、智库论坛等多层次、专业化论坛也已逐渐机制化，并且成立了工商理事会、金砖国家开发银行、应急储备安排等组织。目前，金砖国家已经初步形成了以首脑峰会为核心，以部长级会议为支撑，以研讨会、论坛等形式为辅助的有效合作机制。

当然，金砖国家机制也面临着不少挑战。

首先，受世界经济整体下沉的影响，金砖国家经济发展也出现了不同程度的下滑和放缓，出现了所谓的“金砖褪色”现象。比如，巴西、南非严重依赖出口，随着国际市场的萧条，两国经济陷入衰退；俄罗斯饱受世界石油价格下跌之困，同时又因乌克兰危机与西方交恶，面临西方的集体制裁，日子非常不好过；印度则面临高失业率、国内贫富悬殊及落后的基础设施的拖累；中国也面临着国内经济增长模式转型带来的诸多困扰。

其次，金砖国家机制未来发展去向问题。是继续单走经济合作路线，还是逐步兼顾政治安全合作；是继续保持相对封闭的非正式合作机制，还是转向相对开放的正式合作框架；对现有的国际经济政治秩序而言，金砖国家机制是有效补充的建设者，还是另起炉灶的挑战者。这些问题都在考验着金砖国家领导人的智慧。

2017 年是近年来国际社会经历的最具挑战的一年，在这一时刻，中国接过金砖国家主席国的接力棒，其历史意义非常重大。我们应通过今年的金砖国家领导人会晤，向世界发出这样的信号：金砖国家仍然是全球经济增长与全球化的重要引擎，同时也是维护世界和平与安全、促进共同发展的重要力量。

“汇通中外，并育德才”，华侨大学始终以关心国家命运、关注世界发展作为重要的办学特色之一。在贾益民校长的指导和支持下，为了更好宣扬金砖国家对全球化进程的战略推动作用，帮助普通公民更好了解此次厦门峰会的战略意义，华侨大学国际关系学院结合学院的学科建设方向，特编撰此书。同时，欣闻本书还是华侨大学为服务 2017 年厦门峰会而策划的“三部曲”之首。除此之外，华侨大学还将举办面向厦门市公务员的“金砖国家理论培训班”和面向金砖国家学者的“金砖国家智库国际研讨会”。可喜可贺。

目录 Contents

中编　金砖国家国情概貌

下编　金砖国家机制研究

导论

中国是当前全球化进程的重要推动力量

林宏宇

2017年，金砖国家（BRICS）将开启第二个10年的国际合作。2017年1月1日，中国国家主席习近平就中国正式接任第9届金砖国家主席国致信俄罗斯总统普京、南非总统祖马、巴西总统特梅尔、印度总理莫迪，介绍中国担任主席国期间将如何推进金砖国家合作进程的设想。这标志着2017年金砖国家"中国年"大幕的开启，也标志着中国作为金砖国家主席国的工作全面启动。其中，在中国美丽的海滨城市——厦门召开的第9届金砖国家领导人峰会，将是2017年金砖国家合作的最重要事件。同时，这也是本书的写作背景。

2017年金砖国家厦门峰会的意义格外重大，因为它是处于全球化进程出现颓势的重要历史节点召开的一次重要的国际合作会议，它将同2017年5月召开的"一带一路"国际合作高峰论坛，以及2016年召开的"亚太经济合作组织"（以下简称APEC）利马峰会、20国集团（以下简称G20）杭州峰会一起，成为推动全球化进程继续前行的重要动力。显然，在这些国际事件中，中国都扮演着非常重要的角色。中国是当前全球化进程的重要推动力量。

所谓的全球化进程，从广义上讲，就是世界各国、各个地区之间在经济、政治、文化、社会等方面的联系越来越紧密，相互之间的影响越来越深刻的过程。对于全球化，不同的视角有不同的认识。如果从国际关系发展的视角来看，全球化应该是一个不可阻挡的历史进程。因为人类科学技术的进步是个不断向前加速度发展的常量①，随着科学技术的进步，人类社会生产力水平将不断提高，世界各国、各个地区之间的联系会越来越紧密，相互之间的影响也越来越深刻，这是不可否认的历史事实与未来趋势。从“欧洲30年战争”的混乱无序与孤立隔绝，到国际秩序初现的威斯特伐利亚体系、维也纳体系，再到标志着全球体系形成的巴黎—凡尔赛体系，再到全球体系的成熟——雅尔塔体系，东西方从相互隔绝、各自孤立的发展，日益演变融合为一个完整的国际体系。

国际体系的发展演变过程，就是一个全球化的过程。纵观这400多年来国际体系的发展演变进程，我们可以发现，全球化在不同历史阶段的发展状态是不同的，它有时快，有时慢，有时顺利，有时曲折。全球化的发展主要受到两个方面因素的影响比较大：一是世界经济的发展周期；二是国际社会“主导国家”（指对国际关系发展有重大影响的国家，以下简称“主导国”）的作用。

近代以来，世界经济的发展大致经历了4个时期：1871年以前的封闭期、1871—1914年的开放期、1914—1945年的封闭期、1945—2008年的开放期、2008年以来的封闭期。通过考察，我们可以发现，当全球化与世界经济发展的开放周期相适应时，全球化的进程就顺利，发展的速度就快一些。例如，19世纪80年代末到20世纪初、20世纪50—70年代、冷战结束后到2008年之前，都是公认的全球化发展最快的时期。但如果遇上世界经济发展的封闭期，那么全球化的进程就曲折，发展的速度就慢一些。例如，1871年以前和两次世界大战之间都是公认的全球化发展的低谷期。

另外，在不同发展时期，国际社会主导国的不同作用，也是影响全球化进程的重要因素。一般来说，主导国对全球化进程的作用有两种：积极推动与消极反动。通过考察，我们可以发现，当主导国的积极推动力大于消极反动力时，全球化进程就平顺一些；反之，则慢一些，曲折一些，有时甚至会出现停滞现象。例如，1871年到1914年，英国是推动全球化进程的最重要主导国，在英国的积极推动下，尽管有德国的反

① 人类科学技术的进步呈现加速度发展的态势。人类从青铜器时代进入铁器时代用了近3000年，从铁器时代进入机器时代用了近1500年，但从机器时代进入电气时代只用不到200年。电气是人类进入现代化生活的最重要基础与标志，今天我们生活所依赖的一切都离不开电，后来所谓的信息社会、网络时代都是建立在电气时代的基础之上。

制与干扰，当时国际社会仍然日益融合，全球体系逐渐形成；1945 年以来，美国则是推动全球化进程的最重要主导国，在美国的积极推动下，国际政治与经济都取得了重大发展。联合国安理会、国际货币基金组织、世界银行、关贸总协定（后来的世界贸易组织）等“准世界政府”机制在国际社会中扮演着重要角色。“大国协调、危机管控、贸易平衡、区域一体化”等全球治理观念深入人心。全球体系日益成熟，全球化的发展进入空前的快速阶段，全球治理也进入了 2.0 版的新时期，国际社会的联系空前紧密，各国之间的相互影响也空前深刻，尤其是美国对世界其他国家的影响更为明显。

然而，自 2008 年国际金融危机以来，尤其是近两年来，全球化的发展遭遇空前的挑战。之所以说是空前的挑战，是因为这轮挑战来自上述两个因素的叠加。2008 年以来，世界经济的发展进入了新一轮的封闭调整期，世界上许多重要经济体发展速度低迷，贸易保护主义思潮盛行，各种显性和隐性的贸易和投资保护行为日渐流行。出口补贴、偏好本土企业的政府采购、支持本土品牌的宣传、优惠融资、反倾销、产业援助以及税收返还等等做法在不少发达国家和发展中国家大行其道；生态安全和环境标准、高标准的知识产权法律都被用来对付中国和其他发展中国家的出口。同时，国际社会主导国中反全球化的消极反动力量也越来越强，英国“脱欧”、美国的“特朗普现象”等，就是这方面的典型体现。无论是从世界经济发展周期，还是从国际社会的主导国作用来看，当今全球化进程正处于一个历史的关键点。

中国作为国际社会的主导国之一，对全球化进程负有重要的历史使命。中国的发展，尤其是 1978 年改革开放以后中国的发展得益于全球化的进程，同时，中国的发展也进一步推动了全球化的进程。在当今全球化进程面临着双重挑战和压力的历史阶段，中国正在积极主动作为，应对当前的严峻挑战，并准备为全球化的未来发展做出应有的贡献。

从 2014 年开始，通过 APEC 北京峰会、G20 杭州峰会、APEC 利马峰会等重要的国际合作平台，中国全力支持全球化立场，大力宣扬新型全球治理理念。以习近平同志为核心的党中央着眼国内和国际两个大局，高度重视，主动谋划。中央政治局在不到一年时间内两次围绕全球化与全球治理问题进行集体学习，提出要抓住机遇、顺势而为，推动国际秩序朝着更加公正合理的方向发展的主张。

习近平主席在2014年APEC北京峰会上提出构建亚太自贸区倡议，在G20杭州峰会上，把创新和结构性改革作为开创全球化新发展的主线，扩大了中国五大发展理念的国际影响，提升了中国改革开放对全球化发展的世界意义，引领了世界经济和全球治理的前进方向。面对制约世界经济增长和全球化的根源性问题，习近平主席开出了标本兼治、综合施策的“中国药方”，为推进全球经济持续增长注入强劲动力。正如王毅外长所指出，杭州峰会成为G20历史上发展中国家参与最广泛、发展特色最鲜明、发展成果最突出的一次峰会。峰会首次把创新作为核心成果，首次把发展议题置于全球宏观政策协调的突出位置，首次形成全球多边投资规则框架，首次发布气候变化问题主席声明，首次把绿色金融列入20国集团议程。峰会达成的29项重要成果，在G20进程中留下深刻中国印记，成为G20发展史上一座里程碑①。

在APEC利马峰会上，习近平主席直面“逆全球化”、经济保护主义、区域合作碎片化等重大问题，站立历史潮头，发出时代强音，强调要反对一切形式的保护主义，用中国的实际行动表明亚太地区对经济全球化的决心不变、信心不减，同时引领经济全球化进程向更加包容普惠的方向发展；呼吁有关各方把共识转化为行动，早日建成亚太自贸区（APFTA），促进经济一体化，促进互联互通，促进改革创新，促进合作共赢。习近平主席提出的这些重要主张同APEC北京会议共识和G20杭州峰会成果一脉相承，在国际上起到稳定人心、提振信心、凝聚共识的重要作用。在中方引领推动下，APEC利马会议专门通过了《亚太自贸区利马宣言》，确立了推进亚太自贸区的指导原则、重点领域、评估机制和基本框架，不仅保持了亚太自贸区建设势头，更为这一进程注入了新的动力。

2017年9月即将在中国厦门召开的第9届金砖国家领导人峰会，是对习近平主席力推的这个伟大历史进程的继续推动。中国将继续高举全球化的旗帜，倚靠中国自身强大的发展后劲，积极推动处于颓势的全球化进程，共同应对新型全球治理的挑战。这也正如王毅外长讲话所指出的，我们要认真办好金砖国家领导人第九次会晤，金砖国家合作正站在新的历史起点上。我们将同各方一道，以厦门会晤为契机，总结金砖合

---

① 外交部部长王毅在2016年国际形势与中国外交研讨会开幕式上的演讲，http://www.fmprc.gov.cn/web/zyxw/t1421108.shtml，上网时间：2017年1月2日。

作成功经验，规划未来发展愿景，明确金砖机制前进方向，拓展各领域务实合作。同时深化同新兴市场国家和发展中国家团结合作，打造具有国际影响力的“南南合作”重要平台。①

日益自信的中国正在不断深化改革，不断融入国际社会，始终坚持全球化的正确方向，坚决主张世界经济、国际贸易自由化，反对各种形式的保护主义，主张开放、联动、包容、共享，反对封闭、孤立、排外、狭隘，并以自己实际的行动支持新一轮全球化与新全球治理的进程。正如习近平主席在 G20 杭州峰会讲话上所提到的“中国是全球化的坚定支持者与践行者”，中国是当前全球化进程的重要推动力量，是新全球化时代的中流砥柱。

本书就是在上述历史时代背景下，对金砖国家机制进行系统梳理的结果，以飨即将在厦门召开的第 9 届金砖国家领导人峰会。

① 外交部部长王毅在 2016 年国际形势与中国外交研讨会开幕式上的演讲，http：//www. fmprc. gov. cn/web/zyxw/t1421108. shtml，上网时间：2017 年 1 月 2 日。

上　编

金砖国家概述

第一章

金砖国家的由来

一、“金砖”的源起

“金砖国家（BRICS）”也被称为“金砖五国”，指全球五个主要的新兴市场即巴西（Brazil）、俄罗斯（Russia）、印度（India）、中国（China）、南非（South Africa）所组成的以功能合作和新兴国家身份认同为基础的跨地区国际合作机制，它是从国际经济学的抽象概念出发，进而结成国际政治实体的典型代表。

（一）“金砖”溯源

“金砖国家（BRICS）”是以“金砖四国”为基础所形成的合作机制。2001 年，时任高盛首席经济学家的吉姆·奥尼尔（Jim O'Neill）受“9·11”事件的冲击，在思考非西方世界崛起的问题时，注意到具备未来实现迅速增长潜质的巴西、印度、俄罗斯和中国四国，随即于同年 11 月 30 日在其所执笔的第 66 号高盛全球经济研究报告《Building Better Global Economic BRICs》[①] 一文中正式提出了“金砖四国”（BRICs）这一概念，这一概念也成为高盛最近十多年来经济预测的理论核心，奥尼尔也因此被称为“金砖之父”。“BRIC”这一词借用四国英文名称第一个字母组成，由于它与英文 BRICK（砖）类似，因此被指称为“金砖四国”。2010 年南非加入后，其英文单词变为“BRICS”，并改称“金砖国家”。

---

① Jim O' Neill, *Building Better Global Economic BRICs*, *Global Economics Paper* No. 66, 30th November 2001.

"金砖四国"概念一经提出，就引起了国际投资界的关注。2003年，高盛在其第99号全球经济报告中预测，金砖四国将在2050年的世界经济中统领风骚，进入全球新的六大经济体之列。① 而在2005年的第134号报告中，鉴于金砖四国超过预期的发展速度，高盛预测中国将在2027年超越美国，且金砖四国的发展速度比世界上任何其他新兴经济体都要更快。② 这一结论对于国际投资界震动很大，以金砖四国为主题的投资风格在2005年底开始真正步入公众视野。

在实际操作层面，在2002年中印俄三国外长会晤机制的正式建立，2003年印度、巴西、南非成立IBSA论坛，以及历届在G8峰会框架下的南北对话会议，G20峰会等铺垫下，2009年，中、俄、印、巴四国元首在俄罗斯举行会晤，发表了《"金砖四国"领导人俄罗斯叶卡捷琳堡会晤联合声明》，标志着金砖四国概念完成了政治化的进程，金砖四国作为一支新兴的国际政治力量登上了世界舞台。随后在2010年4月的第二次领导人会晤中，金砖国家的合作机制得以固定下来。同年12月，南非被接纳为新成员，金砖四国正式更名为"金砖国家"。与"新兴市场"或"发展中世界"等词组相比，"金砖国家"显得更中立，更有力。

金砖国家遵循开放透明、团结互助、深化合作、共谋发展原则和"开放、包容、合作、共赢"的金砖国家精神，致力于构建更紧密、更全面、更牢固的伙伴关系。③ 目前，在金砖国家的通力合作下已先后举行了八次峰会，在此基础上形成了以首脑峰会为主，部长级会议及民间论坛为辅的多层次对话形式，涉及经济、安全、外交等多领域。2015年还正式成立了金砖国家开发银行，共同构筑金融安全网络。在国际格局变化和经济秩序调整的今天，金砖国家的合作机制不断深化，已成为推动全球经济增长的新引擎，并推动世界朝多极化方向发展。

---

① Dominic Wilson, Roopa Purushothaman, *Dreaming With BRICs: The Path to* 2050, *Global Economics Paper* No. 99, 1st October 2003.

② Jim O' Neill, Dominic Wilson, Roopa Purushothaman and Anna Stupnytska, *How Solid are the BRICs?*, *Global Economics Paper* No. 134, 1st December 2005.

③ 中华人民共和国外交部：《金砖国家（BRICS）》，外交部网站2016年7月，http://www.fmprc.gov.cn/web/gjhdq_676201/gjhdqzz_681964/jzgj_682158/jbqk_682160/，2017年1月。

（二）“金砖”热

“金砖四国”一词在刚出现的几年里，被部分经济学家和投资者质疑为高盛的炒作，但仍引起了国际投资者、金融家和许多政策制定者的关注。在经济领域，金砖国家一度被誉为世界经济增长新引擎甚至是“永动机”，许多国际企业专门制定了金砖四国商业战略，多家国际金融机构推出了专门的投资基金，打着“金砖四国”的旗号进行营销。[①] IMF、WTO、UNCTAD 等国际机构也对金砖四国赋予了很高的发展预期，在学术界也掀起了一阵“金砖”研究的热潮，世界各地一些“金砖”研究专门机构陆续成立。2005 年，日本成立了“金砖四国”研究所；2010 年，巴西成立“金砖”研究所；中国社会科学院世界经济与政治研究所于 2011 成立“金砖国家”研究基地。此外，各种有关“金砖四国”的学术研讨会也陆续举办。2005 年，由清华大学中国与世界经济研究中心（CCWE）、印度国家应用经济研究委员会等机构联合发起的“金砖四国经济发展与政策高层研讨年会”在北京召开。随后又分别在新德里、莫斯科等地成功举办了 6 届同样的高层研讨年会。巴西在 2010 年举办了由金砖国家政界、商界和学术界参加的金砖国家智库大会；同年，芬兰图尔库经济学院举办了金砖四国国际商务研讨会。[②]

当然，围绕金砖国家展开的一系列活动主要还是得益于金砖国家在全球中经济地位的提升。金砖国家国土面积占世界近 30%，总人口近 30 亿，在世界人口中占比超过 40%，经济总量占全球逾 20%，对外贸易总额占全球的 16%。有数据显示，金砖国家对世界经济增长的贡献率从 1990 年的 -0.6% 上升到 2000 年的 13.1% 及 2010 年的 60% 多，成为拉动全球经济增长的火车头。[③] 特别是在 2008 年全球金融危机背景下，金砖国家表现不俗，被包括发达经济体在内的众多国家寄予厚望。

---

① Gillian Tett, The story of the Brics, http://www.ftchinese.com/story/001030966/en, 2010 年 1 月 25 日。

② 李丹：《“金砖国家”：世界的希望》，北京工业大学出版社，2012 年版，第 7—8 页。

③ 欧阳饶、易先忠：《新兴大国的增长与转型“金砖国家”经济研究》，上海人民出版社，2015 年版，第 84 页。

因此从“金砖四国”到“金砖国家”，这一概念形成至今，国际社会中的“金砖”热一直存在。

“金砖”热的持续有其内在逻辑。首先作为新兴经济体，金砖国家国内经济规模较大，工业化和城市化方兴未艾，劳动力数量和素质不断提升，市场化改革空间较大，并且正逐渐成为国际产业转移的主要承接国。[①] 从金砖国家 FDI 流入存量来看，2015 年金砖五国的外国直接投资净流入平均是 2000 年的 4.58 倍，其中中国表现最为突出，达到了近 6 倍。[②] 因此，金砖国家在全球范围中的经济地位在持续上升。另一方面，在新兴市场框架下，金砖国家在资源结构和产业结构上具有较强互补性。中国在制造业和对外贸易等方面成就瞩目；印度的软件技术、服务业外包行业全球领先；俄罗斯、巴西、南非有大量的能源和矿产资源。金砖国家间的经贸合作在此基础上取得了较大成果，仅就金砖国家间出口贸易额来讲，自 2000 年至 2012 年就翻了 15 倍之多，达到了 2772 亿美元。[③] 如此可在金砖国家成员间进行资本的内循环，进一步减少对旧经济秩序的依赖。不过，目前金砖国家彼此间贸易额只占全球贸易总额的 1.5%，经济合作潜力巨大。通过“抱团取暖”，将进一步激活彼此发展活力和凝聚力，同时拉动世界经济增长。

作为 20 世纪后期以来世界性新兴国家群体崛起的代表，金砖国家的出现对变革当代国际经济政治秩序具有一定的推进作用。目前，由于受各成员国内需不足、结构性改革效果滞后、世界经济复苏步伐不稳、外需不振、地缘政治冲突等内外因素影响，金砖国家的发展受到掣肘，国际上也不乏唱衰之声，经济领域的“金砖失色论”和政治领域的“金砖失和论”均有一定市场。但是，推动金砖国家过去几十年间经济快速增长的有利因素仍然存在，各成员间相互信任与合作的基石仍比较稳固。金砖国家依然是新兴市场国家和

---

① 吕博：《“金砖国家”间的贸易和投资》，载《国际经济合作》2012 年第 10 期，第 27 页。

② 数据来源：世界银行官网，http://data.worldbank.org.cn.

③ 复旦大学金砖国家研究中心、金砖国家合作与全球治理协同创新中心编：《全球发展中的金砖伙伴关系》，上海人民出版社，2015 年版，第 20—26 页。

发展中国家当之无愧的“领头羊”，也是世界经济持续增长和稳定复苏的“压舱石”。金砖国家的经济发展潜力、各成员的地区性大国地位以及在全球治理中日益增强的作用，将推动金砖国家在未来重拾快速发展的势头。

二、“金砖国家”的飞速崛起

（一）金砖国家经济发展的背景及现状

金砖国家经济的迅速发展在很大程度上得益于经济全球化，世界范围内的资金、资源、技术、市场、劳动力的配置使得资本和技术由西方发达国家向发展中国家转移，这直接促进了中国、印度、俄罗斯以及巴西的经济的迅速崛起。中国在1978年之后实施改革开放政策，在对国内计划经济体制进行改革的同时逐步建立和完善市场经济体制，扩大对外开放，大力引进外国的技术和资本，利用资源及人口优势实现经济的腾飞；在苏联解体之后，叶利钦通过“休克疗法”大力推进俄罗斯私有化改革进程，实行市场经济，逐步建立资本主义经济体系，融入到世界经济之中；拉奥在1991年担任印度总理之后制定了以自由化、全球化、市场化和私有化为方向的全面的、循序渐进的经济改革政策，利用经济全球化所带来的机遇，克服了严重的经济危机，并实现了印度经济的稳定和高速增长①；与前面几个国家不同，巴西自独立之后一直与发达国家紧密联系，20世纪80年代末到90年代初，巴西的通货膨胀剧烈，1993年卡多佐担任财政部长大刀阔斧实行“雷亚尔计划”，将巴西从恶性通货膨胀泥潭中拉出，于1995年担任巴西总统的卡多佐在执政的8年内一方面推动国有企业民营化，积极引进外资，另一方面着手进行多项重要社会改革，为巴西经济迅速发展打下坚实基础。②

将金砖国家拉入人们视野的另外一个大背景就是2008年的世界经济危机，与主要发达国家经济增长缓慢、失业率居高不下形成对比的

① 张淑兰：《印度拉奥政府经济改革研究》，北京：新华出版社，2003年版，第1页。

② 金辉：《巴西“经济奇迹”的前世今生》，《经济参考报》2012年6月26日第6版。

是，以金砖国家为代表的新兴经济体加速崛起。在国际金融危机给全球经济带来重创之后，金砖国家出色的经济表现不仅使其成为名副其实的“金砖”，更成为全球经济复苏中的重要引领力量之一。随着金砖国家经济实力的增强，其在全球经济中的地位和影响力有所提升，从一定意义上说，在主要发达国家经济持续疲弱的当前，以金砖国家为代表的新兴经济体已成为引领全球经济发展的重要引擎之一，全球经济多元化发展趋势进一步明显。[①]

21世纪以来，金砖国家的崛起成为了全球瞩目的焦点，其GDP增速长期超过世界平均水平（见图1），成为世界经济的新引擎。2015年，中、巴、印、俄、南五国的GDP总量在全球分别排名第2、第7、第8、第9和第28。金砖五国中，中国的GDP及其平均增速都是最高的。自改革开放尤其是加入世贸组织以来，中国依靠自身在劳动力、土地等方面的比较优势，不断推进现代化进程，在制造业等领域取得了巨大成就。近年来，中国凭借开放早期的资本积累，也逐渐在高精尖端领域崭露头角，在经济总量上已经成为仅次于美国的世界经济“第二极”。金砖五国里与中国同样具有大量人口红利的国家是印度。印度的人口结构相比中国更为健康，并且其民主制度也一直得到西方国家的认可。在计算机等领域，印度独树一帜，发展潜力巨大，其GDP增速在最近两年甚至已经超过中国。巴西和俄罗斯的经济增长相对而言更依赖于自然资源。俄罗斯保留了苏联时期的良好工业基础，更为重要的是，幅员辽阔的俄罗斯领土上蕴藏着堪比波斯湾的油气储备。在油价高企的21世纪初，俄罗斯依靠能源迅速崛起，在2008年经济危机之前，俄罗斯的经济增速一直保持在5%以上。巴西同样具有丰富的自然资源，还十分接近北美这一需求旺盛的市场。从2004年到2008年，巴西的经济增长呈现了良好的上升势头，甚至在经济危机之后，巴西经济还一度大幅回暖，达到7%的增速。金砖五国中南非的经济实力是最弱的，但是总的来看，进入21世纪以来，南非的经济总量已经翻了两倍，本土失业和通胀等问题也得到了较大改善。相比于其他新兴经济体而言，南非的发

① 莫莉：《金砖国家加速崛起 助力全球经济复苏》，《金融时报》2011年4月13日第1版。

展十分稳定，并且在非洲鹤立鸡群。

总体而言，在传统资本主义国家的经济发展速度逐渐放缓的当口，金砖国家充分利用了自身的比较优势，在最近 20 年为全球经济注入了新的活力。随着金砖国家不断深化合作，发展中国家在国际舞台上正享有越来越多的话语权。

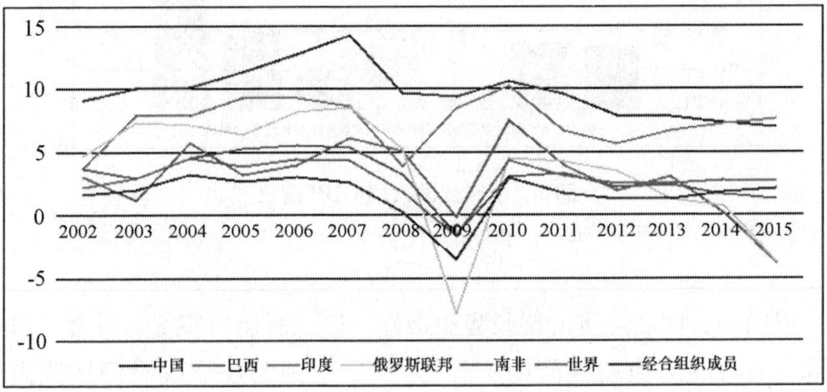

图 1　金砖国家 GDP 增速情况

数据来源：世界银行数据库，2016 年。

（二）金砖国家经济发展困境

金砖国家的发展一度成为新兴经济体振兴经济的楷模。尤其是在 2008 年金融危机之后，传统资本主义国家的发展模式受到了质疑，金砖国家成为了引领世界经济复苏的希望。然而，金砖国家并未能完全幸免于经济危机，并且在近几年，金砖五国的持续增长也遭遇了更多结构性的问题。一方面，金砖国家的人均 GDP 一直没有超过经合组织国家，人口体量巨大的印度和中国甚至不及世界的平均水平（见图 2）。也就是说，尽管经济增速很高，但是金砖国家的实际发展水平距离发达国家还有很大的距离。另一方面，从图 1 的数据可以看出，除了印度，目前其他四个金砖国家的增速都处于下降的趋势。在经济危机之后，巴西、俄罗斯和南非一度出现了负增长。尽管在 2010 年有所反弹，但是巴西和俄罗斯目前的经济又遭遇了新的困境。

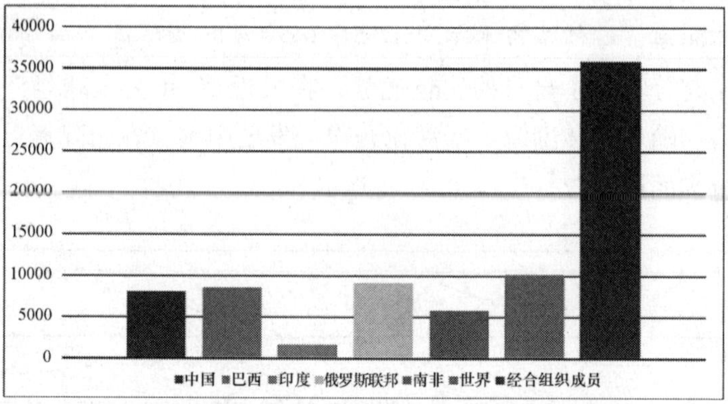

图 2　金砖五国人均 GDP 情况

数据来源：世界银行数据库，2016 年。

五国中，印度经济的增长势头最好，但是短期内印度的社会矛盾问题和国际收支的脆弱性问题不容忽视。[①] 中国的经济发展仍然较为稳定，但是随着 2015 年以来中国的 GDP 增速首次降低到 7% 以下，“新常态”已经成为未来五年中国经济增长的主旋律。南非的经济发展一直处于低速，在产业结构单一、失业率高、基础设施差等基本问题没有解决之前，很难突破瓶颈。巴西目前的困境主要源于金融危机之后的消费、投资和出口减速。[②] 而最近巴西政局的动荡也使其经济发展雪上加霜。相比而言，俄罗斯的困境似乎更为严重。全球经济危机使欧洲国家对俄罗斯能源的需求大大减小，而在乌克兰危机爆发之后，以美欧为首的西方国家对俄罗斯实施了严厉的制裁，尽管中俄合作取得突破，但总体而言，俄罗斯的经济还是陷入了持续低迷态势。

从横向来看，金砖国家的困境具有一定的共性，主要集中于内外两个方面。从国家内部的经济发展动力来看，金砖国家的经济增长正面临产业结构落后、比较优势弱化的问题。金砖国家崛起的主要动力来自于开放国际贸易环境中的比较优势，比如俄罗斯、南非和巴西的

① 刘小雪：《印度经济增长的喜与忧》，载《中国金融》2016 年第 5 期，第 80—82 页。

② Arestis, P., Troncoso-Baltar, C. & Magalhães-Prates, D., Brazilian economic performance since the emergence of the great recession: the effects of income distribution on consumption, *Panoeconomicus*, 63 (2), 2016, pp. 157–174.

资源优势、中国和印度的劳动力优势。但是，对比较优势的过于依赖使金砖国家的经济结构无法长期保证高增长。从图 3 可以看出，相比于发达国家而言，金砖国家的产业结构偏向第一和第二产业，而在服务业方面存在短板。更为严重的是，由于能源的储备是有限的，人口的红利也会逐渐消失，因此对于金砖国家来说，其传统的竞争优势正在逐步弱化。

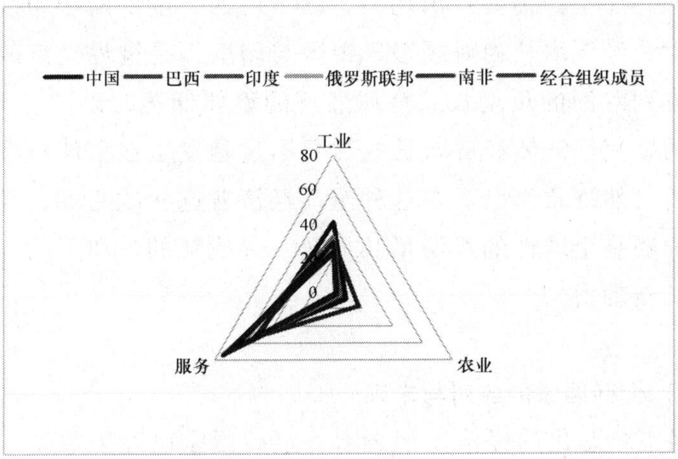

图 3　2015 年金砖五国产业结构

数据来源：世界银行数据库，2016 年。

从国际环境来看，金砖国家前方也是荆棘重重。一方面，在过去的发展过程中，金砖国家并未在全球价值链中争取到核心的位置。也就是说，在技术含量和附加值方面，金砖国家仍然无法与传统西方国家竞争。这从一定程度上使金砖国家的经济发展很容易受到外部供需变化的影响，经济危机期间金砖国家的衰退便是例证。另一方面，需要注意的是，现有国际机制并不利于金砖国家完全发挥其发展潜力。作为新兴经济体的代表，金砖国家地位的不断提高为发展中国家发展提供了新的借鉴，也对旧有国际秩序形成了冲击。当今，全球贸易、投资、金融机制主要由西方国家建立并维持，也就是说，这些制度安排从很大程度上来说是为西方国家服务的。尽管经合组织国家也在促进南北合作方面做出了努力，但是总的来看，西方国家的发展经验并不能完全复制到发展中国家上来，新兴经济体在国际分工和贸易中仍然处于不利的地位。

金砖国家面临的困境既有国际经济不景气的影响，也有来自自身经济结构和制度的因素。这从一定程度上反映出了发展中国家持续增长的结构性瓶颈，也显示出全球化时代国际环境对于各国发展的重要影响。针对部分金砖国家的经济发展放缓的现状，“金砖褪色论”甚嚣尘上。需要指出的是，尽管巴西、俄罗斯和印度的货币跌幅很大，经济增长相对缓慢，中国与印度仍是世界经济的重要引擎，考虑到欧洲的负增长、全球经济的整体低迷，以“金砖国家”为代表的新兴经济体经济增长放缓只不过是发生在全球经济结构调整之际的自然现象而已。在这种全球经济普遍疲软之际，我们需要思考的问题是全球性的经济增长放缓，寻找新的、和平的、有效的经济增长新动力。①

（三）金砖国家的应对与未来

面对不断恶化的经济发展形势，金砖国家已经采取了一定的措施。比如中国提出了极具雄心的“一带一路”倡议，并积极促进人民币的国际化；印度在莫迪的带领下进行了一系列致力于改善官僚体制、遏制通货膨胀的改革；俄罗斯积极开拓新的市场，并建立了国家出口中心，重点扶持核电、军工、航空等优势产业的出口竞争力，促进非能源产品的出口。② 巴西和南非目前仍没有大的动作，但是随着两国政治环境的逐步稳定，经济上也有望重新步入正轨。另外，在近年来“南南合作”大旗的号召下，金砖国家与其他发展中国家之间的合作不断深化，发展中国家将以更紧密的联系共同应对未来的挑战。因此，可以预见的是，金砖国家在未来十年仍将是推动世界经济发展的重要力量。

---

① 任琳：《金砖峰会：夯实合作，同舟共济》，光明网，2016 年 10 月 7 日，http：//theory. gmw. cn/2016 - 10/17/content_ 22504884. htm，2017 年 1 月。

② 蒋菁：《俄罗斯经济现状与中俄经贸合作新动向》，载《东北亚学刊》2016 年第 1 期，第 50—55 页。

三、金砖国家合作机制

（一）国际机制与金砖国家合作机制

国际机制在国际关系领域中是一个受到广泛关注的概念，最早于20世纪70年代由约翰·鲁杰和恩斯特·哈斯提出，两位学者将其定义为“由一群国家接受的一系列相互的预期、规则与规章、计划、组织的能量以及资金的承诺”。[①] 与其他政治学相关概念一样，国际机制的概念也具有一定争议，经过众多学者的讨论和修订，“汇聚的规范和预期”这一方向得到了广泛认可，而美国学者克拉斯那在80年代初所提出的——“机制可定义为特定国际关系领域的一整套明示或默示的原则、规范、规则以及决策程序，行为体的预期以之为核心汇聚在一起，其中，原则是关于事实、原因和公正的信念；规范是以权利和义务定义的行为标准；规则是对行动特别的指示或禁止；决策程序是做出和应用集体选择的普遍实践”。[②] 这一说法虽然同样遭到一些批评，但在国际政治界仍得到了比较普遍的认同。

我们可依据不同视角对国际机制做出划分。首先，从国际机制所涉及的领域的角度，可将国际机制分为安全机制、经济机制和环境机制。[③] 值得注意的是，国际机制在国际经济领域应用广泛，而且经济领域的机制确立要比其他领域稳固的多。这主要是因为在全球化形势下，各国经济联系紧密，相互依赖程度高，利益交叉点多，任何国际行为体都无法回避其影响；而且经济领域有其特定的规律，人们在合作时比较容易达成一致；同时，相较于安全和政治领域而言，国家间进行经济合作的风险相对要低。[④] 其次，从机制正式化的程度，可将国际机制分为正式化机制与非正式机制，那些由国际组织通过立法而产生，且有实体

---

① ［美］罗伯特·基欧汉：《霸权之后：世界政治经济中的合作与纷争》，苏长和等译，上海人民出版社，2001年版，第57页。

② Krasner, Stephen D. “Structural causes and regime consequences: regimes as intervening variables”, *International Organization* 36. 02 (1982): 186.

③ 王杰：《国际机制论》，新华出版社，2002年版，第39—43页。

④ 王杰：《国际机制论》，新华出版社，2002年版，第41—43页。

对制度规范进行维持和监督的国际机制被称为正式化机制，非正式国际机制则建立在共识的基础之上，这种机制的维系主要靠参与成员的自觉以及相互监督。① 最后，考虑到国际机制形成、发展以及发挥作用的多样性与灵活性，在理论意义上可从国际机制作用发挥的范围角度将其分为双边机制、区域性机制与全球性机制。双边机制顾名思义就是两个国际关系行为体之间形成的机制；区域性机制是指在区域范围内，多个国家参与的多边协调合作方式所形成的一个长效的合作机制；全球性机制则是指在全球范围内的协调与合作。②

为应对2008年爆发的国际金融危机，金砖国家领导人于2009年6月在俄罗斯举行的首次正式会晤标志着金砖国家合作机制正式启动。到了2011年，南非加入金砖国家标志着意愿作为一种长久的合作机制存在下去。至此我们可将金砖国家的合作机制定位。首先，金砖国家的合作机制主要涉及经济领域，各成员国均为发展前景看好的新兴市场国家，而金砖国家合作机制成立的重要原因之一则是应对国际金融危机；其次，在机制的正式化程度上，与现存且较活跃的其他国际机制相比，金砖国家的合作机制在正式化程度上较低，在实际运作上有首脑峰会、部长级会议、工作组会议、政府论坛和智库论坛等，缺少正式的组织架构和常设机构；最后，在机制的作用范围方面，虽然金砖国家分布在亚洲、非洲、欧洲以及拉丁美洲，但其合作机制仅对其成员国具有一定约束力和影响力，所以很难归入全球性机制行列，缺少地缘基础，各国政治制度发展方式的多样也将其排除在区域性机制之外。故此，可将金砖国家的合作机制视为新兴经济体基于共同的国际诉求和经济发展需要形成的非正式的经济合作机制。

（二）金砖国家合作机制的形成

截止2016年10月，金砖国家已经举行了八届首脑峰会，第二

① 王杰：《国际机制论》，新华出版社，2002年版，第44页。

② 许玲：《“金砖国家”合作机制研究》，华东师范大学硕士学位论文，2013年，第20—21页。

轮第三次峰会在印度果阿顺利召开并达成一系列成果。五国领导人围绕“打造有效、包容、共同的解决方案”主题，就金砖国家合作及其他共同关心的国际和地区问题深入交换看法，达成广泛共识，金砖五国还签署了农业研究、海关合作等方面的谅解备忘录和文件。[①] 除此之外，金砖国家外长、财长、贸易部长等部长级会议，以及智库论坛、工商论坛、金融论坛等专业论坛也已经机制化，并且成立了工商理事会，成立金砖国家开发银行等组织。[②] 金砖国家已经初步形成了以首脑峰会为核心，以部长级会议为支撑，以研讨会、论坛等形式为辅助的制度性框架，金砖国家间的合作机制化已经初步形成。而金砖国家合作机制的形成也经历了一个从初步探索到逐步拓展的过程。

虽然早在2001年吉姆·奥尼尔便提出了“金砖四国”这一概念，但直至2009年这四个国家才将合作提上日程，这一阶段是金砖国家合作机制的第一阶段，即酝酿和探索阶段。“金砖国家”概念的提出在无形之中赋予了这几个新兴经济体身份认同，2003年巴西总统卢拉提出开展包括南非在内的对话机制，虽然最后只有俄罗斯、印度和巴西三国实现了对话，但自此之后金砖国家外长和领导人便频繁在联合国会议和其他国际会议期间聚会，四国外长最终在2008年9月于俄罗斯叶卡捷琳堡举行了会议，[③] 会议就千年发展目标、南南合作、气候变化、能源及粮食安全等问题进行了讨论。这一系列接触表明各国均有合作的倾向，同时也为正式首脑峰会做了铺垫。

第二阶段为金砖国家的交流合作阶段。2009年6月，四国领导人在俄罗斯举行首次会晤，讨论了全球经济形势和发展领域的紧迫问题，重点就应对国际金融危机冲击、20国集团峰会进程、国际金融机构改革、粮食安全、气候变化等重大紧迫问题交换了看法，探讨了金砖四国

---

① 徐海静、胡丹丹、白纯：《国际观察：金砖国家果阿峰会取得重要成果》，新华网2016年10月17日，http：//news. xinhuanet. com/world/2016 - 10/17/c_ 1119735033. htm，2017年1月1日。

② 许玲：《“金砖国家”合作机制研究》，华东师范大学硕士学位论文，2013年，第9页。

③ 卢锋、李远芳、杨业伟：《“金砖五国”的合作背景和前景》，载《国际政治研究》2011年第2期，第2页。

未来对话与合作的前景。① 叶卡捷琳堡次峰会声明呼吁各国和相关国际组织积极落实伦敦20国集团金融峰会共识，强调应提高新兴市场和发展中国家在国际金融机构中的发言权和代表性，四国认识到国际贸易和外国直接投资对全球经济复苏的重要作用，呼吁各方共同努力改善国际贸易和投资环境，声明敦促各方保持多边贸易体系稳定，遏制贸易保护主义，并推动世界贸易组织多哈回合谈判取得全面、平衡的成果。② 2010年4月，金砖四国领导人第二次会晤在巴西利亚举行，与首次峰会召开的世界性的金融危机背景不同的是，第二次峰会召开时中国、印度和巴西等国已经走出金融危机，危机对世界各国的不利影响也在降低。所以，如何巩固应对金融危机的成果、加速改革国际经济秩序、应对全球气候变化、加强环保和节约能源等现实紧迫问题上，仍需金砖四国及世界各国继续做出更大努力。③ 此次峰会商定了金砖四国合作和协调的具体措施。在这一次峰会之后南非申请加入金砖国家，并于同年12月正式加入金砖国家的合作机制，“金砖四国”变成“金砖五国”。由此开启了金砖国家合作机制发展的下一阶段。

第三次和第四次首脑峰会达成的成果标志着金砖国家的合作机制发展到了第三阶段，即拓展新成员与实践阶段。南非的加入是金砖国家合作机制的第一次扩员，并将前几次峰会加强合作的意愿转化为实际行动，将合作范围拓展到农业、卫生、城市发展以及地方政府合作领域。在机制建设上，在第三次峰会发表的《三亚宣言》中，各国表示：金砖国家是各成员国在经济金融发展领域开展对话与合作的重要平台，将本着开放、团结、互助的基本原则，以循序渐进、积极务实的方式推进金砖国家间合作。④ 而接下来的第五次领导人会晤则实现了合作机制由理论构想到建设实践的过渡。首先是成立了一系列机构，如在第五次峰会后成立金砖国家工商理事会和智库理事会，在第六次峰会提出成立金

---

① 卢锋：《BRICS合作背景和前景》，载《北京大学国家发展研究院2011年春季CMRC中国经济观察》总第25期，第19页。

② 《“金砖四国”领导人俄罗斯叶卡捷琳堡会晤联合声明》，《人民日报》2009年6月17日第3版。

③ 卢锋、李远芳、杨业伟：《“金砖五国”的合作背景和前景》，载《国际政治研究》2011年第2期，第3页。

④ 《三亚宣言》，《人民日报》2011年4月第15日第3版。

砖国家开发银行（又称“新开发银行”，于2015年7月开始运营）；其次是有意识地将机制化建设提上日程，如在第五次峰会后发表的《德班宣言》中提到各国将致力于逐步将金砖国家发展成为就全球经济和政治领域的诸多重大问题进行日常和长期协调的全方位机制。① 目前，金砖国家合作机制稳步发展，已经形成了一套全方位、多层次、宽领域的合作治理架构，其中领导人峰会是最高层次，最为核心，对整个金砖合作发挥政治和战略引领的作用；其下是安全事务高级代表会议、外长会议、财长央行行长会议、贸易部长会议、农业部长会议、卫生部长会议、科技部长会议、教育部长会议、统计局长会议、合作社会议、税务局长会议、海关署长会议、竞争力会议、禁毒部门会议，发挥着务实合作的作用；再下是国有企业、反腐败、人口、科技、经贸、文化、农业、司法、城市化论坛等高官会和工作组会议，起到技术支撑的作用；以及智库理事会、工商理事会、友好城市暨地方政府论坛、智库论坛、工商论坛等其他合作机制，发挥智力支持和夯实合作的社会民意基础的作用。② 正如俄罗斯战略研究所国际经济研究室主任霍洛德科夫所说：“金砖国家机制已进入制度化时期，正在全面建立各种合作机制，金砖国家设立了虚拟秘书处，金砖国家新开发银行已开始工作，设立了应急储备基金，现在的金砖国家机制已开始作为一个有影响力的国际组织在行动，它可以为开展国际合作、推进世界发展提出新方案。”③

（三）金砖国家合作机制的特点及面临的挑战

金砖国家合作机制与一般国际机制相比还具有其特殊性，虽然这种合作机制仍处于不断完善之中，但其特点和挑战已经凸显。

首先，参与合作机制的各成员国均为经济增长较快的新兴经济体，同时在地区事务中发挥重要作用，其中南非与其他国家相比经济规模较

---

① 《金砖国家领导人第五次会晤德班宣言》，《人民日报》2013年3月28日第3版。

② 朱杰进：《金砖国家合作机制的转型》，载《国际观察》2014年第3期，第61—62页。

③ 新华社：《俄战略研究所国际经济研究室主任：国际社会高度关注金砖国家机制的发展》，新华网2016年10月14日，http://news.xinhuanet.com/world/2016-10/14/c_1119720688.htm，2017年1月1日。

小，但是与同一地区的其他国家相比，南非可谓非洲经济发展的佼佼者。这些国家的经济在全球性的金融危机下依然保持可观的发展速度，事实上却深受不平衡的国际秩序的影响，而新兴经济体也面临着国内经济发展与社会政治运行的不稳定风险。除此之外，金砖国家内部也存在着矛盾，由于各国资源优势和发展战略有所不同，针对同一种物品的贸易流通经常产生不同的态度，有的国家倡导贸易自由主义，有的国家则为了保护本土经济而选择了保护主义。①

其次，制度化程度较低，亟待转型。金砖国家的合作形式属于开放性的对话协商机制，由于合作时间较短，达成实质性的合作相对较难，相关机构（如秘书处以及监督机构）的缺失也造成了对话以及合作内容的落实上的困难。各方关注的问题不同以及在利益上的分歧，如俄罗斯关注政治安全领域，中国要从出口和投资主导型发展模式转向内需型发展模式，印度的主要精力集中在吸引外资，巴西则注重提高生产效率，而更让人担忧的是，在某些领域五国之间甚至存在着同质性的竞争，如何实现金砖国家合作从“对话论坛”向“全方位协调机制”转型，是金砖国家合作机制的努力方向。五国不仅要做好促进重大国际和地区问题上的政策协调等方面的务虚合作，还要在五国之间开展好日常和长期的务实型合作。

最后，金砖国家合作机制逐渐成为发展中国家通过合作提升自身国际地位并参与全球经济治理的重要平台。与以往的发展中国家与不发达国家为主要成员的国际组织（如不结盟运动、七十七国集团）相比，金砖国家的经济实力有所提升，其发展潜力也被看好，这一平台的出现顺应了全球化的发展趋势，通过金砖机制的出现和推进，新兴国家和发展中国家参与全球经济治理和全球议程安排的诉求得到了很好的体现和满足，金砖国家合作机制的现实意义重大。在以往的国际制度框架内，议程设置的权力往往掌握在发达国家手中，他们将自己的偏好渗透到国际制度之中，继而带来较为有利的影响，以美国为首的发达国家往往拥有强势权力去设置议题，选择制定各种国际行为的规则，将本国关心的

① 林跃勤、周文主编：《“金砖国家”经济社会发展报告》，社会科学文献出版社，2012年版，第19—21页。

议程转变为全球公共议程，从而影响世界事务的走向，实现自身利益。[①] 金砖国家合作机制丰富了国际组织的数量和国际规则、扩大了国际规范覆盖面。这有利于促进公正合理的国际秩序与国际规制的形成，为新兴经济体适应全球化并参与未来全球经济治理起到制度性的保障作用。另外，金砖国家合作机制中较少的成员国也有利于提升协作效率，可以有目的、有针对性地解决分歧。这些都有利于提升组织及其成员国在国际社会中的地位，但同时应注意到，在世界格局发生较大变化之前，来自美国和西方国家的压力和阻力始终存在，发达国家区别对待的政治经济政策，在某种程度上是在遏制中俄发展的同时增加不同国家的利益实现渠道，进而带来金砖国家协同合作上的困难。同样不应忽视，当下全球的政治不稳定以及经济发展不平衡的大环境也给金砖国家合作机制的完善带来一定的不确定性。

（黄日涵　李丛宇　倪春丽　张虱）

① 任琳：《全球治理机制视域下的金砖国家合作》，载《贵州党校学报》2016年第3期，第53页。

第二章

历次金砖国家峰会概况

本着求同存异、互利共赢的理念，金砖国家在轮值国家定期举行峰会，各国领导齐聚一堂回应当前世界面临的问题和挑战。截至 2015 年，金砖国家人口超过 36 亿，GDP 合计为 16.6 万亿美元，相当于世界的 22%。[①] 世界银行预计，金砖国家经济增长率在 2017 年将达 5.3%，已成为世界上重要的政治和经济力量。金砖国家合作强调互不干涉，平等互利。由 BRIC 到 BRICS，说明了金砖国家组织的代表性和包容性。[②]

表 1　金砖国家历届峰会基本情况

届次	会议举办日期	会议地点	会议主题	主要内容
1	2009 年 6 月 16 日	俄罗斯 叶卡捷琳堡	第一次领导人会晤	正式启动金砖国家间的合作机制，就国际重大问题交换看法，并发表宣言呼吁提高新兴市场和发展中国家在国际金融机构中的发言权和代表性。
2	2010 年 4 月 15 日	巴西 巴西利亚	第二次领导人会晤	商定推动金砖四国合作与协调的具体措施，并举办四国企业家论坛、银行联合体、合作社论坛、智库会议等配套活动。12 月，南非作为正式成员加入金砖国家合作机制。

---

① "Amid BRICS' rise and 'Arab Spring', a new global order forms", *Christian Science Monitor*. 2011 - 10 - 20.

② World Bank Issues 2016 'Perfect Storm' Warning Amid BRICS Synchronized Slowdown, Emerging Equity, https: //emergingequity. org/2016/01/07/world-bank-issues - 2016 - perfect-storm-warning-amid-brics-synchronised-slowdown/, 2016 - 01 - 07.

续表

届次	会议举办日期	会议地点	会议主题	主要内容
3	2011年4月14日	中国三亚	展望未来 共享繁荣	新成员南非首次参加会晤，讨论国际形势、国际经济金融、发展、金砖国家合作四大项议题，举办四场配套活动并通过《三亚宣言》，对金砖国家未来合作进行详细的规划。
4	2012年3月28—29日	印度新德里	金砖国家致力于全球稳定、安全和繁荣的伙伴关系	发表《新德里宣言》，探讨成立金砖国家开发银行的可能性，呼吁建立更具代表性的国际金融架构，签署两项旨在扩大金砖国家本币结算和贷款业务规模的协议。
5	2013年3月26—27日	南非德班	金砖国家与非洲：致力于发展、一体化和工业化的伙伴关系	决定设立金砖国家开发银行、外汇储备库，宣布成立金砖国家工商理事会和智库理事会，在财金、经贸、科技等近20个领域形成新的合作行动计划。推动构建金砖国家与非洲国家的伙伴关系。
6	2014年7月14—16日	巴西福塔雷萨	实现包容性增长的可持续解决方案	决定成立金砖国家开发银行，总部设在中国上海；建立金砖国家应急储备安排；签署多项合作协议并发表《福塔莱萨宣言》。
7	2015年7月8—9日	俄罗斯乌法	金砖国家伙伴关系——全球发展的强有力因素	决定举行同欧亚经济联盟成员国、上海合作组织成员国及观察员国国家元首和政府首脑的会议，就国际重大问题提供共同看法。
8	2016年10月15—16日	印度果阿	打造有效、包容、共同的解决方案	赞赏新开发银行批准首批贷款；决定举办金砖国家领导人同环孟加拉湾多领域经济技术合作组织BIMSTE成员国领导人对话会；加强金砖国家间具体合作项目开发。

本章介绍金砖国家历次峰会的背景、内容、影响，重点集中在历次峰会举办的重要背景、会议情况以及所达成的共识与协议，分析其意义及其对中国的影响等。

一、金砖国家第一次峰会：叶卡捷琳堡会议（俄罗斯）

（一）会议背景

1. 国际政治

2008—2009 年几件大事深刻影响世界秩序的稳定和发展。第一，俄格冲突。俄格冲突反映俄美两大国际政治和军事力量的激烈角逐和俄美国家间紧张的矛盾和关系，俄格冲突是俄罗斯对美国和欧洲长期挤压俄罗斯战略利益空间的反馈。第二，北京奥运。北京奥运会吸引了全世界的目光，世界各国纷纷看到中国日益增长的实力，中国的国际影响力和话语权不断扩大。第三，多国政局不稳。“9·11”之后，美国在全世界扮演“世界警察”的角色，对世界各国尤其中东和北非国家内政和发展进行干涉，造成这些国家政局不稳，政局混乱。

2. 世界经济

影响金砖首次峰会的国际经济背景有二。第一，美国金融危机影响扩散，对世界经济和金融发展产生持久的破坏性影响，新保守主义风光不再，贸易壁垒重新筑起，世界经济复苏增长乏力。第二，世界上少数具有影响力的大国经济增长迅速且联系密切，其中金砖国家的例子尤为明显。“金砖国家”最早是高盛公司为预测未来半个世纪的全球经济趋势而于 2001 年提出的构思；字母缩写“BRIC”首次出现在全球经济论文第 66 号《世界需要更好的经济金砖四国》。[①] 以中国为首的金砖国家以其自身优势顶着挑战，为全球金融秩序的恢复做出显著的贡献。金砖国家在世界经济中的角色日益吃重，话语权不断增强，引发举世瞩目。

---

① Information about BRICS, http://brics.itamaraty.gov.br/about-brics/information-about-brics, 2016.

3. 区域发展

在此同时，区域发展呈现如下热点。第一，东亚兴起，欧美低迷。东亚在 2008 年金融危机之后经济增长恢复较快，对世界经济贡献力非常显著；欧美金融风险、债务危机仍然严重影响自身的发展，处在探索出路的阶段。第二，区域合作组织影响力扩大。欧盟的影响力仍然不容小觑，东盟的合作促使其内部的发展及其与中日韩间的合作与发展；上合组织等逐渐体系化、制度化，其他国际组织正在成形。这些国际组织成为影响地区和世界发展的重要力量。第三，区域大国显现。二战已成为历史，美国“一国独霸”的局面逐渐受到挑战，中国、俄罗斯、印度、南非、巴西等国家吸引了世界的目光。

（二）会议经过

1. 会议预备

在金砖国家领导人第一次正式会晤之前，金砖国家高级官员、相关部门密切往来，为金砖国家第一次正式会晤的召开做准备，奠定了金砖国家叶卡捷琳堡会晤胜利举行的基础。

2008 年 7 月 9 日，金砖四国首脑在日本 G8 峰会期间举行会谈，俄罗斯总统梅德韦杰夫、中国国家主席胡锦涛、印度总理辛格和巴西总统卢拉出席会议。11 月，金砖国家财政部长第一次会议于巴西圣保罗举行，并于 7 日签署财政部长联合公报，会议反思金融危机的原因，形成有关金砖四国的共识，并就国际金融机构和全球治理的改革交换意见。① 2009 年，英国举办 20 国集团财政部长和中央银行行长会议期间，金砖国家讨论并签署《金砖国家金融公报》，为金砖国家进一步巩固关系、互利共赢提供指导。

2009 年 5 月，俄罗斯莫斯科主办金砖四国安全事务高级代表会议，讨论全球金融和经济危机对安全的影响。同月，印度举办第一届金砖国家学术论坛，为金砖四国第一次会晤的筹备及金砖国家间的合作提供了良好的基础。金砖国家领导人正式会晤前的一系列准备工作提供了良好

① BRIC Finance Ministers 2008，http：//www.brics.utoronto.ca/docs/081107 – finance.html，2013 – 01 – 06.

的平台，增强了相互间的信任，凝聚了成员间的共识。

2. 会议举行

2009 年 6 月 16 日，金砖国家领导人第一次会晤在俄罗斯叶卡捷琳堡举行，这是中国、巴西、印度和俄罗斯领导人首次以金砖四国代表身份会晤，在关键时刻为世界经济的发展增添活力和动力，会议讨论全球经济形势和发展的紧迫问题，进一步加强了金砖四国合作的前景。①

会议正式启动了金砖国家间的合作机制，领导人会晤期间就国际重大问题进行了深入交流并交换了看法，会议达成了许多共识并在会后发表了《金砖四国领导人俄罗斯叶卡捷琳堡会晤联合声明》。

中国国家主席胡锦涛在会议上就金砖国家进一步的发展与合作分别从政治互信、经济合作、人文交流和经验互鉴四方面提出意见和建议。中国表明将支持金砖国家的团结与合作，并强调重视金砖国家以及发展中国家的利益，与金砖国家和其他国家一道共同致力于世界的和平与发展。

（三）共识及协议

作为首次金砖国家领导人会晤，俄罗斯叶卡捷琳堡会晤达成不少标志性的成果，其中最重要的当属《金砖四国领导人俄罗斯叶卡捷琳堡会晤联合声明》。

在经济和金融领域：金砖国家认为鉴于以前的经验和教训，少数几个大国构成的国际货币体系不利于国际货币体系的稳定和发展，应该建立一个稳定、可预期和多元化的国际货币体系，更广泛地代表发展中国家以及落后国家的利益。应该着力改革金融体系，政策决策、执行应该更加民主、透明和法治，以此减少风险的产生。各国应该遵守为经济发展制定的全球性政策，反对贸易保护主义等。金砖国家呼吁发达国家为贫困和不发达国家提供实质的经济援助。

在政治领域：金砖国家达成应该继续以循序渐进、积极务实、开放透明的方式推动四国间的对话与合作。金砖国家间在政治制度、人

① 2008 BRIC Meeting，http：//www. brics. utoronto. ca/docs/080709 – leaders. html，2014 – 11 – 11.

口文化等方面存在着较大的差异，经济发展方式和水平也有一定的不同，金砖国家间应该求同存异、谋求共识，循序渐进推动金砖国家间的合作。金砖国家不能成为“闲谈馆”，各方应该从实际出发以务实的心态推动各国和世界的改革。金砖国家间不谋求霸权和联盟，而是追求共识与合作，以开放透明的方式为金砖国家以及世界的合作与发展贡献力量。

在环境和能源领域：金砖国家呼吁各国遵守已经达成的各项环境协议，履行自身作出的承诺，共同致力于环境污染的治理。会议强调应该加强能源保护，适度合理开发能源，采取合理措施保护能源安全。会议强调金砖国家应该加强彼此间的合作共促粮食安全，为不发达国家提供援助。

在反恐和教育领域：金砖国家有着反恐的共同需求，坚决反对任何形式的恐怖主义态度，反对欧美等国家干涉其他国家的内政和外交，强调和平解决国际争端。金砖国家间不同的文化和历史，为教育、文化和科技等方面合作提供了重要前提，会议认为应该加强金砖国家间的科研合作和教育合作，促进各国间的文化、学术和科技交流等各方面合作。

（四）意义及影响

首先，金砖国家在历史、国情、制度等方面虽存在较大不同，但在世界范围内面临的发展难题却是相似的。金砖国家首次峰会使中国、巴西、俄罗斯和印度领导人以共同挑战为基础，以共同的发展愿景为目标相聚在一个会议框架下。中国的发展面临着欧美日等国的压力，历史问题、国情问题等使中国需要寻求更多的国际支持拓展自身的发展领域，更好地应对挑战；俄罗斯面对北约的扩张以及欧美的压制由来已久，经济发展模式等面临很大的问题，与中国及印度两大国的合作能够更好地实现市场互补和战略互补，实现俄罗斯的振兴；巴西长期以来在国内军人干政、贫富分化等问题影响下经济发展持续低迷，虽然与中印俄相隔较远，但仍然是重要的合作伙伴；印度作为南亚和国际地区具有重要影响力的大国，历史发展和文化虽然与金砖国家其他方面有很大差异，但与中国和俄罗斯在经济和军事领域可以开展广泛的合作。金砖国家作为世界多极化的重要力量，其自身发展必然面临欧美其他国家的挑战，各国加强战略互信和合作，有利于共促发展、合作共赢。

其次，为金砖国家峰会继续发展和完善奠定了基础。第一次金砖国家领导人会议达成一系列的合作共识，创造了各国合作的原则和基石，巩固了各方共同的利益基础，为金砖国家执行一系列政策和进一步会议安排和计划提供了重要的方案。这次会议正式形成了金砖国家领导人会晤机制，并且在会议形式、会议安排、会议内容方面都有了经验可循。金砖国家在世界金融改革、反对恐怖主义等方面形成一定的共识，为逐步扩展到其他领域的合作提供了基础。第一次会议的顺利举行促进了金砖各国间的合作，以此为经验能够更好地解决实际问题。

第三，金砖国家领导人提出的一系列声明和共识为世界各国强化经济合作、解决金融危机提供了重要的支撑。金砖国家领导人第一次会晤是在金融危机发生并逐步波及全世界的情况下举行的，加之金砖国家大都是世界上经济发展最具有活力和潜力的地区，因此对相关问题的解决意义重大。叶卡捷琳堡峰会提出应该建立一个稳定、可预期和多元化的国际货币体系，着力改革金融体系，并从构建四国金融和货币新秩序等方面进行探讨，为世界经济发展的出路提供了新的思路。中国作为世界经济发展的“领头羊”，在世界经济秩序中逐步占有国际话语权。

第四，金砖四国领导人俄罗斯叶卡捷琳堡会晤是具有影响力的地区性大国进行合作并集体发声的重要案例，不仅强化了中国对外经济合作与市场发展，也有助于建立政治互信，宣传中国发展，为中国更好地参与全球化发展争取到更多的话语权。中国与日本、韩国、东盟某些国家因为历史、领土、美国等方面的原因，在经济发展方面存在不稳定因素，金砖国家间的合作与发展更好地拓宽了中国对外经济合作和市场发展，对中国经济安全和长远发展很有意义；中国积极参与金砖国家峰会并充分发挥自己的作用，为金砖国家和自身国际影响力的扩大贡献了力量。

二、金砖国家第二次峰会：巴西利亚会议（巴西）

（一）会议背景

1. 国际政治

2009 年第一次金砖国家峰会以来，大国关系深刻调整。俄乌“斗气”继续升级，俄美关系仍然冰冷，中日关系因历史问题而未缓和，中俄间逐步形成良好的合作关系，欧盟一体化发展缓慢。中华人民共和国建国 60 周年，经济社会发展迅速，各方面建设成就巨大，面临着新的机遇和挑战。

2. 世界经济

世界金融危机和经济危机的影响继续深化，印度和巴西受金融危机影响，俄罗斯受经济危机冲击，日本经济面临困难。中国仍然较快增长，引领世界经济复苏。美国出台财政刺激方案和货币政策。世界主要经济体股市从 2010 年 3 月份开始彻底反转，G20 推动国际金融体系新秩序的出现。①

在经济危机席卷全球时，发达国家遭受严重损失，新兴大国相对稳定，保障了世界经济运行及彼此合作的有序进行。金砖四国开始成为国际经济秩序的重要参与者甚至议程设置者，构成崭新全球治理景观。国际金融领域的合作增强了金砖四国间的信任，有利于在其他领域开展更广泛的合作。

3. 区域发展

欧美和日本及大多数国家处在经济调整的阶段，并逐步复苏。中国在经济危机中抓住时机采取合适的政策，避免了很多问题，成为带动东亚甚至世界经济发展的力量。世界主要新兴经济体间的合作为世界经济的发展注入了活力。

巴西、俄罗斯、中国、印度自从第一次会晤后积极展开制度化合作。各国继承了俄罗斯会晤的成果，逐步开展各方面的交流与合作。印

---

① Stuenkel, O. (2013). The financial crisis, contested legitimacy, and the genesis of intra-BRICS cooperation, *Global Governance*, 19 (4), 611 – 630.

度外交部长会见巴西总统卢拉，强调印度在“南南合作”的重要地位，倡议加快发展金砖国家合作。[①] 在第二次领导人峰会前，中印、中巴等金砖国家举行双边会议，对增强金砖国家间的信任和互惠发挥了重要的作用。在金砖国家领导人正式会晤前一天，巴西和中国对伊朗核问题表示关切。[②] 金砖国家虽然存在着不同的利益诉求，但能够搁置争议，为地区的稳定与和谐、世界的和平与发展做出贡献。

（二）会议经过

2010 年 4 月 15 日，金砖四国第二次正式会晤在巴西举行，巴西总统卢拉、俄罗斯总统梅德韦杰夫、中国国家主席胡锦涛、印度总理辛格出席。这次会晤在巴西外交部举行，由巴西总统卢拉主持，与会领导人重点就世界政经形势、国际金融改革、气候变化、金砖国家合作等议题交换看法，并发表联合声明。南非总统应邀参加会议，为“金砖五国”的形成提供了基础。[③]

会议期间相关的配套论坛包括：四国企业家论坛、银行联合体、合作社论坛、智库会议战略和安全代表会议等。同第一次会晤相比，这次峰会之前以及峰会期间的配套会议和论坛形式更加多样，内容涉及更加广泛，且更具有目标性和方向性。

胡锦涛指出，金砖国家在政治、发展、宗教、文化上虽不尽相同，却能悉心合作，顺应了和平发展、合作共赢的时代潮流。合作机遇非常难得，但也面临一些严峻挑战，应明确方向、积极推动。胡锦涛表示，金砖国家应该从战略高度明确合作方向，并对金砖国家的发展提出了许多建议和期望。[④]

---

① Krishna meets Brazil president ahead of IBSA summit-Thaindian News, http：//www. thaindian. com/newsportal/uncategorized/krishna-meets-brazil-president-ahead-of-ibsa-summit _ 100241385. html，2009 – 09 – 01.

② “Brazil，India，S Africa urge talks on Iran”，Presstv. ir，2010 – 04 – 16，Archived from the original on 2012 – 09 – 29，Retrieved 2010 – 08 – 11.

③ “金砖四国”领导人第二次正式会晤在巴西利亚举行，新华网，http：//news. xinhuanet. com/world/2010 – 04/16/c_ 1236474. htm，2010 – 04 – 16.

④ 金砖国家领导人历次会晤，http：//www. huaxia. com/xw/dlxw/2015/07/4473466. html，2015 – 07 – 07。

印度总理辛格呼吁在能源和粮食安全领域进行更密切的合作，充分发挥贸易和投资、科技和基础设施建设的作用，应该改革国际经济机制，以带来更具包容性的增长。他表示："期望我们一起合作，带来包容性的社会和经济发展。金砖四国包括世界上最大的能源生产国和消费国，我们可以在世界经济上游和下游领域展开合作，并在新能源和清洁能源技术方面开展合作"。①印度和中国同意给予彼此更宽松的市场准入标准，以促进贸易的互补合作。②

俄罗斯总统梅德韦杰夫认为，当前经济复苏势头仍然不够强劲，要推动国际经济和金融机构改革，加强国际社会合作，促进世界经济的稳定和发展。俄罗斯将积极支持金砖国家峰会的举行，并加强与金砖国家在各方面的合作。梅德韦杰夫认为，金砖四国是正在形成的能够做出具体决策的强大的全球性力量，未来合作前景广阔。

巴西卢拉总统认为，当前世界经济仍然没有完全好转，金砖国家应该在20国集团的框架内加强合作，促进国际金融体系的改革，各方应该加强在气候变化等问题方面的合作；应该反对贸易保护主义，带来更具包容性的增长。

（三）共识及协议

这次金砖国家领导人会晤讨论国际热点问题，并商定具体的工作举措，达成的共识更具建设性、务实性。③

在如何参与全球治理方面：金砖国家认为世界正在发生飞速的变化，凸显在各领域进行全球治理的重要性，推动多边外交以应对全球挑战刻不容缓，因此金砖国家的合作不仅符合发展中国家利益，也有利于打造更为和谐、安全的世界。

在世界金融及经济发展方面：虽然世界经济已逐步向好发展，但世界经济的恢复及稳健运行仍需各国通力合作，金砖四国肯定其他国家在

---

① President Hu dwells on China' s peaceful development at BRIC summit, http://news.xinhuanet.com/english2010/china/2010-04/16/c_13254233.htm, 2010-04-16.

② Analyzing BRIC Allocations: India Seems the Most Promising, http://seekingalpha.com/article/22313-analyzing-bric-allocations-india-seems-the-most-promising, 2006-12-13.

③ http://www.fmprc.gov.cn/chn/gxh/tyb/zyxw/t688360.htm.

世界经济发展中的重要作用，并为致力于建立合理的经济和金融秩序而努力，抵制贸易保护主义，全力支持俄罗斯加入世贸组织。同时兑现对发展中国家的援助承诺，防止金融危机对达成“千年发展目标”造成不利影响。

在农业、能源和减贫方面：金砖国家决议推广家庭农场等形式的农业改革，设立四国农业信息库系统。重申支持在提高能效方面加强国际合作，适当鼓励可持续地开发、生产和使用生物燃料，并就能源领域的培训、研发、咨询、技术转让等开展合作。金砖国家呼吁国际社会关注非洲、岛屿及发展中国家的贫困问题，采取必要协助。

在气候变化、恐怖主义、海地地震以及不同文明联盟方面：金砖国家认同各国签署的一系列气候变化协议，并坚持公平和“共同但有区别的责任”原则。谴责一切形式的恐怖主义，重申坚定支持地震中的海地人民。强调鼓励不同文明、文化、宗教和人群对话的重要性。

金砖国家间的合作形式日益多元，包括农业部长会议、安全事务高级代表会议、财长和央行行长会议、地方法官交流项目、发展银行会议、国家统计局长会议、国际竞争力大会、合作社会议、商业论坛、智库研讨会，以及四国发布联合研究报告、编纂金砖四国大百科全书等。合作形式更加丰富多样，而且更具针对性。

（四）意义及影响

中国对金砖国家合作遵循“循序渐进、积极务实、开放透明”原则，促成会晤达到以下效果：一是扩大战略共识，增强战略互信；二是协调全球性问题立场，促进世界经济复苏和可持续增长；三是推动务实合作，扩大和深化利益交汇点。[①]

对金砖国家来说，这次会晤进一步制度化、体系化，对金砖国家的合作与发展来说具有建设性的作用。在金融、农业、商业、智库等方面的进展，显示金砖国家间实事求是的合作态度，对进一步的具体合作提供了指导。第二次峰会同时举办其他配套会议，为各国进行具体合作提供了重要

---

① “金砖四国”领导人第二次正式会晤在巴西利亚举行，海南省外事侨务办公室，http：//dfoca. hainan. gov. cn/wsqbzw/gjwl/201004/t20100416_ 49083. htm，2010 - 04 - 16。

的平台，金砖国家逐步摸索出合适、有效和务实的合作方略。10月，巴西正式成为金砖国家组织的一员，使金砖国家更具代表性，也体现了金砖国家的包容性。金砖国家领导人两次会晤的成功举行对金砖国家峰会的制度化和体系化有重要的影响，促进了金砖国家峰会逐步走向成熟。

对世界发展来说，金砖国家平台促进了世界的多极化发展，对第三世界国家尤具意义。金砖国家作为发展中国家合作和交流的重要平台，对世界秩序的构建、世界的和平与发展起着重要的作用。金砖国家积极谋求发展中国家和第三世界的利益，促进世界经济的均衡发展，并呼吁国际政治和经济秩序的改革。金砖国家作为世界上具有国际影响力的重要经济力量，经济发展充满活力，合作前景广阔，为世界经济的发展助添了活力和动力。

对中国来说，第二次会晤促进了“南南合作”的发展。中国与金砖国家的合作尤其是中俄、中印间的良好合作，促进了地区大国间的信任与合作。胡锦涛出席会议期间访问拉美三国，加强了与其他国家的合作。这次峰会对化解国家的矛盾和冲突、实现共赢提供了新的选择。金砖国家为世界面临的冲突和问题提供了解决的方案和途径，也为金砖国家面临的一些矛盾和冲突提供了解决思路。中国以金砖峰会为平台，积极在国际事务中发声，扩大了中国的影响力。这次会晤决定金砖国家领导人第三次会晤将于2011年在中国三亚举办，这对中国是一个非常重要的机遇。

三、金砖国家第三次峰会：三亚会议（中国）

（一）会议背景

1. 国际政治

世界政治发展形势出现许多新热点，地区冲突逐步扩大，中东产生“多米诺骨牌”现象——2010年12月突尼斯局势开始动荡，全国多地相继发生大规模社会骚乱；2011年1月埃及多个大城市群众集会导致总统穆巴拉克下台；利比亚局势逐渐恶化，多国进行军事干预，导致卡扎菲时代结束。

巴西选举中罗塞夫当选，成为巴西历史上第一位女总统。朝鲜和韩国在2010年11月在争议地区交火，关系恶化。南北苏丹分离，武装冲突对中国造成一定的影响。世界政治面临新的不确定性，地区冲突和恐怖主义仍然是阻碍世界和平与发展的重要因素。

2. 世界经济

世界经济发展面临新的问题。世界经济危机的影响逐渐弱化，各国经济开始复苏，但一系列国际政治事件的发生导致世界经济出现一定的波动。利比亚等国的政治动荡导致国际油价出现变化，进而导致金价和股市波动。

中国在防通胀、扩内需、调结构等方面逐步做出调整，经济发展充满活力。2010年，中国成为世界第二大经济体，与美国并肩为世界经济发展的两巨头。

3. 区域发展

上海世博会推动中国走向世界，给世界展示了中国的形象。中美战略与经济对话促进了中美政治互信和经济合作。金砖国家间的合作充满动力和希望。中俄友谊逐步加深，政治互信、经济合作开展更顺利；中国与东盟国家间的合作逐步深化，双方经济合作开展顺利。

金砖国家峰会2011年在三亚召开，这对中国、东亚、金砖国家以及世界的发展都是十分重要的事件。对中国来说，这次会晤对中国具有标志性意义，这是中国首次主办金砖国家领导人会晤，为中国的国际发展与合作提供了新的机遇。这也是南非加入金砖国家后的首次峰会，南非同为新兴市场中最具代表性的国家，成为金砖国家一员使之如虎添翼，“BRICS Leaders Meeting”品牌逐渐打响，金砖国家代表新兴经济体成为国际合作舞台上的生力军。①

三亚会晤就合作模式创新、内涵拓展等进行探讨。金砖国家成员国相互信任，展开合作，与一些质疑和反对的声音作斗争，最终使金砖国家成为稳定发展的合作机制。三亚峰会是在世界新情势下举行的峰会，是全球治理转型时刻举行的峰会。②

---

① 中国前驻俄大使：金砖国家扩员后首聚将规划机制发展，中国网络电视台。

② 金砖国家三亚峰会：为了更加均衡的世界，新华网，http://news.xinhuanet.com/world/2011-04/12/c_13825247.htm，2011-04-12.

（二）会议经过

中国自改革开放以来经济实现腾飞，综合国力显著提升。中国发展模式在世界上引起许多的争论，有人将其称为“中国模式”。

中国运用政府的监管调整经济发展中出现的问题，规避一定的风险，在世界经济体系中能够把握好方向和目标。中国的经济发展为世界经济的发展做出了巨大的贡献，同时中国经济发展的新模式也吸引了全球的目光，各国也希望到中国“取经”。

中国作为金砖国家合作机制的轮值主席国，不仅在轮值期内将南非纳入金砖国家这个平台之中，还积极准备金砖国家领导人三亚峰会的召开。在巴西第二次领导人会议所发表的声明中，中国已决定举办峰会，并得到其他国家的大力支持。

4 月 13 日会晤之前，金砖国家先就双边关系发展等问题交换意见。世界新兴经济体领导人聚集华南，被视为“发展中国家的 G5”，也显现金砖国家寻求全球体系中更大话语权的决心。4 月 14 日上午，金砖国家领导人第三次会晤在三亚市举行，与会国家领导人留下金砖国家扩编后的第一张合照。

三亚会晤的主题是“展望未来、共享繁荣”，探讨世界经济、国际发展以及如何深化金砖合作。[①] 正式会晤期间，各国领导人充分坦诚地交换对各种问题的看法，为金砖国家以及双边多边关系的发展提供了一个良好的机会。南非总统祖马表示，南非为金砖合作机制添加了一个新的特征，将贡献新的发展力量。[②] 俄罗斯、巴西元首也肯定金砖机制有利于世界的发展和进步。[③]

除领导人会晤外，中方还平行举办了金砖国家智库会议、金砖国家银行合作机制年会暨金融论坛、金砖国家工商论坛和金砖国家经贸部长

---

① 金砖国家领导人第三次会晤开幕，中新网，http：//www.chinanews.com/gn/2011/04-14/2971780.shtml，2011-04-14.

② Carmody，P.，Another BRIC in the wall? South Africa's developmental impact and contradictory rise in Africa and beyond. *The European Journal of Development Research*，24（2），2012，223-241.

③ 印度总理：期待在中国与金砖国家领导人会晤，http：//www.fmprc.gov.cn/ce/cein/chn/ssygd/bric/t814614.htm，2011-04-12.

会议等四场配套活动。

（三）共识及协议

俄罗斯总统梅德韦杰夫表示，“我们采取的行动应当加强联合国作用，促进尊重和有效实施联大和安理会做出的所有决议”。[①] 金砖国家倡导发挥联合国的作用，推动相关决议的实施，促进世界的和平与发展。

金砖国家领导人希望和平解决利比亚危机，并对非洲局势动荡表示关切，这是金砖国家首次就重大国际政治事务联合表态，表明金砖国家不再仅是经济力量，在国际政治领域也应享有更多的发言权。[②] 经济基础决定上层建筑，金砖国家具有活力和影响力的经济促使其关注并且在国际事务中发挥重要作用，为世界和平与多极化的发展提供了途径。金砖国家就重大国际政治事务联合表态也表明这个合作平台越来越具有政策执行力。

金砖国家在维护世界和平、推动全球经济增长、加强多边合作等方面发挥了重要作用。金砖五国在 2011 年同时担任联合国安理会成员，有利于就和平与安全问题紧密合作。由此可见，金砖国家是非常具有影响力的国际和地区性大国。

鉴于粮食、能源等大宗商品价格波动带来的经济发展风险，金砖国家支持发展可再生能源。金砖国家支持非洲国家在“非洲发展新伙伴计划”框架下推进基础设施建设和工业化进程。金砖国家积极应对气候变化，重申反对恐怖主义的立场，努力合作开发新能源。

随着领导人峰会的逐步体系化、制度化，金砖国家的行动也更加明确。这次峰会不仅通过了《三亚宣言》，而且在具体政策、活动执行方面还核准了“行动计划”。“行动计划”主要涉及三个部分：第一，继续巩固安全事务高级代表会议、联合国安理会期间外长会晤、农业合作会议等会议成果；在中国举办国家统计局局长会议、第二届国际竞争大

---

① http：//www. chinadaily. com. cn/micro-reading/mfeed/hotwords/20110415758 _ 1. html，2011 -04 -15.

② 巴西媒体热议金砖国家峰会，http：//www. hq. xinhuanet. com/focus/2011 -04/15/content_ 22536127. htm，2011 -04 -15.

会、智库研讨会、工商论坛、合作社论坛会议，尝试发布联合统计手册等。第二，开拓首届“金砖国家友好城市暨地方政府合作论坛”、卫生部长会议，联合开展经贸研究和学术项目。第三，在领导人峰会共识领域开展合作，加强体育文化、绿能经济、高层会议等方面的合作。①

《三亚宣言》及“行动计划”的形成有重要意义：第一，这是金砖国家间的共识性成果。宣言及“行动计划”是这次峰会最重要的文本成果，反映了金砖国家在各领域的共识。第二，详细的发展规划和目标显示明确的合作方向。宣言和“行动计划”对金砖国家的下一步合作都提出了具体的意见和建议，明确了接下来金砖国家合作的方向和目标。第三，具有可操作性的宣言和“行动计划”标志着金砖峰会的体系化和制度化。不断具体化和可操作化的宣言和“行动计划”为金砖国家的发展提供了具体建议，促进了金砖国家的进一步合作。

（四）意义及影响

第一，对金砖国家而言，南非的加入对金砖国家组织代表性提供支撑，为金砖国家的发展壮大提供了新的活力。“金砖四国”从此变为“金砖五国”，并正式更名为“金砖国家”，在一定程度上代表了亚洲、欧洲、美洲、非洲具有地区影响力的大国，这对金砖国家这个合作机制而言具有重要的意义。金砖国家合作机制的不断成熟，将有利于金砖各国的交流、合作与发展。这次峰会获得了国际社会的广泛关注，对提高各国以及金砖国家的国际影响力有非常重要的作用。

第二，对中国而言，作为世界上第二大经济体，在世界经济舞台上具有举足轻重的地位，中国作为金砖国家会晤的主办国有助于金砖国家的世界影响力进一步提升。中国成功举办金砖国家峰会，进一步扩大中国与金砖国家间的合作，给中国经济带来新的活力，也有利于增强中国的国际影响力。这次峰会达成的宣言和“行动计划”为中国和金砖国家以及其他国家的发展提供一定的方向指引，有利于继续增强中国经济增长的活力。

---

① 金砖国家领导人第三次会晤《三亚宣言》（全文），新华网，http：//news. xinhuanet. com/politics/2011－04/14/c_ 121304907. htm，2011－04－14.

第三，对世界而言，金砖国家峰会为世界许多问题的解决提供了新的思路，金砖各国的发展经验为世界各国进行方向和道路指引，促使世界走向经济发展和合作共赢的道路。金砖国家作为发展中国家的重要代表，更加关注国际秩序的平等和第三世界国家的利益。金砖国家峰会成功的合作模式促使其他国家和国际组织仿效，为世界的发展增添了新的机遇。

四、金砖国家第四次峰会：新德里会议（印度）

（一）会议背景

1. 国际政治

21 世纪进入第二个十年之后，世界并不太平。2011 年席卷西亚北非的“阿拉伯之春”并没有给各个国家带来所期望的民主，而是在西方发达国家干预下陷入战乱和纷争的局面。伊斯兰主义复兴在多国赢得选举，占据国家意识形态主导地位。叙利亚和伊朗还处于胶着状态，中东乱局仍然无解。

2012 年是举世瞩目的选举年，全世界多达 58 个国家的领导人进行换届选举，这些国家内外政策可能发生一定程度的改变，世界形势更加复杂多样。美国开始战略转向，“重返亚太”使亚洲局势更加复杂，中国与周边国家包括日本、菲律宾、越南等国的关系呈现紧张。普京赢得大选，个人魅力风靡俄罗斯。中国与俄罗斯关系更加稳固。

2. 世界经济

欧洲债务危机持续发酵，经济继续低迷，希腊等国出现破产，欧盟一体化陷入严重的困境。美日经济低速增长，中东欧、拉美以及亚洲新兴经济体经济增长下行压力明显。全球贸易冲突增多，发达国家失业率较高，全球通货水平总体较低。

金砖国家的经济发展因世界形势的影响，出现一定程度的增速下滑，但总体增长强势，经济发展处于不断上升的趋势。2012 年中国经济增速达 7.8%，在世界范围内发挥重大影响力。

3. 区域发展

后冷战时期，美国充当“世界警察”的角色使中美、中俄在亚洲、中东欧、中东地区面临着一定的冲突。中东局势出现新的不确定变化，非洲部分国家和地区政局混乱。亚太地区局势更趋复杂，中国与周边国家冲突不断增多，美国等势力对亚洲事务进行过分干预。

欧盟一体化发展缓慢，经济持续低迷；东盟经济合作较好，但领土问题等造成合作之路漫长。中日韩经济合作由于美国、历史和领土等问题出现一定的困境。金砖国家发展良好，但许多国际组织和地区联盟发展出现困境。

金砖国家领导人第一次会晤在世界大国俄罗斯举行，为金砖国家机制的形成提供了基础。第二次会晤在拉丁美洲大国巴西举行，对金砖国家进一步制度化发挥了重要的作用。第三次会晤在第二大经济体、文明古国中国举行，南非的加入为金砖国家注入新的发展活力和动力。第四次会晤在世界经济脆弱复苏、可持续发展和气候日益重要的背景下于印度举行。金砖国家关注中东和北非局势，希望以建设性方式应对挑战，维护全球和谐发展。①

（二）会议经过

峰会前夕，3 月 28 日金砖国家工商论坛、金砖国家银联体合作机制年会及金砖国家经贸部长会议率先开展，各国相关负责人纷纷表示将共同致力于金砖国家间的稳定、安全和繁荣的伙伴关系。

印度作为南亚区域大国和具有影响力的世界大国，近年在国际事务中发挥越来越重要的作用。印度经济发展速度虽然不及中国，但在世界大国中较为快速，并且发展活力和持久力强，在国际社会中越来越具影响力。中印间面临不少困境、矛盾和问题，但也存在很大的共同利益，这为中印经济合作及其他方面的合作奠定了基础。

2012 年是非常关键的一年，在“超级选举年”表露出金砖国家合作的勇气、信心以及共识，对世界各国理解金砖国家具有建设性意义。

---

① 金砖国家领导人第四次会晤《新德里宣言》（全文），http：//www. fmprc. gov. cn/ce/cedk/chn/gnss/t918949. htm，2012－03－30.

3月29日，金砖国家领导人第四次会晤在印度新德里举行。会议围绕“金砖国家致力于全球稳定、安全和繁荣的伙伴关系”之主题进行讨论，并发表《新德里宣言》，研拟成立金砖国家开发银行，明确提出全球治理改革的诉求，并签署两项旨在扩大金砖国家本币结算和贷款业务规模的协议，以促进金砖国家贸易和投资便利化。[①]

(三) 共识及协议

在热烈友好的气氛中，这次会晤围绕“金砖国家致力于全球稳定、安全和繁荣的伙伴关系”的会议主题进行讨论。金砖国家间的相互合作是世界秩序走向稳定和繁荣的重要途径之一，各国本着求同存异的方针，规避相互间的矛盾和风险，逐步实现伙伴关系的建立。

金砖国家认为发达国家应采取负责任的宏观经济和金融政策，并对国际货币基金组织份额和治理结构改革进展缓慢表示关切；呼吁国际货币基金组织的监督架构更为完整，反映了金砖国家追求世界多极化和世界和平与稳定的努力，希望国际组织能够代表最广大的国家的利益，而不是成为少数国家的工具。

金砖国家探讨建立开发银行的可行性，以利于为发展中国家及金砖五国本身的基础设施和发展项目筹募资金，补充现有多边和区域金融机制的不足。[②] 这个想法最初是由印度提出来的，在峰会上进行了讨论，并决定在今后的合作与交流中付诸实践。

俄罗斯加入世界贸易组织，并于2013年担任20国集团主席国，被视为金砖国家发展的利多。为进一步加强彼此经贸关系，金砖国家开发银行完成《金砖国家银行合作机制多边本币授信总协议》和《多边信用证保兑服务协议》，对金砖国家贸易和投资合作具有实践意义。

在印度协调下，第一份《金砖国家经济研究报告》发表，《金砖国家联合统计手册》则是统计部门的协力成果。这些出版品既来自各方交流，也为合作指出具体方向。此外，扩大文教、青年、旅游和体育领域

① 复旦大学金砖国家研究中心、金砖国家合作与全球治理协同创新中心编《金砖国家研究》（第一辑），上海人民出版社，2013年，第267—268页。

② Kenn Klomegah, Kester (23 March 2012). “BRICS bank could change the money game”, Al Jazeera, Retrieved 29 March, 2012.

的人员交流等一系列行动体现了金砖国家间的务实合作。

对中东和北非地区冲突、叙利亚局势、伊朗问题、阿富汗问题、恐怖主义等，金砖国家代表自身和广大发展中国家的利益，为这些问题的和平解决提供政策建议，在重大国际问题上发出了自己的声音。

对气候变化、贫困、能源、农业、城市化、公共卫生问题、绿色经济、可持续发展问题，金砖国家希望通过在机制内部的对话进行更为广泛的探讨，更好地因时因地处理和解决这些问题。

巴西、俄罗斯、印度与中国对南非提出主办 2013 年第五次峰会表示感谢，可知金砖国家领导人会晤已经成为了常规性的会议，并有各个国家的广泛参与。

金砖国家第四次会晤除了达成相关共识外，还制定了相关的行动计划，即“新德里行动计划”。“新德里行动计划”是非常务实的计划，拟在下次会议时进行反思。该计划主要包括金砖国家在各种国际会议期间举行会晤，召开农产品和粮食安全问题专家预备会议及第二届农业合作专家工作组会议，举行第三届金砖国家农业部长会议、金砖国家安全事务高级代表会议、第二届金砖国家科技高官会议、第二届金砖国家卫生部长会议、协调人及副协调人中期会议、经贸联络小组中期会议、首届金砖国家城市化论坛及第二届金砖国家友好城市暨地方政府合作论坛、第三届金砖国家国际竞争大会、财政部门会议，并举行专家会议讨论新的开发银行问题，开拓能源、学术、青年、人口等领域的新合作项目。“新德里行动计划”成为金砖国家进行务实合作的重要参考，为金砖国家从实践上进行合作提供了良好的蓝本，对金砖国家的进一步发展和合作提供了重要的方向。

金砖国家关注议题有三个特点：第一，关注广泛，涉及政经、社会、安全、能源、反恐等多个方面，范围非常广泛；第二，讲求务实合作，能够就实际现状和问题提出一系列可操作的举措，促进相关问题的解决，如呼吁改革国际金融体系、坚决反对恐怖主义等；第三，建立共识，共同致力于相互间的合作发展，求同存异，致力于建设广泛的共同利益。

金砖国家达成的会议共识和关注的相关议题具有重要的意义。第一，金砖国家探讨建立金砖国家开发银行的可能性，促进金砖国家贸易和投资合作。《金砖国家经济研究报告》的发表，标志着金砖国家峰会务实不务虚，从实际问题出发探讨解决问题的可能性，不是对世界其他国家和组织抱有过高的期望，更重要的是从自身的角度解决问题。第二，针对中东和北非地区冲突、叙利亚局势、伊朗问题等提出了金砖国家的建议，充分代表了广大发展中国家的利益诉求。第三，一系列共识和行动计划的提出反映了金砖国家峰会更加体系化、制度化，将越来越具有全球影响力。

(四) 意义及影响

金砖国家领导人新德里会晤继承前几次会晤的成果，并根据各国和世界现阶段的实际问题进行探讨，标志着金砖国家合作逐步走向成熟，金砖国家峰会成为一个具有国际影响力的品牌。

对金砖国家而言，金砖峰会已经成为制度化的会议，成为金砖国家间交流与合作的重要平台，金砖国家在各领域开展合作，为各成员国的发展提供了良好的动力。这次会晤继续关注金砖国家开发银行，这是继承和发展了之前峰会成果；对国际货币基金组织份额和治理结构改革等持续关注并推动其改革成为金砖国家的一个重要使命；金砖国家在各领域达成的共识及共同推出的“行动计划”，为各国开展务实的合作提供了目标、方向和动力。

对中国而言，金砖峰会扩宽了中国的贸易市场，加深了与其他国家的合作。金融危机爆发后，尤其美国“重返亚太”的战略出台以来，中国与周边国家出现一定的紧张关系并导致经济合作出现问题。通过这次金砖峰会，中国扩展了自己的贸易市场，与世界更广泛的国家建立了更密切的经济联系，既促进了中国的经济发展，也加深了与其他国家的合作。

对世界而言，金砖峰会召开的次数、达成的共识及其影响力已经使世界不得不开始关注这个新兴的平台和组织。金砖峰会对世界的政治、经济秩序改革，世界环境问题、能源问题等解决，发展中国家和第三世界国家的利益诉求都进行了一定的反馈，并提出了具体的、具可操作性的策略，促进了世界秩序的公平、正义及世界的和平与发展。

五、金砖国家第五次峰会：德班会议（南非）

(一) 会议背景

2013 年 3 月 26—27 日，金砖国家峰会在南非风景如画的海滨城市德班召开。这次会议是第五次金砖国家峰会，也是首次在南非举办的金砖国家峰会。2012 年在印度新德里举办的第四届金砖国家峰会中，南非总统祖马提议在南非举办第五次金砖国家峰会，并得到金砖国家领导人的认可和响应。这次峰会也是习近平作为中国领导人首次参与金砖国家峰会。

1. 国际政治

20 世纪末期苏联解体后世界政治格局向多极转变，美国依然保持超级大国的雄厚实力，但金砖国家也被视为潜在的多极力量，与美国、欧盟、日本等西方发达经济实体鼎立，在维护全球政治生态平衡中地位重要。其中，俄罗斯和中国是世界大国，印度、巴西、南非等国为重要的区域性国家，在世界和区域范围内具有广泛的影响力。

2. 世界经济

2007 年美国华尔街次贷危机爆发，对全球经济体造成很大冲击，美国、欧盟和日本等发达经济体经济增长放缓，甚至呈现负增长，而金砖国家经济增长迅猛，受到世界各国与国际机构的广泛关注，被期待为复兴全球经济的重要力量。中国、巴西、印度、俄罗斯和南非等国自然资源丰富、人力资源充沛并具有一定的科技实力，在全球的经济发展产业链上日益凸显其重要的地位。

3. 区域发展

金砖国家成员国是其所在区域的重要政治与经济力量，而非洲经济最落后的形象也在逐渐改变，近年非洲国家经济持续增长，增速高于世界平均水平。非洲各国渴望在世界政治上改变劣势地位，企望在世界政治中拥有一席之地。金砖国家与非洲各国既有一定的相似性，也有不可估量的合作潜力，而南非作为非洲经济最发达、政治影响力最大的中等强国，无疑将成为金砖国家与非洲国家合作的落脚点。

(二) 会议经过

1. 会议预备

在第五次峰会前夕，金砖国家财长和央行行长会议先在南非德班召开。各国行长、财长以金砖国家面临的经济金融形势及未来将面临的挑战为主题展开讨论，一致认为金砖国家虽然经济状况好于世界平均水平，但应注意发达经济体宽松货币政策对发展中经济体的影响。这次会议为金砖国家发展银行和金砖国家外汇储备库的成立做了充足的舆论准备。中国人民银行行长周小川直言成立金砖国家外汇储备库的重要性，并与巴西央行行长和南非央行行长分别签署《中国人民银行与巴西中央银行人民币/巴西雷亚尔双边本币互换协议》和《中国人民银行代理南非储备银行投资中国银行间债券市场代理投资协议》，深化了中国与其他金砖国家的经济金融合作。

与此同时，对金砖国家的研究也在金砖各国的学界悄然展开。2013年3月11日，南非德班大学举办金砖国家智库论坛并着手建立"金砖智库委员会"，根据计划其成员来自金砖五国，并将承担金砖国家间广泛的学术交流任务。中国复旦大学于2012年成立金砖国家研究中心，并与清华大学、四川大学等高校共同成立"金砖国家合作与全球治理协同创新中心"，致力于培养研究和通晓金砖国家的通才。同时，中国高校和研究机构也与俄罗斯、印度、巴西、南非的著名大学组建金砖国家联盟。

2. 会议举行

金砖五国领导人在这次峰会上都做了重要的发言，中国国家主席习近平强调和平、合作、发展、共赢是金砖国家的共同理想，指出金砖国家在经济、政治、基础设施建设上和彼此间人员往来上还大有潜力可挖。南非总统祖马宣布成立金砖国家工商理事会，以推动金砖国家间广泛的经贸和商业联系。

(三) 共识及协议

这次峰会以"金砖国家与非洲：致力于发展、一体化和工业化的伙伴关系"为主题，得到非洲国家的关注。金砖国家和非洲国家均为发展中经济体，经济发展势头在世界范围内被广泛看好，金砖国家与非洲国家及其他发展中经济体往来频繁、文化交流日益增多，迫切需要更多的沟通和协调渠道。

这次峰会通过《德班宣言》，宣示积极推动金砖国家和非洲国家的合作，并支持以非盟为代表的非洲区域一体化，强调非洲区域一体化的进程对非洲的可持续发展和消除贫困的重要意义；并在“非洲发展新伙伴计划”的框架下，支持非洲贸易多样化、工业化及改善国内基础设施的努力。《德班宣言》的签署不仅标志金砖各国关系的深化，同时也标志着金砖国家和非洲国家交流的进一步深化。《德班宣言》对2013年发生在刚果（金）、马里和中非的政治动荡和内战也表达了关切，但并没有过多地做政治性的评述。同时，德班峰会也对日趋紧张的叙利亚局势表达了关切。[①]

在这次峰会中，成立新开发银行（泛称“金砖国家发展银行”）和金砖国家货币储备库的提议得到了参会领导人的广泛认可，成立银行旨在从金砖五国筹集约1000亿美元的资金，主要用于投资改善金砖国家间的资金和贸易往来，大力支持金砖国家基础设施建设并为发展中经济体改善国内基础设施的努力提供资金支持。[②] 该银行的成立可以帮助金砖国家运用自身力量抵御经济不景气，并在美日欧等发达经济体主导下的全球经济和货币体系中掌握一定的话语权。会议决定将金砖国家发展银行的总部设在中国上海，在南非约翰内斯堡设立非洲分部。值得一提的是，该银行的高管均为金砖国家人士。正如金砖国家发展银行被广泛认为是世界银行的补充，金砖国家外汇储备库被认为是国际货币基金组织的补充。国际货币基金组织对广大发展中国家援助不力及其所附带的严苛条件曾使很多发展中国家望而却步，因此成立金砖国家发展银行和金砖国家外汇储备库在很大程度上顺应了国际社会的期许。

(四) 意义及影响

金砖国家德班峰会取得的一系列成果涉及经贸、基础设施发展、反

---

① BRICS Information Center, Joint Statement of the Fifth BRICS Summit in Durban, www. cfr. org, March 27th, 2013.

② 周强武：《全球财经视野——2013年国际财经周记》，中国财政经济出版社，2014年版。

恐、教育和金砖国家与非洲国家合作等诸多层面，极大地推动了金砖国家间互动的深化。同时，作为第一次在非洲举办的峰会也标志着包括中非关系在内的金砖国家与非洲各国的互动进一步加深。金砖国家积极主动地开展与非洲国家的合作，寻求参与非洲国家的经济发展与和平进程。这表明金砖国家在推动五国相互合作立场的同时，也积极发挥作为世界重要经济和政治力量的影响力。而峰会在南非的举办则为南非成为金砖国家正式成员国做好了铺垫，这标志着金砖国家将遍布世界五大洲。再者，在德班峰会中金砖国家领导人提议设立新开发银行和金砖国家应急外汇储备的设想也完全符合当今国际形势。

六、金砖国家第六次峰会：福塔莱萨会议（巴西）

(一) 会议背景

继 2010 年第二次峰会在巴西首都巴西利亚召开之后，2014 年第六次金砖国家峰会再次在巴西召开，这次峰会召开的地点为巴西东北部著名海滨城市福塔莱萨。金砖国家第二次峰会在巴西召开，凸显巴西作为金砖国家一员在世界经济体系中的重要性。巴西是唯一位于西半球的金砖国家，也是拉丁美洲领土面积最大、人口最多、国力最强、自然资源最丰富的国家，与中国贸易往来颇多。

1. 国际政治

2013 年中国实力快速增长，经济总量超过其他金砖四国的经济总和，国际政治结构在很大程度上朝着中美两极格局发展，中国在双边和多边舞台上施展着越来越大的影响力。同时，由于乌克兰危机爆发，世界大国展开新一轮的较量，美国和欧盟针对俄罗斯进行制裁。而恐怖组织“伊拉克和黎凡特伊斯兰国”在中东乱局中的兴起对全球安全形势产生新的挑战，世界各国反恐形势不容乐观。

2. 世界经济

2008 年金融危机后，金砖国家经济发展放缓，进入“阵痛阶段”，各国产业升级换代也遭遇不小的阻力，但经济形势依然好于发达经济体，其高速增长的经济为全球经济发展的贡献率超过 50%，金砖五国的经济总和已超过世界经济总量的20%。但受困于西方发达国家主导的国际经济体系，金砖国家在世界经济金融界的影响力依然不够强大。

3. 区域发展

拉丁美洲是除南极洲以外最为偏僻的大陆，从拉丁美洲出发前往世界其他大洲路途遥远，长期被美国视为后院，其发展很大程度受制于美国。即使巴西、阿根廷和墨西哥等已经成长为区域大国和中等强国，美国的影子仍然无处不在。拉丁美洲需要在区域发展道路上迈出自主的一步。

2014年福塔莱萨峰会是金砖国家峰会第二次在巴西境内召开。峰会期间，包括中国在内的金砖国家与拉美各国广泛交流，拉美各国也趁机与金砖国家展开合作。拉美各国与同为发展中经济体的金砖国家开展往来，进一步体现了“南南合作”的代表性。

(二) 会议经过

1. 会议预备

在这次峰会上，各国领导人受巴西总统迪尔玛·罗塞夫之邀前往观看2014年巴西世界杯足球比赛，作为首次参与金砖国家峰会的印度总理莫迪提及体育在连接世界各国上起到重要作用，认为体育竞技中的竞争与合作同样适用于国际关系。虽然金砖各国步伐各异，但在“能做什么就做什么”的务实原则下保持某种程度的契合与热络。① 主办国巴西作为金砖国家的重要成员国被称为“未来之国”，不仅举办金砖国家峰会得到各国家领导人的赞赏，而且还成功举办2014年世界杯足球赛，为巴西进一步施展地区和世界影响力做了铺垫。

2. 会议举行

中国国家主席习近平在这次峰会上发表重要演讲，强调金砖五国虽然相距遥远但在发展道路上有着极其相似的志向与追求。金砖国家间通过发挥各自优势进行开放包容合作的精神正是国与国间，尤其是大国与大国间进行合作所需要的，而合作不外乎为加强经济合作、推动经济发

---

① 刘学邦：《资源概略：掌控世界经济的产业》，蓝天图书，2015年版，第178—179页。

展、塑造良好的外部环境以及提高道义在世界范围内的感召力。他重申，中国的发展将朝着更加包容开放和更加优质的方向发展。

在福塔莱萨峰会上，智库的重要作用被提升到一个新的层面。会议前夕，第三届金砖国家智库理事会会议和第六届智库论坛相继召开，包括学界和高校在内的政府及民间智库合作有助于金砖国家活用智库资源做出双赢和多赢的合理决策，尤其智库研究成果的共享可以为金砖国家成员国间求同存异面向未来做好文化和智力上的铺垫。

(三) 共识及协议

福塔莱萨峰会主题为“包容性增长的可持续解决方案”，可见国际场合对可持续发展的探讨屡见不鲜。金砖国家探讨的问题也从内部事务上升到全球事务的层面，这也是福塔莱萨峰会所取得的重大进步。

在会后发表的《福塔莱萨宣言》里，金砖国家领导人认为以联合国为中心的多边主义有助于维护世界的和平和增进各国的互利共赢。在福塔莱萨峰会，金砖国家与南美各国领导人开展多边对话，金砖国家赞同南美联盟在推动南美一体化上所发挥的重要作用，一致表达对南美一体化的支持。中国与金砖国家领导人在峰会会晤也成为常态，中国国家主席习近平与多位南美国家领导人会晤后提出设立中国—拉丁美洲国家共同体，这对推动中国与包括巴西在内的拉美国家深化合作意义非凡。① 会议前夕，习近平和印度总理莫迪举行会晤并相互邀请访问对方国家，深化了中印外交互信，中印领土争端以及投资贸易往来获得突破性的进展，这无疑是中印间求同存异的积极信号。②

由于前次会议已对成立金砖国家发展银行和设立金砖国家储备货币达成一系列共识，金砖国家间在经济、金融和基础设施建设等战略议题的合作上得到深化。《金砖国家出口信贷保险机构备忘录》和《金砖国家银行合作机制创新合作协议》的签署，标志金砖国家合作更上一层

---

① 何亚非：《全球治理与中国的历史选择》，香港中华书局，2015 年版，第 224 页。

② Shannon Tiezzi，First Xi-Modi Meeting Sets Tone for China-India Relations：The first meeting between Xijinping and Narendra Modi continued to positive momentum in China-India relation，*The Diplomat*，July 15th，2014.

楼，为金砖国家贸易往来创造了良好环境。[①] 对于西方发达经济体主导的国际组织，金砖国家也表达了自己的看法，首先对国际货币基金组织（IMF）无法落实改革方案表达失望，其次表达对世界银行更加民主化、多边化的深切关注，接着对世界贸易组织（WTO）和联合国贸易发展会议在维护世界贸易正常运行中所发挥的作用表示肯定。

(四) 意义及影响

福塔莱萨峰会以经济议题为重心，广泛讨论诸多涉及金砖国家经济发展和世界经济复苏的议题。会议肯定了在全球经济形势低迷、西方发达经济体经济增长疲软情势下，金砖国家在稳定全球经济形势、创造就业机会和减少贫富差距上做出的重要贡献，并认为未来世界经济增长将依靠包括金砖国家在内的发展中经济体。针对经济议题，金砖国家领导人一致商议在未来五年中将金砖国家的经济水平在现有的 GDP 水平上提高 2%，这无疑是全球经济发展的强心剂。

印度、巴西、南非等国近年一直寻求成为联合国常任理事国，而中国和俄罗斯作为联合国的创始会员国和常任理事国也表示支持。金砖五国对联合国在维护国际秩序和世界和平中所起到的中流砥柱作用表示赞赏，同时建议在人权理事会框架下开展人权合作与对话，规避在人权问题上的双重标准。

福塔莱萨峰会对诸多国际热点问题表达了关切，这些问题包括乌克兰局势、几内亚比绍的民主进程、尼日利亚奇博克镇被恐怖组织“博科圣地”所绑架的妇女儿童以及马里、刚果和中非境内所发生的政局动荡、民众流离失所情况，也包括发生在叙利亚、伊拉克、阿富汗和巴勒斯坦等国家和地区的动荡和冲突。福塔莱萨峰会广泛讨论恐怖主义问题，强调在国际范围进行合作以防范恐怖主义的扩散，尤其是在金砖国家相互合作和资源共享的机制内进行反恐合作。需要注意的是，这次峰会还对网络犯罪问题进行深刻的讨论，认为网络犯罪对各国造成伤害。

作为世界上物种资源最为丰富的国家，巴西在维护全球生态平衡和生态多样性上影响重大。巴西被称作“地球之肺”的亚马逊热带雨林

---

① 阮宗泽：《中国梦的全球经纬》，中华书局，2015 年版，第 145 页。

所覆盖，但近年因利益驱使，巴西境内滥砍乱伐现象日趋严重，亚马逊热带雨林面积以每天一个足球场的面积缩小，形势不容乐观，同样的情形在很多发展中经济体上演，印度尼西亚、刚果等国也遭遇热带雨林面积大幅度减少的生态危机。俄罗斯、中国、印度和南非等国也面临着严峻的环境问题，中国和印度的空气污染导致大范围的雾霾现象，俄罗斯的亚寒带针叶林面积急剧缩小。因此，这次峰会针对生物多样性、气候变化和普及使用清洁能源进行广泛的讨论，会后发表的《福塔莱萨宣言》重申《生物多样性公约》《联合国气候变化框架公约》等国际性协定书为维护可持续发展提供了有效的框架。

与此同时，一些被广泛关注的社会问题在福塔莱萨峰会上也得到重视和讨论，实现全民教育、推动人口红利、打击腐败、鼓励文化可持续发展及加强金砖国家农业合作等问题都得到一致的认可。虽然这些问题似乎没有得到有效地落实解决，但金砖国家的探讨在社会进步和人类福祉上仍有所作为。

第六次福塔莱萨峰会为金砖国家合作的实质性突破树立了典范，基于第五届德班峰会金砖各国领导人所达成的共识，新开发银行（金砖国家开发银行）和金砖国家外汇应急储备宣告成立。以简化金砖国家间国家结算和贷款业务为目的，以方便成员国间投资与贸易往来为主旨的新开发银行和金砖国家外汇应急储备，将使金砖国家在动荡的全球经济中减少受到低迷的美元的影响，树立了“南南合作”的典范。

七、金砖国家第七次峰会：乌法会议（俄罗斯）

(一) 会议背景

2015 年俄罗斯成为金砖国家组织的主席国，同年第七届金砖国家峰会在俄罗斯黑海沿岸海滨城市乌法举行，这是继 2009 年第一届峰会在叶卡捷琳堡举办后俄罗斯第二次承办金砖国家峰会。这次峰会的召开正值二战结束及联合国创办 70 周年，作为二战中同盟国重要成员，俄罗斯特别强调在联合国的框架和体系内积极维护世界和平的重要意义。俄罗斯为跨越亚欧的世界性大国，拥有金砖五国中最广袤的领土，其参与对金砖国家共同体与日俱增的话语权发挥重要作用。①

1. 国际政治

2015 年对金砖国家成员俄罗斯来说是意义重大，俄罗斯不仅因乌克兰危机受到西方国家的制裁，而且针对俄罗斯的“新冷战”论调也在持续酝酿中，俄罗斯经济受到严重影响。与此同时，俄罗斯发起的欧亚经济联盟正式成立，俄罗斯巩固内亚内欧地区传统战略腹地的做法初见成效。2015 年“伊斯兰国”在伊拉克和叙利亚不断发展壮大，作为叙利亚阿萨德政权传统盟友的俄罗斯不断展开对“伊斯兰国”武装分子的攻击。

2. 世界经济

2015 年包括中国、俄罗斯和巴西在内的金砖国家经济增长下滑，向来以经济发展稳步向上、经济增速居全球前列的金砖国家形象受到一定损伤。同时，全球经济依然不见好转，美国、欧盟、日本等发达经济体的经济增长困难重重。金砖国家经济发展虽然出现放缓的趋势，但表现不俗，令源自西方发达经济体内“金砖国家即将褪色”的论调不攻自破。

乌法峰会对金砖国家与亚欧合作，尤其涉及内欧内亚的合作具有重要的意义。长期以来，包括中亚、东欧和高加索地区在内的内亚内欧地区深居内陆，与世界其他地区交流受限，而俄罗斯作为横贯欧亚并与内欧内亚诸国联系密切的金砖国家成员国，可以为其他金砖国家加强与内欧内亚诸国联系提供契机。同时，2015 年也是中国推进“一带一路”倡议的关键一年，“丝绸之路经济带”途径内欧内亚众多国家，加强与这些国家的联系对推进“一带一路”十分重要。

(二) 会议经过

俄罗斯总统普京强调乌法峰会将成为金砖国家与内欧内亚各国往来的契机。② 会议也鼓励金砖国家与世界各国尤其是发展中国家和世界新

---

① Russia's Putin scores points at Ufa BRICS summit, *Asia Times*, http://www.atimes.com/article/putin-scores-points-at-brics-summit, July 9th, 2015.

② Greg Shtraks, SCO-BRICS: A Big Summit in Ufa: The summit next month will reveal much about the future of Russia's Eurasian dream, *The Diplomat*, June 8th, 2015.

兴经济体、区域性组织和国际性组织的合作和往来，尤其是欧亚经济联盟及上海合作组织及其成员国，表达了对加强国际合作和区域一体化的诉求。

作为资源富集以及劳动力和技术人才充足的国家，金砖五国在包括农业和工业在内的产业发展和合作上大有潜力可为。金砖国家在互联互通和民间交流方面的深化有助于五国间开展可持续的往来合作。此外，金砖国家在防控埃博拉疫情、加强科技创新合作、扩大文化往来、应对气候变迁及贫困议题也提出了对策。

这次峰会还对人口问题、移民问题等问题进行讨论。金砖国家间在智库和民间社会组织层面开展的对话扩充了金砖国家间合作往来的深度与广度。这次峰会通过的纲领性文件《金砖国家经济伙伴战略》，标志着金砖国家合作尤其经济领域的合作在一体化上又迈出了实质性的步伐。

作为乌法峰会的重要组成部分，乌法金砖国家工会论坛引人注目。金砖国家拥有数量庞大的工人群体，为工业化进程做出了重要的贡献，但西方发达国家在经济转型和产业升级过程中利用发展中经济体廉价的劳动力进行产业转移，金砖国家承接了大量来自发达经济体的产业。在工会论坛中，金砖国家工会组织呼吁发达经济体采取负责任的经济政策，保障发展中国家工人群体的就业机会和合理收入水平。工会论坛还鼓励金砖国家充分发挥新开发银行（金砖国家开发银行）和金砖国家应急储备的作用，减少对国际货币基金组织（IMF）的依赖，摆脱布雷顿森林体系的束缚。① 会议还建议建立金砖国家的评级机构和证券交易所，以在全球经济金融体系中掌握足够分量的筹码。鼓励金砖国家兴全民举国之力，在第三次科技革命进程中加快基础设施建设，发展实体经济和科技水平。提醒金砖各国注意贫富差距问题，防止新型经济及科技垄断组织的形成。

在乌法峰会上，金砖五国领导人均作了重要发言。中国国家主席习

---

① Mahdi Darius Nazemroaya, The US Dollar and Bretton Woods are Finished: The BRICS/SCO Summits in Ufa Mark the Start of a "Silk World Order", *Global Research*, South Africa, July 10, 2015.

近平发表题为《共建伙伴关系、共创美好未来》的演讲，认为国际间以相互制裁为基础的国际关系环境实质上无益于解决世界所面临的问题，反之对话和谈判在处理国际问题上不失为解决分歧的更佳手段。作为东道主国家领导人的俄罗斯总统普京，以及巴西总统罗塞夫也希望进一步提高金砖国家在国际上的影响力。

(三) 共识与协议

在乌法峰会后发表的《乌法宣言》与福塔莱萨峰会一样重申《联合国宪章》及《1970 年关于各国依照联合国宪章建立友好关系及合作之国际法原则的宣言》的精神，谴责世界上依旧存在的单边军事干预和经济制裁行为，强调世界和平很大程度上是通过国与国之间的平等、互信来实现的。会议再次提到人权问题，认为世界范围内的人权观察事务必须在人权理事会和联合国大会第三委员会的框架内进行。

会议认为世界经济形势依旧低迷，全球经济增长乏力，发达经济体国内公共债务极高并且失业现象严重，而包括金砖国家在内的各主要新兴市场和发展中经济体担负起了推动世界经济发展的使命。乌法峰会决定在 2015 年底确定新开发银行（金砖国家开发银行）第一批投资项目清单。峰会并强调新开发银行（金砖国家发展银行）应与亚洲基础设施投资银行加强合作，凸显中国在金砖国家间和世界金融体系中稳步上升的地位与影响力。[①] 峰会同时支持巴西担保机构、印度出口信用担保公司、南非出口信用担保公司、俄罗斯出口信用与投资保险署和中国出口信用保险公司间的合作，推动金砖国家间以及金砖国家与世界其他国家间的进出口贸易往来。

金砖五国均为 G20 成员国，认同 G20 组织在世界范围内广泛的影响力，并赞同在 G20 峰会上就涉及金砖国家间共同利益的议题进行探讨，使 G20 峰会能够就涉及发展中国家和新兴经济体切身利益的问题开展更加广泛深入的探讨。在乌法峰会上，金砖国家再次表达对国际货币基金组织 2010 年改革方案失败的失望，并对美国在改革国际货币基金

---

① Alvin Cheng-Hin Lim, 2015 BRICS-SCO Summits In Ufa: New Developments In Materailism-Anylysis, euroasiareview. com, July, 2015.

组织上欠缺责任的态度表示关切，呼吁在联合国的框架下推动G20成员国积极合作参与主权债务的重组，以重塑健康的世界金融体系。乌法峰会表明金砖国家一致认同世界贸易组织与联合国贸易和发展会议在制定世界贸易规则和推动国际间贸易对话上的重要地位，鼓励在世界贸易组织以及联合国贸易和发展会议的框架下保证双边和多边贸易的透明及推动各国技术合作。

在乌法峰会上，金砖国家一如既往地表达对日益泛滥的国际恐怖主义的谴责，并提出反洗钱和遏制恐怖主义思想蔓延在打击国际恐怖主义上的重要性。在禁毒、反腐、打击跨国犯罪及维护国际航海安全等较为突出的问题上，金砖五国表达了比较一致的合作意向。较诸往届峰会，外太空开发利用和通信技术等问题被提上议事日程，会议主张外太空的利用应当以维护世界和平为目的，在开发和利用外太空资源上各国拥有平等的权利。《乌法宣言》认为信息通信技术的兴起为缩小发达国家和发展中国家间的差距提供了时机，但也为恐怖活动和别有用心的电子监控提供了可能，并重申《德班宣言》和《福塔莱萨宣言》为金砖国家间信息通信技术合作所确定的准则和标准。由此可见，金砖国家虽然在信息通信技术的管控政策上有所不同，但在峰会上已达成很高程度上的一致。①

乌法峰会所涉及的国际热点问题之广远远超过以往历届峰会。叙利亚与伊拉克动荡的政治局势和恐怖组织“伊斯兰国”（ISIS）在伊叙两国境内的频繁活动、巴勒斯坦与以色列的长久冲突被多次提及；伊朗核问题、阿富汗民主进程、乌克兰局势和利比亚国内武装冲突升级等问题也得到广泛重视；南苏丹、索马里、马里、刚果、布隆迪和中非等非洲国家所面临的恐怖主义和暴力极端主义灾难也受到深刻的关切。

(四) 意义与影响

金砖国家组织自成立以来注重与世界各国尤其是发展中国家的往来交流，自2009年第一次峰会以来不断加深与峰会举办地所在区域国家的互动和关注。内欧内亚诸国、非洲与拉美各国也趁金砖国家峰会在俄

---

① Shashi Tharoor, The BRICS summit: A Look at Some of the Issues, huffingtonpost. com, 07/13/2015.

罗斯、南非和巴西举办之机加强与金砖国家的往来。在俄罗斯乌法举办的金砖国家峰会在政治、经济、文化等方面也产生更多的往来交流，活化了金砖国家与内欧内亚国家的双边及多边关系。

在全球经济低迷的情况下，金砖国家经济也受到影响，中国的“一带一路”与印度的“季风计划”等经济倡议应运而生。中国“一带一路”倡议主张加强中国与陆上和海上丝绸之路沿线国家的联系，而印度的“季风计划”希望深化印度与印度洋沿岸各国的往来，中印全球战略蓝图相互重叠，虽然不无磕碰但终以合作居多。南非和巴西作为非洲和拉丁美洲经济最发达的国家，也希望与充满活力的中印两国对接，学习中印两国经济快速发展的经验，并与中印两国间互通有无、彼此开放市场空间，以进一步提升其在非洲和拉丁美洲的担当经济领头羊的能力。俄罗斯近年因国内政策及国际环境，经济发展速度在金砖五国中较低，但良好的地缘优势及充沛的自然资源为转型中的俄罗斯带来更多的动力。

在历届峰会推动下，金砖国家间的互动逐渐增多，互信不断增强。乌法峰会是金砖国家组织成立以来领导人间的第七次会晤，每届峰会都比上一届峰会涉及更广的议程，金砖国家从各自为政发展到各国互信增加，再到乌法峰会时各国合作互动更上层楼，相互合作不仅仅是经济上的往来和互动，而且还包括民间文化往来、青年交流、信息通信技术交流等更细致化的交流。[①] 金砖五国的国际影响和经济实力不断提升，为南南合作树立了典范，南方国家已不再是世界政治的边缘，而是渐渐成为核心。[②]

八、金砖国家第八次峰会：果阿会议（印度）

（一）会议背景

1. 国际政治

2016年国际政治发生许多重大变化，主要是右翼保守主义抬头。

---

① PTI, PM Modi proposes ‘Das Kadam: Ten Steps for the Future’ for BRICS nations, *Indian Express*, July 9th, 2015.

② 李形主编：《金砖国家及其超越：新兴世界秩序的国际政治经济学解读》，林宏宇等译，世界知识出版社，2015年版，第189页。

中东局势持续混乱，大国利益角逐陷入白热化。恐怖主义在世界范围内猖獗，对世界的和平与发展造成冲击。巴西总统、美国总统选举，对世界政治发展产生了一定的影响。

蔡英文上台以来，两岸政治关系急剧下滑。南海局势、钓鱼岛形势、朝鲜半岛核问题、中东地区冲突等牵动中国的神经，给中国带来新的挑战。G20 峰会在杭州召开，中俄关系持续友好和深化，中菲关系发展和改善。

2. 世界经济

全球经济增长乏力，金融风险和经济低迷持续，经济全球化等原因使金砖国家也遭遇一定的困难，“唱衰金砖”的杂音不断出现。全球意识形态整体向右转，保守主义、民粹主义等不断冲击世界的稳定与发展。因此，金砖国家作为新兴的政治和经济力量受到的压力非常大。

2016 年 10 月，国际货币基金组织发布报告，预测新兴市场国家和发展中国家增速 6 年来将首次加速至 4.2%，中国、印度经济继续快速增长，巴西和俄罗斯经济出现好转迹象。从重点关注经济合作到如今进行全方位合作发展的组织，金砖国家经济的持续发展为其进一步合作提供了信心，并为国际影响力的扩大奠定了更扎实的基础。

3. 区域发展

中国经济发展速度放缓，但仍然是世界经济发展的引擎和动力。金砖国家等新兴经济体对世界经济的贡献力逐步扩大。在这样的国际背景下，金砖国家每年举行越来越制度化、体系化的领导人峰会为各国合作发展及世界和谐稳定提供了更好的机会。“十年金砖”的重要机遇期更加坚定了金砖国家组织发展的信心和勇气。

2015 年 7 月，乌法峰会宣布金砖国家第八次领导人会晤将于 2016 年在印度举行，巴西、中国、俄罗斯、南非对印度提出举办金砖国家第八次峰会表示感谢并准备提供一切帮助。2016 年 3 月，印度宣布果阿为领导人会晤的地点。位于印度西海岸的果阿，是著名的旅游胜地，果阿教堂和修道院在 1986 年被联合国教科文组织列入《世界遗产名录》。

2016 年 10 月 12 日，中国新任驻印度大使罗照辉向印度总统递交国书，慕克吉总统请罗照辉转达对习近平主席的亲切问候，并表示期待习主席出席金砖国家第八次会晤。中国作为金砖国家最大的经济体和联合国安理会常任理事国，积极参与金砖国家组织的会议和活动，并与俄罗斯、印度、巴西和南非共同致力于金砖国家以及世界的和谐与发展。

（二）会议经过

在金砖国家第八次领导人正式会晤之前，部长级会议及其他会议促进了金砖国家进一步的互信、发展与合作。2016 年 9 月 2 日至 9 月 6 日在新德里举行第一届金砖国家电影节，为期五天的电影节从参与国中筛选播出四部电影。在果阿举行的第二次金砖国家环境部长会议讨论通过《金砖国家环境合作谅解备忘录》，并发表《第二次金砖国家环境部长会议联合声明》，促进了金砖国家在环境问题上的相互合作，也使环境方面的合作更加制度化。9 月 23 日，第六届金砖国家农业部长会议在新德里举行，农业问题对发展中的金砖国家具有非常重要的意义。此外，首届金砖国家商品展会于 10 月 12—14 日在新德里 ITPO 展览中心举办，首届金砖国家 17 岁以下少年足球赛于 10 月 5—15 日在果阿举行。这一系列活动说明金砖国家峰会体制机制更加成熟、稳定。

印度期待峰会继续在全球治理等方面提供更多新思路，并强调发展中国家应有的角色。[①] 曾任印度前总理瓦杰帕依政治顾问的库尔卡尼指出，金砖国家是一个独特的讨论全球经济、全球治理和全球气候变化三大难题的多边平台；这个平台需要针对 G20 杭州峰会相关议题提出解决办法，为全球治理提供新思路。[②] 中国期待峰会进一步提升金砖国家合作水平，推动世界经济实现包容、可持续增长；推进金砖五国在反恐领域的合作。俄罗斯希望峰会进一步明确对当前世界深度变革的共识，即在以联合国为中心、尊重国际法的基础上，推动建立更公平、民主和多

① 复旦大学金砖国家研究中心、金砖国家合作与全球治理协同创新中心编：《国际治理与金砖国家的解决方案》，上海人民出版社，2016 年版，第 182—184 页。

② 徐秀军等：《金砖国家研究：理论与议题》，中国社会科学出版社，2016 年版，第 323 页。

极化的国际秩序。巴西希望通过峰会深化金砖国家间的合作，为南南合作开启新的局面，为世界平衡与包容性的增长增添动力。南非希望通过峰会强调金砖国家是全球治理变革的参与者与引领者，进而提升新兴市场国家和发展中国家代表性和发言权。

果阿峰会的主题是“打造有效、包容、共同的解决方案”；会徽为五色莲花图案，极具印度文化特色，并具有合作共赢的象征意义。10月16日，中国国家主席习近平出席在印度果阿举行的金砖国家领导人第八次会晤，并发表题为《坚定信心 共谋发展》的重要讲话。习近平强调，当前金砖国家发展面临着复杂、严峻的外部环境，必须坚定信心，共同面对挑战。中国是金砖机制的坚定支持者和参与者，把金砖国家合作作为中国外交的重要方向，相信金砖国家合作会有力地促进世界和平、稳定、繁荣。

(三) 共识及协议

金砖国家通过开展让人民直接受益的务实合作，在全球舞台上发出具有影响力的声音。新开发银行和应急储备安排投入运行，新开发银行行长提交运营首年的工作报告，这对促进全球经济发展和加强国际金融架构贡献良多，为世界金融秩序的公平与正义提供了重要的支撑。金砖国家注意到新开发银行非洲区域中心筹建进展并表示将全力支持相关工作。金砖国家期待未来几年金砖国家在更广阔的合作领域提出新倡议。

金砖国家赞赏新开发银行批准首批贷款，为金砖国家可再生能源项目提供支持，并对新开发银行发行首批人民币绿色债券表示满意。金砖国家应急储备安排投入运行增强了全球金融安全网。金砖国家在新开发银行和应急储备安排方面的发展非常具有创新性，并从实际出发解决金砖国家所面临的一些问题。

金砖国家表示，将举办金砖国家领导人同环孟加拉湾多领域经济技术合作组织（BIMSTEC）成员国领导人对话，以进一步增强同新兴市场和发展中国家的联系、了解和互动。

金砖国家认为，当今世界正在经历深刻变革，并向着以联合国发挥中心作用、尊重国际法为基础，更加公平、民主、多极化的国际秩序转变。金砖国家长期致力于世界的和平与发展，遵守国际秩序和规定，并为世界的多极化发展而努力。

在叙利亚问题上，金砖国家呼吁叙利亚冲突各方通过包容性对话等实现叙利亚人主导的政治进程，寻求全面、和平的冲突解决方案，并表示应该继续坚决对“伊斯兰国”、“支持阵线”及其他联合国安理会认定的恐怖组织实施打击。

金砖国家呼吁发达国家履行官方援助的承诺，积极落实世界可持续发展目标。金砖国家承诺将结合本国国情和发展政策，在落实2030年可持续发展议程方面发挥表率作用。金砖国家欢迎G20杭州峰会通过《G20落实2030年可持续发展议程行动计划》，将致力于推进各国和集体务实行动，并采取大胆的变革举措予以落实。

(四) 意义及影响

对中国来说，金砖国家领导人第八次会晤是在G20杭州峰会一个月后进行的，这次峰会为讨论和落实G20杭州峰会相关决议提供了良好的机遇。G20峰会作为目前世界政治、经济发展的重要组织，其相关决议、政策等对世界影响重大。作为致力于世界多极化与和平发展的国际组织，讨论G20峰会的相关内容也是金砖国家多次峰会的议题。果阿峰会在G20杭州峰会后举办，将促使中国与其他国家进行更深入的经济合作。中国通过G20杭州峰会和金砖国家果阿峰会向世界展示了中国形象，促进了其他国家人民对中国的了解。中国表示将在2017年承办金砖国家领导人第九次峰会。中国还提出金砖国家合作理念和长期合作路线图，推动金砖国家新开发银行和应急储备安排成立，成为加强金砖国家合作和推动全球发展的主要抓手。

对金砖国家来说，2016年是金砖国家合作机制成立10周年。金砖国家合作顺应了新兴市场和发展中国家崛起的大势，对完善全球经济治理发挥重要作用。随着时间的推移，金砖国家从一个经济合作平台起步，扩大到各种全球性议题的合作平台。在过去七次领导人会晤中，经济金融机构改革、可持续发展、能源合作、人道主义援助和救灾、科教、农业和粮食安全、气候变化、贸易、信息和通信技术都成为讨论的议题。这也说明金砖国家间的共同利益是很大的，金砖国家不同的政治、经济、文化背景为金砖国家合作的开展提供了重要的机会。

对世界来说，金砖国家经济体量巨大，经济发展充满活力，在世界经济持续低迷、保守主义倾向抬头的背景下为世界经济发展注入了新的活力，也为世界经济发展提供了良方。金砖国家间的友好合作为世界多极化的发展提供了动力。目前，地区冲突、贫困问题、恐怖主义、粮食问题等严重影响世界的发展，金砖国家作为发展中国家尽力为不发达国家的发展着想，为世界的和平与发展带来了更多的公平正义。

（陈琮渊）

第三章

金砖国家厦门峰会前瞻

在2016年10月16日的印度果阿金砖国家领导人第八次会晤中，中国国家主席习近平宣布中国将于2017年接任金砖国家轮值主席国，并于2017年9月在福建省厦门市举办金砖国家领导人第九次会晤。习近平主席强调，中方期待着同各方一道，共同落实好历次会晤共识，共同深化伙伴关系，谱写金砖国家合作新篇章。金砖国家与会领导人也表示，将全力支持中国办好厦门会晤。前所未有的机遇同样也是前所未有的挑战。毋庸讳言，全面做好厦门金砖峰会准备工作，需要站在全球的高度来进行深入的思考。当前的国际形势纷繁复杂，如何在大变局的环境下办好金砖国家峰会，将是2017年中国外交工作的一个重点。

一、金砖国家厦门峰会面临的国际环境

2016年，全球局势可以用“变”与“乱”两个词来形容，对于中国外交而言更是攻坚开拓的重要一年。在这一年中“黑天鹅”事件频繁发生，英国“脱欧”、特朗普当选美国总统、意大利伦齐下台一系列事情都让许多人感叹国际形势的纷繁复杂。这一年中东地区依然乱象横生，叙利亚局势在大国博弈下变得日趋复杂；南海局势从波谲云诡到逐渐稳定；朝鲜半岛核危机仍面临巨大挑战。与此同时，世界经济缓慢回暖，美联储加息，贸易保护主义抬头。除此之外，在非传统安全领域，“伊斯兰国”频繁制造事端，在各国的联手打击下受到重创，但法国尼斯的恐怖袭击事件依然让世界对恐怖主义心有余悸。在2016年，欧洲难民危机、全球经济复苏乏力、全球气候变化等仍然是世界各国面临的

共同挑战。

（一）2017 年中国外交面临的压力

2017 年相对于 2016 年来说，充满了更多不确定性，可以说处在国际格局转型的十字路口。虽然和平与发展的主题短期内不会改变，但由于特朗普政府的不确定性，使得整个国际局势也充满了不确定性。2017 年对于中国的周边外交而言，也将是充满挑战的一年，“凡事预则立，不预则废”，因此我们更应该做好各项准备，加强智库的建设，为维护中国国家利益献计献策。作为全球头号强国的美国，一举一动都牵动着世界的目光。2017 年，特朗普领导的美国政府将会给世界带来什么样的“惊喜”还存在诸多的不确定因素，作为政治上“小学生”的特朗普在治国理政以及美国外交关系的处理上还需要时间去学习，因此在特朗普政府的“实习期”内，世界可能将充满新的变数。其中需要关注的是特朗普政府的“亲俄遏中”政策，如果出现明显倾向将导致世界格局充满了变数。俄罗斯在 2016 年比 2015 年更为积极有为，在叙利亚的战事中逐渐取得主动，在波罗的海地区也逐渐稳固了自己的势力范围，与特朗普领导的美国政府关系改善可能成为俄罗斯 2017 年外交的一个重要亮点，但前提是要考虑到中国的感受；日本首相安倍晋三随着在日本国内地位的巩固，2017 年将更加不予余力地加强在全球范围内与中国的博弈。不管是在“一带一路”倡议实施，还是亚太地区安全局势上我们都需要警惕日本的作用，尤其需要提防一旦特朗普政府在亚太地区更多地放权给日本，会让日本在“正常国家化”的道路上越走越远，给亚太地区带来更大的不确定因素；欧洲的 2017 年不仅仍然要接受难民危机和恐怖主义的双重压力，更要提防欧洲境内反全球化的浪潮，以及民粹主义的抬头。随着欧洲地区经济复苏的乏力，欧洲 2017 年的日子并不会太好过，欧元贬值的压力也在日益增大。此外，由于域外大国插手中国周边事务，也将使 2017 年中国与周边国家的关系变得更加复杂，2017 年将成为中国外交转型的关键一年。

王毅外长在出席 2016 年国际形势与中国外交研讨会时强调，2017 年中国外交中建议重点关注六个方面的问题：一是国际格局演变的走向；二是经济全球化与区域一体化的走向；三是全球治理体系改革的走向；四是主要大国内外政策的走向；五是国际主要思潮与民意的走向；六是全球性挑战及热点问题的走向。以上六个方面也自然成为了2017年中国外交的工作重点，也将是国际格局转型期中国特色大国外交工作的重要挑战点。

（二）2017年中国外交的主要布局

2017年仍将是践行中国“特色大国外交”的关键一年。相对2016年，2017年的国际格局可能将因为欧美国家的变化而变得充满不确定性，因此对于中国特色外交而言，真正的挑战才刚刚开始。不管是中美新型大国关系的构建，还是倡导全球治理体系的变革；不管是中国的周边局势安全还是全球热点地区的稳定都将使中国特色外交迎来前所未有的挑战。如何在新的一年逐步有序的推进特色大国外交并服务于国内发展稳定的大局将是外交工作的重点和难点。

1. 努力构建新型国际关系，保持大国关系平衡

2017年的中国外交第一要务是要保持大国关系的动态均衡，只有如此我们才能巩固良好外部环境。中国外交将与美国特朗普政府加强沟通协调，拓展务实合作，妥善管控分歧，处理好中美关系的“不确定期”，努力推动中美关系持续稳定健康发展。全方位推进中俄高水平战略协作也将是2017年大国外交的工作重点，我们将积极深化两国发展战略对接和重大项目合作。此外，我们需要以中英、中德建交45周年和中欧四大伙伴关系建设为契机，推动中欧关系取得更多进展。中日关系的发展也将是新的一年外交工作的一个难点，如何在日本四处搅局中国的背景下，维持与日本的总体外交关系是一项艰巨的任务。

2. “一带一路”推进进入关键爬坡之年

中国外交在2017年将以继续建设“一带一路”为主线，以经济外交为推动手段，以五通为主轴加强合作，打造与沿线国家的“命运共同体”。2017年“一带一路”的工作将重点打造样板工程，打造支点国家，并且要精心筹备“一带一路”国际合作高峰论坛。这将是2017年中国主场外交的重头戏，是我们为提振世界经济采取的战略举措，为深化国际合作搭建的重要平台，也是中国践行合作共赢理念的创新实践。我们将通过举办“一带一路”国际合作高峰论坛，描绘“一带一路”建设蓝图，

深化中国与“一带一路”沿线国家发展战略对接，推动更多合作项目落地，为打造开放型经济格局、提振世界经济注入强劲动力。

3. 将继续深耕周边外交，推进区域合作

周边国家外交是推动中国特色外交工作的关键，俗话说：“远亲不如近邻”，只有处理好周边国家外交工作才能为中国国内发展奠定良好的外部环境。朝鲜半岛工作 2017 年将重点关注朝鲜半岛无核化，以及后朴槿惠时代的韩国局势以及萨德问题。东南亚国家是中国周边外交传统上关注的热点地区，东南亚地区大多数国家与中国的关系总体较为稳定，2017 年中国将继续推进与东南亚国家之间的双边外交，这其中需要重点关注的是新加坡在与美国走近的前提下，如何处理好双边关系，以及中国在东南亚沿线推进“一带一路”项目工程中的风险防范，尤其需要关注后 TPP 时代如何发挥 RCEP 的作用。在中亚地区、南亚地区需要强化上海合作组织在区域稳定上所发挥的作用。

4. 深化与发展中国家的全方位、多层次合作

随着中国经济的持续发展，中国的影响力也在与日俱增。中国经贸的快速发展使中国与发展中国家之间在经贸上的合作变得相互依赖。有了这一基础，2017 年中国与发展中国家的合作将迈向更多层次的合作。2017 年中国外交将继续发挥主场外交的优势，办好金砖国家领导人第九次会晤。金砖国家合作正站在新的历史起点上。中国外交将以厦门会晤为契机，总结金砖合作成功经验，规划未来发展愿景，明确金砖机制前进方向，拓展各领域务实合作。同时深化同新兴市场国家和发展中国家团结合作，打造具有国际影响力的南南合作重要平台。

5. 在全球治理领域需要积极突破

中共中央政治局在 2016 年 9 月 27 日就 20 国集团领导人峰会和全球治理体系变革进行第 35 次集体学习中，中共中央总书记习近平强调，随着国际力量对比消长变化和全球性挑战日益增多，加强全球治理、推动全球治理体系变革是大势所趋，我们要继续深入参与全球治理。因此，2017 年中国特色外交工作将逐项落实好 G20 杭州峰会成果，借助世界经济论坛、20 国集团、亚太经合组织、上海合作组织等平台，以推进《2030 年可持续发展议程》《巴黎协定》生效落实为抓手，积极引领国际发展与合作议程，推动全球经济治理体系变革。发挥好联合国主

渠道作用，用好中国—联合国和平与发展基金，巩固联合国在世界和平与安全事务中的核心地位。

6. 中国外交将持续打造“海外民生工程”

“外交为民”是我们不变的宗旨和不忘的初心。预计未来5年，中国公民出境将达7亿人次，这对海外领事保护工作提出了更高要求。我们将进一步完善领事保护机制和能力建设，全力维护中国公民和企业海外合法权益，提升中国护照“含金量”，使我国公民海外出行更加顺畅，旅行更加安全，利益更有保障。随着中国推进“一带一路”步伐的加快，如何在2017年有效地打造“海外民生工程”，维护中国海外利益成为了一个亟待解决的问题。

综上所述，2017年将是世界格局巨变的一年。处于十字路口的国际局势错综复杂，对于中国外交来说将是前所未有的挑战同样也可能带来前所未有的机遇。围绕“一带一路”建设的推进以及构建命运共同体的理念，夯实基础、积极进取将是新的一年外交工作的新的着力点，特别是2017年主场外交中的“一带一路”国际合作高峰论坛以及厦门金砖国家峰会都非常值得期待。

二、厦门举办金砖峰会的优势

做好主场外交，是体现大国责任以及大国担当的重要组成部分，因此2017年的厦门金砖国家领导人会晤将是2017年中国外交工作的一个重点以及难点。厦门是中国典型的外向型城市，具有浓烈的对外开放与合作的情怀与优势。厦门“九八”投资洽谈会和其他数不胜数的各类国际贸易、人文会议，无一不在展示着厦门特有的宽阔怀抱。从与金砖国家的经贸关系来看，厦门与金砖国家的联系是十分紧密的。中欧（厦门）班列连接厦门与欧洲，其中一大半路程就在俄罗斯境内。厦门作为中国重要港口城市，更是和印度、南非、巴西保持着密切经贸往来。2015年在厦门举办的“厦洽会”上，联合国工业发展组织和厦洽会组委会还联合主办了金砖国家投资专题论坛。

众所周知，厦门不仅空气质量好，而且城市“颜值”高。此外，厦门举办会展的经验丰富，城市建设体系较为完善。厦门市是中国首批经济特区之一。近年来，深化两岸交流合作的“综合配套改革试验区”、“一带一路”建设的重要节点城市以及自贸试验区建设等重大的国家经济发展战略同时惠及厦门一座城市，这在全国是少有的。金砖国家领导人在厦门举行会晤，可以让与会的领导人对中国发展模式获得感性的体验。①

为了做好2017年厦门金砖国家领导人峰会，2016年11月，在厦门人民会堂举行了金砖国家领导人厦门会晤筹备工作动员大会，厦门市委书记裴金佳主持会议并作重要讲话。裴金佳强调，办好金砖会晤，是中央交给厦门市的重大政治任务，必须举全市之力当好东道主，全力以赴做好各项筹备工作。

在会议中，裴金佳强调了2017年金砖国家领导人会晤是明年我国最重要的主场外交活动之一，把金砖会晤放在厦门举行，充分体现了中央和习近平总书记对福建厦门的关心厚爱和高度信任，对充分展示我国改革开放的巨大成就、为党的十九大胜利召开营造更加良好的氛围具有特殊的重要意义。

可以说，这一次金砖会晤将给厦门提供千载难逢的发展机遇。这也将是厦门加快构建国家战略支点的重大机遇；是提升厦门国际化水平的重大机遇；是优化人居环境、改善民生福祉的重大机遇；是提升城市管理水平、改善城市面貌的重大机遇。②

会议指出，要做好厦门金砖峰会的准备工作，需要从四个方面着力：大力提升城市环境；推动经济社会发展；全力确保社会安全稳定；充分展现文明城市形象。进入2017“金砖中国年”以来，厦门正在积极提升城市管理水平、改善城市面貌、优化营商环境，洒扫庭除迎客来。厦门市9条道路市政设施改造提升、400公顷新增园林绿地、一批夜景亮化精品工程逐步完工，使厦门城市环境变得越来越美，设施越来越便捷。另外，为了更好地服务金砖国家峰会，各项安全检查以及安保服务工作也在紧锣密鼓地进行之中。除此之外，为了迎接金砖会晤的到

---

① 《金砖机遇：厦门吸引全球关注》，载《海西晨报》2017年1月26日A3版。

② 转引自厦门网，http：//news. xmnn. cn/a/xmwy/201611/t20161117_ 5016997. htm.

来，学习英语的热潮也在厦门市悄然升温。日常口语、旅游景点介绍、重点地名、外交礼仪等内容，在社区书院的英语培训课上都有体现。由厦门对外服务中心制作的英文材料一应俱全。红十字会志愿团、金砖会晤志愿律师团、高校外语志愿团等多个品牌志愿服务队已于第一时间响应倡议。[①] “人人都是东道主”已经成为厦门人的行动指南，可以说，一场好的国际盛事给予一座城市的不仅仅是一次展现的机会，还会对城市发展有着深远的影响。高层次的国际会议对城市发展具有积极的提升作用，厦门的城市品牌形象、会展经济、核心竞争力都将伴随金砖会晤的召开而上一个新台阶。

厦门市将在原有的举办国际国内大型活动经验的基础上，借助这次金砖国家峰会举办的契机，让城市形象有很好的提升。用好国际话语、专业话语、媒体话语、市民话语，讲好厦门故事，讲好中国故事，做好公共外交，可以让金砖国家以及其他与会国家，甚至全球对厦门有新发现、新认知，甚至重构对厦门、对中国的认识。

三、金砖国家厦门峰会的使命

在“黑天鹅”事件频出、经济复苏乏力、“逆全球化”抬头、政治格局动荡的国际大背景下，作为目前全球第二大经济体，中国的一举一动都牵动着全球的目光，在美国大举实行贸易保护主义政策的背景下，如果中国也实行贸易保护主义，全球经济将陷入一片灰暗之中。习近平主席在2017年初的达沃斯论坛中多次强调中国的发展是世界的机遇，中国是经济全球化的受益者，更是贡献者。

近年来，反全球化浪潮席卷世界，形成一种独特的“逆全球化”现象。欧洲联合不再像从前那样有吸引力。希腊和意大利在解决债务危机过程中，屡屡以退出欧盟相威胁。2016年6月，英国全民公投，脱离欧盟。11月，反对现行开放自由的国际经济关系、主张美国优先的特朗普当选为美国新一任总统，美国从经济全球化的领跑者变成反对

---

① 郭奔胜、苏杰、尚昊：《美丽厦门打开“金砖时间”》，新华社，http：//www. fj. xinhuanet. com/kfj/2017 -01/25/c_ 1120380669. htm？from = timeline&isappinstalled = 0.

者。与此同时，欧洲民粹主义抬头，经济全球化面临倒退危险。中国在此刻发出如此足够理性又兼具包容性的声音，成为世界经济全球化大船上的一块压舱石。①

习近平主席向世界经济发出的“中国声音”，将有效冲淡特朗普贸易保护主义论调带来的负面影响，成为维护经济全球化成果的积极力量。可以说，中国也是经济全球化的参与者和推动者。在加入 WTO 的十余年间，中国深刻地改变了全球的产业格局，成为全球产业链与供应链中的有机组成。今天的经济全球化已在产业分工上形成了各国经济互相嵌入的格局，任何一个国家试图“逆全球化”，都将付出杀敌一千、自损八百的沉重代价。全球化、国际贸易不是零和游戏，作为负责任的大国，中国积极举办“一带一路”国际合作高峰论坛，积极在厦门举办金砖国家厦门峰会，都是在高举自由贸易旗帜，坚决对抗贸易保护主义，展示了中国应势而为、勇于担当的领导力，也展示了作为经济全球化中流砥柱的自信一面。中国政府通过积极推进“一带一路”倡议，积极“引进来”和“走出去”，在未来 5 年中，中国将可能进口 8 万亿美元商品，吸收 6000 亿美元投资，对外投资总额将达到 7500 亿美元，出境旅游将达到 7 亿人次。这一系列的数字都将成为拉动全球经济增长的强大动力，特朗普的贸易保护主义政策逆时代潮流而行，中国在新的历史时期勇于担当，奋勇前进，成为世界经济前行的发动机。

2017 年在厦门举办的金砖国家峰会，除了中国、俄罗斯、巴西、印度、南非五国参加外，也将可能邀请东盟十国以及亚太区域的其他国家出席，共同来讨论全球共同关注的政治、经济热点问题。这其中必然要讨论经济全球化以及贸易保护主义的问题，这是关系到全球共同发展的核心问题，除此之外，地区安全局势以及非传统安全的热点也将成为厦门金砖会晤关注的话题。本次厦门金砖会晤可能将侧重于关注金砖国家和亚太区域尤其是和东南亚国家合作的议题，当然“一带一路”倡议的进一步落实也将是本次峰会关注的一个热点。可以说，本次厦门金砖会晤面临的国际国内环境复杂多变，全球以及地区局势的不确定性将

① 《达沃斯的“中国声音”经济全球化的压舱石》，《时代周报》，转引自 http：//money. 163. com/17/0124/03/CBH2DF0I002580S6. html.

是本次厦门峰会的一个重要的挑战。

但毋庸置疑，本次厦门金砖会晤将有望掀起新的投资高潮，金砖五国中的四个国家领导人以及其他相关国家领导人、企业家将组团来到厦门参会，对厦门的经济以及自贸区建设将起到很大的促进作用，与此同时，也将对促进中国的经济发展带来积极的作用，可能将掀起新一轮的投资高潮。

除此之外，通过本次厦门金砖会晤，将吸引更多的台商关注厦门，在当前两岸关系不稳定的前提下，成功举办金砖国家会晤将更加积极地宣传厦门以及大陆的形象，吸引更多的台商参与到经济全球化中，共同分享大陆发展的红利。

当然，通过这次金砖国家会晤也将让更多的厦门企业、福建企业、中国企业更深地认识巴西、印度、俄罗斯、南非以及东南亚国家的市场，吸引更多的中国企业借助“一带一路”的机遇加大对这些国家的投资，实现经济的良性互动，实现双边以及多边的互利共赢，真正打造人类的“命运共同体”。

（黄日涵　李丛宇　倪春丽　张玨）

中编

金砖国家国情概貌

第四章

巴西国情概貌

一、历史

巴西，这片“被上帝亲吻过的土地”，原是印第安人生活的天堂。但从 16 世纪初开始，这里的平静被彼岸的探险之旅打破。

1500 年 4 月 22 日，葡萄牙航海家佩德罗·卡布拉尔发现巴西，之后巴西沦为葡萄牙的殖民地。1807 年，拿破仑入侵葡萄牙，葡王室逃到巴西，将里约热内卢定为葡萄牙、巴西和阿尔加维联合王国的首都。1821 年，葡王室迁回里斯本；1822 年 9 月，王子佩德罗宣布独立，建立巴西帝国。1889 年 11 月，丰塞卡将军发动政变，废除帝制。1891 年 2 月，巴西通过第一部联邦共和国宪法，将国名定为“巴西合众国”。1960 年，首都从里约热内卢迁至巴西利亚。1964 年，军人政变执政。1967 年，改国名为“巴西联邦共和国”。1985 年 1 月，反对党在总统间接选举中获胜，结束军人执政。1988 年，颁布新宪法，规定总统由直接选举产生。

（一）从史前到葡萄牙殖民统治时期

在佩德罗·卡布拉尔发现巴西之前，这片土地上住的是印第安人。16 世纪以前，巴西尚处于原始公社阶段。

1500 年，葡萄牙探险家卡布拉尔率船队横渡大西洋，于当年 4 月发现这片陆地，在随后的 300 年里，葡萄牙人逐渐移民定居。刚开始他们主要从事巴西红木采伐，后来逐渐扩展到淘金、甘蔗种植，巴西逐步成为葡萄牙的殖民地。1580 年，葡萄牙王位被西班牙王室继承，国土合并于西班牙，西班牙王室开始负责管理巴西。1640 年，葡萄牙恢复独立，并设海外事务院管理巴西。之后，葡萄牙政府把巴西总督首府从萨尔瓦多迁往里约热内卢。

殖民统治时期，葡萄牙人为寻找黄金和奴隶，不断扩张巴西疆土。由于劳动力不足，殖民者开始从非洲运入黑奴。面对殖民者的压迫和奴役，巴西人民不断掀起反抗斗争。在人民反抗斗争的压力下，葡萄牙王室被迫于 18 世纪颁发禁止以印第安人为奴的赦令。

18 世纪末，随着种植园经济和工商业的发展，巴西人民要求摆脱葡萄牙的殖民统治和争取民族独立的呼声日益高涨。若昂亲王为缓和巴西人民的反抗情绪，宣布巴西与葡萄牙处于平等地位，成立葡萄牙—巴西—阿尔加维联合王国。1807 年，拿破仑军队入侵葡萄牙，葡萄牙王室迁往巴西，葡萄牙王室驻巴西期间，虽然采取一些改良措施，但若昂六世的腐朽统治还是引起人民的不满。1820 年，葡萄牙本国爆发资产阶级革命。1821 年，若昂六世将王室迁回葡萄牙，并任命王子佩德罗为巴西摄政王。佩德罗为保持布拉干萨王族的统治地位，于 1822 年 9 月 7 日宣布巴西独立，成立巴西帝国，接着加冕称帝，称佩德罗一世。

（二）帝国时期

巴西帝国成立后，布拉干萨王朝体制和葡萄牙贵族势力得以保留，大庄园制和奴隶制依然存在，并在经济和政治上依附于英国。佩德罗一世的专制统治引起民众的广泛不满，此时爆发的乌拉圭战争进一步激化国内社会矛盾，黑人也开始举行起义。1831 年，里约热内卢等地居民发动起义，最后迫使佩德罗一世让位于他 5 岁的儿子，即佩德罗二世。

佩德罗二世即位后，由三人摄政委员会主持政务。佩德罗二世利用 19 世纪 30 年代中期出现的两个重要政党——保守党和自由党交替管理政务，自己保持最后裁决权。佩德罗二世执政期间，巴西工农业有所发展，咖啡产量约占世界总产量的 50%，橡胶在对外贸易中也占据重要的地位。

巴西资本主义因素已经日益增长，来自欧洲的移民不断增加，但奴隶制和专制统治阻碍着资本主义的发展，巴西对阿根廷和巴拉圭的长年战争又加重人民的负担。19 世纪 70 年代以后，巴西人民掀起大规模的废除奴隶制和建立共和国的运动。1888 年，帝国政府被迫宣布废除奴隶制。1889 年 11 月 15 日，巴西军队与共和党人联合推翻帝国，组成以丰塞卡为首的临时政府。

（三）巴西合众国时期

1891 年，巴西国会通过宪法，定国名为“巴西合众国”，丰塞卡当选为首届总统。共和国成立后，大种植园经济仍占主要地位。工农业生产继续增长。1930 年，巴西几个州同时发生反政府武装暴动，以热图利奥·瓦加斯为首的自由主义者同盟发动政变，夺取政权，建立新兴资产阶级与自由派地主的联合政权，瓦加斯正式当选总统。

瓦加斯执政期间，宣布将自然资源收归国有，采取优先发展民族工业和实现农业经济多样化的方针，使经济获得较大发展。1937 年，瓦加斯解散所有立法机构和政党，进一步强化独裁统治。第二次世界大战初期，瓦加斯政府保持中立。1942 年，巴西向德国、意大利宣战。二战期间，巴西利用帝国主义国家之间的矛盾，加速发展经济，建立巴西工业的基础。1945 年瓦加斯辞职。

（四）第二次世界大战后的巴西

1950 年，瓦加斯再次当选总统，他继续实施第一次执政时期的政策，加速巴西的工业化进程。1954 年发生军事政变，瓦加斯自杀。从 1956 年起，儒塞利诺·库比契克、雅尼奥·夸德罗斯、若奥·古拉特先后任总统，他们基本继承瓦加斯发展民族经济的政策。

1960 年，巴西将首都迁到巴西利亚。1964 年，军人发动政变，推翻古拉特政府，建立以卡斯特洛·布朗库为总统的军人政权。此后，科斯塔·席尔瓦、加拉斯塔苏·梅迪西先后任总统，1967 年改国名为“巴西联邦共和国”。这三届军政府在政治上取消民主制度，实行独裁统治；在经济上鼓励利用外资，限制通货膨胀，对财政经济机构进行改组，促进巴西经济发展。

1974 年，巴西与中国建立外交关系。1979 年 3 月，若奥·菲格雷多就任总统。他继续推行“民主开放”政策，对外实行独立外交，宣称巴西属于第三世界。

1985 年，反对党在总统间接选举中获胜，结束军人执政。此后，巴西政权实现平稳更迭，代议制民主政体基本稳固，1988 年颁布新宪法，规定总统由直接选举产生。2002 年，以劳工党为首的左翼政党联盟候选人卢拉赢得大选，成为巴西历史上首位直选的左翼总统。2006 年，卢拉获得连任。2010 年，迪尔玛·罗塞夫作为劳工党候选人赢得大选。2016 年 3 月 29 日，巴西民主运动党宣布与执政党劳工党决裂，在罗塞夫政府中任职的该党人士集体辞职。2016 年 5 月 12 日，在经过长达 21 小时的投票前发言后，巴西参议院投票通过对总统罗塞夫的弹劾案，罗塞夫被强制离职长达 180 天，副总统米歇尔·特梅尔出任代总统。2016 年 8 月 31 日，巴西参议院投票表决通过总统罗塞夫弹劾案，罗塞夫随即被罢免总统职务，特梅尔正式宣誓就职巴西总统。

如今，巴西是重要的新兴国家之一，与中国、印度、俄罗斯和南非并称为“金砖国家”。

二、人文

（一）语言

巴西官方语言为葡萄牙语，西班牙、英语为其主要外语。葡萄牙对巴西实行了长达 300 多年的统治，因此葡萄牙语逐渐成为巴西通行的官方语言和日常用语。但巴西人使用的葡萄牙语融合大量印第安语和非洲班图语，因此被称为巴西葡萄牙语。目前，巴西的土著印第安人坚持使用自己的语言，巴西非洲裔黑人也有部分人还在使用民族语言，外来移民在社区、家庭等小范围内也保持用母语交流的习惯。

（二）民俗

巴西是由欧洲人、非洲人、印第安人、阿拉伯人及东方人等多民族组成的国家，其核心民族是葡萄牙血统的巴西人。再者，由于西班牙、意大利等南欧国家移民在巴西居民中占多数，因此巴西人的习俗和葡萄牙、南欧的习俗非常相似。

1. 礼仪

（1）社交礼仪

巴西人性格开朗，说话直爽。巴西人在人际交往中活泼好动，幽默风趣，乐于在大众面前表露情感。巴西人热情好客，凡家中有客，好酒、美食、咖啡应有尽有。

巴西人在社交场合的见面礼主要有拥抱礼和亲吻礼，只有在十分正式的活动中才使用握手礼。初次见面，人们常使用握手礼，但在亲戚朋友彼此问候时，更习惯拥抱、亲颊。不仅如此，即使对陌生人也可以拥抱、亲颊。社交礼仪的亲颊，是在两颊各亲一下。男女彼此亲颊问候，女人与女人也习惯如此。然而，在大多数社交圈中，黑人彼此更喜欢握手，同时用左手在对方肩上拍一拍。比较亲近的男士彼此习惯拥抱，在对方背上重重拍打。此外，巴西人还有一些独特的见面礼，如握拳礼、沐浴礼。

巴西人对时间和工作的态度比较随意。在和巴西人打交道时，应该学会谅解对方的迟到行为。谈及工作时，如果对方不提，不要抢先谈工作。巴西人能够接受在非常近的距离进行交谈。巴西人热衷谈论的话题有足球、笑话、趣闻等等。巴西人特别喜爱孩子，谈话中如果夸奖他的孩子，对方会很开心。巴西的男人喜欢开玩笑，但也会掌握好分寸，涉及当地民族、政治的话题一般不做笑料。

（2）商务礼仪

在巴西，无论访问政府机关还是私人机构，均需要事先预约。在和巴西商人进行商务谈判时，要准时赴约。个人介绍通常以“早上好”或者“下午好”开头，然后是握手（特别是两个男性见面时）。使用名片应有当地的通用文字，名片上至少应有一面是用葡萄牙语印制的。在谈论严肃的话题之前，通常会进行一些闲聊。对巴西人来说，在商业交往中个人品行非常重要，胜过做成一单生意。因此，在最后决定合同或其他安排前，都要面见预期的合作伙伴或客户，避免通过电话或信函来完成重要交易。对于外国销售代表的短暂而稀少的来访，巴西的管理人员通常不会很热情。

与巴西人进行商务谈判进度比较慢，而且更多的是基于私人交往。缓慢的谈判速度，并不代表巴西人不了解工业技术或现代商业惯例。相反地，在与巴西企业进行谈判前，应充分做好各方面的技术准备。

巴西人的办公时间通常是早 9 点到晚 6 点，但管理层、决策者上班较晚，下班也较晚。如果给巴西管理人员打电话，最佳时段是上午 10 时到 12 时，及下午 3 时到 5 时。

（3）服饰礼仪

出席正式场合，巴西人穿着十分考究。他们不仅要求穿戴整齐，而且主张在不同的场合着装应当有所区别。在重要的政务、商务活动中，巴西人主张穿西装或套裙。在一般的公共场合，男士至少要穿短衬衫、长西裤，女士最好穿高领带袖的长裙。

（4）餐饮礼仪

商业午餐和晚餐在巴西很常见，一般有四五道菜，用餐时间约两个小时，但不太适合介绍性的会面。午餐是一天里的主餐，晚餐通常在晚上 8 时进行。巴西的餐桌礼仪较随性，没有美国和欧洲那么严格。表示用餐完毕把餐具水平放在盘子上面。巴西人认为用手直接接触食物“不干净”，一定要用手拿食物时应使用餐巾。

（5）做客礼仪

巴西人热情好客，应邀到巴西人家里做客时，可以带上一束鲜花、一盒巧克力或一些糖果作为礼物送给女主人。巴西人接受别人的礼物时，总要当客人面打开礼物并表示感谢。接受巴西人款待后第二天，应托人给女主人送一束鲜花或一张致谢的便条。

2. 禁忌

巴西人大多信奉天主教，也有少部分人信仰基督教新教、犹太教及其他宗教。他们忌讳数字“13”，认为“13”是不祥之数，会给人带来厄运或灾难。因此，人们都忌讳使用“13”这个数字。

巴西人认为未经许可进入私人庭院、房间、办公室等是极为鲁莽的行为，他们认为只有不怀好意的人才会这样做。

到巴西人家里做客时，不能送手帕作礼物，因为巴西人认为手帕和眼泪相关，会给人带来悲伤或者引起争吵等不顺心的事情。

巴西人禁忌紫色，紫色被视为死亡的象征，所以送花不能是紫色的。巴西人也忌讳绛紫红花，因为这种花主要用在葬礼上。巴西人把人死喻为黄叶落下，因此也忌讳被视为凶丧之色的棕黄色。

巴西人不能理解在行文或通信中让别人代为签字或以印章代替签字的做法，甚至认为这是不尊重对方的表现。在巴西，使用“OK”的手势被认为是一种极不文明的行为。

（三）节日

巴西节日比较多，除了国际公认的节日外，还有不少宗教、民族节日，这些节日和葡萄牙人、非洲人、印第安人等的历史渊源和宗教习俗有着紧密的联系。巴西全国性的节假日主要有：

元旦（1月1日）；

狂欢节（2—3月，巴西人的传统节日，相当于中国的春节）；

耶稣受难日（4月2日）；

民族独立运动日（4月21日）；

国际劳动节（5月1日）；

圣灵节（6月3日）；

独立日（巴西国庆）（9月7日）；

圣母显灵节（10月12日）；

万圣节（11月2日）；

共和国成立日（1889年）（11月15日）；

圣诞节（12月25日）。

（四）美食

巴西是欧、亚、非三洲移民集聚之地，因此巴西的美食也深受移民国的影响。巴西美食既融合各移民国的饮食习惯，又带有浓浓的巴西风味。巴西南部土地肥沃，牧场众多，烤肉成为当地最常见的主菜；东北地区人们以木薯粉和黑豆为食；其他地区的主食是面、大米和豆类等；蔬菜消费以东南部和南部地区居多。

巴西是南美洲饮食文化最丰富多彩的国家之一，在这片神奇而广袤的土地上生活着各色人种、各种民族，他们选用极具地方特色的食材，创造出极富地域风味的特色美食。

1. 巴西烤肉

巴西畜牧业发达，肉类食材较多，烤肉成为巴西主流的风味菜。巴西烤肉是巴西的国菜，在巴西每个角落都是极受欢迎的美食。无论是大小宴席，还是友聚野餐，烤肉都是必备的风味菜肴。

巴西烤肉的主要食材有牛肉、鸡肉、香肠等。将食材腌制后刷上酱汁串在特制的烤具上，放到炭火上慢慢烧烤，不断翻转，烤至两面金黄，肉香扑鼻即可享用。

2. 腓乔亚达

“腓乔亚达”是巴西的招牌菜之一，也称为“奴隶饭”。这种美食是用豆子和烟熏干肉、猪尾、猪耳、猪脚、香肠等用小火炖煮而成。这原本是黑人奴隶的菜肴，奴隶把奴隶主不屑的食材混在一起做成晚餐食用，后来这种吃法渐渐传开。如今，在里约热内卢，周末吃腓乔亚达已成为当地人的习惯。

腓乔亚达已被巴西人发扬光大，全餐包括：米饭、甘蓝沙拉、奶油树薯粉和切片的柳橙。

3. 姆凯尔

“姆凯尔”是巴西菜的鼻祖，也是巴伊亚州的代表菜肴。这种美食用海鲜搭配椰奶、椰子油、香料一起煮，常搭配米饭食用。

4. 巴西黑豆

巴西人将黑豆视为生命，黑豆是巴西人日常生活中不可或缺的食物。巴西盛产黑豆，个大味香。黑豆营养丰富，多吃有益健康。

巴西一些地区的主食以牛肉干、香肠、卤猪肉和黑豆为食材，再加入一些香料调味，烹熟后撒上树薯粉，拌入包心菜后享用。

5. 巴西饮料

巴西咖啡以其优秀的品质、浓郁的香味、绝佳的口感而备受世界各地人民的青睐，使巴西赢得“咖啡王国”的美称。在巴西，喝咖啡已经成为生活的一部分。

“卡莎萨”也叫甘蔗酒，是用巴西盛产的甘蔗酿制而成的低度烈性酒，主要用来调制鸡尾酒，也可以加冰和柠檬直接饮用。品质上乘的卡莎萨被誉为巴西的“茅台”，堪称巴西的“国酒”。

“瓜拉纳”是巴西家喻户晓的饮料，被称为巴西的“神水”。瓜拉纳是生长在巴西的一种植物，以其果实为原料可以制成草本茶、碳酸饮料、功能饮料等多种饮品。

（五）艺术

巴西是一个移民国家，也是一个民族大熔炉。这使巴西的艺术具有多重民族的特征，在众多艺术中，巴西音乐与舞蹈最具巴西特色。

1. 音乐

巴西是南美洲最大的拉丁国度，也是唯一的葡语系国家，它的音乐文化如同其足球文化一样受到世界人民的喜爱。

无论是从艺术层面来看，还是从民俗风情方面来讲，巴西音乐都具有很强的感染力。巴西的音乐舞蹈最为普及，多来自于民间，由接受正式音乐训练的人演奏。巴西音乐往往和葡萄牙及非洲祭典的音乐舞蹈，热情、动感十足的桑巴舞相结合，这是巴西音乐的最大特色。每逢2月的狂欢节，巴西乐坛就会涌现很多新歌曲，其中许多题材是以当时的社会环境或个人亲历的事情为背景。

2. 舞蹈

巴西舞蹈正如生活在这片土地上的巴西人一样，热情奔放、动感十足。谈及巴西舞蹈，就不得不提桑巴舞和卡波埃拉舞，这两种舞蹈极具巴西特色，是巴西舞蹈的代名词。

桑巴舞是巴西的“国粹”。它源于非洲土著宗教仪式性的舞蹈，通过被贩卖到巴西的黑人奴隶传入巴西，再与当地流传的其他文化混合，逐步演变成今日的桑巴舞。桑巴舞被认为是巴西和巴西狂欢节的象征，是最大众化的巴西文化表达形式之一。巴伊亚的圆圈桑巴舞在2005年被联合国教科文组织列入《人类非物质文化遗产名录》。

卡波埃拉舞是当今巴西最时尚的体育运动和舞蹈之一。它源于黑人传统的格斗术，诞生在巴伊亚州的萨尔瓦多。现代卡波埃拉舞融合了舞蹈、音乐、搏击、杂技等众多元素。卡波埃拉舞不同的流派形成了独具特色的卡波埃拉文化。2014年，卡波埃拉舞被联合国教科文组织作为“非物质文化遗产”给予特别保护。

三、民族

巴西是世界上种族融合最广泛的国家之一，被称作“种族大熔炉”。巴西居民的种源主要由三大人种的后裔构成：

1. 属蒙古利亚人种的土著印第安人。

2. 属欧罗巴人种的以葡萄牙人为主的欧洲移民及其后裔克里奥尔人。

3. 属内格罗人种的来自非洲的黑人及其后裔。

经过长达300年的殖民统治及其后近200年独立后的发展，巴西又形成上述三个基本种族之间相互混血，及各种混血种人之间的再混血而形成的混血种人。经过近500年的人种融合，现在纯血统的巴西居民已经为数不多。

由于历史、经济及其他方面的原因，这些人种不均衡地分布在巴西的土地上，各地区间的人种构成差异较大。

（一）印第安人

在葡萄牙殖民者到达南美大陆东海岸前，巴西土地上居住着印第安人。据推断，美洲大陆的印第安人来自亚洲，属蒙古利亚人种。他们在距今4万年前穿过白令海峡到达北美洲，并在漫长的历史时期内从北美洲逐步分阶段穿过中美洲地峡，扩散到南美大陆，成为当地最早的原始居民。

1500年，葡萄牙殖民者进入巴西，土著居民沦为欧洲殖民者的奴隶。殖民者到达巴西后，掠夺性地采伐森林，开发矿产和大面积种植农作物，为发展经济而强迫大量印第安人从事繁重的劳动。直到1595年，对土著居民的残酷压迫才被禁止，但对他们的“教化”、肆意杀戮及在文化上的蔑视仍在继续。土著部落的生存空间越来越狭小，人口数量急剧减少，其生存环境和其传统文化遭到破坏。

（二）黑人

从16世纪中叶开始，葡萄牙殖民者残酷奴役土著印第安人，但印第安人无法胜任繁重的体力劳动。于是，殖民者开始把非洲黑人贩运到巴西。

在巴西，奴隶买卖开始于殖民时期。从非洲到巴西的黑人奴隶贩运持续整个殖民时期，并随着巴西殖民地经济的发展而发展。16世纪40

年代后，运入巴西的黑奴数量日益增多。17 世纪和 18 世纪，在巴西农业、采矿业及城市经济活动中，已经形成巨大的奴隶劳动者群体，并一直延续至 19 世纪初。

从 1800 年起，主要来自英国的禁止贩运黑人奴隶的压力与日俱增。1831 年，巴西殖民地当局同英国达成协议，宣布在巴西买卖奴隶为非法。但非洲奴隶仍以秘密方式大量涌入巴西。1850 年，佩德罗二世宣布中止奴隶贸易。1888 年，巴西最终废除奴隶制。

从 1530 年到 1888 年的三个半世纪里，从巴西海岸登陆的非洲黑人约为 350 万到 400 万人。黑人以劳动力身份加入巴西社会，并不断与巴西社会融合在一起，从而产生越来越多的混血种人。尽管黑人奴隶参与社会，但作为社会基础的奴隶制长期地延续。

19 世纪 70 年代后，巴西掀起全国性的废奴运动，直到 1888 年最终废除奴隶制。但在巴西社会中，罪恶的奴隶制未被斩草除根，而是继续以对黑人和穆拉托人的种族、社会和经济歧视的形式不时地显现出来。20 世纪，巴西出现大量维护黑人居民权利的运动和组织，最具代表性的领导人是帕尔马雷斯黑人共和国的领袖尊比，他逝世的日期（11 月 20 日）被定为“全国黑人觉醒日”。

（三）国外移民

巴西的外来移民既包括殖民时期和共和国时期从欧洲移居巴西的葡萄牙人、西班牙人、德国人、荷兰人、意大利人、瑞典人等，也包括两次世界大战前后从亚洲国家特别是从日本移居巴西的移民。

殖民初期，葡萄牙王室于 1530 年决定在巴西建立永久性殖民点，鼓励葡萄牙人向巴西移民。1532 年，葡萄牙开始在巴西实行授地制，将巴西国土横向分割成 14 块，建立若干个都督辖区，分授给 12 名葡萄牙贵族，让他们充当国王的临时代理人，从而开始葡萄牙在巴西的殖民统治。

16 世纪 30 年代，葡萄牙本土人口很少，最多不超过 150 万。由于要求移民的压力很大，王室不得不组织一些流放的政治犯和一般罪犯前往巴西。都督辖区多数存在到 17 世纪，少数延续到 18 世纪。由于移民大部分为男性，他们一般不排斥印第安人传统，许多移民娶印第安人妇女为妻，从而导致大批印欧混血种人的诞生。在此期间，其他欧洲国家的居民禁止进入巴西。

在初步摆脱法国人入侵和印第安人反抗后，巴西进入新的经济发展周期——甘蔗周期。从1570年到1585年，在巴西都督辖区中，白人人口数量急剧增长。

19世纪初，拿破仑军队入侵葡萄牙，葡萄牙王室迁至巴西里约热内卢，巴西的地位因此发生重大变化。驻巴西的葡萄牙王室允许巴西接受欧洲其他国家移民，此后欧洲国家移民大增。但由于巴西社会矛盾尖锐，社会动荡，在将近40年时间里，迁居巴西的移民主要是来自葡萄牙属地亚速尔群岛的葡萄牙人，此外还有一些瑞士人和德国人。1850年，在英国压力下，非洲奴隶贸易被禁止。而与此同时，巴西东南部地区的咖啡种植不断扩大，对劳动力的需求骤增，因此开始大量引进欧洲移民，意大利人大量移居巴西。

19世纪末，巴西人口大幅度增加。1890—1920年，巴西人口从1430万增加到2700万。从1884年到1939年，巴西接纳约415.8万欧洲移民，其中34%是意大利人，主要流向圣保罗州和一些南方垦殖区；29%是葡萄牙人，主要留在里约热内卢州、圣多斯港等地；14%为西班牙人，散居在圣保罗州和圣多斯港。此外，还有17万德国人（占4.1%）和日本人。

二战前，巴西再次出现吸收外国移民的高潮，但移民的来源不再局限于欧洲，而是更多地倾向于亚洲。1924—1933年，日本移民继欧洲移民之后成为人数居第二位的移民群体，总量达11万人，主要分布在圣保罗州，成为从事粮食生产的中小土地所有者。经过战时及战后初年的中断，日本开始向巴西的新移民潮，并持续到20世纪60年代。

华人移民巴西已有200多年的历史。华人移民巴西主要经历三个阶段。19世纪初，大量华人前往巴西，主要从事开矿、修铁路、种茶、种棉等艰苦工作。20世纪50年代，部分江浙资本家携资到巴西创办企业，设厂定居。同时，来自非洲、美国等地的华侨华人则因当地战乱或受到迫害而移民巴西，从香港、台湾移民巴西的华人也形成一个小的高潮。这些移民经济条件较好，受教育程度较高。20世纪70年代末，来自中国广东、浙江、上海、北京等地的人移民巴西，再次形成移民高潮。这批新移民素质较高，有文化、有资金、有专长、有现代商业知识等，他们逐渐进入巴西的各行各业。如今，巴西有华人华侨约 30 万，是拉美地区华人最多的国家。华侨华人多聚居在圣保罗和里约热内卢，少数分布在巴西利亚、萨尔瓦多等地。华侨华人深入巴西的贸易、工业、建筑、医学、农业和科技等领域，对发展中巴两国友谊起到重要的作用。

（四）混血种人

混血种人是巴西近 500 年历史的缩影和见证。巴西居民是由欧洲白人、印第安人和非洲黑人三个基本种族构成的。巴西的征服者葡萄牙人，在到达巴西前已经同罗马人、阿拉伯人、甚至黑人混血。不同时期移居巴西的欧洲其他国家的白人移民还有西班牙人、意大利人、德国人、斯拉夫人、叙利亚人、黎巴嫩人。至于印第安人和黑人，他们也不是来自一个统一的种族。这些不同的人种汇聚巴西，参与巴西居民的人种构成。由此可见，巴西人的种族构成是相当混杂的。

葡萄牙人到达巴西后开始新的混血。最早到达美洲大陆的葡萄牙人几乎都是男性，他们滞留巴西后，比较普遍地与当地土著印第安人通婚，生出第一代混血种人。此后，在 300 多年的殖民统治中，这种混血及再混血大量发生。非洲黑人作为奴隶到达巴西后，不同程度地与白人和印第安人发生混血；欧洲其他国家人和亚洲人移民巴西后，也在一定程度上发生混血。于是，在巴西的人口种族构成中出现复杂的多种混血和多次再混血。有白人与印第安人的混血；有白人与黑人的混血；有黑人与印第安人的混血；有白人与黄种人的混血；还有混血后代之间的各种混血。几乎所有巴西人的血管里都有有色人种的血——这种说法虽然可能言过其实，但反映了巴西人混血的普遍性。

人类学家把巴西这种混血视为民族团结的因素，但在巴西社会中，白人后裔高居社会的最上层，非白人后裔生活在下层和最底层。更重要的是，种族融合促进巴西各种文化和语言的交流和相互吸收，成为巴西文化遗产的根源。

四、宗教

巴西居民主要来自欧洲、亚洲和非洲的许多国家，他们把西方、东方和非洲的宗教信仰带到巴西，因此巴西是世界上宗教气氛浓重的国家之一。

1889年以前，天主教为巴西国教。巴西拥有众多天主教信徒，他们在巴西社会、政治和文化方面影响巨大。共和国成立后，巴西不再设定国教，天主教信徒人数逐年下降，许多天主教徒转向基督教和源自基督教的其他宗教。1980年后，无神论者和不信教的人约占总人口的5%，1980—1991年，与宗教无关的人数增长250%。另一类增长较快的团体是历史基督教教徒和通灵论者，各占总人口的3%。信奉东方宗教的人占总人口的2%。信奉坎东布莱教和翁班达教等巴西—非洲宗教的人约占总人口的1.5%。此外，还有一些人信奉其他教派，如基督正教、犹太教、伊斯兰教等。

（一）天主教

天主教的传播同西方文明发展、殖民化进程及其他民族文化的移入有着密切关系。巴西居民主要来自欧洲，特别是葡萄牙、西班牙、意大利等信仰天主教的国家。500多年来，大多数巴西人坚持其原有的宗教信仰，天主教在巴西居民中有着巨大的影响力。

1551年，根据罗马教皇的诏谕，葡萄牙国王及其继承者对巴西天主教会拥有最高权力，实行政教合一，天主教会成为殖民统治下唯一有势力的团体。到18世纪中叶，国家才控制殖民地的教会活动。

19世纪20年代，在巴西人民反对殖民统治、争取独立的斗争中，大多数天主教会教士支持巴西独立，天主教依然是巴西的国教，在政治生活中发挥重要作用。1889年，巴西的君主制被推翻，成立共和国。1890年，巴西颁布政教分离和保证宗教自由的法令。从20世纪30年代起，热图里奥·瓦加斯实行发展主义和民族主义计划，刺激巴西教会探讨其文化的同一性问题，扩大了教会在中产阶级和民众阶层中的社会基础。

自20世纪50年代起，巴西出现宗教信仰危机，天主教的影响力逐渐下降。60年代，巴西资本主义模式造成严重的社会问题，天主教大学的青年运动在1960年成立“人民行动”（AP）组织。天主教会在以革新思想为代表的解放神学影响下，结合社会问题重新理解教义，在民众间开展活动。

作为解放神学的产物，“基层基督徒团体”把基督承诺与争取社会正义的斗争结合起来，积极参加国家的政治生活，参加争取社会权利运动和左派政党。1964年军政权建立后，教会与政府之间的冲突日益加剧，最终政府于1968年颁布《第5号制度法》，与教会决裂。20世纪70年代和80年代，军政府破坏司法秩序和侵犯人权的行径促使教会参加恢复民主化的斗争。90年代，“基层基督徒团体”开始衰落。

（二）基督教

1. 新教

基督教徒也称福音派信徒。首批基督徒在巴西立足与1555—1560年法国卡尔文教派到里约热内卢寻求宗教自由有关。后来这批教徒遭葡萄牙人驱逐，直到19世纪基督教才开始在巴西确立地位。目前，基督教分裂为两个派别：历史基督教派和圣灵降临教派。

2. 历史基督教派

该教派源于15世纪的基督教改革。在巴西，其教徒来源有两个：一是源自19世纪初的移民；二是源于在巴西的传教士。19世纪初，德国移民到巴西南部定居，他们带来基督教，于1824年形成巴西路德教忏悔福音教。19世纪中叶，主要来自美国南部的北美和欧洲传教士在巴西建立浸礼教、圣公会教、英国圣公会教、卫理公会教和长老会教等耶稣教会。最近几十年，历史基督教派或者停滞不前，或者趋向没落。

3. 圣灵降临教派

该教派是基督教的继承者，但与基督教有所不同。它在100年前传入巴西，在中下阶层和贫困居民中赢得信徒。目前主要分为三派：古典圣灵降临派，包括1910—1950年建立的巴西基督教会和上帝会；20世纪50年代在圣保罗建立的四福音书教、上帝是爱教等；新圣灵降临派，它开始于 20 世纪 70 年代中期，后来形成上帝国王万能教、上帝恩赐国际教等。

（三）独立教派

独立教派指从天主教和基督教分离出的教徒组织。在巴西，这类教派主要有 1879 年创建的基督复临派、源自美国并于 1928 年落户巴西的摩门教派、1923 年在巴西创建的耶和华见证会。独立教派是巴西国内增长较快的宗教之一。

（四）犹太教

在殖民统治初期，第一批犹太人是一些来自西班牙的新基督徒，1812 年在亚马逊定居。从 1850 年起，不同来源的犹太人纷纷移居巴西。1910 年，第一个犹太教会在里约热内卢成立。从 1933 年起，德国犹太人因受纳粹迫害开始逃亡，不少人移居巴西。巴西犹太人大部分集中在圣保罗州、里约热内卢州和南里奥格兰德州。

（五）伊斯兰教

进入巴西的第一个大的伊斯兰教群体是作为奴隶被带到巴西的黑人。1835 年，他们参加在巴伊亚爆发的反对奴隶制的起义。1929 年，他们在巴西圣保罗建立第一座伊斯兰清真寺。巴拉那州与巴拉圭边界的阿拉伯移民集中在一起，试图使那里特别是伊瓜苏瀑布区成为穆斯林最大的集结地。

(六) 其他宗教

此外，在巴西拥有众多信徒的东方宗教还有佛教和万能弥赛亚教，源自日本于 1958 年传入巴西的完美自由教，及从印度、波斯传入的一些宗教。

（1）佛教。20 世纪初由日本移民传入巴西，第一座庙宇于 1932 年建在圣保罗州的卡非兰蒂亚。60 年代后，佛教颂经潮流传到巴西知识分子和其他亚洲移民中间，最普遍的是藏经。

（2）万能弥赛亚教。巴西第二大东方宗教，源自日本，1955 年创建于里约热内卢。

最重要的非洲—巴西宗教有坎东布莱教和温班达教，它们在巴西居民中具有很强的浸透力，特别是在圣保罗、里约热内卢、南里奥格兰德和巴伊亚州。

（1）坎东布莱教。16 世纪到 19 世纪，随着被作为奴隶贩运到美洲的西非黑人一起传入巴西。

（2）温班达教。20 世纪 20 年代诞生于里约热内卢州的巴西宗教，融合非洲和欧洲的信仰和仪式，同时还夹杂印第安人的宗教仪式和欧洲的巫术成分。

五、政治

自 1822 年独立以来，巴西政治制度经历了三个阶段：1937—1945 年属于权威主义时期的共和国时期；1945—1985 年军事独裁时期；1985 年至今民主政体联邦共和国时期。军政府结束后，1988 年宪法为政府职能部门、官僚机构的运作及文官制度等提供根本性的组织原则。

政治体制作为国家治理的核心制度，通过宪法不仅规定了横向的中央权力机关产生的方式、权责关系，而且对纵向的中央与地方执行机构之间的权限进行明确界定。在国家组织结构方面，巴西属于复合制下的联邦制国家，即由两个以上政治实体（州、联邦、共和国）结合组成一个具有主权性质的独立国家，其特点在于：中央设最高立法、行政与司法机关，行使国家最高政治权力。与此同时，联邦立法机构实行两院制，众议院由联邦单位选派代表组成；联邦组成单位有自己的立法、行政、司法机构，这些地方机构与中央机构的权利与义务由联邦宪法规定。

（一）国家机构及职能

国家作为政治统治的行为主体集中体现在国家政体，国家政体通常是指国家权力机关的结构、产生方式、组织程序、职权范围等一套制度安排，主要反映中央权力机构之间的权责关系及运作规则。巴西属于民主制下的总统共和政体，实行三权分立原则，总统和议员由选举产生并有一定任期，总统任命内阁，内阁对总统负责。

总统既是国家元首，也是政府首脑。宪法对总统的赋权在一定程度上意味着总统权限的大小及否决权的领域与界限，根据1998年宪法，总统在国内议题中的权力如下：（1）任命或撤销总统内阁成员，任命联邦共和国委员会成员，决定行政部门的规模及薪酬；（2）发布行政法律法规及地方法规；（3）否决立法机构的议案；（4）制定财政预算；（5）制定社会公共服务政策；（6）向国会提交财政预算议案；（7）发布临时议案。总统对立法机构的否决权是对立法机构对行政机否决权的制度性制衡，当立法机构未将行政机构总统议案列入讨论审议列表或多次否决总统议案时，总统会采用单项否决或完全否决权回应立法机构。而总统政治改革法令的颁布需要先提交到立法机构组织的与该议题无利益者组成的临时委员会，通过这些报告人筛选并给出拒绝或通过的理由后，再提交国会讨论或修订。国会关于修改宪法的议案规定："第一是至少有三分之一的众议院或参议院通过的议案；第二，总统提出的议案；第三，联邦层面的立法议会中通过绝对多数获得过半数通过的议案。"总统提出的议案必须在包括联邦最高法院和高级法院的众议院进行投票表决，总统议案将在国会中的参议院和众议院进行两次审议讨论，如果通过且得到参议院和众议院五分之三的投票则通过修宪，但如果联邦法院干预或州政府反对将不通过议案。

国会由参议院和众议院组成，参议院的权力包括：（1）对总统和副总统的违法行为实施合法诉讼；（2）对联邦最高法院、司法部长的违法行为实施合法诉讼；（3）通过秘密投票及听证会选择宪法相关案件的仲裁人员，总统任命联邦审计法院的大法官，中央银行的总裁与经理；（4）限制州、市地方债务总量，并为国内外的信用贷款设定限制标准。国会对联邦直接或间接的行政机构在金融、财政、财产的合法性、经济效率及财政的波动性通过内部控制和外部控制进行调解。国会的外部控制需要联邦审计法院协助执行，首先是检查总统每年提交的财政预算案；其次是评估联邦政府管辖下所有政府及其负责的国有公司的公共财产及所有资产，控制联邦政府各州、联邦区的财政转移；再次是审查立法、行政、司法所有机构的预算、财政状况。政府必须遵守并执行国会的规定，如果违背则由法院介入调查并向国会提出处理建议。联邦审计法院由9位法官组成，他们在联邦区拥有自己的职位，他们的职员及司法管辖权覆盖全国。大法官三分之一来自经参议院通过的总统提名候选者，三分之二来自国会。行政、立法、司法内部监督机制是机构内部对预算执行情况及内部职员的内部监督。

（二）选举制度

巴西选举制度采取开放名单比例代表制选举总统和立法机构议员，即：选民对政党候选人进行投票，得票最多的候选人自动成为政党领袖；总统选举与议会选举同时进行。1988年宪法规定，巴西共有27个选区，众议院议席在各选区的规模是8到70个议员；参议院共81个议席，26个州每州3个议席，其余3个议席归联邦区。参议院议员任期8年，三分之一州议员代表和三分之二联邦区代表每四年轮换选举一次，参议员选举采取间接选举，在各政党和委员会进行选举。16—70岁公民有选举权，18岁以上者有被选举权。当选最低年龄限制分别是：总统、副总统及参议院为35岁，州长、副州长及联邦区州长为30岁，市长、副市长、区域代理为21岁。在任期间更换的总统、州、联邦区的管辖者及市长必须参加下一届选举，为竞争其他职位必须在选举前6个月辞职。

巴西推行大规模的开放名单代表制。由于候选人在政党名单中的排名取决于其所得总票数，而非党内候选人排名，因此导致候选人在党内和党际竞争。巴西总统制的特点是由选民普选产生，不对议会负责，其所代表的行政机构和立法机构、司法机构属于三权分立结构，但巴西三权分立的权力制衡程度有别于美国。巴西总统提出的议案在国会不支持的情况下可以以临时法律法规付诸实行。综上所述，巴西开放名单比例代表制—总统制是，在比例代表制的选举规则下，选民同时对总统、州长、市长及议会、地方议会进行投票，得票最多的候选人及其所属政党组织内阁，候选人根据其在政党名单中的选票获得议会席位。

（三）政党

政党的产生、合并及取缔取决于政党内部及政党间的组织与谈判，新政党必须向选举委员会提交政党资料。依据公民法，政党获得合法社团身份即可依法在最高选举委员会注册登记。政党的成立必须得到在最终联邦众议院选举中至少获得占总票数 0.5% 的选民签名支持，同时支持者必须分布在三分之一以上的州并获得每个州 0.1% 以上的公民的支持。自 1985 年实行民主制度以来，劳工党、巴西民主运动党、巴西社会民主党及民主党控制着议会的多数席位。

劳工党（PT）是以反对军政府执政，联合工人、知识分子和天主教为主的工会组织，该组织多次举行罢工游行示威，甚至以发动暴力冲突等极端方式表达诉求，直至 1988 年军政府下台后高级法院才承认其为合法政党。以卢拉为首的劳工党一直以激进主义著称，它与其他国家工党的区别在于它并未将建立大同的共产主义事业作为使命，卡多佐执政期间反对巴西政府的新自由主义政策和土地政策，属于激进的极端化政党，但 1988—2002 年多次选举失败使之逐渐弱化激进主义色彩，由强调标签化和独特性转向以赢得选票为主的实用性。

巴西社会民主党（PSDB）是在左翼政党社会民主运动党（PMDB）解散后，于 1988 年作为在野党而成立的，以追求实质民主的发展、从制度上限制军政府而著称。1990—1992 年，自由民粹主义者科洛尔（Fernando Collor）总统为追求社会民主化而邀请社会民主党入阁。科洛尔因腐败案被弹劾后，社会民主党人卡多佐因推行雷尔计划（*Plano Real*）成功而竞选 1994 年总统。最终，卡多佐领导巴西社会民主党获得国会议席的 25.98%，成为第一大党。

社会民主运动党（PMBD）是 1965—1979 年军政府时期官方控制的反对党，1985 年军政府执政党国家革新联盟政党解散，社会民主运动党参加总统竞选，成为 1985—1990 年的执政党，也是恢复总统选举、撤销政党数量限制以来唯一单独执政的政党。在 2002 年选举中，社会民主运动党在 513 个众议院议席中占 74 席，在参议院 81 个席位中占 19 席，成为巴西最大政党之一。

由于巴西政党成立的门槛条件低，2006 年以来政党格局逐渐由大党主导转向大党势微、小党林立，如以环保为目标的绿党等后现代政党逐渐增多，分化大党在国会中的席位。总统的执政内阁联盟，也由原来 2—3 个政党联盟发展到 8—10 个政党联盟。

六、法律

1988年宪法是巴西结束军政府统治走向民主政体的基石，标志着巴西成为现代民主意义上的宪政国家。国家机构的设置及官僚机构的职责、文官制度的建立、案件的审理，一切以法律为准则。

（一）司法机构

巴西的法律体系是源自罗马的大陆法系，以联邦、州、市立法机构颁布的法典和法律为基础。司法部门由联邦最高法院、国家司法委员会、司法高级法院、联邦司法、劳工司法、选举司法、军事司法及国家司法等机构组成。

联邦最高法院既是维护宪法的最高法院，也执行违宪审查的职能，对联邦、州的法律和违宪行为具有最终审议权。联邦最高法院由35—65岁经联邦参议员绝对多数选举产生、由总统任命的11位巴西公民组成。由于联邦最高法院的决策对整个司法机构及联邦、州、市级的行政部门具有同等的约束力，因此关于宪法的相关决策必须获得三分之二法院成员的通过。国家司法委员会由15个年龄在35—65岁之间的巴西公民组成，该委员会根据2004年宪法修正案成立，负责监督司法人员及法官的行政管理及财政控制。15个委员包括：联邦高级法院、司法高级法院、劳工高级法庭、司法国务法庭任命的4个法官，联邦最高法院任命的1名州审判员，司法高级法院任命的来自联邦地区的1名审判员，司法高级法院任命的来自联邦的1名审判员，劳工高级法庭任命的来自劳工地区法院的1名审判员，劳工高级法庭任命的1位劳工法官，巴西共和国联邦检察官任命的来自联邦检查办公室的1名成员，巴西共和国联邦检察官从各国家机构的组成主体中选任的来自州检查办公室的1名成员，联邦巴西律师协会理事会任命的2名律师，参众联邦议员任命的在法律界具有一定影响力的2名公民。

根据1988年宪法设立司法高级法院，由总统任命且由联邦参议院绝对多数通过的33名以上法官组成，主要负责解读巴西联邦法律，是巴西法律体系中与宪法间接相关的终审法院。根据2004年宪法修正案，在批准对外政策方面拥有部分司法权。联邦司法由联邦地区法庭和联邦法院组成。联邦地区法庭对联邦和州的司法判决担任审查法院的角色，由总统任命的7名以上审判员组成，五分之一成员必须具备十年以上的律师工作经验或十年以上的检查官工作经验，五分之四成员必须具备五年以上的联邦法官工作经验。联邦地区法庭拥有初审管辖权，如：负责除选举司法中检查办公室人员外所有的普通案件及责任案件；刑事审查及取消联邦法院的决策，等等。联邦法院有权审理联邦政府及其所属机构作为原告或被告的案件。

（二）法律内容

巴西的法律包括联邦宪法、宪法修正案、普通法律、授权法案、临时措施指令、法令和决议。

宪法修正案和补充法案能够改变现行宪法的内容，但其提议与通过比普通法律有更多的限制条件。宪法修正案提议的条件是：（1）至少三分之一的国会议员通过；（2）总统提议；（3）联邦立法委员会各单位一半以上通过。其次，修正案必须在国会众议院进行讨论投票，并在两读中获得五分之三的支持。宪法修正案通过后成为国家最基本的法案，而不需要总统的同意或签署，是联邦的建立、公民的权利与自由的重要基石。补充法案是对宪法的补充，而不是修改，不属于宪法的一部分，但也需要国会绝对多数通过并获得总统同意。

普通立法来自立法机关，大概经过7个步骤：立法议案、讨论、投票、批准、总统签署、颁布法律、出版。7个步骤中，讨论的时间视争论的激烈程度而定，可能长达几十年，如2002年的民法修订已经争论几十年。立法机关接到不同主体提交的议案后先在众议院进行审核，宪法和立法委员会对法案进行分类后送到专题委员会；宪法和立法委员会进行预审，如果没有违宪则对议案进行存档，经过讨论并给出意见后送到国会进行新一轮的讨论和投票；如果通过则送到参议院进行讨论投票；如果在两院都获得多数支持则被送到总统那里，总统需在15天内作出决定；如果通过则在联邦政府公报公布并出版。

授权法案是联邦、州、市级的最高执行机构根据立法的需求，遵循宪法颁布的常规性法律。行政长官可以对立法对象的权威性与合法性进行界定，并制定相关内容、原则和执行期限，但常规性法律也需提交立法机构进行审查并获得批准。临时措施指令是总统在紧急情况下使用的立法议案，也被视为法律，但其有效性最多为120天，如果没有获得国会支持转化为法律，则丧失其法律效力。法令是国会单独使用的立法议案，不需要征得总统的同意，通常情况下获得国会简单多数支持即可通过。决议旨在约束国会内部事务，属于常规性的行政法案。

根据三权分立原则，巴西法院并没有法律创制权，1988年宪法规定不使用判例法。尽管如此，法院在特殊情况下也使用判例法，具有约束力的判例在巴西法院案件审理中扮演着重要角色。最高法院颁布类似宪法的解释草案，自2004年后所有法院及法律执行机构受高级法院具有约束力判例的约束。

巴西宪法将司法部门分为普通法院和特殊法院，普通法院包括民事法庭和刑事法庭，特殊法院主要处理劳工、军事及选举方面的案件。通过ISO9002认证的联邦巡回法庭，接受以电子方式提交的诉讼案件。

（三）主要法律

巴西主要的法律包括：世界杯法，2014年世界杯关联法律；立法程序，即法律的制定过程；预算法，即预算的投票及执行；政党法；财政责任法，管理公共财政收入支出；劳工法；税收立法；著作权法；政府采购法；工业保护法；关税法；移民法。现列举几项法律如下：

《世界杯法》。作为2014年世界杯的举办国，巴西必须满足FIFA的要求，而FIFA认为之前与巴西政府签署的文件在商标保护、签证发放、责权界定等方面并不清晰。因此，巴西政府于2012年颁布涉及商业权利、商业限制、工作签证、赛事期间社会竞争、犯罪条例、政府民事责任等之法规。

《财政责任法》。宗旨是保护公共财政收支平衡，抑制通货膨胀，2000年制定的法条包括财政目标、行政机构的财政权、国库收入、减税优惠政策、支出、债务、信贷业务、公共资产管理和透明度报告等。

《政党法》。制定于1996年，详细规定政党的成立、撤销、参与选举资格等。

《税收立法》。税收分为：联邦税收，负责收入税、工业生产税收、贷款及保险财产等；州税收，负责物流及服务、汽车、死亡捐赠等方面的税收；市一级税收，负责不动产及不动产转移方面的税收。

《著作权法》。制定于1998年，对巴西公民及居住在巴西的外国人的著作权进行保护。

七、经济

作为拉美地区的新兴经济体，巴西不仅在金砖国家中占据举足轻重的地位，而且对世界经济的影响也日益显著。

（一）经济发展概况

根据不同时期的经济发展战略，巴西经济发展过程可分为三个阶段：1930年以前依附于宗主国的殖民经济，以出口导向型经济发展模式为主；1930—1988年巴西政府创造经济奇迹，以进口替代发展模式为特点；1989至今实行新自由主义经济发展政策。

1930年以前依附于宗主国的殖民经济。在宗主国欧洲各国和美国市场需求驱动下，巴西以出口蔗糖、矿产和咖啡等单一农产品为主，具有典型的外向型经济特征。1540—1640年是蔗糖周期，巴西蔗糖源源不断地输入葡萄牙。1680年巴西蔗糖产业危机导致葡萄牙的经济危机，葡萄牙开始走向衰落，而随着蔗糖贸易的主体多元化，荷兰、英国、法国逐渐登上历史舞台。此后，蔗糖贸易衰落，而黄金贸易则为巴西向内陆扩张提供了新的动力。蔗糖产业比重下降，采矿业逐渐发展，促使巴西进入1700—1775年的矿产周期。在此期间，黄金、钻石等矿业的发展带动周围城镇的兴起，畜牧业与日用品业同步发展。随着工业革命及殖民地争夺的展开，更多的外部势力涌入巴西，他们对咖啡原料的需求极大地促进巴西咖啡产业的发展，1830—1930年成为咖啡周期，1840年巴西咖啡出口量已占世界总出口量的40%。咖啡经济的发展不仅促进了巴西国内经济的发展，而且带动了铁路、沿海城市、码头运输业的发展，为巴西的原始积累奠定基础。巴西社会经济尤其农业发展对劳动力的需求导致外来移民规模增大，1864—1874 年北部蔗糖区奴隶比重由 45% 下降到 28%，南部咖啡区奴隶比重由 43% 上升到 56%，但 1850—1870 年总人口由 750 万人增长到 1000 万人。

1930—1988 年巴西政府创造了经济奇迹。世界经济大萧条，外贸市场的萎缩迫使巴西走上现代化道路。1928 年，巴西的公共外债为 11.42 亿美元，债务出口比率为 2.36。1930 年早期外汇危机导致大量外资撤出巴西。经济危机不仅引发巴西国内经济大萧条，而且导致出口量大幅下降。咖啡出口量由 1901 年的 88.8 万吨下降为 1918 年的 18 万吨。到 1930 年，40% 的咖啡被销毁，30% 用于市场交易，其余 30% 被储存起来。为解决经济危机，巴西开始实行进口替代发展政策，以摆脱对外部市场的过度依赖，具体措施包括进口关税的控制、国有化、外汇管制、进口配额。同时，政府采取三管齐下的政策缓解债台高筑的经济问题；成立国家与自治区金融与经济研究委员会，干预联邦和州政府的对外贷款；成立稳定机构，稳定汇率，稳定物价。巴西银行制定多元贷款方式、官方汇率和自由汇率。通过诸如此类的政策措施，巴西逐渐摆脱经济危机，并走上曲折前行的现代化道路。1945—1964 年为工业大发展阶段，投资波动较大。最高峰 1959 年经济增长超过 10%，最低为 1963 年，经济增长不足 1%。1964—1980 年为经济奇迹阶段，投资规模直线上升，1980—1990 年为巴西迷失的 10 年，经济增长缓慢，波动较大，平均经济增长率为 2.06%。

特别是在 1964 年后，巴西军政府先后制定和实施 6 个经济计划，包括 3 个全国发展计划（1972—1974 年、1975—1979 年、1980—1985 年），以及政府经济行动计划、发展战略计划、政府行动目标与基础计划。军政府推行先增长后分配、私有企业国有化的经济政策，积极发展国内基础设施和基础工业，以国家扶持和垄断国有企业的形式成功扭转经济衰退，创造巴西经济奇迹。1968—1974 年，巴西国内生产总值增速为 11%，并建立核能、电子、石油化工、飞机制造、军工生产等工业部门，创造经济奇迹，GDP 年平均增长率达 11%，通货膨胀率为 20 世纪 50 年代以来最低水平。尽管如此，随着国际市场的变化及国内经济形势的转变，进口替代的经济发展模式导致新一轮经济危机的爆发。

1980 年，巴西通货膨胀率高达 110%，不得不实行货币紧缩政策。1981 年，经济衰退，GDP 呈负增长，1980—1982 年净利息支出占经常项目赤字的 70%。巴西各届政府想方设法抑制通货通胀，但收效甚微。

1989 年至今实行新自由主义经济发展政策。军政府结束后，巴西过渡到民主政府，政府机构开始吸纳学者精英担任要职，佛朗哥执政时期任命社会学家卡多佐担任财政部部长，提出有效遏制通货膨胀的“雷亚尔计划”，包括三个要点：1992 年国有企业私有化；1994 年实行稳定汇率的政策，提高利率，雷亚尔新币与美元挂钩，提高货币价值，在经济形势稳定后恢复正常价值；1999 年颁行财政责任法，进行合理的债务管理，2000 年颁布财政责任法，限制政府的财政支出并明确规定各机构的财政权责。劳工党执政期间继承卡多佐的新自由主义经济政策，经济形势呈上升趋势，GDP 增长率从 2003 年的 1.15% 增加为 2004 年的 5.71%。经济的快速发展一方面源于持续的外资流入，另一方面由于巴西传统工业和农业出口增加，在国际市场上的份额增大，以大豆、肉类为主的出口产量超过 7 亿美元，两家重要的肉类生产公司 Sadia 和 Perdigao 对财政的贡献接近 5 亿美元。卡多佐执政末期已经有效地控制住通货膨胀，虽然经济形势存在小幅度波动，到卢拉继续推行新自由主义政策后巴西经济形势趋于稳定，2003—2010 年完成初级财政盈余目标，公共债务占 GDP 的比重从 53.5% 下降到 40.7%。

（二）重要行业

巴西农业主要分布在三个区域：中西部、北部、东北部。巴西是世界十大农产品生产国之一，农作物产量年产量超过 1.1 亿吨，其中大豆占总产量的一半。除甘蔗、咖啡和热带水果之外，大豆、玉米、棉花、烟草等也是巴西出口的重要农产品。2010 年，农业占国内生产总值的 6.1%，占劳动力的 20%。巴西也拥有世界上著名的养牛业，2009 年养牛业超过美国 50%，在亚洲、欧洲及美国占有很大市场份额，其中向中国出口额超过 10 亿美元。但养牛业的发展也导致森林土地的破坏。

巴西拥有拉美地区完善的工业体系，包括：汽车及零部件、机械设备、纺织、水泥、计算机、飞机、钢铁、石化及耐用消费品。工业大约占 GDP 的 26.4%，工业部门的劳动力占总劳动力的 14%。巴西资源丰富，主要矿物和资源包括铝、金、铁、锰、铂、锡、铀、石油，以及水力和木材。巴西是世界第 9 大石油产油国，每天产量为 257.2 万桶，2006 年前进口石油占国内石油需求的 70%，2006 年后石油基本自给自足。巴西基础设施行业位居拉丁美洲第三，占 GDP 的 28.5%。雷亚尔经济政策的实施进一步增强巴西经济的稳定性，国家开始在新技术产业领域投入大量资金。服务业主要集中在电信、银行、商业等领域，贡献率占 GDP 的 67.5%。2000 年，巴西实行财政责任法，对金融行业进行改革，但金融服务业仍然为地方企业提供融资渠道，在吸引外资方面起着重要的作用。

辽阔的国土及多样的地势使巴西拥有丰富的水电产业和核能资源。目前，巴西水力发电量为 26 万兆瓦，向全国提供 90% 的电力，占总发电量的 69%。巴西国内有两个水电站，分别是伊泰普水电站和图库鲁伊水电站。巴西第一个商用核电站位于里约热内卢，第二个完成于 2002 年并已投入使用，巴西政府为减少对石油有限资源的利用，计划到 2020 年建成 19 个核电站。

八、社会

（一）人口及社会结构

经济发展不仅影响人口的流动，而且改变社会结构及社会阶层的流动。社会变革一方面为经济发展提供充足的劳动力及信息技术的需求，另一方面也造成一系列社会问题，如贫富差距极化、暴力事件、土地问题、教育问题、医疗问题、社会保障问题，诸如此类。因此，自卡多佐执政以来，巴西政府逐渐加强社会福利方面的改革。

首先是大规模的移民与城市化。自 1930 年瓦加斯推行现代化改革以来，巴西逐渐将重心从农业转向工业，开始进口替代，在社会领域建立最低工资制和劳工立法使劳工关系现代化，在库比契克执政的 20 世纪 50 年代后半期，除基础工业、基础设施进一步得到加强与发展外，耐用消费品如电冰箱、国产汽车、电视和小半导体收音机等工业部门建立起来。1964 年军政府执政时期，公路、能源和通讯、信息、石化和航空航天工业同时发展。20 世纪 70 年代巴西城市人口首次超过农村人口，开始城市化进程。当然，城市化的过度发展导致地区间的人口流动，大批劳动力从东北部诸州如米纳斯吉拉斯州向大城市如圣保罗和里约热内卢迁移，从 50 年代到 70 年代，约 2 亿居民从农村流入城市。巴西国内移民以每年 5% 的比率上升，1970 年城市人口占总人口的 56%，1991 年已占总人口的 75%。20 世纪 90 年代，随着巴西工业化和城市化的发展，中产阶级的规模逐渐增大，社会由金字塔型转向橄榄型。在此同时，巴西还出现移向欧洲及美国的移民潮，主要是从事技术工作的科学家和工程师。

其次是社会阶层分化。长期以来，由于殖民地时期社会结构的持续性影响，白人作为精英阶层掌握治理国家的政治权力，新兴的资本主义商业阶层与旧的大地主阶级作为中间阶级垄断地方的经济政治资源，而黑人和土著则属于被统治被支配的贫困阶层。20 世纪 70 年代巴西实现经济奇迹，社会阶层划分更加细化。

（二）社会福利及社会问题

军政府执政时期，以牺牲农业为代价的进口替代发展模式使巴西实现现代化，但也加剧巴西贫富差距。虽然基尼系数从 2001 年的 0.596 下降为 2009 年的 0.543，但大部分财产主要掌握在 1% 的富人阶层，其家庭月收入占所有家庭收入的 13%，相当于 50% 最贫困人群的月收入。贫富差距所产生的社会问题一方面体现在教育与社会福利的巨大差距上，另一方面反映在社会暴力事件的发生率上。

为解决贫富差距，卡多佐时期开始加强社会福利建设。在减贫与公共教育方面，建立助学金，学生出勤率达 100% 即可获得政府资助，并为避免官员贪腐而直接将现金分配到母亲手中，以鼓励西部贫困地区辍学儿童重回校园。改革社会保障制度，1995 年 2 月向国会提交社会福利方案，提出以年满 65 岁退休制代替工龄退休制；取消妇女比男子提前 5 年退休的制度；取消教师、记者、法官等特殊阶层提前退休的优待，及公职人员、军人享受优惠退休金的同时获取多种退休金的规定；退休金的发放与贡献挂钩，取消公务员提前退休领取全额退休金的规定。

卢拉政府在 2003 年开展家庭补助金计划，通过现金转移向低收入群体每月提供 11—45 美元的补贴，用于儿童教育及医疗检查；为贫困家庭提供 1200 万的财政补贴。从 2003 年到 2009 年，巴西的社会福利政策帮助 2050 万人脱贫。

殖民历史不仅造成收入不平等，而且导致种族不平等，中产阶级白人家庭儿童每月的主要花费为 2.237 雷亚尔，而非洲裔儿童仅 1.255 雷亚尔，他们多住在里约热内卢等大城市边缘地区的贫民窟，只有不到 1% 的黑人能够接受公立大学教育。作为卢拉的继任者，罗塞夫致力于解决教育不平等和种族不平等，通过《社会配额法》规定公立学校必须为非洲裔学生保留 25% 的名额。

不仅贫富差距，而且社会犯罪、无地运动及环保问题，也是巴西社会存在的重要问题。巴西社会犯罪主要包括暴力犯罪和非暴力犯罪，2009—2011 年暴力犯罪率持续上升，里约内热卢和圣保罗的犯罪率达十分之一，而受害者却趋向低龄化，2007 年 40% 的受害人为 15—25 岁的青年。非暴力犯罪包括毒品交易和酒精中毒，巴西是最大的海洛因和大麻的进口国。在抑制暴力事件方面，卡多佐政府出台各种政策措施以抑制暴力冲突，并致力于提供良好的公共环境。特梅尔政府则推出国家安全计划，以治理经济危机下日益严峻的社会犯罪问题。无地运动与环保问题密切相关。殖民时期宗主国对巴西资源的掠夺导致当地居民逐渐失去土地所有权。随着巴西农产品出口量的增加，无地农民及农业公司扩大对亚马逊雨林的开采导致森林资源的破坏，间接影响全球气候的变化。1996—2002 年，亚马逊的土地开发率为 14%，由 33.7 平方公里上升为 38.63 平方公里。1999 年，小农业主及大企业在亚马逊的森林占有率已经高达 97%，而为满足国际市场对巴西农产品的需求，无地农民及地方寡头依然以 67% 的速度过度开垦巴西广袤的雨林地区，如何解决无地农民问题，进而解决环境保护问题，巴西依然任重道远。

（谌华侨　马军兰　张乐超）

第五章

俄罗斯国情概貌

俄罗斯（Russia）全称“俄罗斯联邦”（The Russian Federation），简称“俄联邦”或“俄罗斯”。俄罗斯历史上曾涌现出许多杰出的统治者，他们或领导抵抗外来侵犯，或通过不断地对外扩张领土，或进行励精图治的改革，引领俄罗斯走向强国之路并成为受俄罗斯人崇拜的英雄。俄罗斯的历史深刻地影响着其现在和未来，而俄罗斯的国民性、民族优越感、强国意识及大国情怀等心理特质也只有置于其历史长河中才能得到深刻理解。

一、充满强国意识的俄罗斯历史

俄罗斯古称“罗斯”，作为民族国家的历史可回溯至公元9世纪东斯拉夫人建立的基辅罗斯，迄今已有1100多年。俄罗斯的历史大体可分为留里克王朝、罗曼诺夫王朝、苏维埃政权时期和俄罗斯联邦时期四个阶段。

（一）留里克王朝时期

1. 留里克王朝与基辅罗斯公国的建立

远古时期的斯拉夫人住在俄罗斯欧洲部分的西南区域，后沿帕利比亚奇河迁徙，形成西拉斯夫、南斯拉夫和东斯拉夫三大分支。9世纪，东斯拉夫人的氏族制度逐渐瓦解，取而代之的是几个由王公统领的部落联盟，称为部落公国，其中最大的是诺夫哥罗德公国和基辅公国。公元862年，著名的瓦兰人军事首领留里克率兵到达诺夫哥罗德，成为诺夫哥罗德的王公，开启对俄罗斯人的统治，史称留里克王朝时期，这一年被历史学家认定为俄罗斯国家的奠基之年。公元 882 年，留里克死后，摄政奥列格继续沿第聂伯河南下，征服基辅及邻近各公国，将统治中心由诺夫哥罗德迁到基辅，建立起以基辅为中心、以斯拉夫人为主体的幅员辽阔的统一国家，史称基辅罗斯公国。这一王国存续 300 余年（9—12 世纪）。基辅罗斯逐渐完成对各个古罗斯部落的统一。

2. 蒙古鞑靼人统治时期

到 12 世纪，基辅罗斯分裂成十几个公国，公国间的混战与分裂割据为外族入侵提供了机会。1243 年，在彻底征服罗斯各公国后，蒙古大汗拔都在罗斯建立金帐汗国，开始对罗斯人长达 240 多年的“以夷制夷”式统治。其行之有效的间接统治方式包括通过册封弗拉基米尔及全罗斯大公的办法，扶植亲蒙古的傀儡等。因此，古罗斯国政治文化的根基里打下了深刻的东方政治文化的烙印。东北罗斯王公引入许多金帐汗国的管理制度，逐步建立起一套完备的官僚制度和管理体系。

3. 莫斯科公国时期（15—17 世纪）

13 世纪，俄罗斯诸王公以莫斯科为中心，逐渐聚拢形成莫斯科公国。1480 年夏季，莫斯科大公伊凡三世（1440—1505 年）拒绝向金帐汗国进贡，金帐汗国的阿赫马特汗发兵征讨。蒙古人最终撤军，莫斯科公国彻底挣脱蒙古人的统治。此后，伊凡三世领导莫斯科公国先后吞并其他公国，建立起以莫斯科为中心的统一的中央集权国家。伊凡三世在位 43 年，令莫斯科公国的版图扩大 4 倍。

伊凡四世（1530—1584 年）于 1547 年亲政，在莫斯科举行拜占庭式的册封仪式，自封“沙皇”。“沙皇”是罗马皇帝“凯撒”的俄语音译，这一称号后来成为俄罗斯国君的正式称号，罗马皇帝的“双头鹰”徽章也被俄罗斯所继承。换言之，俄国的统治者是以罗马帝国的继承人自居。伊凡四世统治罗斯 51 年，对内采用血腥的手段加强沙皇专制政权，对外推行扩张政策，后改国名“罗斯”为“俄罗斯”。

1584 年，伊凡四世去世，其子费多尔继位，因没有生育可以继位的子嗣，留里克王朝随着费多尔的去世而终结。随后，费多尔的亲信鲍里斯·戈都诺夫继位为新的沙皇，他颇有治国才能，但天不佑他。1600 年，政治抗争、饥荒、农民起义等纷至踏来，新沙皇危机重重。1605

年，戈都诺夫猝死，大贵族和王公们围绕王位继承你争我夺，俄罗斯的邻国波兰趁机入侵，并于1610年攻占莫斯科。因此，从1600年到1613年罗曼诺夫王朝建立是俄罗斯历史上“动荡不安的年代”，或称“混乱年代”。

（二）罗曼诺夫王朝时期

1613年，俄罗斯各地代表聚集到莫斯科选举沙皇，时龄16岁的米哈伊尔·多罗维奇·罗曼诺夫当选，新的王朝——罗曼诺夫王朝从此开始。罗曼诺夫王朝建立后，对内加强中央集权，在法律上确立农奴制度，并残酷镇压斯捷潘·拉辛领导的农民起义；对外推行扩张政策，不断征战，到17世纪末已基本占领整个西伯利亚。期间对中国清朝作战失败，签订《尼布楚条约》，划定中俄东段边界。该王朝在俄罗斯统治300余年，历经18位沙皇。

1. 彼得一世时期

1689年彼得一世（1672—1725年）登基执政时，俄国经济不发达，财政非常困难。年轻的彼得一世具有浓厚的强国意识，他意识到俄罗斯和西欧的差距，为了追赶欧洲强国并使俄罗斯成为一个真正的大国，开始效法西欧推行全面改革。彼得一世的改革是俄国现代化的开篇，而在在彼得一世的改革与战争中，以夺取出海口和制海权为主要内容的海洋扩张始终居于核心位置。他大肆推进对外扩张，自1695年7月起，与土耳其交战28年，最终于1723年占据黑海西岸和南岸。1702年击溃瑞典，在波罗的海开辟了俄罗斯的出海口。1712年，彼得一世迁都圣彼得堡，进一步密切与欧洲各国的联系。在彼得大帝统治时期间，俄罗斯逐渐发展为一个真正的世界性强国。

2. 叶卡捷琳娜二世时期

彼得大帝1725年去世后，俄国在37年间更替6位沙皇。这些沙皇缺乏勇气与能力继承彼得一世开创的事业，彼得一世签署的法令多数被废除，俄国重新回到彼得一世改革前的状态。

1762年，叶卡捷琳娜二世成为女沙皇，她登基伊始即宣称自己是彼得一世的继承者，俄国将重新回到彼得一世开创的道路上。叶卡捷琳娜二世执政初期以西方启蒙思想为指引，积极推行俄罗斯向西方学习的改革，在文化与教育方面成就辉煌。她在位期间被视为俄罗斯文学的“黄金时代”的开端，所推行的妇女教育改革开创了女性公共教育的先河。法国大革命爆发后，叶卡捷琳娜二世转而强化对内专制，同时积极对外扩张。在其统治的 34 年间，俄罗斯从土耳其手中夺得通往黑海的入海口，三次瓜分波兰。18 世纪 80 年代，叶卡捷琳娜二世宣布将北美洲的阿拉斯加和太平洋上的阿留申群岛归入俄国版图，俄国成为地跨欧、亚、美三洲的超级大帝国。

3. 亚历山大一世时期

1801 年，叶卡捷琳娜二世的孙子亚历山大一世在宫廷政变后登上皇位。亚历山大一世对内统治效仿叶卡捷琳娜执政初期，带有启蒙主义思想色彩，对外效仿其前辈大肆推进张性政策。其在位期间，俄罗斯取得对波斯、土耳其和瑞典战争的胜利，将版图扩张到高加索地区、彼萨拉比亚地区和芬兰。其中影响最深远的是击溃入侵的法国大军，逆转欧洲被拿破仑大军横扫的势头。1814 年，亚历山大一世骑着白马进入巴黎，被推举为“神圣同盟”的盟主，俄罗斯成为欧洲事务的仲裁者。1825 年 11 月，亚历山大一世死于塔岗洛克城。

4. 尼古拉一世与“十二月党人”

由于亚历山大一世并无子嗣，也未就继承者做出明确和正式的安排，这导致其去世后俄罗斯短时期内没有沙皇继位。1825 年 12 月，亚历山大一世之弟尼古拉登基时，反对他继位的军队发动起义，旋被镇压，5 名起义领导人被处死，40 多名起义者被流放西伯利亚，他们被称为“十二月党人”而载入史册和俄罗斯文学。“充满东西方矛盾和存在上下层鸿沟的俄国独特历史，又赋予这群贵族革命家们更为特殊的悲剧性”。尼古拉一世对内采取严厉的统治，坚决镇压自由民主思想，对外通过对波斯和土耳其的战争取得领土并扩大影响力。

5. 克里米亚战争与农奴制的废除

依靠武力扩张以维持大国地位的辉煌只能是短暂的。到 19 世纪中叶，由于农奴制所导致的社会矛盾无法解决，俄罗斯的工业化进程受到严重阻碍。1853—1856 年，以英国、法国（后撒丁王国加入）共同参加土耳其一方，以俄国为另一方的克里米亚战争是 19 世纪国际关系史的重要转折点，俄国在克里米亚战争中的失败使其失去了对欧洲的影响，并再次体会到其与欧洲强国之间的差距。被认为影响工业化进程以致克里米亚战争失败的农奴制遭遇俄国知识界、工商界乃至政界的一致抨击，终于在1860年被废除。

6. 罗曼诺夫王朝的终结

1905年俄国在日俄战争中败北后，国内资产阶级革命爆发，迫使沙皇成立国家杜马，并任命总理大臣主持改革，史称第一次俄国革命。两年后，沙皇解散国家杜马。1914年，第一次世界大战爆发，沙皇俄国陷入战争泥潭。1917年发生二月革命，国家杜马临时委员会发表《告俄国人民书》，建立杜马临时委员会和临时政府。尼古拉二世受形势所迫决定退位。二月革命以罗曼诺夫王朝的覆灭而告结束，自由派利用这场革命夺取国家政权，但二月革命并未消除诸多的社会矛盾，一场更激进的革命即将到来。

（三）苏维埃政权时期

1. 苏维埃政权的建立与巩固

1917年11月7日，由列宁和俄国社会民主工党领导的十月革命取得胜利。1922年12月30日，苏维埃社会主义共和国联盟（苏联）正式成立。此后，苏联经过三年艰苦的保卫苏维埃政权的战争。为了巩固苏维埃政权，列宁提出一条经济建设的正确道路，即从战时共产主义向新经济政策的过渡。新经济政策实施后，苏联国民经济得到迅速恢复和发展，到1925年已经恢复到一战前的水平。

列宁去世后，斯大林成为苏联的最高领导。从1925年开始，苏联进入全面建设社会主义时期。在斯大林领导下，苏联采取计划经济模式以发展国家经济，1925—1940年苏联完成三个五年计划，实现社会主义工业化、农业集体化。到苏德战争爆发前夕，苏联已经成为一个强大的社会主义国家。尽管如此，20世纪30年代，苏联发生大规模的肃反运动，这是斯大林专制独裁所导致的严重政治错误，对苏德战争早期进程造成恶劣的影响。1939年，第二次世界大战爆发。1941年6月22日，德国军队突袭苏联。经过早期的惨烈失利后，苏联巨大的工业能力使战争逆转，最终以牺牲2000万人的代价取得对纳粹的胜利。1945年2月，苏联与美国、英国三国首脑签订《雅尔塔协议》，确立了战后的世界格局。

2. 冷战时期的苏联改革

冷战期间，苏联和美国作为世界两个超级大国，分别统领社会主义阵营和资本主义阵营，围绕意识形态、国家发展道路以及国际影响力在全球展开激烈竞争，苏联寻求通过大力发展军事力量与美国争夺世界霸权。1956 年 2 月，苏共第 20 次代表大会召开，赫鲁晓夫当选苏共第一书记，随后发表《关于个人崇拜及其后果》的内部报告，这就是揭露斯大林问题的“秘密报告”。苏共二十大及赫鲁晓夫的“秘密报告”引发一系列关于各国社会主义道路如何发展的深刻问题，随后东欧共产党国家纷纷爆发动乱事件，中苏同盟也走向分裂。为了提高社会主义体制的效率，苏联各个时期都进行改革，改革目标不同，效果不同，结果也不同，“从冒进的赫鲁晓夫到保守的勃列日涅夫，再到过渡性的安德罗波夫，最终，戈尔巴乔夫的激进改革从根本上改变了苏联的基本政治制度”。

3. 戈尔巴乔夫改革与苏联解体

1985 年 3 月 11 日，米·谢·戈尔巴乔夫当选为苏共中央总书记，兼苏联国防会议主席。戈尔巴乔夫受命于国家困难之际，肩负着改革的使命，但其改革却导致苏联社会更大的认识分歧与矛盾。1988 年 6 月 28 日，戈尔巴乔夫在苏共第 29 次全国代表会议上发表报告《关于苏共第 27 次代表大会决议的执行情况和深化改革进程的任务》，提出“民主的和人道的社会主义”，从而开启苏联政治改革的序幕。在政治民主化和公开化的社会氛围中，苏共内外各种反对势力迅猛崛起，各种非政府组织纷纷建立。苏共内部形成三派，即以戈尔巴乔夫为首的主流派，以利加乔夫为首的强硬派，以叶利钦为代表的激进民主派。戈尔巴乔夫改革面临的最大争议是经济政策以及许多加盟共和国的自治权要求。在改革开始后，苏联长期被压制的民族问题与冲突愈演愈烈，而戈尔巴乔夫对极端民族主义没有采取有效的制约手段，民族分离主义不断发展成为一股强大的势力，最终导致联盟国家的解体。1990 年 3 月 13 日，苏联第三次非常人民代表大会通过《关于设立苏联总统职位和苏联宪法修改补充法》，宣布苏联实行总统制，将苏共与国家分开，拉开苏联解体的序幕。1990 年 6 月 12 日，俄罗斯联邦第一次人民代表大会通过《俄罗斯联邦国家主权宣言》，宣布俄罗斯联邦在其境内拥有“绝对主权”。显而易见，苏联解体与戈尔巴乔夫改革，尤其与他失误的民族政策休戚相关。

为了阻止改革进程并避免苏联解体，1991 年 8 月 19 日，以亚纳耶夫为首的保守派发动政变，临时取代戈尔巴乔夫的领导地位。俄罗斯最高苏维埃主席叶利钦采取反制措施，挫败事变。9 月 6 日，苏联国务委员会通过决议，承认爱沙尼亚、拉脱维亚、立陶宛三个加盟共和国独立。12 月 8 日，俄罗斯联邦、白俄罗斯、乌克兰三个加盟共和国领导人在别洛韦日签署《独立国家联合体协议》，宣布组成一个松散的组织实体“独立国家联合体”，代替原有的苏维埃联邦，这标志着苏联实际上解体。12 月 26 日，苏联最高苏维埃举行最后一次会议，宣布苏联停止存在。从此，苏联正式解体，俄罗斯联邦成为完全独立的国家。

（四）俄罗斯联邦时期

1991 年 12 月 21 日，前苏联 11 个加盟共和国领导人在哈萨克斯坦首都阿拉木图决定，前苏联在联合国安理会的席位由俄罗斯继承。12 月 25 日，俄罗斯苏维埃联邦社会主义共和国最高苏维埃决定，国家正式名称改为“俄罗斯联邦”，简称“俄罗斯”。1992 年 4 月 17 日，俄罗斯决定使用两个同等地位的正式国名“俄罗斯联邦”和“俄罗斯”。俄罗斯继承苏联的大部分军事力量，综合军事实力居世界第二，拥有世界上最大的核武库。在后冷战时代“一超多强”的国际体系中，俄罗斯是影响力巨大的强国，其军工实力雄厚，特别是航空航天技术居世界前列。进入 21 世纪，俄罗斯已经找到符合其国情的发展道路，这个国家犹如涅槃重生，发生翻天覆地的变化。俄罗斯不仅实现了政治稳定和经济增长，而且逐步恢复在世界经济与政治中的大国地位。俄罗斯是联合国安全理事会五个常任理事国之一，也是五个金砖国家之一。

在漫长的历史进程中，俄罗斯一直摇摆于西方文明与东方文明之间，博弈于现代性与传统性之间，只有强国意识成为贯穿其历史的不变基调。俄罗斯历史上不时地出现雄才大略的统治者放眼西看，在强国意识驱使下发起学习与赶超西方的改革，而后又被幽深的传统底蕴拉回东方。在内政上，俄罗斯经常在无政府状态与国家强制集权间轮替，短“乱”与长“治”往往是由于上层政治力量的博弈，社会下层民众只在偶然的时空中被有限地卷入；在外交上，俄罗斯似乎总在摆脱外敌入侵与发起对外侵略扩张中轮回，不论是反抗蒙古鞑靼人、拿破仑一世还是希特勒，这个民族都展现其善战和顽强的一面，但好战似乎成为一种常态，发起对外战争，扩张领土范围贯穿俄罗斯的历史进程。这也促使俄罗斯成为世界上国土面积最大的国家，它的国土面积达 1707.54 万平方公里，横跨欧亚大陆，东西分别连接亚太和西欧，海岸线长达 38808 公里，濒临大西洋、北冰洋和太平洋；陆界线长达 14509 公里，东连中国、朝鲜，南衔哈萨克斯坦、蒙古、格鲁吉亚、阿塞拜疆，西接芬兰、白俄罗斯、爱沙尼亚、拉脱维亚、立陶宛、挪威、乌克兰，共与 14 个国家接壤。简言之，当今俄罗斯拥有的一切，绝大多数都来源自其历史上的遗产。

二、塑造俄罗斯国民性的文化与宗教

（一）俄罗斯的主要民族、语言与宗教

近十年来，俄罗斯人口基本稳定在 1.43 亿左右，其中城市人口约占 74%。俄罗斯也是一个多民族、多语言与多宗教的国家：民族数量多达 193 个，主要民族为俄罗斯族，该族人口约占俄罗斯总人口的 80%，其他少数民族有鞑靼、乌克兰、巴什基尔等。俄罗斯约有 150 种语言，主要语言为俄语，是俄罗斯官方语言，近 90% 的非俄罗斯族居民也精通俄语。主要宗教有基督教、伊斯兰教、萨满教、佛教和犹太教等，其中以基督教的俄罗斯东正教影响最广。

表 1　俄罗斯的主要民族和宗教（2010 年统计数据）

民族	人口（千人）	百分比（%）	主要信仰
俄罗斯族	111000	77.71	东正教
鞑靼族	5310	3.72	伊斯兰教
乌克兰族	1928	1.35	东正教、天主教、联合教派

续表

民族	人口（千人）	百分比（%）	主要信仰
巴什基尔族	1585	1.11	伊斯兰教
楚瓦什族	1436	1.01	东正教
车臣族	1431	1	伊斯兰教
亚美尼亚族	1128	0.83	基督单性论教派、东正教
摩尔多瓦族	744	0.52	东正教
白俄罗斯族	521	0.37	东正教、天主教
阿瓦尔族	912	0.64	伊斯兰教
哈萨克族	648	0.45	伊斯兰教
乌德穆尔特族	552	0.39	东正教
阿塞拜疆族	603	0.42	伊斯兰教
马里族	548	0.38	东正教
德意志（日耳曼）族	394	0.28	新教、天主教
卡马尔达族	517	0.36	伊斯兰教
奥塞梯族	529	0.37	东正教、伊斯兰教
达尔金族	589	0.41	伊斯兰教
犹太族	205	0.14	东正教、犹太教
布里亚特族	461	0.32	东正教、佛教、萨满教
雅库特族	461	0.32	东正教、萨满教
库梅克族	478	0.33	伊斯兰教
印古什族	445	0.31	伊斯兰教
列兹金族	474	0.33	伊斯兰教

资料来源：俄罗斯联邦统计局。

（二）俄罗斯文化习俗与国民性格

1. 文化习俗

俄罗斯文化与习俗别具特色，与俄罗斯人打交道应注意尊重其文化与风俗。

俄罗斯人性格开朗、豪放、集体观念强。但他们视微笑为轻佻，有失体面，因此在执行公务时不微笑，不仅认为微笑显得不严肃、分散精力、有损工作，而且认为微笑不是礼仪的需要，而是多余的做作，恰如俄罗斯俗语所云："无端发笑，必是傻帽。"俄罗斯人见面礼节以握手礼为主，拥抱礼也是常见的一种礼节。俄罗斯人与陌生人见面打招呼直截了当，不太拘于礼节性的语言，一般是握手为礼，简单地询问对方姓氏。（俄罗斯人的姓名，通常由母名、父名、姓氏三节构成。）要是朋友问候“过得怎样?”，回答应当是十分朴实的，一般回答“行”或“不错”，通常不用“好”或“很好”。社交场合以握手礼最为普遍。握手时应脱掉手套，站直或上体微前倾，保持一步左右距离。如许多人同时互相握手，切忌形成十字交叉形。亲吻也是俄罗斯人常用的重要礼节，但对不同人员、在不同场合，吻礼也有一定的区别。一般而言，朋友之间或长辈对晚辈之间，以吻面颊者为多。亲属和熟人见面或分手时，通常紧紧拥抱，或用传统的致意方式在对方前额上亲吻三次。尊重女子是俄罗斯社会风尚，女士优先显示俄罗斯绅士的风度。在比较隆重的场合，男人要弯腰亲吻女子的右手背。男士吸烟要先得到女士的同意，让烟时不能只递一支，而要递上一盒，相互点烟时不能连续点三支烟。生活中，俄罗斯人认为应该站有站相，坐有坐姿。俄国人认为交叉腿站立或分开腿坐着都是不礼貌的，站立时保持身体正直，等候人不论时间长短都不蹲在地上，也不席地而坐。同时，他们在社交场合忌讳剔牙、挖耳、抠鼻等不良动作。俄国人的手势也有讲究，他们用伸出大拇指表示赞赏和支持，认为像美国人那样用食指和拇指勾成“OK”字样表示赞成是不足取的，是粗俗的行为。

俄罗斯人热情好客，但登门作客者一定要提前打招呼，不速之客被认为是不礼貌的。客人随手送点礼物给主人是十分必要的，礼物不必贵重，俄国人把礼物当作为友好的表示。他们请客人喝茶，献上面包撒盐，这是对客人的最高尊重与礼遇。在饮食上，粥和汤是俄罗斯的传统食品，一般食品以面包、土豆、甜菜、卷心菜为主。他们用大麦、荞麦、燕麦、大米等熬成粥。在举办婚礼时一定要煮粥；祭祀时用小麦、大米、葡萄干和蜂蜜煮粥。俄罗斯人进餐往往从冷盘开始，然后上汤类，汤的种类很多，酸白菜汤和甜菜汤占显赫的地位。在寻常百姓家的餐桌上最常见的菜是“博西”（俄罗斯甜菜汤）和各种牛肉炖菜。俄罗斯民族的节日特别多，包括全民节日 60 个，如“三八”妇女节、“五一”劳动节、“胜利节”、“六一”儿童节等，以及各种民族传统节日 50 多个，如“谢肉节”、“复活节”等。俄罗斯人非常重视过节，重大节日往往放假。

2. 国民性格

俄罗斯人大喜大悲、富于变化的国民性格非常鲜明。与俄罗斯人打交道，除了基本的礼仪，还需要了解俄罗斯人的国民性格，或称民族性格。总体而言，俄罗斯国民性格的特征体现在：既非东方又非西方的矛盾性、二律背反的双重性、二元结构的统一性、时空超越性和基督宗教性。其中，最显著的特征是具有二律背反的特点。选择矛盾的两个极端之一，对事物的选择与评价非好即坏，俄罗斯人这种特有的矛盾性被俄罗斯思想家别尔嘉耶夫、伊林、索克洛夫称为“二律背反”，造成这种特征的根本在于极端性和无中间性。通俗地说，“俄罗斯人不善于控制自己，不善于适度地处理事情。……‘要么全有，要么一无所有’成了他们的处事原则。他们不会选择任何妥协的方案，不希望走中间道路。”俄罗斯人的情感常摇摆于两个极端之间，在“我们事事不如人”和“我们比一切人都好”这两种感情之中自由地来回摇摆。上一刻不惜一切代价冒险的事情，在遭遇挫败后的下一刻可能变成灰心丧气，或者生活中陡然由大笑变成大怒，对于俄罗斯人而言都是很平常的状况。

（三）塑造俄罗斯民族性的因素

俄罗斯民族文化特征与国民性格的形成，与俄罗斯独特的地理环境和历史文化紧密相关，主要是由于地理、宗教、历史文化三个主要因素的影响。俄罗斯处于东西方间的特殊地理与自然环境影响了俄罗斯的国民性格，东正教是俄罗斯民族凝聚力与优越感的来源，其国家历史与文化日积月累的熏染进一步形塑了俄罗斯的强国意识、集体主义、大国情怀等特性。

1. 地理因素

俄罗斯国民性格的形成与地理因素和自然环境因素有直接的关系，表现在：第一，农业生产造成精神的一张一弛，使俄罗斯人成为独特的极端主义者，俄罗斯人习惯于从一个极端步入另一个极端；第二，广袤的地理空间造就了俄罗斯性格的广阔性，也造就了俄罗斯性格的极端性，因为巨大的地理空间深深地影响了俄罗斯民族，以至于他们不知道有控制自己的必要性；第三，地处欧洲和亚洲的交界处，同时受到东西方文化的影响。亚洲生产方式的深化及东方独裁专制的强化与社会上层欧洲化的矛盾分裂、俄罗斯多神教文化与拜占庭文化及斯堪的纳维亚文化的对立统一等，这些因素都对俄罗斯人的矛盾性有重要影响。

2. 宗教因素

塑造俄罗斯国民性的另一深刻因素是宗教。俄罗斯人是宗教观念很强的民族，被称为“敬奉上帝的民族”，宗教意识深入民间，在日常生活中也有明显表现。东正教是西方基督教的重要分支之一，10 世纪末传入俄罗斯后逐渐发展为俄罗斯的主要宗教。1472 年，伊凡三世迎娶东罗马帝国的末代公主，并自封为“沙皇”，此后俄国统治者以罗马帝国的继承人自居。16 世纪初，一位俄国东正教长老上书沙皇称，人类的历史就是三个罗马的历史，前两个罗马已经灭亡，最终一切信奉基督教的王国将合并到沙皇的统治之下，莫斯科作为第三个罗马将永世长存。东正教在俄罗斯曲折发展，对俄罗斯文化及俄罗斯性格产生巨大的影响。在经历了苏联似是而非的无神论时代后，苏联解体后，包括东正教在内的各种宗教重新走上历史舞台，俄罗斯出现空前的“宗教热”：开放旧教堂，兴建新教堂，恢复宗教节日典仪，诸如此类。总而言之，俄罗斯国民性格，包括强烈的民族优越感的形成，与东正教等宗教的曲折发展及其全面性影响休戚相关。

3. 历史因素

俄罗斯民族心理与国民性格是在俄罗斯漫长的历史与文化发展脉络中慢慢形成的，俄罗斯历史形塑了俄罗斯的几大民族性格特点。第一，崇拜英雄，崇尚强人政治，对专制统治有极强的容忍度。俄罗斯历史上出现不少强人，如彼得大帝、叶卡捷琳娜女皇、亚历山大一世、斯大林，以及如今的普京，他们承先启后推动俄罗斯的大国化进程，深得俄罗斯民族崇拜。俄罗斯人相信“好沙皇”能让俄罗斯变得强大，因此他们对专制统治有着极强的容忍度和耐受力。第二，既善战，也好战；既有浓厚的强国意识，也有其大国担当。总体而言，这个被称为“战斗民族”的民族经常处在侵略与反侵略的历史轮回中，既体验过外族入侵、被外族统治的屈辱，也尽享过占领者的“荣耀”；既无可奈何地接触、接受过外族文化，也充当过本民族文化的布道者。他们曾经顽强地抵抗外敌入侵，体现了卓越的牺牲精神与大国担当。而在更长的历史时期里，俄国统治者在强国意识与民族优越感支配下，大肆推进领土扩张，使俄罗斯一度成为地跨欧亚美三大洲的帝国，并以欧洲事务仲裁者的身份逞雄一时。第三，善于学习，勇于创新与改革，不断探索新的发展道路与模式。在俄罗斯历史上，雄才大略的领导者往往积极汲取东西方文化中的优秀成分，不断地进行制度改革和制度创新。特别是在20世纪，俄罗斯成为世界上第一个建立社会主义政权的国家，进行了长达半个多世纪的社会主义建设大实验，并取得关乎人类发展道路的经验与教训。

4. 文化因素

丰富的文学艺术也对俄罗斯国民性的形成提供了养分。俄罗斯文化灿烂辉煌，影响深远。以文学艺术为例，俄罗斯文学家、艺术家人才辈出，群星灿烂。陀思妥耶夫斯基和托尔斯泰的作品深入刻画人性，探讨重大的道德、社会、历史问题，震撼人的心灵。俄罗斯文化极度对立之双中心性特点最鲜明的体现，堪称是许多著名文学作品的标题将两个相对立的概念合二为一，如《父与子》《罪与罚》《战争与和平》《基督与反基督》等等。俄罗斯还有堪称世界瑰宝的芭蕾舞艺术以及杰出的音乐、文学和绘画，诸如此类。俄罗斯人在这种文化的熏陶下成长，其国民性格不可避免地受到这种文化的影响。

三、从转轨到稳定的俄罗斯政治

俄罗斯是联邦共和立宪制国家，由22个自治共和国、46个州、9个边疆区、4个自治区、1个自治州、3个联邦直辖市组成。国旗为白、蓝、红三色旗，国徽主体为双头鹰图案。首都莫斯科是俄罗斯政治、经济、文化中心，也是欧洲最大的城市。其他经济中心还有圣彼得堡、西伯利亚等。

在政治制度上，俄罗斯属共和制民主联邦制国家。总统为国家元首，按宪法和法律决定内外政策，并有权解散议会，联邦政府总理和各部部长皆由总统任命。俄罗斯的政治体制主要包括议会、联邦政府和司法机构。俄罗斯联邦会议是俄代表和常设立法机构，由联邦委员会和国家杜马两院组成。俄罗斯联邦政府总理、副总理和各部部长由总统任命，负责确定政府活动的基本方针以及组织政府工作。俄罗斯联邦司法机构主要有联邦宪法法院、联邦最高法院、联邦最高仲裁法院及联邦总检察院，在各自管辖范围内对有关民事、刑事、行政以及其他案件进行审理。法官独立且终身任命。俄罗斯有 78 个政党，主要四大党派为统一俄罗斯党、俄罗斯共产党、公正俄罗斯党和俄罗斯自由民主党。

（一）转轨时期的俄罗斯政治

对作为苏联继承国的俄罗斯来说，实现从集权政治体制向民主政治体制的转型，是实现全面现代化的重要内容和决定性因素。俄罗斯政治民主化，始于 20 世纪 80 年代末 90 年代初，即戈尔巴乔夫执政后期。20 世纪 90 年代是俄罗斯政治转轨的十年，各种思潮、各方利益间展开激烈的博弈，俄罗斯政治处于动荡之中。

转轨初期建构起来的俄罗斯政治制度并不完善。由于自由主义成为当时俄罗斯政治文化的主流，加之对西方民主模式的美妙梦想，俄罗斯于 1992 年初实行以总统设置、议会民主、三权分立、多党政治、自由选举为基本原则的西方民主政治。同时，开始推行“休克疗法”，以遏制通货膨胀。然而，西方式民主政治和“休克疗法”并没有给俄罗斯带来繁荣和发展，反而使俄罗斯陷入旷日持久的政治动荡和权力纷争之中。在经历 1993 年 10 月流血事件后，叶利钦摧毁议会并镇压反对派。叶利钦发布总统令，把立法机关更名为“国家杜马”，并宣布举行新的选举。1993 年 12 月，俄罗斯全民公决通过新宪法，为总统集权创造宪法空间。然而，叶利钦时期并未形成威权主义的治国模式，而是出现“寡头政治”局面，具体表现在：中央政府实际行政能力低下，权力日益弱化；小党林立而缺乏有影响力的大党，不少政党具有浓厚的“会党”、“朋党”的色彩；政权与财权间的交换司空见惯，国家决策职能基本上被寡头架空。无论如何，1993 年宪法制定后发挥了稳定政局的作用，俄罗斯最终确立了宪政制度，此后国内政治竞争基本上在宪政框架内进行。

（二）普京时代的政治变革

自 2000 年以来，普京一直主导着俄罗斯政治。普京以强国、发展经济为己任，在其担任两届总统、一届总理及再次担任总统的十几年里，不断推行政治改革，加强中央集权，基本肃清寡头政治的影响，使俄罗斯政治从“自由民主”过渡到“可控民主”的阶段，形成目前俄罗斯稳定的政治局面。普京主要从以下几方面推行政治改革：

1. 改革政党制度，巩固政权基础

《俄罗斯联邦宪法》规定：“在俄罗斯联邦，承认政治多元化和多党制”；公民有建立政党和开展活动的自由；国家杜马是立法机关，是代表不同社会阶层利益的各政党进行利益博弈并对国家大政方针实施重大影响的重要平台。为了巩固政权，普京于2001年策划组建统一俄罗斯党，并亲自出席统一俄罗斯党的代表大会以示支持，因此统一俄罗斯党也被称为“政权党”，成为俄罗斯防止地区分裂、巩固联邦统一的核心力量。

2012年普京再次出任总统后，为了应对政治生态出现的新变化，注重政治妥协，采取一系列旨在扩大政治参与、增强政治竞争的改革措施。第一，在政党制度上，降低建党门槛，但保留终止注册机制，不允许成立政党选举联盟。这使在野党数量更多而无法联合形成合力，实际上等于分散反对派的力量。第二，在选举制度上，从比例代表制调整回混合选举制。第三，在社会机制上，建立俄版海德公园，但同时修改集会法、非政府组织法等，依靠法律维稳。第四，在联邦制度上，允许地方行政长官直选，但规定需要总统审查。政府、政党、法院间的“三权分立”基本上化为“三权合一”。从政党制度安排看，俄罗斯仍然是多党政治；但从俄罗斯四年来政党政治实践看，已经具有一党制的特征，至多是一种以“政权党”即统一俄罗斯党为主、反对党只做陪衬的多党制。

2. 推动行政改革，提高执政效率

第一任期间，普京着手进行行政改革，具体措施包括：第一，执行权力机构改革，将原来6类机构减少为3类，即部、署、局，并划分其行政等级。第二，公共管理体制改革，包括进一步提高政府提供公共服务的质量，扩大公共服务的范围；限制国家对经济领域的干预行为，切断政府官员与国有企业的联系；促进政府办公公开透明化，推行电子政务建设。第三，公务员制度改革。2004年普京第二任期的开始标志着俄罗斯进入“普京时代”。总之，在执政前八年，普京有效地整合政治资源，提高了行政效率。

3. 提升总统权力，强化中央权威

普京执政期间的政治改革以强化中央权威为重点。在第一任期，普京扭转了叶利钦时期中央权威弱化、地方权力膨胀的局面，初步建立以总统权力为核心的垂直权力体系。连任后的普京通过政治改革，进一步加强垂直权力体系，强化了中央权威。具体举措包括：第一，联邦主体领导人由选民直接选举产生改为由联邦总统提名、地方议会确认，再由联邦总统任命；第二，取消国家杜马选举中的单席位选区制，改为全部按政党选举产生，进一步降低反对派入围杜马的可能性；第三，提高政党进入国家杜马的条件，把入围线从 5% 的得票率提高到 7%；第四，将政党注册资格从原来的 1 万人提高到 5 万人；第五，实行行政区划的调整方案。同时通过打击干政寡头，收回国家战略行业的控制权及媒体资源，奠定了国家资本主义的发展模式。

（三）稳定政治局面的形成

自 2000 年以来，普京始终主导着俄罗斯的政治权力格局。他在建立国家统一的法律体系、打击寡头、重建车臣秩序、控制媒体、改革行政体制、加强反腐斗争等领域取得成效，实现了从社会动荡到政局稳定的国家治理，基本完成新权威主义原则指导下对宪政制度的完善和巩固。作为俄罗斯领导人，普京的思想对俄罗斯的发展有着决定性作用，在俄罗斯对外战略中也是处于决定性地位。梅德韦杰夫时代是前后普京时代的过渡期。梅德韦杰夫的执政理念与普京相同，主张通过现代化实现强国富民，保持了俄罗斯政治转型的稳定性。

普京强调以国家资本主义取代叶利钦时代的寡头资本主义，主张一党独大，走“可控民主”的威权主义政治模式，将总统的权力发挥到极致。俄罗斯寡头政治在普京两届任期和梅—普组合任期内基本上失去政治影响力，取而代之的是一种权威主义的治国模式即“可控民主”模式。“可控民主”是一种特殊的政治混合体，既含有民主的因素，又具有集权的特点，其实质是“社会赋予由全民选举产生的具有超凡能力的国家首脑以超出民主程序以外的最广泛的权力”。“可控民主”政治体制的建立过程就是不断加强中央威权、强化总统权力的过程。普京第一任期通过强化中央权力，已经出现“可控民主”状态。2012 年普京开始第三任期，俄罗斯总统集权的趋势进一步加强，政府、议会、各联邦主体、政党及媒体均被总统所控制，形成比较稳定的政治局面。

四、挑战与机遇并存的俄罗斯经济

俄罗斯自然资源丰富，是名副其实的能源大国。森林资源丰富，矿产资源多样。已探明天然气储量和铁矿石储量占世界第一位，石油探明储量占世界第二位，各种金属矿藏占世界前列。石油天然气工业长期以来是俄罗斯经济的核心。据俄罗斯能源战略评估，俄罗斯境内集中了世界天然气储量的1/3，石油储量的1/10。2004 年，俄罗斯天然气探明储量为48 万亿立方米，占世界总储量的 26.7%；开采量为 5891 亿立方米，占世界总开采量的 21.9%；出口量为 2000 亿立方米，占世界总出口量的 28.2%。有色冶金行业是俄罗斯重要的工业部门之一，其产值约占俄罗斯国内生产总值的 2.8%。俄罗斯国防工业体系完善先进，是世界上少有的能生产海、陆、空、天武器和装备的国家。21 世纪以来，能源产业、冶金行业和国防工业依然是俄罗斯的重点产业和主要财政收入来源。

（一）普京的主要经济政策与成就

1. 主要经济政策

普京执政前八年以重建强大的经济为目标，他 2000 年当选总统时许诺“给我 20 年，还你一个奇迹般的俄罗斯!”，2003 年在《国情咨文》提出“俄罗斯在世界上经济发达、力量强大且富有影响力的国家中占有一席之地”，2004 年在国情咨文强调“俄罗斯经济需要从中速增长转为快速增长，2004—2010 年 GDP 年均增长率需要达到 7.9%，而且调整和改进经济增长方式”。2006 年，统一俄罗斯党将普京治国理政思想概括为“普京计划”，其中强调要提高经济的竞争力，摆脱对能源的依赖，增加对高新技术产业的投资，发展基础设施，促进中小企业的发展。2008 年，普京正式提出《俄罗斯 2020 年前发展战略》，目标是在今后 12 年内使俄罗斯发展成为欧洲第一大经济体、世界第五大经济体、世界最重要的经济中心之一。2008 年梅德韦杰夫继任总统后，提出俄罗斯在 21 世纪必须重新实现全面现代化。2013 年，普京再次出任总统，进一步改革经济法规，并推行行政改革，调整政府职能，突出国家在市场经济中的作用，加强国家对经济的管控能力。同时，通过财税体制改革，减少资源浪费，实现政府事权与财权的合理匹配。最后，通过打击腐败，整肃特殊利益集团，逐渐形成国家资本主义经济格局。

2. 主要经济成就

2000 年以来，以普京为主导的俄罗斯政府成功地将一个经济衰败、社会混乱、国运式微、国际地位日趋下降的俄罗斯重新带回到强国之列。与此同时，俄罗斯也实现了宏观经济从混乱危机到稳定有序的转变。俄罗斯趁国际能源价格持续高涨之机，依托俄罗斯资源优势大力发展能源和原材料产业，以出口带动投资与消费，实现经济快速增长。2003—2008 年，俄罗斯经济增长率分别达 7.25%、7.15%、6.39%、8.15%、8.54% 和 5.25%，年均 GDP 以 7.12% 的高速度增长。2003—2014 年，俄罗斯国内生产总值年均增长率达 4.06%。数据显示，2002 年俄罗斯人均名义 GDP 为 2373 美元，2006 年增为 6902 美元，2008 年达 11550 美元。2009 年，因油气价格快速上涨造成俄罗斯外汇收入增多，进而导致汇率 GDP 升高而人均名义 GDP 有所降低，此后恢复高速增长，2013 年人均 GDP 已经高达 14586 美元。能源产业的推动促使俄罗斯实现了经济腾飞，国家总体经济实力和抗风险能力明显增强，为俄罗斯的大国复兴积蓄了经济能量。

（二）新时期俄罗斯经济面临的挑战

俄罗斯经济发展在面临挑战的同时也有机遇，其中挑战主要源自恶劣的国际经济环境的影响。

1. 国际油价波动

俄罗斯经济过度依赖能源行业，因此国际油价波动对俄罗斯经济影响较大。据 2014 年 6 月公布的数据显示，俄罗斯仅陆地上的 A + B + C1

级工业石油储量高达170亿吨，C2级石油预计储量还有100亿吨，其石油产量和出口量位居世界第二位，仅次于沙特阿拉伯。2011—2013年，俄罗斯每年石油产量为5.11亿—5.23亿吨，其中出口量占石油总产量的45%。受益于油价持续上涨，俄罗斯国内生产总值（GDP）一度突飞猛进，但从2014年10月开始，国际原油价格持续下跌，俄石油出口量增加，但收入大幅下降，导致俄罗斯经济再次滑向低谷。2015年，俄全年石油出口量约2.38亿吨，同比增长7.5%，但1—10月石油出口收入同比下降43%，仅为767亿美元。从2013年开始，俄罗斯经济增长放缓，国际货币基金组织2015年10月预测，俄罗斯经济2015年负增长3.8%，2016年负增长0.6%，2017年才可能恢复正增长。在可预见的未来，俄罗斯的能源经济将继续受到国际油价波动的影响。

2. 西方经济制裁

乌克兰危机后，西方针对俄罗斯实施经济制裁，俄罗斯商业团体面临越来越大的压力，特别是在基础设施项目融资以及能源和高科技领域。欧美经济制裁的目标直接指向俄罗斯能源、金融、国防等领域，不仅俄罗斯大型银行在美欧市场的正常贷款遭遇封杀，而且俄罗斯多家大型能源企业所需的勘探、开采设备供应渠道也被阻断。西方各国甚至取消"欧盟—俄罗斯"峰会及八国集团峰会。美欧已经先后对俄发起数轮制裁，42个国家对俄实施不同程度的制裁措施。持续不断的经济制裁已令俄罗斯的银行、能源、军工以及航运业受到直接冲击，俄罗斯的外部经济关系也受到严重影响。

3. 外资出逃严重，通货膨胀加剧

西方经济制裁、卢布汇率下跌，以及对俄罗斯债务违约的担心，使外资不断从俄罗斯撤离。这不仅使俄罗斯对外贸易受到限制，而且导致财政赤字高筑，国内经济形势进一步恶化。2013年，撤出俄罗斯的外资为610亿美元；2014年，俄罗斯企业和银行资本净流出额高达1500亿美元，约为2013年的2.5倍。而根据联合国贸易和发展会议公布的全球投资报告，2015年流入俄罗斯的外国直接投资减少92%。俄罗斯财政部公布的数据显示，2015年俄罗斯财政赤字为1.95万亿卢布（约合250亿美元），占俄罗斯GDP的2.6%。俄罗斯经济陷入困境。2014年10月，穆迪将俄罗斯的债务评级从BAA1下调至BAA2；2015年1

月，标准普尔将俄罗斯的债务评级下调至“垃圾级”，各评级机构都不看好俄罗斯的主权债务。同时，俄罗斯国内通货膨胀水平越来越高。2015 年，俄卢布对美元贬值 24%，对欧元贬值 14.6%。卢布贬值直接造成国内物价高涨，通胀加剧。2015 年，通货膨胀率为 12.9%，消费价格指数增长 12.7%。俄罗斯社会舆论基金 2015 年 12 月进行的民意调查显示，49% 的民众在 2015 年感到生活水平下降，25% 的在职人员表示其工作单位经营情况恶化。

（二）俄罗斯经济面临的机遇

俄罗斯始终将经济发展与增长视为其经济安全的最主要内容，为了应对所面临的国际与国内挑战而采取一系列反制裁措施，通过重新布局国际经贸格局、调整产业结构、削减财政开支等各种措施，使俄罗斯经济找到新的机遇。

1. 实行反制裁措施

2014 年 9 月，俄罗斯宣布，如果西方国家继续实施严厉的制裁措施，俄罗斯将停止从欧美国家进口汽车和服装。针对西方的经济制裁，俄罗斯已禁止从欧盟和美国进口某些农产品。2015 年 11 月，普京签署关于实施特殊经济措施的相关法律，自 2016 年 1 月 1 日对土耳其公司从事个别种类工作和提供服务予以禁止或限制，禁止雇佣来自土耳其的新员工，禁止进口土耳其一些种类的食品、花卉和食用盐。此外，自 2016 年 1 月 1 日俄罗斯还颁行几项联邦法律，主要针对乌克兰和土耳其的一些种类农产品、原料和食品的进口。反制裁还波及其他消费品和行业，如旅游业。俄国家统计局数据显示，2015 年上半年，俄出国旅行人数同比减少 37%，去欧洲滑雪的俄罗斯人大幅度减少。制裁与反制裁之互相伤害也许会使今后欧洲国家在制定对俄制裁方面更加审慎。

2. 经贸重心东移，寻找新的机遇

面对西方经济制裁，俄罗斯采取一系列应对措施，包括重新调整国家经贸布局，在新的国际经济格局中谋求发展机遇。俄罗斯对外经济关系的重心一向是欧盟，亚太地区是次要方向。近年，俄罗斯大力实施对外经济关系东移战略，建构欧亚经济联盟。2015 年 1 月，新欧亚经济联盟开始生效运作。总人口近 2 亿人、生产总值超过 4 万亿美元的欧亚经济联盟是一个明显的经济开发区，目前覆盖亚美尼亚、白俄罗斯、哈萨克斯坦、吉尔吉斯斯坦，并邀请塔吉克斯坦和乌兹别克斯坦加入，成为一条通向亚洲的经济桥梁。普京还将欧亚经济联盟作为提升与东亚贸易的重要平台。2014 年欧亚联盟与东盟进行官方贸易合作洽谈，2015 年与越南签署贸易协议。俄罗斯向亚洲倾斜产生两个结果：首先，俄罗斯与中国的关系变得更紧密；其次，俄罗斯日益重视中亚国家。中亚已成为俄罗斯倡议的欧亚经济联盟与中国倡议的“丝绸之路经济带”的主要合作地域。欧亚经济联盟乐于参与中国的“一带一路”倡议，寻求吸引中国投资连接中国至欧洲的基础设施投资，目前中国计划在莫斯科—喀山高速铁路建设项目投资 58 亿美元、在哈萨克斯坦基础设施项目投资 82 亿美元。显而易见，俄罗斯寻求活用欧亚经济联盟实现区域经济一体化，并从中国引进资金，以代替原来从美国和欧洲的融资。

在此同时，俄罗斯积极强化与以金砖国家为代表的新兴市场与发展中国家的经贸合作。俄罗斯是金砖国家之一，同金砖国家的经济合作是俄罗斯对外经济关系东移的重要组成部分。为了突破西方国家的出口封锁，俄罗斯不断加强同中国、印度、巴西等新兴国家间的经贸联系，以寻求替代市场。2014 年 11 月，金砖国家领导人举行非正式会晤并取得高度共识，强调“经济合作是推动金砖国家发展的持久动力”。俄罗斯与中国签订一揽子油气资源合同以及人民币/卢布货币互换协议。同年 12 月，普京出访印度，俄罗斯与印度签署 20 项经贸合作协议，确保了俄罗斯大部分的对外贸易份额。另外，亚太经合组织、20 国集团也成为俄罗斯对外经济关系东移进程可借助的重要力量，诚如俄罗斯外长拉夫罗夫所表示，俄罗斯在经济方面将依靠 20 国集团和金砖国家。

3. 削减财政支出，刺激经济发展

2015 年，俄罗斯主要经济数据大幅下滑，GDP 同比下降 3.7%。国家公务员薪酬缩减 10%。为克服经济困难，俄罗斯政府批准并颁布 2015 年反危机计划。该项计划包含 60 个条款，所规划的措施集中在七方面：第一，支持进口替代；第二，支持非原料商品包括高科技商品出口；第三，促进中小企业发展；第四，为重大经济领域融资创造条件，包括完成国防采购；第五，对因通胀影响生活较困难人群进行补偿；第六，缓解劳动力市场紧张程度；第七，优化预算开支和稳定银行系统。在此同时，俄罗斯努力削减财政支出，在2016年预算草案中大幅削减医疗和教育支出，教育支出占GDP的比重从4.1%降为3.6%，医疗支出从3.4%降为3%。以不变价格计算，2016年教育支出与2012年相比缩减14%，医疗支出缩减20%。

4. 顶住压力峰值，经济触底反弹

俄罗斯采取一系列措施稳定经济，成功顶住压力峰值，经济开始触底反弹。IMF预计俄罗斯通胀率从2015年的16%降为2016年底的12.5%。总体而言，俄罗斯经济短期内不存在根本性的风险，金融系统状况基本稳定；财政方面有一定的回旋余地，必要的财政支出有基本保障；政府债务水平相当低，短期内偿债压力不大。与此同时，国际油价有所反弹，俄罗斯获益颇多，正如伦敦Think Markets的首席分析师Naeem Aslam所称："国际油价的反弹支撑了俄罗斯经济，并让俄罗斯经济避免了崩溃的命运。"世界银行将俄罗斯2016年国内生产总值的预测下降幅度从1.2%下调为0.6%。俄罗斯于2016年下半年渡过经济危机的高峰，之后开始恢复，2017年增幅为1.5%。根据普京提交的2016年国情咨文，2016年俄罗斯经济发展良好，国内生产总值仅下降约0.2%，其中实体经济下滑已经停止，出现增长势头；2015年通胀率高达12.9%，而2016年底显著下降为6%以下，2017年或降至4%；农工综合体发展迅速，农产品出口已超过武器出口，2016年创汇169亿美元。

总之，2013年乌克兰危机以来，由于西方国家实施多轮经济制裁，加之全球经济持续低迷，国际油价波动，地区局势动荡加剧等，俄罗斯经济在衰退与危机之中徘徊，主权债务信用降级，外资大规模逃离，卢布贬值严重，通胀加剧。尽管如此，俄罗斯通过积极的反制裁、调整国际经贸格局、刺激经济增长、削减财政支出等措施，经受住压力峰值的考验。目前，俄罗斯经济已经出现好转迹象，但强化经济结构调整、改变经济增长方式、大力发展创新型经济、减少对能源经济的依赖性依然是今后俄罗斯努力的方向。

五、俄罗斯的法律与投资环境

俄罗斯法律属于大陆法系，以制定法为主。俄罗斯参加的国际条约是俄罗斯联邦法律制度的组成部分，且国际法优先于一般国内法。但俄罗斯宪法对国际法与宪法的冲突适用没有明确规定。

(一) 投资关联法律

为了吸引外资进入自然资源领域，俄罗斯颁行一系列政策法规。如在能源领域，俄罗斯为调整油气行业的税收、产品和设备进出口关税，保护外国投资等而实施配套的法律保障。随着经济形势逐步好转，俄罗斯对外资进入油气资源领域的限制逐渐加强。目前，《2020 年前俄罗斯能源战略的基本原则》是俄罗斯能源行业发展的指导性文件，对俄罗斯自然资源行业的发展具有重要意义。俄罗斯与投资相关的法律主要有：《俄罗斯联邦外国投资法》《俄罗斯联邦海关法典》《俄罗斯联邦劳动法典》《俄罗斯联邦税务法典》《俄罗斯联邦民事法典》《俄罗斯联邦建筑法典》《俄罗斯联邦经济特区法》《俄罗斯联邦证券市场法》《俄罗斯联邦环境保护法》《俄罗斯联邦租赁法》《俄罗斯联邦矿产资源法》《俄罗斯联邦产品分成协议法》《俄罗斯联邦对保护国防和国家安全具有战略意义的经济主体进行外国投资的程序法》。投资俄罗斯，既要注意各项法律法规的具体适用问题，也要具体了解相关法律条文与规定，如外国企业在俄设立企业相关的法律规定、外汇管理相关法律规定、知识产权保护相关法律规定，以及《俄罗斯联邦劳动法典》关于“劳动用工”以及“签订工作合同”、“解除工作合同”的规定，此外还要注意《俄罗斯联邦外国公民法律地位法》、《俄罗斯出入境法》等等。例如，根据《俄联邦刑法典》规定，如果企业出现商业贿赂行为，法院会依法对相关责任人追究刑事责任，如果企业在公开招标中进行了行贿，司法机关会禁止招标人从企业采购，竞争对手可要求赔偿损失，而贿赂行为基础上签订的合同将被认定无效。在知识产权保护方面也有严格规定，员工私自安装及使用未经授权的盗版软件将有法律风险，雇主可能因雇员使用盗版软件承担一定的法律责任，除非雇主能举证证明自己没有过错。中资企业赴俄罗斯投资前，既要充分了解俄罗斯相关法律规定，还应充分利用中俄已达成的双边条约、司法合作与争议解决机制等，保护自己的正当权益。

（二）中俄双边条约、司法合作与争议解决机制

中俄两国已经签订的双边条约有：（1）投资保护协定：2006 年，中国与俄罗斯签订《中国俄罗斯政府间关于鼓励和相互保护投资协定》；（2）避免双重征税协定：1994 年，中国与俄罗斯签订《中国俄罗斯政府间关于对所得税避免双重征税和偷漏税的协定》；（3）其他协定：《中国俄罗斯政府间关于经济贸易关系的协定》（1992 年）；《中国俄罗斯政府间 2001—2005 年贸易协定》（2000 年）；《中国俄罗斯政府间关于中华人民共和国公民在俄罗斯联邦和俄罗斯联邦公民在中华人民共和国的短期劳务协定》（2000 年）；《中国俄罗斯政府间关于共同开发森林资源合作的协定》（2000 年）。这些条约形成对中国赴俄投资企业的保护与约束。

在司法协助和争议解决机制方面，1992 年两国签署《中华人民共和国和俄罗斯联邦关于民事和刑事司法协助的条约》。对于司法协助的途径，除该条约第二条特殊规定者外，中俄双方的法院和其他主管机关互相请求和提供民事和刑事司法协助，在中国通过司法部和最高人民检察院，在俄罗斯通过联邦司法部和联邦总检察院。在俄罗斯，法院外的争议解决方式主要有商事仲裁、裁判法庭。俄罗斯有系统的《国际商事仲裁法》和仲裁机构，处理涉外经济纠纷的主要仲裁机构为俄罗斯国际商事仲裁院。中俄商事仲裁涉及的协议为 1996 年的《中国国际商会/中国国际贸易促进委员会和俄罗斯联邦工商会关于商事仲裁的合作协议》。根据协议，仲裁在申请人所在国进行，在中国由中国国际经济贸易仲裁委员会、在俄罗斯由国际商事仲裁院进行，仲裁案不仅可以在中俄仲裁机构常设地开庭审理，也可以在便于进行仲裁程序的中俄两国边境城市开庭审理。

（三）中国在俄罗斯的投资环境与风险综合评估

中国在俄罗斯投资是机遇与风险并存。机遇主要体现在：第一，中

俄互为最大邻国，资源和产业结构互补性强，开展经贸合作领域众多、前景广阔。根据中国驻俄罗斯经济商务参赞处的数据，中国长期为俄罗斯第一大贸易伙伴，俄罗斯是中国第九大贸易伙伴。中国对俄出口的产品主要是机械、电子、鞋类、纺织服装、皮革、家具、汽车等产品，俄向中国出口的产品主要是原油、成品油、铁矿砂及其精矿、原木和煤炭、木材和化工产品等。2015 年，俄最大的石化企业西伯利亚—乌拉尔石油化学和天然气公司（Sibur）和亚马尔液化天然气一体化项目的部分股权转让给中国资本；中国丝绸之路基金收购亚马尔液化天然气一体化项目 9.9% 的股权；中俄之间在电商领域的合作也是一大亮点。第二，中俄经济合作成为俄罗斯国际经济战略重心，中俄双边投资规模呈现扩大趋势。在 2015 年俄经济社会处于最艰难的时候，中俄经济领域的合作无疑是支撑俄罗斯的重要援手。为了减少依赖欧洲能源出口，俄罗斯政府不得不把俄中经济关系视为国际战略的重心，从中国获得亟需的资金。自 2014 年，俄罗斯政府开始在一些国家战略性能源项目上与中国资本深度合作。2015 年 5 月，中国国家主席习近平访问俄罗斯期间，中俄签署 32 项协议，总价值达 250 亿美元。其中包括中国为俄罗斯提供的数十亿美元的基础设施贷款、俄罗斯联邦储蓄银行与中国国家开发银行间一项 60 亿元人民币信用额度协议等。在中国推动“一带一路”倡议的背景下，中俄基础设施投资合作对于拉动双边经贸具有重要意义。中国驻俄罗斯大使李辉在 2016 年 2 月的一次演讲中表示，“中俄之间的一些合作项目，例如中俄油气管道、经过俄罗斯的‘渝新欧’铁路、途经俄罗斯的中国西部—欧洲西部公路、中方参与俄远东和东西伯利亚开发、中俄跨界河桥梁建设和跨界河水资源利用等，都可以跟‘一带一路’建设结合起来……为双边务实合作增添新的亮点。从长远看，双方还可借助共建‘一带一路’，进一步加强在上海合作组织、金砖国家合作机制及欧亚经济联盟等框架内的多边合作，最终实现自身发展与成员国的共同发展与繁荣。”第三，近年俄罗斯投资环境有所好转。当前俄罗斯对外资的投资需求激增，为了吸引外资给予鼓励性政策优惠和保障措施，其市场开放度在加入 WTO 后会进一步放开。俄罗斯政府也致力于对腐败的治理与制约，以及融资环境与基础设施的改善。据世界经济论坛《2013—2014 年全球竞争力报告》显示，俄罗斯在全球最具竞争力的国家和地区中位居第64。世界著名投资银行美国高盛公司预测，俄罗斯投资环境有望在2020年前超过意大利，2025年前排在法国和英国之前，2030年前超越德国水平。

中国在俄罗斯投资风险主要体现在：第一，制度环境因素。俄罗斯国家法律、政府条例缺乏连续性，特别是有关外国投资的法律与政策法规经常变动，缺乏相应的连贯性、一致性与稳定性。虽然俄罗斯司法制度比较完备，有体系完整的各种法典和单行法规，但相关立法变动频繁，经常有法律条文颁布施行后被修订，重要条款发生变化，以新法改变旧法的规定。法律与政策的多变性可能导致投资风险。第二，地缘政治因素。特殊地缘政治因素导致俄罗斯经济环境不稳定。保险商和投资者数据供应商 Verisk Maplecroft 在《政治风险动态指数2015》中指出，俄罗斯在风险指数中排名第21位，主要原因是俄罗斯“越来越激进的外交政策”。俄罗斯在乌克兰问题上的主张及其与西方国家的关系可能在未来多年对其经济发展造成持续阻碍。俄罗斯若无法应对地缘政治因素导致的制裁及国内经济不景气的状况，外商投资收益可能受损。第三，俄罗斯政治腐败与政府政策效率因素。据国际反腐败非政府组织“透明国际”（Transparency International）发布的《2010年国际腐败感知指数报告》显示，俄罗斯在接受调查的178个国家和地区中排名第154位，属于腐败指数较高的国家，这给投资者带来不确定性影响。第四，社会治安环境因素。俄罗斯黑社会等组织犯罪活动较猖獗，来自海外的投资公司和人员从事经营活动，容易受到治安问题干扰，人身和财产安全亟需保障。

综合而言，作为重要的新兴经济体，俄罗斯具有很大的潜在投资市场，但也存在风险。中国企业在抓住商机的同时，也要有对投资风险有审慎评估。中国政府部门可结合“一带一路”倡议之推进，对企业提供相关的指导、培训与服务，发挥引导与扶持作用，帮助中国企业在俄罗斯取得更好的投资机会与收益。

（胡越云）

第六章

印度国情概貌①

一、历史

(一) 印度河流域文明（约公元前2500—前1500年）

约公元前2500年，印度河流域已存在一个高度发达的文明，称为印度河流域文明。最早发现的遗址位于今巴基斯坦境内的哈拉帕和摩亨佐—达罗。该文明约在公元前1500年前后突然衰落，据推测可能是由于洪水泛滥、气候环境变化等。

印度河流域文明是目前所知印度最早的城市文明。在已发掘的遗址中，发现了规划性的城市建筑，城市由城堡和普通居民区两部分组成，既有大谷仓及大浴池，还有排水设施。印度河流域文明以农业为基础，普遍栽种小麦及棉花，农具有石制及青铜制的锄，石镰等；经济活动还包括海上贸易，已发现大量使用疑似用于商业活动的印章。在洛塔尔还有船坞遗址。在遗址中还出土了印有象、牛等图案的印章，女性的雕像等，这一切可能与宗教相关。这里被视为印度教文明中的许多宗教符号的来源地，如女神崇拜、林伽崇拜、火祭等。

印度河流域的文明的发现证明在雅利安人之前，印度本土已存在自己的文明。印度文化是由雅利安人与非雅利安人（达罗毗荼人）共同开创的。这极大地鼓舞了印度民族的自信心。

---

① 本章主要参考以下著作：林承节著《印度史》，人民出版社2006年版；刘建、朱明忠、葛维钧著《印度文明》，福建教育出版社2008年版；孙士海、葛维钧主编《列国志》，社会科学文献出版社2010年版；尚会鹏著《文化传统研究——比较文化的视野》，北京大学出版社2004年版；亢升著《印度—崛起的亚洲巨象》，城市大学出版社2009年版。

(二) 吠陀时代（公元前1500—公元前600年）

大约公元前1500年，在印度河流域文明衰微后，中亚草原的雅利安人自西北印度进入印度河流域，吠陀文明由此开始。

这段时期的历史因四大吠陀而得名。四大吠陀为印度现存最古老的文献，分别为《梨俱吠陀（Rig Veda）》《娑摩吠陀（Sama Veda）》《耶柔吠陀（Yajui Veda）》《阿闼婆吠陀（Atharva Veda）》。《梨俱吠陀》约成书于公元前1500—前1000年，这一时期称为吠陀前期；《梵书（Brahmana）》和《奥义书（Upanishad）》等与吠陀有关文献成书于吠陀后期，约公元前1000—前600年。吠陀经典不等同于历史，但在一定程度上反映当时人的日常生活。

这一时期，雅利安人征服印度原居民，由游牧进步到农耕，逐渐定居并形成部落，并向东部恒河流域扩展。吠陀后期，生产力有了新的发展，标志是铁制武器和工具的使用，极大地促进了农业的发展；也出现了新的工匠种类，如铁匠、编织工等，推动了商业的发展；部落社会演变到村镇社会，向阶级社会发展，国家开始产生。根据吠陀文献，约公元前8世纪时，出现最早一批小国。这时期，种姓制度（Varna System）产生，强调崇尚祭祀和婆罗门至上的婆罗门教形成。

(三) 孔雀帝国（公元前322—前185年）——印度第一个统一的帝国

公元前6世纪初，北印度形成16个较大的奴隶制国家。在相互征伐和兼并中，恒河流域的摩揭陀国（Magádha，今比哈尔中南部）在难陀王朝（Nanda）统治下成为最强大的国家。

公元前516年，波斯国王率军入侵印度，占领旁遮普地区。公元前327年，亚历山大大帝在征服波斯帝国后侵入西印度，在继续东进过程中遭到抵抗，被迫从印度河撤退时在信德地区留有驻军。摩揭陀国的旃陀罗笈多—毛利亚率军驱逐亚历山大留下的部队，并推翻难陀王朝的统治，建立孔雀王朝。公元前268—前232年，旃陀罗笈多的孙子阿育王统治时期，孔雀王朝发展到全盛时期。在阿育王推动下，佛教展开第三次经典结集。经过从旃陀罗笈多到阿育王的不断征服，帝国版图几乎包括整个南亚次大陆。这是印度历史上第一个地域辽阔的统一大帝国。孔雀王朝建立起印度历史上第一个中央集权的统治体系。

孔雀王朝灭亡后，统一的印度陷入四分五裂。希腊人、安息人、赛种人、贵霜人等外族相继由印度西北入侵，并建立地方政权。其中，以大月氏人建立的贵霜帝国影响最大。贵霜王朝的迦腻色迦王（Kaniska，公元78—公元101年）最为著名，他皈依佛教，弘扬佛法，佛教正是经由大月氏而于公元68年传入中国。南印度诸国纷立发展，以沙达婆哈那（Satavahana，公元前32—公元220年，即案达罗）王朝为主，其统治范围包括今安得拉邦、特伦甘纳邦和马哈拉施特拉邦。

(四) 笈多王朝（320—540年）——印度第二个统一大帝国

孔雀王朝覆灭后，印度内部四分五裂的局面持续近五个世纪。公元4世纪初，旃多罗笈多一世建立笈多王朝。319年，旃多罗笈多二世（超日王，公元319—413年）继位，不断扩大帝国的版图。到公元409年，除克什米尔及印度南部的一些王国外，全印度基本实现统一。

正如孔雀王朝，笈多王朝也是印度历史上的鼎盛时期。中国东晋高僧法显游历印度后所述说的太平盛世，即为旃多罗笈多二世统治时期的笈多王朝。较诸孔雀王朝，笈多王朝的中央集权较弱，除中央直接统治的地区外，采取藩属国制度。笈多王朝重视兴修水利和耕种技术，农产品产量增加；造船业、建筑技术、纺织业也有进步；国内外贸易活跃。这一时期，生产力和商品经济进一步发展；统治者向婆罗门、印度教神庙和佛教寺院赠赐土地的现象十分流行，土地的世袭促进了婆罗门和寺院封建阶层的形成；佛教依然兴盛，婆罗门教逐渐演化成印度教；这一时期是印度文学艺术的黄金时代，印度两大史诗《摩诃婆罗多》《罗摩衍那》编成；最有成就的文学家是迦梨陀娑（Kalidasa），其所作诗歌《云使》（Meghaduta）、戏剧《莎恭达罗》（Sakuntala）世界闻名；艺术方面，雕刻、绘画与建筑艺术蓬勃发展，以阿旃陀石窟的佛教壁画艺术及印度教寺庙建筑及雕刻艺术最为著称。

5世纪下半期，笈多王朝开始走向衰落。454年、495年，来自中亚的白匈奴两次入侵加剧笈多王朝衰亡的进程。笈多王朝覆灭后，印度再次陷入长期的分裂状态，出现众多地区性的王国。其中，戒日王朝

（Harsha Empire，606—647 年）最强盛，戒日王曷利沙—伐弹那（Harsavardhana）基本统一北印度。中国唐朝高僧玄奘在其统治时期到印度弘法讲经，得到戒日王极高的礼遇。

(五) 德里苏丹时期（1206—1526 年）——穆斯林入主印度

712 年，信德和木尔坦地区被穆斯林占领，统治达 3 个世纪之久。10 世纪初，阿富汗的伽兹尼王朝（Ghaznavid Empire）兼并信德和木尔坦地区。12 世纪，古尔王朝（Ghorid Dynasty）崛起，取代伽兹尼王朝，占领旁遮普和信德地区。1206 年，德里苏丹国建立，统治者为古尔王朝德里地区的管理者库特卜—乌德—丁—埃贝克（Qutb-Ud-Din Aybak）。穆斯林由此开始对印度的政治统治。德里苏丹国是北印度最大的一个区域国家，在南印度有过短暂的政权机构，但并未统一印度。德里苏丹国统治 300 多年，其间历经数个王朝。最后一个王朝洛蒂王朝（1450—1526 年）被阿富汗的突厥王巴布尔（Babur）所灭。1498 年，达·伽马航海至印度（发现印度航线），是西方殖民主义势力侵入印度之始。

(六) 莫卧儿帝国（1526—1858 年）——印度第三个统一大帝国

1526 年，突厥化的蒙古人帖木儿的后裔巴布尔灭德里苏丹国，进驻德里，统一北印度，建立莫卧儿帝国。“莫卧儿”就是“蒙古”之意。经巴布尔的子孙胡马雍（1530—1556 年）、阿克巴（1556—1605 年）、贾汉·吉尔（1605—1627 年）、沙·贾汉（1627—1658 年）、奥朗则布（1658—1707 年）等继任皇帝的治理与扩张，莫卧儿王朝国势日盛，终于统一印度，王朝版图几乎囊括整个南亚次大陆，成为印度史上第三个统一的帝国。

阿克巴大帝是莫卧儿帝国最著名的统治者。在其统治时期，帝国版图扩大到整个北印度以及今阿富汗的一部分。帝国内部实行一系列政治改革：强调王权高于宗教，禁止伊斯兰教职人员（乌里玛）干政；加强中央集权；统一全国度量衡，有力地促进工商业的发展；与印度教强盛的拉起普特王公和亲，废除印度教人头税与寺庙捐税，实行文化融合和宗教宽容政策，为莫卧儿帝国的繁荣发展打下坚实的基础。

1658年继位的奥朗则布提高田赋征额，加强伊斯兰教神权政治，对印度教徒采高压政策，导致穆斯林与印度教徒的军事及宗教对立，起义接二连三爆发，莫卧儿帝国一蹶不振。奥朗则布死后，莫卧儿帝国陷入四分五裂。1764年，莫卧儿沦为英国殖民地的附庸。1858年，印度民族大起义爆发，英国正式灭亡莫卧儿帝国。

在穆斯林帝国的统治下，伊斯兰教文明与印度教文明相互影响相互融合。莫卧儿王朝的文化成就主要是宫廷细密画与建筑艺术。建筑方面，世界七大奇景之一的泰姬玛哈陵、阿格拉堡、阿克巴大帝陵墓、红堡等伟大建筑留存至今，是世界建筑艺术史上光辉的成就。

(七) 英国殖民统治（17世纪初—1947年）

1498年葡萄牙人发现亚洲新航线抵达印度后，欧洲势力开始侵入印度。莫卧儿王朝时期，荷兰、法国和英国相继东来，在印度展开争夺殖民地贸易权的战争。1757年，英国在普拉西战役中胜利，为英国彻底打败法国、征服孟加拉国以至最后征服全印度铺平了道路。从此，印度逐步沦为英国的殖民地。英国在印度垄断贸易，强迫生产，对土地税进行疯狂榨取，把印度变为英国的商品市场和原料产地。

英国殖民统治时期，印度民族主义开始萌芽，印度民族解放运动蓬勃发展。1857—1859年，印度民族大起义给英国殖民统治带来严重的打击，促使英国转向新的对印统治方式。1858年，英国政府开始直接统治印度。1876年，英国维多利亚女王成为英印帝国国王。随着民族主义运动的兴起和发展，1885年成立的全国性政治组织国大党登上政治舞台。国大党领袖激进派提拉克提出“自治、提倡国货、抵制英货和民族教育”，成为各阶级的共同政治纲领。1920年，“圣雄”甘地在国大党内的领导地位确立，并开展一系列谋求印度独立的“非暴力不合作运动”，加强了印度人民的民族自尊心和自信心，得到印度各阶层人民的积极响应。1939年第二次世界大战爆发，国大党提出“英国人退出印度”的口号。二战结束后，印度民族解放运动的强大压力迫使英国决定将印度主权移交印度当局。殖民统治期间，英国利用印度教徒和穆斯林的矛盾制造分裂，导致印度穆斯林和印度教徒间的矛盾难以调和。1947年，英国总督蒙巴顿提出“印巴分治”方案。同年8月15日，印度和巴基斯坦两个自治领宣告成立。

印度独立动摇与瓦解了英国殖民地统治体系，但也应承认英国印度带来的正面影响，如民主政治制度和西式教育的引进、铁路建设等。

(八) 现代印度——独立以后

1947 年 8 月 15 日，印度自治领宣告独立，蒙巴顿为首届印度自治领总督。1948 年，由于克什米尔争端，第一次印巴战争爆发，这是印巴分治的后遗症。同年，甘地遇害。1950 年 1 月 26 日，印度共和国宪法正式生效，印度成为主权共和国，但留在英联邦内。印度政府第一任总理为贾瓦哈拉·尼赫鲁。

尼赫鲁执政时期（1947—1964 年），印度实行公私营并举的“混合经济”，仿照苏联实行五年计划，但不太成功；废除柴明达法定地主制，实行租佃改革；重新进行行政区划；外交上，坚持独立自主和不结盟政策。尼赫鲁与周恩来在中印联合公报中第一次倡导和平共处五项原则。但 1962 年爆发的中印边境战争违背这个目标，对中印关系产生长远的不利影响。

1964 年尼赫鲁病逝后，拉尔·巴哈杜尔·夏斯特里（1964—1966 年）短期执政。其后，尼赫鲁的女儿英迪拉·甘地继任总理，连续执政 16 年。她执政时期赢得 1971 年第三次印巴战争胜利，东巴基斯坦在印度协助下独立，成为孟加拉国；推进“绿色革命”（农业改革），印度由长期粮食短缺转变为粮食出口；工业获得发展。然而，英迪拉因实行长达 19 个月的《紧急状态法》而不得人心，1977 年大选失败，人民党上台执政。1980 年，英迪拉再次赢得大选。旁遮普动乱是英迪拉政府面临的最严重的问题。1984 年 6 月，英迪拉下令进攻金庙，清剿武装恐怖分子，引起锡克教徒仇视，被其锡克教警卫刺杀身亡。

1984 年，英迪拉的儿子拉吉夫·甘地继任总理，推进旨在促进经济增长的一些改革：对私营企业放宽管制，放宽出口限制；注重信息技术、生物技术等高科技产业的发展；加大教育投入；继续推广“绿色革命”等；外交方面，1988 年 12 月，拉吉夫访华，中印关系由冰冷到解冻，为此后 20 年中印关系发展奠定基础。

1989 年，新人民党（Janata Dal）联合力量较强的邦级政党，组成全国阵线，赢得选举，主席维·普·辛格组成印度独立后第一个少数派政府。从此，印度政局进入不稳定时期，印度人民党异军突起，碎片化的政党制度应运而生。国大党或印度人民党，任何一个政党都不可能赢得议会席位的绝对多数，只有寻求其他小政党的联合，才能巩固在人民院的绝对多数席位，组建政府。1989—1999 年，印度举行 5 届大选，轮替 8 届政府。20 世纪 90 年代，印度逐步开放市场，推进大刀阔斧的经济改革：解禁公营专营领域，一定程度允许私人资本进入，取消对私营工业的多种限制；重视引进外资和国外的先进技术；降低关税，鼓励扩大出口，放宽进口限制；批准建立新的私人银行等等。这些改革效果显著，开辟了适应全球化潮流的经济现代化道路。外交方面，与中国改善关系是印度政府多元外交的重要组成部分，2003 年印度总理瓦杰帕伊对中国进行正式访问。

在 2004 年及 2009 年的大选中，国大党率领统一进步联盟（The United Progressive Alliance）赢得大选，曼莫汉·辛格出任总理。2014 年大选，印度人民党率领全国民主联盟（The National Democratic Alliance）最终胜出，纳伦德拉·莫迪于 2014 年 5 月 26 日出任总理。

二、民族

南亚次大陆幅员辽阔，地理生态多样，历史上遭受数次外族入侵，这一切造成了印度人种及民族的复杂性。现印度的民族主要有印度斯坦族、泰卢固族、孟加拉国族、马拉地族、泰米尔族、古吉拉特族、坎拿达族、马拉雅拉姆族、奥里亚族、旁遮普族等。此外，印度还有 200 多个表列部落。据 2010 年人口普查，人口总数排名前五的民族如下：

(一) 印度斯坦族

印度斯坦族是雅利安人与达罗毗荼人的合称，是印度人数最多的民族，约 5.6 亿人，约占总人口的 46%。主要分布在北方邦、中央邦、哈里亚纳邦、比哈尔邦等。绝大多数信仰印度教，主要使用印地语。印度斯坦族主要从事农业、传统手工业。

(二) 泰卢固族

泰卢固族约1.04亿人，约占总人口的8.6%。主要分布在特伦甘纳邦（2014年从安得拉邦分出，意为“泰卢固人的土地”）、安得拉邦、卡纳塔克邦以及泰米尔纳杜邦部分地区。一般认为泰卢固人是雅利安人及达罗毗荼人的混血后裔。大部分信仰印度教，一部分信仰基督教或伊斯兰教；使用泰卢固语。实行种姓制度和种姓内婚。主要从事农业和畜牧业，部分从事渔业。泰卢固族人对印度舞蹈艺术有独特贡献，如著名的库奇普蒂舞将音乐和戏剧表演合二为一。

(三) 孟加拉国族

孟加拉国族约9300万人，约占总人口的7.7%。印度境内，孟加拉国族主要分布在西孟加拉国邦、比哈尔邦和奥里萨邦等地。在印度境外，世界上大多数孟加拉国族居住在孟加拉国。1947年印巴分治时，孟加拉国地区被分为东西两部分，西部归印度，即西孟加拉国邦；而东部归巴基斯坦。1972年东巴基斯坦独立为孟加拉国。孟加拉国族使用孟加拉国语（印地语方言之一）。主要信仰伊斯兰教。孟加拉国族也流行种姓制度，但不严格。主要从事农业，以种植水稻为主。

(四) 马拉地族

马拉地族是南印度民族之一，约9100万人，约占总人口的7.5%。主要分布在马哈拉施特拉邦。使用马拉地语。主要信仰印度教。历史上曾出现过强大的马拉塔帝国（1674—1818年），与莫卧儿帝国长期抗衡。马拉塔帝国的创建者希瓦吉（Shivaji，约1627年—1680年）至今被视为捍卫印度教传统、反穆斯林的精神象征。马拉地人有着深厚的文学、艺术传统。饮食方面也流行米饭、面饼、奶、奶油、酥油和蔬菜等北印度常吃的食物。马拉地人的节日繁多，内容丰富多彩，最盛大的节日是每年八月的耿乃希节（Ganesh Chaturthi）。耿乃希（Ganesh）是湿婆和雪山神女的儿子，因长着象头被称为“象头神”，是马哈拉施特拉的保护神。卡尔瓦·乔特节（Karva Chauth）也是著名的节日，马拉地妇女在每年8月庆祝。节日当天，妇女为自己的丈夫斋戒、祈祷，斋戒后举行盛宴，载歌载舞，互换礼物。拉地族人大多从事农业，种植水稻、棉花、小麦和豆类。

(五) 泰米尔族

泰米尔族属达罗毗荼人种，在雅利安人进入印度前已经在南亚次大陆居住。印度境内约8900万人，约占总人口的7.4%。主要分布在南印度的泰米尔纳杜邦，少数居住在相邻的卡拉拉邦、卡纳塔克邦、安得拉邦等。泰米尔族身材较矮，皮肤较黑。使用泰米尔语，属于达罗毗荼语系。印度宪法规定印地语为全国唯一的官方语言，这激起印度其他语种特别是泰米尔纳德邦大规模的抗议示威。大多数人信仰印度教，但也不乏基督教徒、穆斯林、耆那教徒。泰米尔人有着悠久的历史、丰富的文化传统。他们的古典舞蹈和民间戏剧独具一格，对印度南部、东南亚文化的发展起过重要作用。泰米尔族主要从事农业、渔业和畜牧业。除印度境内，斯里兰卡东北部、马来西亚、新加坡、斐济、毛里求斯也有定居的泰米尔族移民。

三、宗教

在五千年的历史长河中，印度这片古老的土地孕育了无数的智者与圣人，也成为数个宗教的滥觞之地，被称为“宗教博物馆”。不仅印度教、佛教、耆那教和锡克教发源于这片土地，伊斯兰教、基督教、犹太教和琐罗亚斯德教等也因外族侵略等因素而在这片土地上生根。

(一) 印度教

印度教与古印度吠陀教（始于公元前1500年）和婆罗门教一脉相承，8世纪经商羯罗改革后盛行于全印度。印度教最高经典为“四大吠陀”——《梨俱吠陀》（Rig Veda）、《娑摩吠陀》（Sama Veda）、《耶柔吠陀》（Yajur Veda）、《阿闼婆吠陀》（Atharava Veda），尊崇附属于吠陀的“梵书”、“森林书”、“奥义书”等。印度教为多神教，主要信奉三大神祇——创世之神“梵天”、毁灭之神“湿婆”以及保护神“毗湿奴”。由于崇拜的主神不同，加之对经典的侧重和解释有分歧等因素，印度教内部形成很多教派和学派，其中主要的教派是毗湿奴派、湿婆派和从湿婆派中分出来的性力派（Shaktism，崇拜性力女神）。印度教宣传因果报应和人生轮回，即现世的一切“果”都归因于前世的“业”；灵魂可脱离肉体，在“业”的作用下周而复始地轮回。虔诚的印度教徒的终极追求是获得解脱，脱离生死轮回，在永恒的状态中安息，即“梵我一如”。这种教义成为印度种姓制度的理论基础。种姓制度将人分为三六九等，职业世袭，严禁通婚，是印度政治、经济、社会发展的一大毒瘤。印度教对印度的政治、法制、教育、文化和社会生活等方面发挥重要的影响。据 2011 年人口普查，印度国内有近 12 亿印度教教徒。在尼泊尔、孟加拉国、斯里兰卡等地也有大量的信徒。

(二) 佛教

佛教是世界三大宗教之一，起源于印度，由迦毗罗卫国（今尼泊尔境内）王子乔达摩·悉达多于公元前 6—前 5 世纪所创立。基本教义为“四谛”，即苦、集、灭、道四种真理；“八正道”，即正见、正思惟、正语、正业、正命、正精进、正念、正定。信徒修习佛教的终极目的在于证悟宇宙人生的真理，超越生死的不苦境界，亦称涅盘境界、解脱境界。佛教在印度的发展历经四时期：1. 原始佛教，由佛陀及其弟子亲自传授；2. 部派佛教，原始佛教分裂为数个教团；3. 大乘佛教，脱离部派佛教而成，将早期的佛教称为小乘佛教；4 密教化。公元 8 世纪后，佛教开始式微，13 世纪在印度几近绝迹。历史上，佛教曾举行数次重要的大集结，对佛教的发展起重要作用。第一次集结，佛陀去世数年后在王舍城（位于今比哈尔邦的巴特那地区）举行，由迦叶主持。这次集结汇编了三藏——经藏、律藏和论藏；第三次结集，阿育王召集一千名精通三藏的高僧参加大会，在华氏城（位于今比哈尔邦的巴特那地区）举行。这次集结批斥异端学说，对三藏进行重新确认。佛教竭力宣传“众生平等”的思想，反对婆罗门思潮和种姓制度。印度独立后，佛教在印度社会中“不可接触者”阶层中复兴，被称为“新佛教运动”，组织者和先行者为印度宪法之父安贝德卡尔。1956 年 10 月 14 日，在佛陀涅槃 2500 年庆祝之时，他带领 50 万“不可接触者”皈依佛教。据 2011 年人口普查，印度佛教徒约 840 万人，约占总人口的 0.8%，而全世界约有 5 亿佛教信众。

(三) 伊斯兰教

伊斯兰为印度第二大宗教。最初，伊斯兰教随着阿拉伯商人传入南印度。8 世纪后，随着外族入侵，伊斯兰教正式传入印度。1526 年，穆斯林政权莫卧儿帝国建立，伊斯兰教被尊为国教，伊斯兰文明进一步强化和发展。“六信”、“五功”为伊斯兰教徒必须尊奉的信仰规则。“六信”要求信真主安拉为唯一的主宰、信使者（穆罕默德）、信天使（如传授“天启”的迦伯利天使）、信前定（世间一切由安拉前定）、信后世、信《古兰经》。《古兰经》是伊斯兰教的根本经典，也是伊斯兰国家立法、道德规范和思想学说的基础。“五功”要求穆斯林“念、礼、斋、课、朝”，即念诵、礼拜、斋戒、捐课、朝觐。伊斯兰教传入后，大量低种姓的印度教徒皈依伊斯兰教。印度的社会、宗教和文化艺术也深受其影响，如泰姬陵被奉为伊斯兰与印度教建筑艺术融合的典范。锡克教也是在伊斯兰教影响下改革的一个印度教派。印度的宗教矛盾突出，其中以印度教徒与穆斯林之间的矛盾尤为尖锐，1947 年 8 月印巴分治及大规模的流血冲突至今是印度人民挥之不去的疼痛记忆。大部分穆斯林中上层阶级选择移居巴基斯坦，而多数农民和城市贫民留在印度。据 2011 年人口普查，印度穆斯林人口约 1.7 亿人，主要分布在北方邦、西孟加拉国邦、比哈尔邦和安得拉邦，其中 90% 以上属于逊尼派，另有少数属于什叶派和苏菲派。

(四) 锡克教

锡克教于 15 世纪末由那纳克创立，诞生地为印度旁遮普地区。“锡克”源自梵文“Sikha”，意为“门徒”。初始，锡克教行祖师崇拜制，共十代祖师。每一任祖师被尊称为“古鲁”，意为“师尊”。第一任祖师为那纳克，最后一任祖师为戈宾德·辛格。在戈宾德·辛格领导下，锡克教进行重大改革：1. 废除祖师制，将权利归于“卡尔萨”教团；2. 规定教徒蓄长发，加发梳，佩短剑，戴手镯，穿短裤，这成为锡克教徒的身份标识；3. 自第六代师尊哈尔·戈宾德（17 世纪初），锡克教开始发展为武装组织。在戈宾德·辛格领导下，锡克教完成军事化，与莫卧尔军队展开长期的斗争。锡克教经典为《阿底格兰特》，由第五任祖师阿尔琼编撰，后经戈宾德·辛格编辑而最终定稿。锡克教教义受到伊斯兰教苏菲派学说影响，反对印度教森严的种姓制度、繁复的祭祀礼仪及偶像崇拜；提倡平等、友爱，强调实干，积极入世。锡克教圣城为阿姆利则，朝圣地为阿姆利则金庙，这片土地由阿克巴大帝所赠。据2011年人口普查，印度锡克教徒约2000万人，其中大部分生活在旁遮普邦，其余散居德里地区、哈里亚纳邦等地。

(五) 耆那教

耆那教是印度重要宗教之一，诞生于公元前6世纪，创立者为伐驮摩那（公元前599年—前527年），被信徒尊称为“大雄”（Mahavira）。耆那教与佛教一起形成反婆罗门思潮。耆那教主张世界万物由灵魂和物质构成，从思想源头挑战婆罗门教梵造万物的创世观点。耆那教反对祭祀万能，主张通过个人修行尤其是苦行和禁欲，以摆脱轮回，实现灵魂的解脱。历史上，耆那教分为两派——穿白衣的白衣派及崇尚裸身的天衣派。白衣派允许拥有一定财产，而天衣派主张不应占有任何财产。耆那教强调不杀生，教徒不从事屠宰业，甚至是农业，因为农夫犁地也会伤害虫类等生物。他们主要活动在商业、贸易等领域，当代印度多个知名财团的家族是耆那教徒。据2011年人口普查，印度约有4500万耆那教徒。此外，耆那教在斯里兰卡、波斯、阿富汗、阿拉伯等地也有一定的影响。

(六) 基督教

相传公元1世纪，耶稣的12个门徒之一圣·托马斯已来到印度南方的卡拉拉邦传播基督教。历史文献显示，基督教于公元4世纪传入南印度并不断发展。16世纪后，欧洲大批传教士来到南印度，修建教堂，出版刊物，进行传教活动。基督教宣传“人人平等”、“彼此为兄弟”，这对深受种姓制度迫害的低种姓印度教徒产生巨大的吸引力，大量印度教徒皈依基督教。基督教的传入与流传，对印度的语言、思想、文化和社会等各方面产生较大影响。据2011年人口普查，印度基督教徒约

2800 万人，主要分布在卡拉拉邦、印度东北部。

四、文化风俗

现代人类学家将文化划分为三个子系统——“观念文化系统”、“制度文化系统”及“物质文化系统”，以此解读一个社会区别于其他社会的文化特征。其中，“观念文化系统”指一个社会中人们认识自己和世界的方式，对于人生和世界的最终意义和终极关怀。“制度文化系统”指处理人与人、人与群、群与群间关系的一系列规范，包括政策、法律、纪律、风俗、习惯、道德等。印度社会的“观念文化系统”和“制度文化系统”颇具特色。

(一)“解脱”（Moksha）——梵我一如

印度是名副其实的宗教之国，不仅宗教繁多，而且印度人对宗教充满虔诚与践行之心，宗教构成芸芸众生的思考及生活方式的基础。在印度，印度教信徒多达 80%，而耆那教、佛教、锡克教是在对婆罗门教（印度教的前身）或印度教的教义进行质疑或挑战基础上产生和发展的。在相当程度上，后三者与印度教一脉相承。因此，印度教的思想传统成为印度社会的底色，持续地浸润着印度各阶层人士。

传统上，印度教徒有四个人生目标，即：“利”（Artha）、“欲”（Kama）、“法”（Dharma）和“解脱”（Moksha）。印度教为追寻这四个人生目标而规定了“四生活期”，即：“梵行期”（学习时期）、“家居期”（承担家庭责任时期）、“林栖期”（开始到森林进行沉思和冥想时期）、“遁世期”（完全弃绝世俗，追寻最终解脱时期）。由此可见，“解脱”是印度教的终极追求，佛教、耆那教也是如此。

据印度教经典，“梵”是世界本质的终极本源。当个人的“灵魂”与“梵”合二为一时，就跳出了世间的幻象，摆脱了世世轮回，最终实现了“解脱”。要达到“解脱”之目标，个人需要不断地修行。不同的教派提出不同的方法，如智识上的修炼，身体上的苦行，日常生活中对教规的遵守和践行等。

在印度教中，“梵”不等同于“神”。在吠陀经典及奥义书中，圣人言明：梵先于神而存在。梵是唯一的真实，而神有千千万万。唯其如此，印度教被称为“多神教”或“泛神教”。对于普通的追随者，婆罗门宣称自己为“神的代言人”，在日常生活各领域构建出繁复的祭祀种类和程序，并宣称这是普通百姓与神建立联系的最直接和最有效的方式。

宗教信仰在相当大程度上指引着印度人的行为。“圣雄”甘地曾说对他一生影响最大的书是印度教经典《薄迦梵歌》，《薄迦梵歌》所传达的“奉献”、“虔诚”和“法”堪为甘地一生的脚注，诚如《甘地自传》所说，“我所想要达到的，三十年来我所致力和争取达到的就是自我实现，面对面看着上帝，达到‘解脱’。我为此目的而生，为此目的而行，而且孜孜以求其实现。凡是我所说的和所写的，以及我在政治方面的一切冒险，无一不导向这一同一目的。”

(二) 种姓制度（Caste System）

种姓制度是传统印度社会的基本组织结构，源于吠陀时期（公元前1500—前1000年）的“瓦尔纳制度”。根据“瓦尔纳制度”，人分为四个等级，从上至下为婆罗门、刹帝力、吠舍和首陀罗。婆罗门为祭司，掌管宗教祭祀和文化教育；刹帝力为武士，从事行政管理和打仗；吠舍为普通劳动者，包括农民、手工业者和商人；首陀罗从事各种繁重的体力劳动。“瓦尔纳制度”是种姓制度的雏形。随着生产力的发展，各种姓派生出许多亚种姓，层层交织，彼此有高低贵贱之分，最终形成规模庞大、等级森严的阶序体系。四大种姓外还形成一种被排除在种姓制度之外的社会集团，即社会地位最低、最受歧视的“不可接触者”。这一阶层的人只允许从事最为“低贱”的工作，如清洁秽物或丧葬。

在种姓制度中，种姓世袭，人一出生就被打上其家族种姓的烙印；职业世袭不变；为保持血统的纯净，种姓内部可以通婚，种姓间不得通婚；饮食方面，各种姓间有种种限制，高种姓与低种姓间甚至不得同食。此外，各种姓间还形成各自的日常生活和风俗习惯。

种姓制度不仅适用于印度教徒，也涉及伊斯兰教、锡克教和佛教等其他宗教信徒，甚至表列部落也深受影响。这种社会体系几乎覆盖全体印度社会，是传统印度最重要的社会制度。

种姓制度所造成的危害是显而易见的，社会被分为若干集团，人与人之间相隔鸿沟，这不利于印度的统一和团结；职业代代相传也严重阻碍生产力的发展；高低贵贱之分更易于助长各种社会陋习；对“不可接触者”的残酷对待严重地违反人权。

1947 年独立后，印度宪法正式规定废除种姓制度，赋予人人平等的地位。但在现实生活中，种姓制度依然扮演着相当重要的角色。

(三) 联合家庭制（Joint Family）

正如种姓制度，联合家庭制也是传统印度社会的主要组织结构。联合家庭制原来主要存在于印度教社会，但后来穆斯林家庭也受其影响。

在联合家庭中，两代以上的有血缘关系的成员及其配偶、子女居住在一起，共同生活。宗族关系、姻亲关系及共同资产将家庭成员凝聚在一起。每个家庭成员分工合作，承担各自的责任和义务。母系性质的联合家庭极为少见，父系性质的联合家庭占绝大多数，男性家长在家庭财产及其他事务中居支配地位，男性享有财产继承权，家谱以父系为主。

在联合家庭制中成长起来的孩子具有高度的忠诚性，这在印度知名的联合家庭式企业中不无益处，但是联合家庭制也导致印度人服从权威的倾向。

在现代化进程中，随着工业的发展和教育的普及，子女对大家庭荫庇的依赖性降低，联合家庭制一度衰落。近年，联合家庭制出现复苏现象，这与城市中高昂的居住和生活成本、工薪阶层的要求、犯罪现象的增加等有关。

(四) 婚姻

婚姻是家庭的基础。在古代印度社会，婚姻被赋予三个意义——宗教职责的一部分、繁衍后代、情欲的满足。这与印度教徒的四个人生目标——“利”、“欲”、“法”和“解脱”及“四生活期”的内容是一致的。

现代印度社会以一夫一妻制为主。一夫多妻制在印度穆斯林教中也存在，但近年印度政府表示一夫多妻不能视为伊斯兰教的基本组成部分，显示禁止印度穆斯林一夫多妻习俗的倾向。此外，印度历史上还出现过一妻多夫制、伴侣婚姻。一妻多夫制指一个女人是某个家庭所有兄弟的妻子；伴侣婚姻指在没有子女的前提下，经双方同意共同生活，可轻松解除婚姻。

种姓内婚制。根据严格的种姓制度，除以下情况，种姓间通婚是被禁止的：1. 同种姓的各亚种姓间可以互相通婚；2. “顺婚”，即高级种姓男子娶低级种姓女子。印度政府曾出台多部法律，如 1872 年的《特殊婚姻法》、1949 年的《印度婚姻有效法》及 1954 年的《特殊婚姻法》，逐步放宽对种姓间婚姻的限制。近年，印度出现越来越多种姓间的婚姻。

嫁妆制。在印度，结婚时，女方需向男方家庭陪嫁大量财物，如现金、首饰，车、家用电器等。所需财物的数量取决于男方与女方各自的教育程度、收入情况、家庭背景、外貌等。嫁妆的多少直接象征着双方家庭的体面和身份。

嫁妆制在印度社会已延续数千年，早在吠陀时期，经典中已有关于贵族新娘陪嫁 100 头母牛的记载。印度女性尤其贫民家的女性深受其害。女方家庭承担巨大的经济压力，家长甚至不希望生育女儿，“溺（女）婴”事件层出不穷；成婚后，婆家甚至会因对嫁妆不满意而苛待以至虐待儿媳。即使在当代印度，这类新闻仍然屡见不鲜。嫁妆制巩固并强化着男女不平等现象，影响社会秩序，阻碍社会发展。

1961 年，印度政府颁行《反嫁妆法》。根据《反嫁妆法》，给予和接收嫁妆均为违法行为。但法律上的强制性规定并不能变革印度人根深蒂固的传统，至今嫁妆制依然是印度的一大社会问题。

(五) 印度教婚俗

订婚。订婚日，男方家到女方家举行仪式，由婆罗门祭司主持。祭司诵经祈福。女方家庭宣布将女儿嫁给男方，并将圣线、水果、鲜花等送予男子。女方的祭司在男子和其男性亲属额头上点红点。

婚礼。“七步礼”是印度教婚礼最核心的仪式。在婆罗门祭司的祈福下，新婚夫妇围着圣火转七圈，每一圈行七步，每一步都有其意义。第一步祈求权利；第二步祈求力量；第三步祈求更多的财富；第四步祈求健康；第五步祈求早生贵子；第六步祈求风调雨顺；第七步，丈夫希望妻子能成为贤妻良母，双方百年好合。

(六) 宗教丧俗

印度教。印度教徒逝世后，亲戚朋友到死者家中吊唁。妇女嚎啕痛哭。根据习俗，越是悲痛哭嚎，越显示死者地位和威望尊隆。一般实行火葬。在把尸体抬到火葬场的路上，人们嘴里喊着“罗摩！罗摩！”，意为罗摩与死者同在。罗摩为印度史诗《罗摩衍那》的主角，被神化为保护神毗湿奴的化身。焚烧后，骨灰一般撒在河里。印度教徒认为，只有这样，死者才能洗去今生的罪恶，获得“解脱”。恒河被尊为圣河，在瓦拉纳西的恒河沿岸有多个露天焚烧场。历史上，印度教曾存在“萨蒂”制度，即寡妇殉夫制。萨蒂为古印度神话故事中的一名年轻女神，因其意中人湿婆神被侮辱而跳入圣火中自杀。印度传统社会认为这是崇高的道德而备加推崇。在英国殖民统治时期，“萨蒂”制度已被立法取缔，但如今印度寡妇自焚殉葬事件依然时有发生。

伊斯兰教。穆斯林逝世后进行土葬，不用棺椁、只以白布裹尸安葬。葬前要举行一整套教法规定的仪式。首先，用温水给死者清洗身体，连洗三次。这项工作一般由至亲完成，男性洗浴男性，女性洗浴女性。死者净身后，为其裹上层层白布。阿訇为死者诵经祈祷。殡礼结束后，就将死者抬送到专门的墓地。伊斯兰教认为人的生死由真主主宰，应节制悲哀，主张丧事从简，不披麻戴孝，不悲痛嚎哭。参加葬礼的人戴白帽，在阿訇诵经声中，默默为死者祈愿，陪伴死者宁静入土。由此可见，伊斯兰教对待死亡表现为一种平静的态度。根据《古兰经》，今世穆斯林被真主赐予生命，需积极生活，努力功修，为永恒的后世做准备。在世界末日，每个人都会复生，并受真主审判，审判的标准是每人在今世时所作的善恶是非。所以，对穆斯林而言，死亡并不意味着一切的休止，而只是今世与后世之间的一个过渡，是走向后世永恒生命的起始点。

基督教。基督徒在亲人过世后并没有复杂的仪节和禁忌。遗体在沐浴、更衣后入殓。出殡当天，牧师主持礼拜，主要是唱圣诗、祈祷、读经和证道，最后在亲友追思与致哀后出殡，仪式简单肃穆。随着时代变迁和环境影响，基督徒也普遍采用火化。火化后骨灰或入土埋葬，或存坛置于灵骨塔。基督教认为人死亡后会上天堂，安息在主的怀里。

(七) 艺术

音乐。印度音乐从诞生伊始就服务于宗教，具有极强的宗教情怀。音乐演奏被视为一种灵性的活动。演唱者使用没有特殊意义的音节表演，代表着内在自我的祈祷；而听众沉浸在乐音的起伏之中，体会内在真正的自我，得到宗教体验般的感觉。在印度，声乐被认为是纯净的声音，器乐被认为是声音的表现。印度传承的音乐形式大致有四种，即古典音乐、宗教音乐、民俗音乐和流行音乐。

古典音乐大致可分为南印度音乐与北印度音乐两派，即印度斯坦音乐和卡纳塔克音乐。北印度音乐受伊斯兰教文化影响较大，而南印度音乐则保持印度本土音乐特色，有着浓厚的宗教色彩。北印度代表乐器为塔布拉鼓（Tabla）、西塔琴（Sitar）、塔姆布拉琴（Tamboura），南印度代表乐器有笛子（Flute）、提琴（Violin）、玛尔丹加鼓（Mridangam）。

南派与北派音乐的演奏乐器及歌曲风格不同，但音乐理论基础相通。印度古典音乐最重要的两种元素是拉格（Raga）和塔拉（Tala）。拉格为印度古典音乐旋律的调式，由五至七个音高（swara）组成，演奏家和演唱家根据适当的季节、时间、场所即兴发挥。塔拉为印度音乐的节奏模式，为音乐提供有规律的、重复的节奏形。北印度比较注重节奏形，富于变化，技法复杂；南印度的节拍较理性，多依赖拍手或摇手。

宗教音乐。“巴赞”（Bhajan）是流行在印度北部的印度教拜赞歌，表达对神的敬爱。通常是在寺庙里演唱，旋律简单，也会注入简单的拉格。由一人领唱，其他人合唱。穆斯林也有“卡瓦利”（Qawwail），是穆斯林对《可兰经》和先知穆罕默德的赞歌。

民俗音乐。古典音乐之外，民间音乐更加丰富多彩，各具地方特色。民间音乐与日常生活的方方面面融合在一起，如在人的出生、婚嫁、乔迁、农闲丰收等喜庆之日和求雨祈福等场合是不可缺少的角色。

流行音乐。印度的流行音乐主要是电影音乐，印度传统音乐与西方的合弦、乐器结合，旋律优雅、节拍明快，深受印度国内外人民的喜爱。

舞蹈。正如音乐，印度的舞蹈历史悠久，不仅形态变化万千、精致独特，而且深具文化内涵。摩亨佐达罗及哈拉帕古城（约公元前2500年起）遗址出土了舞女的雕像，雅利安人进入印度后舞蹈成为宗教仪式和人们日常生活的重要组成部分。印度现存最早的戏剧理论著作《舞论》（Natya Shastra，公元前2世纪—公元3世纪间）专门探讨各种舞蹈风格、舞台表演方式、舞蹈表演中的表情与韵律等。

如今仍展现在舞台上的印度古典舞蹈主要有泰米尔纳杜邦的婆罗多舞（Bharatanatyam）、卡拉拉邦的卡塔卡利舞（Kathakali）、拉贾斯坦邦的曼尼普利舞（Manipuri）、安得拉邦的库奇普第舞（Kuchipudi）、奥里萨邦的奥蒂西舞（Odissi）等。

印度古典舞蹈发展背景各异，但彼此间呈多元互补之势，而且都体现着强烈的宗教象征意义。根据《舞论》，印度舞蹈是应众神要求，由创世之神梵天（Brahma）亲自编撰、智者婆罗多（Bharata）透过天界启示后将记录下来的。印度教三大主神之一的湿婆神被尊崇为“舞蹈之神”，舞蹈“坦达瓦”（taandav）代表他的五项职能，即创造、保存、毁灭、包藏与释放，据说这是宇宙运动的原因。在各种古典舞蹈形式中，舞蹈者细腻丰富的手语、颜面表情、肢体动作都代表特定之神性的象征性含义。对肢体语言的充分运用使印度舞蹈不仅富含象征性，而且更有情味。

除了古典舞蹈，印度还有多姿多彩的民间舞蹈。如今印度电影能够风靡世界，传统与现代相结合、典雅婀娜、激情浪漫的歌舞功不可没。

绘画。印度绘画历史悠久，种类繁多，与印度的宗教、神话、史诗、诗歌密不可分，如印度音乐舞蹈般富有象征性，充满诗意和浪漫色彩，在世界美术史中具有非常重要的地位，并呈现独特的艺术魅力。

绘画理论“六支”（Sadanga）。11世纪，《爱经》（Kama Sutra）的注释中列举“六支”，包括：形的区别（Rupabheda），对于对象外形的认知；度量（Pramanam），对象的大小及结构；情（Bhava），表现审美情感；味（Lavanya Yojanam），运用优雅及艺术性的表现方法以表达对象；似（Sadrisyam），与对象的相似性；色彩区分（Varnikabhanga），以艺术性的手法进行色彩调配，其中“情”和“味”是绘画的灵魂。印度画家以“六支”为标准广泛应用，认为只有“六支”的实现才能达到绘画的的最高境界。

细密画。从11世纪开始，印度出现以细密的笔触描绘君王、宗教神话的绘画。13—14世纪，波斯流行一种小型的绘画，画面精致细腻、色彩艳丽、构图精密，主要作为书籍的插图和封面，后来传入印度并与印度绘画结合。15世纪，印度本土传统绘画与波斯艺术相互影响、彼此融合，形成成熟的细密画风。与莫卧儿宫廷细密画并行发展的还有拉其普特细密画，流行于13—19世纪，它继承13世纪以来耆那教写本插图的艺术风格，是一种基于印度民族传统形成的地方民间艺术。

印度细密画多描绘印度教神话、君王贵族狩猎、贵族谈情说爱和战争烽火场景等。通常以亚麻纸、黄麻纸或棉布等为画布，使用天然矿物颜料，并使用珠宝和金粉等特殊材料装饰。

阿旃陀壁画。阿旃陀石窟是印度最重要的佛教石窟，建于公元前2世纪至公元7世纪，保存许多雕像和壁画。后期的壁画创作于5—6世纪的笈多王朝时期，恪守“六支”的规范，是佛教艺术及世界绘画艺术里的经典。后期壁画以“情欲味”和“悲悯味”为主导，“情欲味”表现对世俗生活的眷恋，“悲悯味”表现对俗世的弃绝。代表作有17窟的《狮子国登陆图》和《佛说法图》及《太子与嫔妃劝酒图》、16窟的佛传故事等。阿旃陀石窟壁画对中国和东南亚的佛教石窟有广泛的影响。

五、政府与政治

(一) 宪法

《印度共和国宪法》是印度的根本大法。脱胎于英国的一系列殖民地律令，印度制宪可以追溯到19世纪中期，现行印度宪法的基本背景和框架来源包括《1858年印度政府法案》《1861年印度议会法案》《1892年印度议会法案》《1909年印度议会法案》《1919年印度政府法案》《1935年印度政府法案》以及最为重要的《1947年印度独立法案》。《1947年印度独立法案》规定将先行成立的制宪会议一分为二，分别授予印度和巴基斯坦两个独立国家的立法权，以便两个制宪会议分别起草和订立各自国家的新宪法。1949 年 11 月 26 日，印度制宪会议通过《印度共和国宪法》，1950 年 1 月 26 日正式生效，并沿用至今。

《印度共和国宪法》规定，印度为联邦制国家，是主权的、世俗的、社会主义的民主共和国，并赋予全国每个人同样的公民权。凡年满 18 岁的印度公民都有选举权和被选举权，且具有包括言论、表达、信仰、集会、结社、迁徙以及选择职业和行业的自由权利。印度公民不分种族、性别、出身、宗教信仰和出生地，在法律面前一律平等。总统为国家元首和武装部队统帅，由联邦议会和各邦议会组成选举团选出，任期 5 年。总统必须按照总理为首的部长会议的建议行使职权。

印度宪法规定联邦议会是印度的最高立法机构，由总统与人民院（下院）和联邦院（上院）组成。印度的人民院（the Lok Sabha）脱胎于英国的议会下院，其联邦政体也借鉴美国、加拿大、澳大利亚等国的体制。虽然印度宪法制定者青睐“盎格鲁—萨克森”联邦思想，但印度“中央强地方弱”的特征依然发挥深刻的影响。因此，《印度共和国宪法》事实上将印度称为“类联邦体系（quasi-federal system）”或“诸邦联盟（Union of states）”。

印度拥有世界上主权国家中最长的宪法，目前含有 444 条，12 个附录，5 个附件，共计超过 12 万英文单词。印度宪法同时也是修改次数最多的宪法，附加多达 98 个修正案。印度议会行使权力时常常与最高法院的宪法解释发生冲突，因此很大一部分宪法修正案其实源自这种立法机关与司法机关间关于所谓“议会主权”（parliamentary sovereignty）的长期争议。

(二) 行政机构

印度的国家元首为仪式性职务，脱胎于英国君主“建议、鼓励、警告”民选政府的虚职，名义上是印度行政权力的最高代表和武装部队的最高统帅。印度总统每 5 年选举一次，由联邦议会两院及各邦立法机的代表选举产生，现任总统为 2012 年 7 月 22 日当选的普拉纳布·穆克吉（Pranab Mukherjee）。总统候选人必须为年满 35 岁的印度公民，且有当选人民院议员的资格。总统拥有任命政府总理、各邦邦长、首席法官、检察总长、审计总长、驻外使节等的权力。此外，总统也拥有一定的实质性权力，如将议会法案发回重审，在诸如“悬浮议会”等特殊情况下可能发挥决定性的作用。同时，总统也有宣布国家进入“紧急状态”的大权，而在“紧急情况”下，人民院可以获得超过5年的任期。

印度副总统由议会两院成员组成的选举团投票产生，副总统同时兼任议会上院联邦院议长。当总统职位因死亡、辞职或罢免等原因而空缺时，副总统可以代行总统职务。目前，印度副总统兼联邦院议长穆罕默德·安萨里（Mohammad Ansari）于2007年8月11日当选，在任至今。

印度行政机构的权力主要由政府总理通过部长会议行使，为总理领导的内阁制。在人民院取得多数席位的党派或多党联盟的领袖，在获得提名后，由总统任命为政府总理。由总理领导的部长会议是印度最高行政机构，由资深的“内阁部长（Cabinet Ministers）”和初级的“国务部长（Ministers of State）”组成，集体对人民院负责。总理有权建议总统解散人民院，有权提名内阁成员、各部部长及其他主要政府官员，总统根据总理的提名进行任命。此外，作为印度政府中最具实权的核心人物，总理也需要答复议员质询，做年度政府工作报告等。2014年5月，印度议会大选印人党胜出，其领袖纳伦德拉·莫迪被推选为总理。

印度各邦首脑称为邦长，一般由总统任命，其行使的权力与中央政府的总统相似。各邦在其首席部长领导下有自己的内阁，对民选的邦立法机构负责。

(三) 立法机构

印度的立法机构为议会。早在1833年，英国殖民者已在印度建立中央立法机构，《1919年印度政府法案》正式确立最高立法机关实行两院制，即相当于上院的国务会议（Council of State）和相当于下院的立法会议（Central Legislative Assembly）。1950年印度宪法正式生效后，制宪会议（Constituent Assembly）成为印度的临时议会，此后印度的第一次大选于1951年举行，根据大选结果组成人民院（Lok Sabha）和联邦院（Rajya Sabha）。

在印度的政治体系中，人民院为议会下院。根据《印度共和国宪法》，人民院最多可以产生552名成员，在当前人民院的545名代表中，

530 名来自各邦选举，13 名来自各联邦领地选举，2 名来自英裔印度人社区由总统提名。人口众多的北方邦有人民院 80 个议席，成为人民院中最大的邦属代表，而一些小邦仅有 1 个议席。值得注意的是，在一些选区中，仅有来自表列种姓（scheduled castse）和表列部族（scheduled tribes）的候选人才有资格参选，这也是印度政治平权主义的一大特色。

除了总统提名的 2 名议员，其余每个人民院议员都代表一个独立的选区，这与英国议会下院的选举模式相似。各选区的选举采用英式的“简单多数票当选”（first-past-the-post），即每个选区赢得相对多数票者当选，亦即所谓的“赢者通吃”。每届人民院任期 5 年，一般期满后自动解散，除非总统宣布紧急状态而获得一年延期，在历史发生过三次：1962—1968 年，1971 年和 1975—1977 年。最近一次人民院选举于 2014 年 5 月举行，下次选举将于 2019 年举行。

联邦院为印度政治体系中的上院。根据《印度共和国宪法》，联邦院最多由 250 名议员组成，其中 12 名为“提名制”议员，由总统在艺术、科学、文化、社会服务等领域作出杰出贡献者中挑选。其余 238 名议员由各邦和各联邦领地的立法机构根据其人口比例间接选举产生，北方邦在联邦院中享有最多的 31 个席位。在各地立法机构中采取的选举方法为“单一可转移投票（the single transferable vote）”，这种选举方式根据各党派得票多少按比例分配议员名额，从而最大限度确保胜选议员在选区内具有足够的代表性。与任期届满自动解散的人民院不同，联邦院为连续召集的常设机构，议员任期 6 年，每两年改选三分之一的议员。

除了在货币供应问题上人民院拥有压倒性权力外，两院分享大部分立法权。如果意见分歧，则召集两院联席委员会处置问题；如果联席委员会也无法处置，进一步召集两院联席议会处置矛盾。在这种情况下，人民院往往可以依靠其两倍多的人数而取得压倒性的优势。

根据《印度共和国宪法》，印度只有 7 个大邦设置两院，其余设一院，称为立法会或立法委员会。立法会议员由邦内所有选区选民直接选举产生。各邦立法会选任两名议员作为主席与副主席。印度宪法规定联邦议会独立拥有 97 项立法权，邦议会独立享有 66 项立法权，两者共同享有 47 项立法权。联邦立法适用于全境，而邦立法只在本邦有效。一般而言，在联邦法律与邦法律发生矛盾时，邦法律应当服从联邦法律。

(四) 司法机构

印度司法机构由印度最高法院和各邦法院系统组成，享有涉及民事、刑事、宪法事务的司法权。最高法院是最高司法权力机关，由首席大法官和其他 30 名法官组成，享有广泛的初审、上诉及建议管辖权，亦可审查自身的决定。除非出现意外、辞职、免职等情况，所有法官的任期截至 65 周岁。候选人需要被印度首席大法官（Chief Justice of India）、最高法院最资深的四位法官、候选人所在法院的一位最资深法官构成的专门委员会（collegium）推荐，才能被总统任命为最高法院的法官。目前，印度立法机构正在研究一项法官任免制度的改革法案，提议将最高法院法官的推荐权交由民选立法机构，专门委员会只保留建议权。

《印度共和国宪法》在贯彻基本公民权的问题上给予最高法院广泛的管辖权。最高法院管辖的诉讼一般先经由下级法院以判决的形式作出，但目前最高法院也开始直接插手所谓“涉及公众利益”的事务。因此，任何团体和个人都可以通过递交“申请状”，或给首席大法官直接写信的方式，触发最高法院涉及“公众利益”的司法干涉机制。最高法院在印度国内享有极高威望，相对独立于普遍受到腐败侵染的立法和行政部门，因此民众通过最高法院的判令推动印度国内政治议程成为一种趋势，尤其是在涉及环保、人权等“公众利益”的敏感问题上。

最高法院之下是各邦高等法院、地方法院及其派出的下级审判庭。地区法官由各邦邦长在咨询邦高等法院后任免。

(五) 政党

印度实行多党制，主要分为全国性政党和地方政党。任何党派都需要在四个或以上邦内获得执政党或者主要反对党地位，才被承认为全国性政党。语言、民族、宗教、种姓的分野将印度社会分隔为极端多元化的社群，民众在生活习惯、意识形态、政治态度、价值观念、社会基础等方面也存在极大差异。虽然国大党（Indian National Congress）和印度人民党（Bharatiya Janata Party）是两大全国性政党，但各式各样层出不穷的地方党也占据不可忽视的地位。

印度国民大会党，简称印度国大党或者国大党。成立于 1885 年的国大党长期致力于印度独立斗争，产生了圣雄甘地、尼赫鲁等杰出领导人，是印度历史最悠久的政党。印度独立建国以来，国大党虽然经过数次执政危机（1977—1980 年，1989—1991 年，1996—2004 年），但在大部分时间占据人民院的主导地位。尽管如此，2014 年人民院选举对国大党而言是一场空前的大溃败，不但丢失人民院多数地位，而且只耻辱性地获得 44 席，国大党独霸印度政坛的时代宣告结束。目前，国大党是由 16 个政党组成的中左翼联盟“团结进步联盟（United Progressive Alliance）”的主要政党。

在国大党执政历史上，甘地—尼赫鲁家族占据极为显耀的地位：贾瓦哈拉尔·尼赫鲁（Jawaharlal Nehru）为印度首任总理，在位 17 年；他的女儿英迪拉·甘地继承遗志，也成为印度总理；英迪拉的儿子拉吉夫·甘地后任印度总理；拉吉夫·甘地的遗孀索尼娅·甘地拒绝总理之位，担任国大党的总裁；索尼娅甘地的儿子拉胡尔·甘地现任议员。

印度人民党是另一个主要政党，是目前的执政党。印度人民党成立于 20 世纪 80 年代早期，代表占社会主体地位的印度教多数民众，宣扬保守的社会文化政策，强调经济自由开放，并重视巩固国防。在与其他小党组成联盟后，印度人民党于 1998 年至 2004 年两度执政。在 2014 年大选中，印度人民党取得 282 个席位，出乎意料地取得压倒性的优势。

与组织松散、缺乏意识形态内核、被家族政治左右的国大党不同，印度人民党以“印度教民族主义”为意识形态核心，以“国民志愿团（Rashtriya Swayamsevak Sangh）”等社会团体为基础建立组织体系，善于成批次地培训党团干部。以现任总理莫迪为核心，印度人民党在和国大党的政治竞争中展现较高的凝聚力和组织能力。此外，印度人民党也是成立于 1998 年的右翼联盟“全国民主联盟（National Democratic Alliance）”的主要政党，该联盟目前由 8 个党派组成。

印度政坛的“第三力量”由各式各样的地方政党和左翼联盟构成，一般围绕社会公义、地方自主、世俗主义等核心议题。这些小党往往在选举时择机而动，视竞选情况投入不同阵营以博取政治利益。随着印度政坛动员能力不断加强，选民诉求进一步多元化，未来这些小党可能扮演更重要的角色。

六、经济发展

(一) 古代的印度经济

印度是四大文明古国之一，不仅创造了灿烂的文化，而且其经济长期居于世界前列。历史上，印度与中国是世界前两名的人口超级大国，有些时期印度人口甚至超过中国。农牧业时代，经济总量取决于人口数量，因此古代印度是世界上主要的经济大国。除了农牧业，古代印度手工业发达，其中最重要的是纺织业，公元前2000年埃及木乃伊便是用印度的平纹细布包起来的，达卡的细布也以“恒河布”的名称为希腊人所知。不仅如此，印度的大理石工艺、石雕、珠宝、黄铜、紫铜和青铜、木雕等手工业也相当有名。在近代工业体系的诞生地欧洲还处在未开化的部落时代之时，印度已因统治者的财富及其手工业者的精湛技术而闻名于世。[①] 英国入侵前，印度是当时世界上较富裕的国家，与中国一样成为欧洲人向往的财富之地。

(二) 殖民时期的印度经济

从16世纪开始，西方殖民主义者逐渐入侵印度。葡萄牙人最先占领果阿并建立据点，随后，英国人、荷兰人和法国人接踵而至，分别于1600年成立英属东印度公司，1602年成立荷属东印度公司，1604年成立法属东印度公司，展开对印度的侵略和掠夺。西方殖民者在印度展开激烈的争夺，英国先后击败荷兰和法国。到18世纪中叶，除葡萄牙继续在果阿维持据点外，英国已实现对印度的独霸。

英国建立殖民统治后，逐步将印度变为英国工业品的倾销地和原材料的供应地，印度手工业逐渐衰落。由于工业革命，英国实现机器大生产，生产效率空前提高、生产成本降低、产品价格大幅下降，廉价的英

---

① ［印度］鲁达尔·达特等著：《印度经济》，雷启淮等译，四川大学出版社，1994年版，第31—32页。

国商品大规模涌入印度市场，印度固有之技术旧、规模小、成本高的手工业产品逐渐丧失竞争力。加之英国对印度实行歧视性税收政策，对印度出口英国的产品征收高额关税，而对英国出口印度的产品实行低关税，并对印度国内自产自销的产品也征收高额税，因此印度市场充斥英国工业品，印度传统手工业逐渐衰落。

殖民地时期，印度多次发生大饥荒。作为人口大国，印度在历史上曾发生一些小范围的饥荒，而在英国建立殖民统治后，却频繁发生大规模的饥荒。饥荒的主要原因：一是由于手工业衰落，导致大量手工业者失业，而这些人多数没有土地，缺少生存条件；二是工业原料的需求导致原来种粮的土地大量改种棉花、黄麻、甘蔗等经济作物，造成粮食产量下降；三是为了弥补对英贸易逆差，在缺乏其他出口商品的情况下，印度不得不扩大粮食出口，特别是快捷的火车运输导致出口量大增，造成印度国内粮食供应短缺。1943 年的孟加拉大饥荒最为严重，据英印殖民当局估计 150 万人因饥荒死亡，而非官方估计死亡人数达 350 万。

英国殖民统治客观上推动了印度的工业化。为了降低成本，提高利润，靠近市场和原材料供应地，以及雇佣当地工人，英国不得不在印度投资工业，进行采矿和工业生产。19 世纪中叶，英国人建立印度第一座煤矿、第一间棉纺厂和黄麻厂，随后建设印度第一条铁路。这在客观上带动了印度的工业化和民族工业的发展。一战期间及其后，英国本土生产受到冲击，对印度出口减少，而同时对战争物资的需求激剧上升，这不仅刺激了印度的工业生产，而且使印度的英国资本下降，印度民族资本上升，1914 年英资控制的总资产占 43%，到 1935 年下降为 10%，到 1948 年只剩下 3.6%。①

特别是二战期间，由于本土受攻击，英国把印度作为战时兵工厂和后勤基地，向印度投入资本、技术和设备，印度生产的武器和物资源源不断地供应英国在中东和东南亚的战场。二战结束时，印度成为仅次于美国、苏联和英国的世界第四工业大国。1947 年独立时，印度铁路里程超过 5 万千米，仅次于美国和苏联，居世界第三位。

---

① ［印度］鲁达尔·达特等著：《印度经济》，雷启淮等译，四川大学出版社，1994 年版，第 44 页。

(三) 独立后的印度经济

独立后，长期殖民统治形成的印度与英国及英联邦成员国间的经济依赖关系并没有因政治独立而马上改变。印度领导人认为，经济不独立就不可能有完全的政治独立，必须致力于经济发展，提高独立自主能力，把印度从落后的国家变成先进的现代化国家。

印度虽然在政治上延续英国三权分立的议会民主制度，但在经济上借鉴苏联经济模式的经验。在所有制方面，实行公私共存的混合所有制，亦称“混合经济”，在允许私营经济存在的同时，强调发展国营经济，私营部门主要从事消费品生产，国有经济主要控制重工业等基础性、战略性产业，并对原来从事基础性工业的私营企业实行国有化；在产业政策方面，强调优先发展重工业和基础工业。在对外经济战略方面，实行“进口替代”战略。在宏观经济管理体制方面，允许市场机制发挥调节作用的同时，强调政府计划调节，私营部门也要接受政府的计划、管制和许可。印度于1950年成立国家计划委员会，并从1951年开始实行促进社会经济发展的第一个“五年计划”。

工业发展取得一定成就，建立了门类齐全的工业体系。第一个“五年计划”完成后，印度经济从印巴分治造成的创伤中得到恢复。从1956年起开始实施第二个“五年计划”，进行大规模的工业化，优先发展重工业和基础工业，如钢铁、机器制造、能源、交通、化肥、水泥、纺织、食品和制药等产业。1951—1990年，印度共实施七个“五年计划”（“三五”计划后暂停一次）。印度不仅实现了对大多数传统工业的技术改造，而且建立了门类齐全的新兴工业和高新技术产业；不仅能生产收音机、录音机和电视机等家电，而且能生产超级计算机和巨型计算机；不仅能生产大型发电机，建设发电站，而且能设计和制造核电站，制造原子弹和氢弹等核武器；不仅能生产飞机，而且能制造和发射卫星和洲际导弹，成为航天大国；不仅能生产自行车、三轮车，而且能生产汽车、火车、远洋轮船和潜艇；不仅能生产日用化学品，而且是发展中国家中少数具备自主开发药品的国家，生产多种疗效好、价格低廉的药品，为誉为“穷人的药房”。

农业取得较大发展，基本解决了缺衣少食的问题。印度是一个人口大国，英国殖民统治时期多次发生大规模饥荒，独立后印度政府非常重视农业生产和粮食问题。除了增加对农业的投入，还从国外大量进口粮食。“一五”期间，印度推进一定程度的土地改革，废除了“柴明达尔”制度，由政府出资从土地较多的地主手中赎买部分土地分给无地和少地的农民。第二、第三个“五年计划”特别强调发展工业，特别是重工业，相对忽视农业，加之遭遇严重的自然灾害和人口增长，印度不得不从国外大量进口粮食。20 世纪 60 年代中期，在世界银行等国际机构的支持下，印度开始实施被称为“绿色革命”的农业发展战略。印度新修大量水利等农业基础设施，培育和推广高产品种，增加种植面积，增加化肥和农机的使用，同时政府还控制农资价格，提高粮食收购价格，增加农村信贷，从而极大地调动农民的积极性。“绿色革命”大获成功，主要粮食产量从 1966 年的 5460 万吨增加到 1968 年的 7260 万吨，增长 32%，逐步改变了印度粮食长期依赖进口的局面，到 1978 年，印度成为粮食净出口国。

服务业成为最大的经济部门。服务业在国民经济中的比重、产值高于农业和工业，因为服务业对基础设施要求不高，发展强劲。软件等现代服务业直接参与国际分工合作。印度产业结构与发达国家相似。

虽然独立后印度经济已经取得一定成就，但总体而言印度依然是一个相对落后的发展中国家。与同时期欣欣向荣的东亚相比，印度经济增长以“慢”著称，1950—1980 年，印度 GDP 年均增长率只有 3.5%，而由于同时期人口增长更快，人均 GDP 只增长 1.38%，被喻为“大象的速度”。印度贫困人口占世界贫困人口的四分之一。

20 世纪 80 年代中期，拉吉夫·甘地总理着手进行经济调整，并采取加强基础设施建设、放松对私营企业的限制、放宽进口限制、鼓励出口、吸引外商投资等一系列改革措施，成功地推动印度经济的增长。1985—1990 年，印度经济年均增长率达 5.5%，其中 1988—1989 年高达 10.5%。尤其是鼓励电子和软件技术发展的产业政策，为后来印度信息技术产业的腾飞奠定了重要基础。

(四) 改革后的印度经济

由于长期经济低增长和对外贸易逆差，印度外汇储备偏少。1991

年海湾战争爆发，石油价格大幅上涨，同时印度在海湾地区的劳工失业回国，60% 以上石油消耗依赖进口的印度遭遇外汇支付增加和侨汇减少的双重打击，发生严重的国际收支危机，当年 6 月外汇储备只有 15 亿美元，仅够维持两周的石油进口需要。印度不得不把中央银行储备的 60 多吨黄金运到瑞士和英格兰银行抵押，获取贷款以解燃眉之急。印度还向国际货币基金组织请求贷款 70 亿美元，而国际货币基金组织则向印度提出一系列经济改革措施作为贷款的前提条件，包括公营企业私有化、减少政府对企业的干预、停止对公营企业的补贴、取消生产许可证制度、减少对外资进入印度的限制、取消进口商品的数量管制、降低进口关税、压缩财政赤字等。

经过对“社会主义类型”经济模式进行批判和反思，加之盟友苏联解体的冲击和中国改革开放成功的吸引，进行经济改革成为印度朝野各党及社会的普遍共识。拉奥政府决心变危机为契机，在时任经济部长曼莫汗·辛格的主持下开启以“自由化”、“市场化”、“全球化”和“私有化”为目标的全面经济改革，并取得巨大的成功。

从改革的内容和力度看，印度经济改革可以分为三个阶段：

第一阶段是 1991—1998 年，其中 1991 年 6 月至 1996 年 5 月为国大党拉奥政府执政，1996 年 6 月至 1998 年 3 月先后经历印度人民党瓦杰帕伊、联合阵线高达和古杰拉尔三任总理，尽管政府不断更迭，但改革的方向和政策保持了连续性。首先，推行私有化。一是降低政府在公营企业中的股份，把股份出售给私人，如非战略性产业政府股份可以降到 26% 以下，让私营企业成为经济的主体；二是通过放宽对私营企业的限制，除涉及国家安全和战略的产业领域外，允许私营企业经营，鼓励私营企业与公营企业展开竞争。其次，推进市场化。政府减少对企业的实际控制，转变为向企业发展提供指导性意见，除涉及国家安全和社会稳定的产品外，取消所有的生产许可证，现有企业的改扩建免除申办许可证。再次，推进经济全球化。向外资开放更多投资领域，外商直接投资重点项目可占 51% 的股份；降低进口关税，最高减税由 1991 年的 150% 降为 1998 年的 40%，逐步取消商品进口的数量限制；卢比在经常项目下可自由兑换；鼓励商品出口，建立一批出口加工区。改革期间，印度经济前五年增长率达 6.7%，之后几年虽然有所降低，但多维持在

5%以上，国内生产总值由1991年的2900多亿美元增加到1998年近5000亿美元。

第二阶段是1998—2004年，主要是印度人民党瓦杰帕伊政府时期，印度进一步深化经济改革。主要措施包括：逐步废除价格管制，除石油、化肥、食粮和药品外，其余商品价格全部由市场决定。改革劳工法规，把原来100人以上的企业解雇工人须经政府审批改为1000人以上，扩大企业用工自主权，形成相对自由的劳工市场。降低利率，刺激企业投资，促进生产。扩大对外开放，除了工业领域对外开放外，还扩大金融业开放，允许外资投资印度股票市场。这一期间，印度经济继续保持高速增长，其中2003年和2004年分别达8.5%和7.5%，国内生产总值（GDP）达到7200多亿美元，以至于一些国际智库和知名学者提出所谓“印度能否超过中国”的问题。印度经济高速增长，但从增长中获利的主要是城市和社会中上层，而广大中下层民众和农民获利较少，引发广泛的社会不满，这导致瓦杰帕伊领导的印度人民党在2004年大选中出人意料地失败。

第三阶段是2004—2014年，在国大党曼莫汗·辛格政府领导下进行。由于2004年大选中暴露了中下层民众的不满情绪，辛格政府不得不重视中下层民众的利益，在政策上兼顾公平与效率。在继续推进市场化、私有化和对外开放的同时，加快基础设施建设，增加对农业和农村的投入，提高农民收入。因此，印度社会矛盾有所缓解，2009年国大党领导的执政联盟再次赢得大选。这一时期，印度经济继续保持高速增长，多数年份在8%以上，其中2007—2008年达了10%；2011年GDP达18480亿美元，成为世界第十经济大国；2014年超过20000亿美元，上升为世界第九名，若按购买力平价法计算，印度成为仅次于美国和中国的世界第三经济大国。

（五）当前的印度经济

2014年5月，印度人民党在莫迪领导下以绝对优势赢得大选，莫迪成为印度新一任总理。由于莫迪在被称为“印度的广东”——古吉拉特邦担任首席部长期间骄人的经济增长成就，加上以“莫迪经济学”为指引的经济政策，不仅印度选民充满热切期待，国际社会也对莫迪领导下的印度经济发展高度关注。近两三年，莫迪政府所推进的经济政策的主要内容包括：

简政放权，激发经济活力。虽然已经过二十多年的改革，但印度政府对经济的干预和管制仍然繁多，大量的政府审批和许可不仅成为腐败的重要诱因，而且严重压制经济活力。竞争期间，莫迪严厉批判印度政府的审批和许可制度，指出让毫无企业经营管理经验的政府官员，而不是企业家决定投资和生产是极其荒谬的，提出要大幅减少政府审批，取消许可证制度。2015 年 1 月，莫迪下令撤销已有 65 年历史的“国家计划委员会”，改为咨询建议性质的“国家转型委员会”，从顶层设计上防止新的审批和许可产生。在执行层面，莫迪取消大量的政府审批，简化审批程序，还推出网上审批制度，极大地提高政府审批效率，释放了经济活力。

实施“印度制造”（make in India）战略。在印度产业结构中，第三产业所占比重高于第二和第一产业，多数年份在 50% 以上，呈现一般是发达国家才有的产业结构。服务业是印度的支柱产业，以至有人认为印度可能超越大规模制造业发展，凭借服务业直接进入发达国家行列。然而，与发达国家不同的是，印度服务业的高比重不是因为服务业发达，而是因为制造业落后。莫迪认为，12 亿多人口的印度每年新增人口超过 1 千万，没有强大的制造业，就不可能创造足够的就业机会，更无法为印度的大国梦提供物质支撑。因此，莫迪政府大力推动“印度制造”运动，把发展制造业提到前所未有的高度，颁布一系列新政策，确定汽车、化工、制药、纺织、信息技术、航空、铁路、再生能源、采矿以及电子产业等 20 多个重点产业发展领域，大力招商引资。

扩大对外开放，大力吸引外资。1992 年开启的印度经济改革，虽然认识到对外开放、利用外资的重要性，但对外资的作用认识不足，对外商投资设置重重限制。莫迪深刻认识到外资的积极作用，在古吉拉特邦执政时大力引进外资，取得巨大的成就。担任总理后，莫迪对外资的积极态度超过任何前任，积极出台政策放宽外商投资限制。莫迪每一次出访都把招商引资作为重要活动，积极与国外企业家交流，邀请外商到印度投资。作为总理，莫迪还经常会见到印度进行投资考察的外国企业家。美国苹果、韩国三星、中国万达和阿里巴巴、日本丰田等众多跨国公司都宣布了巨额的对印投资计划。尽管全球外国直接投资下降，但印度利用外资逆势上扬，2014 年比上年增长 22%，达 340 亿美元；2015 年利用外资 500 亿美元。2016 年 6 月，印度再次放宽对外商直接投资的限制，科技先进防务工业投资外资股份可以高于 49%，投资现有制药企业外资股份可达 74%，超过 74% 经政府批准仍可进行。

大兴基础设施建设。独立初，印度拥有亚非拉国家中较先进的基础设施，后来未能赶上时代步伐，能源、通讯等基础设施落后成为阻碍印度经济发展的要因。20 世纪 90 年代以来，印度历届政府进行了一定程度的努力，但效果并不明显。莫迪政府把改善基础设施作为经济发展的优先战略，推进大规模的基础设施建设，包括建设德里、孟买、金奈和加尔各答“钻石四边形”的高铁网络，以及高速公路、发电站和港口。计划从 2016 年开始五年内投资 1200 亿美元用于改造和开始新建铁路。由于资金有限，缺乏技术和施工能力，印度积极向日本、中国、欧美等国家和国际金融机构争取资金，邀请外国企业参与印度基础设施建设。

2015 年，印度经济增长率高达 7.3%，高于中国的 6.8%。国际评级机构穆迪发布报告，预测印度 2016 年及 2017 年经济增速将继续维持在 7.5% 左右。根据最新报道，2016 年印度经济总量超过英国，成为排名美国、中国、日本和德国之后的世界第五大经济体。

（龙兴春　毛克疾）

第七章

南非国情概貌

南非作为最后一个加入金砖国家机制的国家，它不仅代表了非洲的发展，而且使得金砖国家机制更有地域代表性。

一、人文历史

科伊人、桑人和班图人是南非最早的居民，他们在这片土地上过着与世隔绝的生活。[①] 1487 年迪亚士发现好望角之后，南非开始进入欧洲殖民者的视野。1652 年，第一批荷兰殖民者登陆南非，在开普敦设立了第一个殖民据点，荷兰人凭借枪支弹药取代原住民成为南非的新主人。1806 年，英国开始染指南非，英国殖民者和布尔人为争夺南非展开了长达一个世纪的斗争。1902 年，布尔人在英布战争中惨败，英国殖民者接过布尔人手中的权杖，于 1910 年在南非建立了臣服于大英帝国的南非联邦。1961 年，强劲的“改革之风”吹过非洲大陆，南非在民族解放的大潮中获得独立，进入共和国时期。南非独立后，如何应对此起彼伏的反种族主义运动成为当局面临的首要难题。南非黑人的持续抗争和国际社会的强烈制裁共同作用，终于迫使德克勒克总统主动开启了南非的民主改革之路。1994 年南非首次全民大选顺利进行，黑人领袖曼德拉当选南非总统，标志着南非种族隔离制度的终结，南非从此进入新时期。

---

① 李沁：《南非历史沿革》，载《世界知识》1994 年第 8 期，第 13 页。

（一）布尔人统治时期

在1487年葡萄牙航海家迪亚士发现好望角之前，南非广袤的土地是科伊人、桑人和班图人的家园，他们平静地生活在这片土地上，保留着原始的生活习惯和经济形态。1487年，遵照葡萄牙国王的命令，迪亚士起航前往非洲，希望能找到经由非洲抵达印度的航线。他按照前人留下的航海图行驶到南纬22度，再往南即是欧洲人从未踏足的海域，迪亚士命令船员继续往南行进，希望能抵达非洲大陆的最南端，从而找到绕过非洲抵达印度的航线。[①] 抵达好望角附近后，船队遭遇了一场剧烈的风暴，被吹至好望角以南海域。当风暴停歇后，迪亚士命船员向东行进，但一直无法找到非洲海岸线，此时迪亚士明白自己已经处于非洲大陆最南端以南的海域，于是命船员向北行进，不久之后果然看到了非洲大陆。迪亚士原本打算继续向东前行，但船员在遭遇风暴之后已经疲惫不堪且不愿再冒险，迪亚士只能向西返回欧洲，途中路过之前发生风暴的地方，将其命名为风暴角，这是欧洲人第一次发现南非。迪亚士的伟大理想由另一位冒险家——达·伽马完成，他成功绕过好望角抵达印度，最终发现了从欧洲经由非洲最南端抵达印度的航线。此时的南非尚是一片荒芜的土地，既无香料，金矿和钻石矿也尚未被发现，只是欧洲人通往富裕东方的途经地，因此欧洲人对南非并没有兴趣，南非这片古老的大地得以继续沉睡了将近200年。

1647年，荷兰东印度公司的一艘商船在南非桌湾失事，上岸修整后重返荷兰。这次事故后，荷兰东印度公司决定在桌湾建立补给站，为来往船只提供暂时停靠点和物资。1652年，荷兰东印度公司的一支船队在范里贝克的率领下抵达开普敦，设立了在南非的第一个殖民据点。[②] 在此之后，除了荷兰东印度公司的职员外，很少有欧洲白人来到南非。直到1685年《南特敕令》被废除后，又有一批法国胡格诺教徒

---

① 于宁：《刻在南非大地的历史脚印》，载《源流》2003年第2期，第38页。

② 范志伟：《南非种族隔离制度的历史渊源探析》，载《商丘师范学院学报》2014年第2期，第43页。

为躲避宗教迫害来到南非定居。[1] 一直到18世纪初，在南非定居的白人不足2000人，土著人仍然是南非最主要的人口构成。[2] 伴随欧洲白人一起来到南非的还有来自西非、印度及锡兰等地的奴隶，他们是荷兰殖民者的主要劳动力。随着欧洲白人、西非奴隶、亚洲奴隶进入南非，这片土地上的人种构成开始变得十分复杂。各族相互通婚也产生了新的族群，即有色人种，有色人种是布尔人（荷兰人后裔）与当地土著人通婚产生的种族。至此，南非的四大种族——白人、印度人、黑人、有色人均开始在南非这片土地上生活繁衍，各族外貌特征、宗教背景、生活习俗差异巨大，加上经济地位悬殊，从进入南非以后就不是以平等融洽的关系相处，这为南非日后的种族隔离制度隐隐埋下伏笔。

1652年第一批荷兰人定居南非以后，他们凭借先进的武器在开普敦取得了统治权，在英国人进入南非之前，荷兰人成为南非的统治者。

（二）英国统治时期

1806年，在拿破仑的铁蹄侵袭下，欧洲大陆处于一片兵荒马乱之中，英国乘欧洲各国忙于应对法国扩张之机，积极拓展自己的殖民势力，开普敦成为英国的目标之一。在成功从布尔人手中夺得开普敦之后，英国殖民者又从当地土著人手中夺得了奥尔巴尼，此后大批英国移民开始向南非迁徙，南非的欧洲白人数量由此骤然上升。英国殖民者将开普敦作为其在南非的主要据点，极力扫除布尔人此前的统治痕迹，将英镑作为主要货币，确定英语为官方语言，并将英国的法律制度移植到开普敦，英国殖民者的这些举措使布尔人彻底失去了政治统治地位。1833年，出于发展工业资本的需要，英国殖民者宣布释放奴隶，这一举措极大地打击了布尔人赖以生存的奴隶制经济。布尔人不仅失去了政治统治地位，其主要的经济来源也被英国殖民者切断。双方的矛盾由此激化，经过几番较量之后布尔人惨败，被迫向北迁徙。1835年到1836年期间，布尔人进行了三次大规模迁徙。由于罹患热病，加上途中遭到

---

① 吉德昂·S·韦雷：《十七世纪以来南非居民的重大历史变化》，载《民族译丛》1982年第3期，第50页。

② 吉德昂·S·韦雷：《十七世纪以来南非居民的重大历史变化》，载《民族译丛》1982年第3期，第50页。

当地土著人阻拦，第一批迁徙的布尔人尚未到达目的地就命丧途中。之后的两次迁徙较为顺利，布尔人经过长途跋涉后抵达南非北部，分别于1838 年、1852 年、1854 年在纳塔尔、德兰士瓦、奥兰治建立了由布尔人统治的共和国或自由邦。[①]

除 1843 年英国殖民者吞并了纳塔尔之外，英国殖民者主要在开普敦活动，布尔人则在德兰士瓦和奥兰治生活，二者虽然偶有摩擦，但并无严重冲突。这一脆弱的和平局面并未持续很久，奥兰治和德兰士瓦地区发现储量惊人的钻石和黄金之后，布尔人和英国殖民者的矛盾再次爆发。面对强大的英国，布尔人自知力不能敌，因此利用英德争夺殖民地的矛盾，试图争取德国支持。这一政策最初取得良好的成效，1895 年英国南非公司偷袭德兰士瓦前，德国曾以英德断交相威胁，要求英国立即停止行动。当英国南非公司偷袭失败之后，威廉二世亲自发电报向德兰士瓦表示庆祝，引起英国方面的极大愤慨。[②] 此后英国展开强烈的外交攻势，在葡萄牙所属非洲殖民地上对德国做出让步，希望换取德国在未来的英布战争中保持中立。在做了充分的外交准备之后，英国开始制造战争舆论，声称英国移民在布尔共和国内遭到压迫。英布战争爆发后，由于失去德国这一强大外援，布尔共和国在英国的军事打击下处境艰难，但仍然凭借游击战争坚守了三年，最终被迫议和。[③] 1902 年 5 月，双方签订《弗雷尼欣条约》，英国最终取得德兰士瓦共和国和奥兰治自由邦。为了安抚布尔人，英国保证在德兰士瓦和奥兰治实行自治前绝不给予非洲人选举权，以保证布尔人此前的种种特权。

如前所述，英国于 1843 年吞并了纳塔尔，后来又凭借《弗雷尼欣条约》吞并了德兰士瓦共和国和奥兰治自由邦，至此布尔人在大迁徙之后建立的三个自治地区已经全部被英国吞并。1910 年，开普敦、纳塔尔、德兰士瓦、奥兰治四省合并为南非联邦，英国从此确立了在南非的统治权。

---

① 静水：《布尔人大迁徙的经济因素浅析》，载《西亚非洲》1988 年第 1 期，第 62—66 页。

② 袁明主编：《国际关系史》，北京：北京大学出版社，2005 年版，第 74 页。

③ 孙丽辉：《试论布尔人在英布战争中的游击战》，载《渤海大学学报：哲学社会科学版》2015 年第 5 期，第 46—51 页。

（三）共和国时期

二战后，亚非拉国家的民族解放运动进入新时期，其中非洲大陆的独立运动尤为蓬勃。1956—1960 年是非洲国家独立的高潮，仅 1960 年就有 17 个非洲国家取得独立。从北非掀起的民族独立浪潮由北至南一路高歌猛进，冲破了殖民桎梏。面对这一局势，时任英国首相麦克米伦在访问南非时曾说："改革之风正在吹遍非洲大陆，无论我们是否喜欢，这种民族觉悟的提高都是活生生的现实，我们必须面对现实，我们制定国家政策也必须考虑到这一事实"。[①] 除了非洲独立运动的影响之外，南非国内政治势力的角力也是南非走向独立的重要原因。1948 年，南非荷兰裔白人政党南非国民党凭借"种族隔离"口号取得选举胜利，此后该党成为南非第一大党，执掌国家政权直到 1994 年全民大选。作为荷兰人后裔，南非国民党对"英联邦自治领"这一身份十分反感，急切地想摆脱这一身份，以洗刷在英布战争中惨败的耻辱。[②] "改革之风"强劲吹拂，加上南非执政党的积极推动，南非于 1961 年宣布退出英联邦，成立南非共和国，南非从此摆脱殖民统治，进入共和国时期。

由于此前英国给予自治领较高的自治权，尽管南非名义上是英联邦的自治领地，但实际上已经实现高度自治。鉴于此，独立前后的南非并未发生重大变化，其内政外交保持了很强的一致性，种族隔离制度就是其历史遗产之一。共和国成立之后，南非的反种族主义运动已进行到高潮，其中 1976 年爆发了"索韦托事件"，造成 1000 多人伤亡，是 1910 年南非联邦成立以后爆发的最大规模的反种族主义运动。巨大的伤亡人数引起举国震怒，掀起了一场声势浩大且旷日持久的反种族主义斗争。此外，南非白人政府堂而皇之将种族歧视写进法律的做法也遭到了国际社会的强烈谴责。石油输出国组织宣布对南非实行石油禁运，非洲统一组织拒绝接受南非作为其成员，国际奥委会拒绝南非参赛，联合国禁止

① 袁明主编：《国际关系史》，北京：北京大学出版社，2005 年版，第 293 页。

② 夏吉生：《南非种族主义宪法的沿革和南非"新宪法"》，载《西亚非洲》1985 年第 1 期，第 47 页。

各国与南非合作开发核武器。[①] 国际社会对南非白人政权的制裁在1985年达到高潮，安理会通过了针对南非种族隔离制度的制裁决议，建议各国与南非白人政权断绝正式外交关系、经济关系。经济制裁和外交制裁的双重打击使南非政府处于风雨飘摇之中，政权不稳又引发了一系列连锁反应，跨国企业见势不妙纷纷开始撤离，使南非经济陷入更加艰难的处境。对于新成立的南非共和国而言，镇压国内的示威游行，应对国际的谴责制裁，成为其主要任务。

在艰难地支撑了三四年之后，1989年出任南非总统的德克勒克基于对南非白人政权处境以及国际舆论的清楚认识，主动开启了南非民主改革之路。他宣布恢复非国大、泛非大等反种族主义政党的合法地位，释放了包括曼德拉在内的众多黑人领袖，废除了《人口登记法》《公用设施分别使用法》《特住区法》等数十项种族主义法律，并于1991年到1994年与南非各反种族主义组织举行了数轮多党制宪谈判，各方在全民大选日期、制宪原则、过渡时期权力分配方式等核心议题上达成一致意见。

1994年4月26日，南非全民大选如期举行，非国大成为南非第一大党，并秉承分享权力的原则与南非主要政党组成民族团结政府。根据大选结果，南非组成了新的国民议会，非国大领袖曼德拉当选总统，南非从此进入新时期。

二、民族宗教

自荷兰东印度公司的船队抵达好望角、在开普敦设立殖民据点以来，土著人与白人之间的斗争延绵数百年，白人凭借先进的坚船利炮将这片广袤的土地据为己有，黑人或惨死于屠刀之下，或沦为奴隶。进入20世纪后，白人统治者以“更文明”的立法形式确定黑人与白人之间的不平等关系，全面系统的种族隔离制度正式出笼。压迫的顶峰也伴随着反抗的高潮，经过将近一个世纪的斗争，南非黑人及其他有色人种最

① 马正义、谭融合：《论国际仲裁与南非政治转型》，载《世界民族》2016年第5期，第21—26页。

终迫使当局废除了种族主义法律，“彩虹之国”洗脱了种族隔离的恶名，在民主化改革之后大放异彩，跻身中等强国之列，成为非洲大陆上经济最繁荣、政治最为稳定的国家。

（一）南非种族隔离制度

“种族隔离”一词源于阿非利卡语（南非荷兰语）“Apartheid”，意为分割、隔离，最早由南非种族主义政党——南非国民党在 1948 年作为竞选口号提出。[①]

1910 年南非联邦成立后，南非白人政权通过立法形式使种族隔离制度得以保留、强化，全方面限制黑人及其他有色人种的居住地点、职业工种、公共设施使用权限、婚姻关系，并通过黑人家园制度剥夺黑人的南非国籍。南非白人将黑人及其他有色人种视为劣等民族，将白人与黑人共同居住、工作、学习、使用公共设施视为自降身份，更不容许白人与有色人种通婚，深恐白人的高贵血统由于种族通婚受到“污染”。然而，采矿业是南非白人的经济支柱，白人需要大量廉价劳动力来从事这一高风险的工作，为此白人必须容忍有色人种继续留在南非。南非前总理沃斯特的一席话揭示了白人对待黑人及其他有色人种的复杂心理：“问题的中心是我们需要他们，因为他们是给我们干活的……但是，为了使他们给我们干活，就永远不应当给予他们索取政治权利的合法资格。”[②] 白人歧视、害怕有色人种，但又离不开他们，这种复杂情绪造就了南非的种族隔离制度。总体而言，南非的种族隔离制度主要由以下五大政策构成。

1. 通行证制度。白人政权强迫全国人口，尤其是黑人和其他有色人种进行种族鉴定，并将南非人口按照外貌特征划分为白人（包括在南华人和日本人）、印度人、黑人、有色人四类，规定黑人及其他有色人种必须随身携带通行证，随时准备接受盘查。[③] 这一制度是南非其他种族隔离政策的基础，基于种族划分，南非国民享受不同的教育、工作机

---

① 余建华：《南非种族隔离制度的兴废》，载《史林》，1997 年第 2 期，第 95 页。

② 宁骚：《民族与国家》，北京：北京大学出版社，1995 年版，第 439 页。

③ 杨兴华：《试论南非种族隔离制度》，载《世界历史》1987 年第 2 期，第 51—59 页。

会，居住在城市不同的地区。

2. 特定住区制度。这一制度最早由1923年出台的《城市住区法》确立，强迫黑人及其他有色人种集中居住在城市边缘贫民窟一般的特定住区，禁止黑人进入白人居住的城市。[①] 而那些在城市里没有工作的黑人甚至不能进入特定住区，因为黑人特定住区位于城市周围，距离白人住宅区太近。白人统治者对黑人的反感和恐惧可见一斑。

3. 职业保留制度。这一制度最早由1911年颁布的《矿业与工作法》确立，规定黑人只能从事低报酬的工作，高工资工作为白人保留。[②] 这一制度反映了白人的种族优越感，他们认为黑人及其他有色人种是智力上有缺陷的民族，无法从事有技术含量的高等工种。基于对种族与智力的简单联想，粗暴地根据肤色划分职业等级，剥夺黑人及其他有色人种自由选择职业的权利，也剥夺了黑人通过努力工作获得物质财富以改善自身生活条件的机会，使黑人在经济上处于十分惨淡的境地。

4. 公共设施分别使用制度。这一制度最早由1953年实行的《公用设施分别使用法》确立，其核心要义是禁止不同人种使用同一公共设施，包括学校、公车、火车、饭店、候车室等。[③] 如果说禁止黑人进入白人专用公车、饭店等举措的象征意义大于实质意义，除对黑人及其他有色人种进行一番侮辱之外并无实质损害的话，根据肤色提供不同教育则具有极其严重而深远的影响。这一制度剥夺了黑人儿童接受正常教育的机会，不仅使黑人缺乏从事高等工种所需的技能，更为严重的后果是通过特殊教育培养顺民，抹除黑人的反抗意识，从而使他们世世代代甘愿为奴，永久性地巩固白人政权。

5. 黑人家园制度。黑人家园制度的前身是保留土地制度，它将黑人圈禁在远离城市的贫瘠土地，不允许他们踏足白人居住的城市。[④] 1959年，南非白人政府出台《班图自治法》，将保留土地制度升级为黑人家园制度。该法为黑人保留地的"独立"制定了详细的日程表：先

---

① 杨兴华：《试论南非种族隔离制度》，载《世界历史》1987年第2期，第51—59页。

② 陆斐：《试论南非的种族隔离制度》，载《现代国际关系》1985年第1期，第44—48页。

③ 余建华：《南非种族隔离制度的兴废》，载《史林》1997年第2期，第98页。

④ 杨兴华：《试论南非种族隔离制度》，载《世界历史》1987年第2期，第51—59页。

组成“自治区”，然后逐步升级为“地方当局”、“立法会议”、“自治政府”，最终成立独立国家。[①] 南非白人此举并非出于善意，要为黑人建立自治国家，而是出于对有色人种的极度厌恶，希望与有色人种划清界限，彻底将黑人及其他有色人种赶出南非，建立没有任何有色人种的“纯色国家”。笔者认为，黑人家园制度是南非种族隔离制度的巅峰。在这一政策出台之前，南非白人固然歧视有色人种，但出于经济上的依赖关系，仍然不得不“忍受”他们，至多只能把有色人种圈禁在特定住区或保留地内。当种族隔离制度演化到黑人家园制度时，说明白人对有色人种的恐惧超过了经济上的理性考虑，即使付出重大代价也要将他们赶出南非。

南非种族隔离制度经过数百年的演化，形成了一套涵盖方方面面的政策体系。从形式上的公共设施分别使用制度，到影响黑人生存的职业保留制度，最终升级为黑人家园制度，白人一步步剥夺了黑人的尊严和生存权，最终将他们赶进黑人家园，以自治的名义彻底将黑人赶出南非。

（二）南非人民反抗种族隔离制度的历史

南非人民反抗种族隔离制度的历史分为三个阶段：合法斗争时期（1912—1959 年）、暴力对抗时期（1959—1989 年）、和平谈判时期（1989—1994 年）。

1912—1959 年的合法斗争时期是南非人民反抗种族隔离制度的第一阶段。这一阶段的斗争主要以温和的游行示威为主，主要的斗争活动包括：1950 年 6 月 26 日举行反抗歧视性法律的示威游行，后来这一天被定为“南非自由日”；1955 年 6 月，非国大、南非印度人大会、南非民主大会、南非有色人组织联合召开了南非人民大会，各方表达了对南非解放事业的期待，最终通过了《自由宪章》。《自由宪章》主张“只有基于全体人民意志的民主国家，才能保证人民享有一切天然权利，而不问他们的肤色、种族、性别或信仰”。[②] 这一宪章在南非历史上具有举足轻重的

① 余建华：《南非种族隔离制度的兴废》，载《史林》1997 年第 2 期，第 97 页。
② 赞威：《南非人民的自由宪章》，载《世界知识》1955 年第 22 期，第 25 页。

意义，表达了南非人民争取种族平等、人民主权的愿望，成为南非反抗种族主义运动的纲领性文件，为此后的斗争活动明确了方向。

1959 年是南非人民反对种族主义运动的关键节点。南非泛非大成为革命的领导力量之一，采取了比非国大更激烈的手段反对种族主义统治。1960 年 3 月 21 日，泛非大组织了针对通行证法的反抗运动，由于斗争手段过于激烈，遭到当局血腥镇压。200 余人在这场斗争中伤亡，非国大、泛非大等政党也被当局宣布为非法组织，多名反种族主义领袖遭到逮捕，史称“沙佩维尔惨案”。[①] 沙佩维尔惨案的意义在于使南非的反种族主义组织改变了斗争策略，意识到平等和自由不能等待白人统治者的恩赐，必须依靠军事组织来对抗南非白人当局，保护参与反种族主义运动的普通黑人群众。1976 年，1 万多名黑人学生在索韦托发动了抗议种族主义教育制度的游行示威，南非白人政权进行血腥镇压，造成 1000 余人伤亡，史称“索韦托事件”。[②] 这是 1910 年南非联邦成立以来爆发的最大规模的反种族主义运动，巨大的伤亡人数引起举国震怒，掀起了一场声势浩大且旷日持久的反种族主义斗争。南非白人政权的残暴镇压不仅引起黑人及其他有色人种的极大愤慨，甚至牵动了统治集团内部部分进步人士的恻隐之心。出于对黑人及其他有色人种所遭遇之不公、所受镇压之残暴的同情，一部分白人，尤其是具有正义感的年轻白人学生加入了反种族主义斗争的行列。这是南非白人统治集团内部走向分裂、种族歧视开始消解、种族平等观念开始萌发的重要标志。南非白人政府堂而皇之将种族歧视写进法律的做法也遭到了国际社会的强烈谴责。石油输出国组织宣布对南非实行石油禁运，非洲统一组织拒绝接受南非作为其成员，国际奥委会拒绝南非参赛，联合国禁止各国与南非合作开发核武器。[③] 联合国一系列立场分明、手段强硬的制裁手段使南非白人政权处于外交孤立之中，南非种族隔离制度越过国界线成为举世关注的国际人道主义悲剧。国际社会对南非白人政权的制裁在 1985 年达

① 黄海：《试析南非废除种族隔离制度的主要原因》，载《西藏民族学院学报：哲学社会科学版》1995 年第 1 期，第 74 页。

② 丁杏芳：《黑人觉醒运动的兴起和发展》，载《西亚非洲》1985 年第 2 期，第 23 页。

③ 马正义、谭融合：《论国际仲裁与南非政治转型》，载《世界民族》2016 年第 5 期，第 21—26 页。

到高潮，安理会通过了针对南非种族隔离制度的制裁决议，建议各国与南非白人政权断绝正式外交关系、经济关系。[①] 基于此前数年的酝酿，国际社会对南非白人政权的不满集中爆发，安理会的这一决议得到各国的自觉贯彻，与南非断绝正式外交关系的国家骤升。经济制裁和外交制裁的双重打击使南非政府处于风雨飘摇之中，政权不稳又引发了一系列连锁反应，跨国企业见势不妙纷纷开始撤离，使南非经济陷入更加艰难的处境。

国内游行示威不断，国际谴责制裁不绝，四面楚歌的局面使南非政府一改此前的铁血手腕，开始放低姿态，接受和平谈判。1989 年南非国民党领袖德克勒克出任南非总统，是南非反种族主义斗争的又一重要转折点。基于对南非白人政权处境以及国际舆论的清楚认识，他主动开启了南非民主改革之路。首先，德克勒克发出愿意展开和平谈判的信号，宣布恢复非国大、泛非大等反种族主义政党的合法地位，并释放了包括曼德拉在内的众多黑人领袖。其次，从 1990 年到 1991 年期间，德克勒克政府先后宣布废除了《人口登记法》《公用设施分别使用法》《特住区法》等数十项法律。如前所述，这些法律构成了南非种族隔离制度的法律基础。至此，南非反种族主义斗争之路上的法律障碍已经被清除干净。最后，从 1991 年到 1994 年期间，德克勒克政府、非国大和南非其他政治力量召开了多次制宪谈判，就制宪原则、过渡时期临时政府的组建原则、制宪议会的产生方式展开谈判。期间南非经历了一系列政治动荡，国民党和非国大就改革领导权展开激烈争夺，政治暗杀事件时有发生。[②] 在经历了 3 年的艰难谈判后，各方同意于 1994 年 4 月 27 日举行全国公民共同参加的大选，并通过了临时宪法。该宪法规定：南非所有年满 18 周岁的公民，不分种族、肤色、性别、信仰，都有选举权，所有南非人都将受到法律的平等保护和公平待遇，享有言论、出版、宗教、集会、结社的自由。[③]

---

① 余建华：《南非种族隔离制度的兴废》，载《史林》1997 年第 2 期，第 99 页。

② 葛佶：《南非反对种族隔离制度的斗争任重道远》，载《西亚非洲》1991 年第 5 期，第 7—13 页。

③ 夏吉生：《南非临时宪法的特点和作用及新宪法的制定》，载《西亚非洲》1996 年第 5 期，第 8 页。

1994年4月26日至4月29日，南非全民大选如期举行，非国大领袖曼德拉当选新南非总统，非国大、南非国民党等组成民族团结新政府，标志着南非种族隔离制度的终结。自1487年迪亚士发现好望角，1652年荷兰东印度公司的船队在开普敦建立第一个殖民据点以来，南非土著人不仅失去了家园，还被欧洲殖民者视为劣等民族受尽屈辱。“彩虹之国”也因为种族隔离制度失去了往日的光彩，成为国际社会口诛笔伐的对象。1994年南非民族和解的实现，使南非重回历史正轨，国内政治日趋稳定，重新受到国际社会的认可与接纳，以生机勃发的崭新面貌屹立于世。

三、政治法律

自1910年建国以来，南非一共制定过五部宪法。第一部是1910年生效的《南非法》，该宪法剥夺了绝大多数有色人种的选举权，只保留了他们在开普敦的选举权。尽管如此，1910年的《南非法》使南非成为统一的国家，结束了开普敦、纳塔尔、德兰士瓦、奥兰治各自为政的分裂局面，有一定的积极意义。1961年南非宣布独立之后制定了《南非共和国宪法》，这一宪法在种族问题上的立场没有改变，法律条文也大多沿袭了《南非法》，只是划清了南非与英联邦之间的关系，例如以国家总统代替英国国王，作为国家的最高象征。① 20世纪80年代以后，南非国内的反种族主义斗争日渐高涨，国际上针对南非的外交和经济制裁也愈发严格，为维护政权稳定，南非政府做了少许让步，推行“宪法改革”。1983年出台的新宪法即是“宪法改革”的成果，这一宪法的核心主旨是区分黑人、有色人和印度人，吸纳少数有色人和印度人进入统治集团，继续剥夺黑人的公民权，企图通过分化反抗力量以维护政权稳定，这是南非的第四部宪法。② 然而，“宪法改革”并没有彻底废除南

---

① 夏吉生：《南非种族主义宪法的沿革和南非“新宪法”》，载《西亚非洲》1985年第1期，第47页。

② 潘兴明：《南非种族冲突的化解与现代化之路》，载《南京大学学报》（哲学、人文科学、社会科学版）2005年第6期，第28页。

非的种族隔离制度，被“宪法改革”排除在外的南非黑人占全国人口约3/4，因此国内的反抗运动依然如火如荼地推进。在这一情况下，1989年出任南非总统的德克勒克主动开启了南非民主改革之路，与非国大等组织展开多轮制宪谈判，于1993年颁布了临时宪法，该宪法规定：南非所有年满18周岁的公民，不分种族、肤色、性别、信仰，都有选举权，所有南非人都将受到法律的平等保护和公平待遇，享有言论、出版、宗教、集会、结社的自由。[①] 这是南非历史上的第四部宪法，也是第一部真正实现了种族平等的宪法。1996年，在经过两年的艰难谈判之后，现行的南非宪法诞生。

（一）南非宪法的诞生

德克勒克政府与非国大等黑人解放运动组织分别于1991年12月、1992年5月召开了两次民主南非大会，这是南非多党制宪谈判的第一步。但由于双方分歧过大，两次民主南非大会均未取得成果。1992年6月17日，非国大为纪念“索韦托事件”十六周年举行了大规模游行，却有48名黑人在游行中惨遭屠杀。非国大认为这起惨案是国民党政府所为，愤怒地退出了民主南非大会。国民党是南非的执政党，而非国大是南非最大的黑人解放运动组织，双方的争端直接导致南非民主改革进程走向停滞。

1992年9月，曼德拉同意与国民党领袖德克勒克举行“和平首脑会晤”，此举平息了3个月以来南非政局的动荡不安，使南非多党制宪谈判得以继续。1993年4月，南非国民党、非国大等党派和组织组成多党谈判委员会，各方在新的谈判机制内恢复了中断近一年的多党谈判。基于此前的谈判基础和逐渐建立的政治互信，此次谈判很快取得成效，各方同意于1994年4月27日举行不分种族的全民大选，随后通过了南非临时宪法。

1994年4月26日至29日，在克服了因卡塔和3个黑人家园政府的离心倾向后，南非首次不分种族的全民大选终于如期举行，非国大

---

① 夏吉生：《南非临时宪法的特点和作用及新宪法的制定》，载《西亚非洲》1996年第5期，第8页。

获得63%的选票成为南非第一大党。[①] 根据选举结果，南非产生了新的国民议会。随后国民议会和参议员根据1993年临时宪法组成了制宪议会，国民党和非国大针对具体公民权利展开激烈辩论，经过两年谈判，双方终于达成一致意见：非国大尊重保守白人的意愿，同意在单一居民聚集区内可以建立单一语言学校，并在政府征用土地这一议题上做出让步，同意政府可以根据集体利益有偿征用土地；国民党方面也做出了让步，同意取消工厂主在工人罢工期间关闭工厂的权利，以保护劳资双方的共同权益。[②] 1996年5月8日，新宪法在制宪议会上以高票顺利通过，经由宪法法院审核后，曼德拉总统于12月10日签署新宪法。新宪法彻底废除了南非的种族隔离制度，与此前的三部种族主义宪法相比具有毋庸置疑的先进性，被公认为世界上最先进的宪法之一。至此，南非的民主化改革终于完成，黑人及其他有色人种通过数百年奋斗得以确立的新体制从此有了坚实的法律基础。

（二）南非的政治体制

南非宪法规定南非实行三权分立制度，立法权属于议会、行政权属于总统及其内阁成员、司法权属于依照宪法成立的各级法院。南非的立法首都位于开普敦，行政首都位于比勒陀利亚，司法首都位于布隆方丹，从这一安排即可看出南非的政治制度特色。

南非的立法权属于议会。南非实行两院制，议会由国民议会和全国省务院构成，两院位于南非的立法首都开普敦。国民议会有400个席位，任期五年，400名议员均由直接选举产生，选举实行比例代表制，各政党按照得票比例得到相应数量的席位。[③] 这一制度能够保证力量薄弱的小党得到一定席位，避免了小党在"胜者通吃"原则下被淹没的危险，十分符合南非复杂的种族结构。国民议会的主要职权是进行总统选举、议案表决、修订宪法等。全国省务院有90个席位，任期五年，

---

① 杨立华：《南非的民主转型与国家治理》，载《西亚非洲》2015年第4期，第136页。
② 叶兴增：《南非宪法：风雨飘摇诞生》，载《瞭望新闻周刊》1997年第4期，第43页。
③ 杨立华：《南非的民主转型与国家治理》，载《西亚非洲》2015年第4期，第138页。

由九省议会间接选举产生，每个省份派出10名代表，旨在调和中央与地方关系，在国家决策中为地方发声，当国民议会通过的议案涉及省级事务时必须有全国省务院参与。当国民议会和全国省务院发生争执时，两院派代表组成调解委员会进行磋商。

南非的行政权属于总统及其内阁成员。行政机构分为中央、省、市三级，中央行政机关位于南非的行政首都比勒陀利亚。内阁成员包括总统、副总统、各部部长，副总统和部长由总统任命，均来自国民议会，同时向总统和议会负责。

南非的司法权属于依照宪法成立的各级法院。南非的法院体系包括审判机关、检察机关、司法行政管理机关三大部分，其中审判机关分为宪法法院、最高上诉法院、高级法院、地方法院、治安法院、酋长法庭六级，中央司法机关位于南非的司法首都布隆方丹。南非的法律体系中最值得一提的当属宪法法院。宪法法院的职责是维护宪法权威，当中央政府或其他机构对宪法运作产生争议时，由宪法法院作出裁决。宪法法院还有权审核中央、省、地方各级立法单位的法案是否违宪，国民议会和全国省务院的修宪提案是否违宪，总统和议会是否依照宪法规定履行职权。[①] 这一法院的设置体现了南非的司法独立，正是由于宪法法院的存在，南非的司法系统能够随时审视政府和立法机关的各项政策和立法，保证其符合宪法规定，真正贯彻了司法独立原则和宪政精神。

（三）军事

南非总统为武装力量最高统帅。国防部门最高级别的决策机构是国家安全委员会，下辖国防咨询以及国防部门。国防部长主要负责帮助总统处理军队日常事务。国防军司令由总统任命，主要负责军队作战指挥、日常军事训练指导，平时对国防部长负责，战时则直接对总统负责，受总统直接领导。国防军以及警察部队是南非主要的国家安全部队，南非国防军包括陆军、海军以及空军，分别成立于1912年、1922

① 杨立华：《曼德拉的政治遗产：南非发展的制度基础》，载《当代世界》2014年第2期，第30页。

年和1920年。种族隔离时期的国防军在新南非建立后与非国大、泛非大、前黑人家园民族解放组织的部队进行整合，成立了一个新的军队。该部队的主要任务是保护国家主权和领土完整，并履行国际义务，协助安定国内治安等。1997年，南非宣布废除强制兵役制，替之以志愿兵役制。目前南非国防军总人数约为8万人，其中陆军约3.5万人，海军约6700人，空军约9500人，卫生部队7500人，国防与退伍军人部、联合作战司令部等指挥控制机关总人数约为1.5万人。①

四、对外关系

（一）南非加入金砖国家合作机制

2010年10月24日，巴西、俄罗斯、印度、中国宣布吸收南非作为正式成员加入金砖合作机制。② 金砖四国为南非送上的这份圣诞大礼引来外界的诸多质疑，南非能够"打败"印尼、墨西哥等强劲对手成功入围金砖，的确是出乎意料的惊喜。毕竟，金砖概念的提出人吉姆·奥尼尔曾明确表示经济是金砖概念的核心要素，也就是说经济规模和经济增速是衡量一国是否能够入围金砖最重要的指标。③ 纵观五国2010年的经济指标，南非能够成功加入金砖国家的确引人称奇。根据世界银行数据，2010年南非的经济增速仅为3.04%，而中国、印度经济增速分别高达10.64%、10.26%，巴西的经济增速也为7.53%。此外，就经济体量而言，南非也远远无法与四个金砖国家相比—2010年中国的GDP总量为6.101万亿美元，巴西为2.209万亿美元，印度为1.657万亿美元，俄罗斯为1.525万亿美元，而南非的经济总量仅为0.375万亿美元，不仅远低于中国和巴西，甚至不足俄罗斯的五分之一。④ 总之，按照金砖概念的初始定义，南非无望于2010年得到其他金砖国家的认可并成功加入金砖合作机制。

---

① http://www.fmprc.gov.cn/web/gjhdq_676201/gj_676203/fz_677316/1206_678284/1206x0_678286/，登陆时间2017年1月7日。

② 参见《南非正式加入金砖国家合作机制》，载《人民日报》，2010年10月24日。

③ 李新烽：《南非抱"金砖"意义非凡》，载《当代世界》2011年第2期，第24页。

④ http://data.worldbank.org.cn/，登陆时间2016年12月23日。

南非能够成功加入金砖国家，与其说是南非一国的成功，不如说是整个非洲大陆的成功，是世界对非洲大陆未来发展潜力的认可。对此，奥尼尔本人曾评价道："南非的经济规模非常小，在我看来，在金砖国家里加入南非没有什么道理，不过，如果南非代表整个非洲大陆，那就是完全不同的故事了。"① 南非不仅是非洲最富裕的国家，也是非洲基础设施最健全、金融体系最稳定的国家。南非优良的集装箱港口、铁路系统、证券交易所是金砖国家进入非洲市场、探索非洲资源的有利跳板。非洲被视为未来最具发展潜力的大陆，而南非凭借其非洲门户的身份，赢得了四个金砖国家的青睐和认可。

成功加入金砖国家，对于南非而言亦是大有益处。首先，加入金砖合作机制能够促进南非和其他金砖国家的经济合作。在主要发达国家经济疲软、自顾不暇的后危机时代，以金砖国家为代表的新兴发展中国家构成了全球经济增长的主力。加入金砖合作机制后，南非与其他金砖四国的经贸往来更加密切，金砖四国代替欧洲国家成为南非的主要贸易伙伴，南非避免了因欧洲动乱而走向经济崩溃的局面，其高居不下的失业率也逐渐平稳。其次，南非加入金砖合作机制有利于带动非洲的发展。时任南非共和国驻华大使兰加认为，南非能够成为第五个金砖国家，即意味着整个非洲大陆都参与到了金砖五国组织里，南非会在与其他金砖国家的合作中，为整个非洲大陆带来福音，比如让他们参与到人力资源培训计划中，以及获得技术转移、增进创新能力等。② 作为非洲的经济发展引擎、非洲大陆的门户国家，南非对非洲发展怀有深切的责任感，将促进非洲的整体发展视为己任。例如，2010 年南非举办世界杯时选取了《非洲时刻》作为主题曲，南非将世界杯作为向世人展示非洲的机会，而不是南非一国的独秀，这在一定程度上反映了南非对非洲的特殊情怀。从金砖四国的角度来看，将南非视为进入非洲的跳板，是他们吸纳南非进入金砖合作机制的主要原因。而从南非的角度来看，将金砖合作机制视为非洲走向更广阔国

---

① 李新烽：《南非抱"金砖"意义非凡》，载《当代世界》2011 年第 2 期，第 25 页。

② 陈楠：《加入"金砖五国"，开启"非洲时刻"——专访南非共和国驻中国大使兰加》，载《商业周刊》2011 年 Z1 期，第 33 页。

际舞台的平台，是南非积极加入金砖合作机制的主要动机，二者在这一点上有非常契合的需求。最后，加入金砖提高了南非的国际地位和影响力。当南非成功加入金砖国家后，南非举国欢腾，民众普遍感到非常自豪，因为这代表着南非作为一个新兴发展中国家，其目前的发展成果和未来的发展潜力得到了世界的认可。加入金砖合作机制后，南非同其他金砖国家一同参与到全球治理中，以发展中国家为主要身份标识，更多地参与到全球事务中，极大地提高了南非的国际地位。总之，加入金砖合作机制是南非的一大外交成就，不仅促进了自身的经济发展，为非洲其他国家带来了更多发展机遇和国际关注，也提高了南非的国家辨识度，使南非作为一个成功新兴发展中国家的形象得以确立。

（二）中南关系概况

新中国成立后，由于南非仍然与台湾当局保持正式的外交关系，以及南非实行种族隔离制度等原因，中国并未与南非建立外交关系。然而，在中国与南非没有正式建交的数十年中，两国关系并非一片空白，两国之间的民间外交、非国大与中国共产党的党际交往并未中断。此外，由于中国将南非反对种族隔离制度的斗争视为南非人民反帝反封建、争取民族独立的正义事业，中国政府也对该事业提供了巨大而切实的帮助。1997 年，南非已经废除了种族隔离制度，实现了种族和解，并且与台湾当局断绝外交关系。在此背景下，时任中国外长钱其琛与南非外长恩佐签订了关于两国建立外交关系的联合公报。1998 年 1 月 1 日，两国正式建交。2000 年，两国签订《中华人民共和国与南非共和国关于伙伴关系的比勒陀利亚宣言》，两国正式建立伙伴关系。同年，两国还签署了《中华人民共和国和南非共和国政府关于中南“国家双边委员会”组织形式的外长间换文》，两国根据该文件成立了旨在促进双边关系健康快速发展的中南双边委员会。2004 年，两国于中国国家副主席曾庆红访问南非期间确立了两国的战略伙伴关系，中南双边关系从此上了一个新台阶。2006 年，两国于温家宝总理访问南非期间签署了《中华人民共和国和南非共和国关于深化战略伙伴关系的合作纲要》，中南的战略伙伴关系进一步深化。[①] 于此之后，两国在政治、经济、文化、科技等领域的合作如雨后春笋般蓬勃发展。

在政治领域，中南两国自1998年正式建交以来，不仅实现了频繁、高级别的双方领导人互访，而且通过《中华人民共和国与南非共和国关于伙伴关系的比勒陀利亚宣言》《中华人民共和国和南非共和国政府关于中南"国家双边委员会"组织形式的外长间换文》《中华人民共和国和南非共和国关于深化战略关系的合作纲要》等重要文件，为两国的关系确立了制度性框架，实现了两国关系从伙伴关系到战略伙伴关系的升华。此外，除了国家层面的交往，两国的省、市之间的交往也十分密切，确立了数十对友好省份、友好城市关系。总体而言，两国在政治领域的交往是深入而广泛的，形成了从国家到省份、城市的密集网络。

在经济领域，两国的经贸关系具有很强的互补性，直接投资规模也节节攀升。南非历来以丰富的资源能源储备闻名世界，而作为一个处于起飞阶段的新兴发展中国家，农业在南非的经济结构中占比很大。总之，能源、钢铁、有色金属、羊毛、珠宝矿石等初级产品是南非的主要出口产品。作为世界工厂的中国，对南非的能源资源和农产品具有旺盛的需求。中国的机电产品、纺织品、日用品、工艺品等工业制成品对于工业基础尚薄弱的南非也是十分必要的。由于发展阶段、自然环境、发展模式的不同，两国具有很强的经济互补性，双方的经贸合作前景十分广阔。此外，近年来南非政府致力于改善国内的基础设施建设，推出众多基础设施建设计划，例如旨在解决黑人用水、住房、用电问题的"重建与发展计划"，响应联合国"千年发展目标"的"加速和共享增长倡议"。[②] 鉴于南非本国相对薄弱的基建实力，中国企业积极参加项目竞标，力挫众多来自发达国家的大型企业，承包了众多基础设施建设工程，充分展现了中国在改善民生方面的成熟经验和中国企业强大的基建能力。资源能源开采、基础设施建设是中国和南非展开经济合作的主要形式。从长期的实践来看，这一合作模式符合双方的切实需求，且具有

---

① 杨立华：《中南建交十周年深化战略合作》，载《亚非纵横》2008年第1期，第44页。

② 杨立华：《中国与南非：战略伙伴关系的发展》，载《国际政治研究》2006年第4期，第73页。

较强互补性，这也是中南鲜有经贸摩擦的重要原因。

在文化领域，双方交往也十分密切。双方的文艺团体开展了许多高水平的交流演出活动，科技团体的互相访问也十分频繁。双方对彼此的留学生十分重视，不仅提供了非常友好的政策，还出资支持大批公派留学生前往对方的大学进行学习交流。此外，两国的教育机构也开展了密切的合作，南非的许多大学都设有孔子学院和中文课程，甚至在高中开设中文课程也被提上了日程。近年来，南非的电视广播中也出现了一些汉语教学节目，双方的文化交流开始从专业的文化艺术团体和教育机构向普通民众渗透。

中南正式建交不足二十载，但却取得了众多有目共睹的闪耀成就。探其原因，中南共同的身份认同、南非在非洲的巨大影响力、中南之间的资源能源合作是其中的重要因素。中国和南非都是金砖合作机制成员，新兴发展中国家是彼此共同的身份标识。由于共同的身份认同，双方对国际形势的发展有着共同的期待，即改革现有的国际经济政治秩序，改变全球经济治理制度设计中极端的非中性，推动整个体系朝着合理、公正和有效的方向发展。同时，作为下一个经济发展巨星，非洲的经济发展潜力十分巨大，而南非作为非洲大陆的门户国家，对中国具有十分重要的战略意义，这构成中国积极推进中南关系快速发展的巨大动力。最后，必须承认的是，作为正在快速崛起的发展中国家，中国对资源能源具有十分巨大而迫切的需求，南非巨大的资源能源储量对中国颇具吸引力。而中国对南非的资源开发，同样有利于南非学习先进的资源勘探开采技术、将巨大的能源资源储备转换成现实的经济能力以支持国家其他事业的发展。总之，中国和南非都从彼此的资源能源合作中获益匪浅，这是双边关系实现飞速跨越式发展的重要原因。

五、经济

南非共和国属于发展中国家，是非洲大陆最发达的国家。作为世界五大矿产资源国之一，南非在自然资源上有得天独厚的优势，因此矿业在经济总量中占较大的比重，在深井采矿等领域，南非的技术更是位居世界前列。除此之外，南非的支柱性产业还分布在第一、二、三行业。由于开放的政策以及优越的地理位置，1994—2004 年南非经济平均增长率达到 3%，2005 年后更是超过了 5%。由于受到全球金融危机的冲击，南非经济增速在 2008 年降到 3.1%，2009 年更是跌落到 -1.8%，创下历史新低。经济增长率的下降主要是受全球市场不景气的影响，之后南非政府制定了一系列振兴政策以刺激经济，取得显著成效：2011 年经济增长率曾高达 3.5%，2015 年经济增速达 1.3%。[①] 然而，2016 年第二季度，GDP 缓慢增长 0.7%，只有制造业和服务业仍然处于正增长状态，农林牧副渔以及金属矿产都处于负增长状态，经济衰退形势比较严峻。另一方面，自 2012 年以来，南非的贸易增速开始下降，贸易收支平衡出现问题，贸易条件恶化。总的来说，由于 2008 年金融危机的影响，南非经济仍处在恢复期。但是，南非基础配套设施健全，交通、能源以及电信设施优良，并且在通讯、金融等服务行业处于世界先列，基于以上因素，南非在中长期仍将保持较好的增长态势。据南非央行估计，2017—2020 年，南非经济将小幅增长，年增长率约为 2.9%，[②] 经济增长将会带动南非就业，促进当地企业的发展。

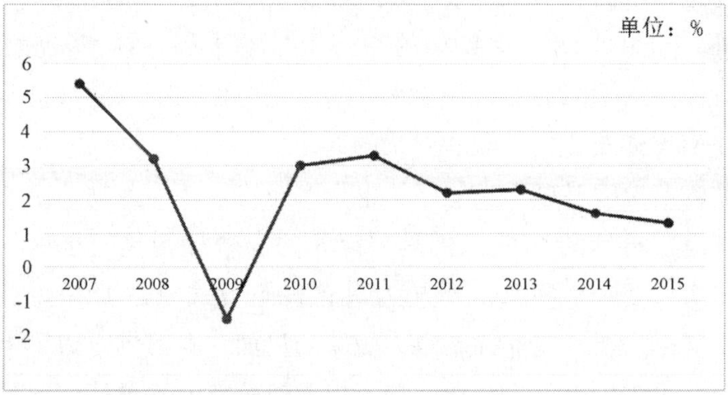

图 1　南非 GDP 增长率

数据来源：世界银行《世界发展指标》。

---

① http://www.fmprc.gov.cn/web/gjhdq_676201/gj_676203/fz_677316/1206_678284/1206x0_678286/.

② 关秀丽：《南非经济形势及推进中南合作的建议》，载《宏观经济管理》2016 年第 4 期，第 81—83 页。

（一）产业构成

1. 工业

南非四大工业部门为能源业、矿产业、制造业以及建筑业，其中矿产业和制造业对南非经济尤为重要。

矿产业作为南非经济的支柱之一，其产值一直占 GDP 较大的比重。2008 年矿业产值达到了 GDP 的 8%，2012 年矿业产值占 GDP 的 5.5%。作为世界上重要的黄金、铂族金属以及铬生产和出口国，南非在世界矿业贸易中有不可替代的地位。例如，南非的钻石产量占世界的 9%，钻石营业额占钻石供应市场 90% 的份额。矿产品是南非对外出口产品的重要组成部分，2012 年矿产品出口占出口总额比例高达 38%。

在制造业方面，南非制造业种类齐全，技术位于世界领先水平。制造业的主要产品包括金属制品、运输设备、机器制造、食品加工、纺织以及服装等，其中纺织、服装等传统行业竞争力逐渐削减，淡出市场，取而代之的是汽车制造等新兴制造业。

建筑业也有较快的发展。在 1994—1999 年期间，由于黑人居民住房问题严重，政府出资 135 亿兰特建造低价住房，以满足黑人住房需求。另外，2010 年南非世界杯的举行也带动了当地体育场馆的建设，为建筑行业注入了活力。近些年来，南非政府也在积极地推动基础设施建设，使南非建筑业处于欣欣向荣的局面。①

南非的能源业基础比较雄厚，电力产业发展较为蓬勃，南非发电量约占非洲总发电量的 67%。但是，南非的发电结构比较单一，火力发电独占鳌头，比例达 90%，核电及其他发电方式只占 10%。近年来由于经济发展的需要，南非面临电力短缺的局面，电力供应跟不上经济发展的需要，火力发电设施老化、管理以及运营状况不佳等情况导致南非电力公司面临频繁拉闸限电的窘境。由于制造业以及矿产业在南非经济结构中占比较大，而这些行业用电量十分巨大，电力能源供应不足使经济发展受到限制。目前南非开始着手能源结构转型，可再生能源发电开

① http：//www.fmprc.gov.cn/web/gjhdq_ 676201/gj_ 676203/fz_ 677316/1206_ 678284/1206x0_ 678286/.

始备受瞩目。南非能源部在 2010 年的《综合电力资源规划》中提到，南非可再生能源发电（不包括水力发电）比例将上升至 14.5%，核电将达到 13.4%。[①] 南非通过增加可再生能源发电的比例，来改善电力紧张的局面。

2. 农业

南非的农业较为发达，农业、林业、渔业就业人数占全国总人口 7%。近几年来，农林渔业在国民经济中所占比重逐渐降低。在南非的经济结构中，农业产值占国内生产总值的 3%，农产品和农产品加工占非黄金出口收入的 30%，农业为南非人民提供 13% 的正式就业机会。[②]

南非的主要经济作物包括玉米、小麦、马铃薯以及葡萄等。受气候影响，南非最重要的农作物——玉米主要集中在西北部、马普马兰加省高草原以及夸祖鲁—纳塔尔地区，居于第二位的小麦则主要分布在西开普省、西北省和北部省。西南部主要是大麦等农作物的播种地区。另外，甘蔗也是南非的重要产物，主要分布在灌溉农业地区和沿海湿润地区，棉花则主要分布在北方省。园艺业发展较为集中，发展速度也较快。蔬菜年产量在 210 万吨左右，水果年产量在 420 万吨以上，其中约 80% 出口到欧洲国家。[③]

南非的林业也较为发达。南非的森林覆盖率为 6%，天然林大多分布在沿海地区的山区。由于森林覆盖面积较低，南非大力种植人工林来缓解生态环境问题。目前南非拥有世界最大的人造林，除了满足本国的需求，南非还大量向其他国家出口林木产成品。

南非的畜牧业分布在西部广袤的土地上，畜牧种类包括猪、牛、羊等牲畜，鸵鸟和鸡等是其主要的家禽，主要畜牧产品有猪肉、牛肉、禽蛋、奶制品以及绵羊毛等。南非是世界第四大绵羊毛出口国。除了本国生产，南非也会从邻国以及澳大利亚、新西兰以及一些欧洲国家进口肉类。

---

① http://news.xinhuanet.com/world/2015-03/21/c_127604722.htm.

② http://www.fmprc.gov.cn/web/gjhdq_676201/gj_676203/fz_677316/1206_678284/1206x0_678286/.

③ http://www.agri.cn/V20/ZX/sjny/fz/201405/t20140526_3915814.htm.

南非的水产养殖业产量占非洲总量的5%。全国将近2.8万人从事海洋捕捞，商业捕捞船队达500多艘，每年捕捞量可达58万吨，产值约为20亿兰特。[①] 总体来看，南非的农林牧副渔产出占据国内出口的很大一部分。

3. 服务业

旅游业是目前南非发展最快的行业之一，是第四大行业和第三大创汇部门，产值占国内生产总值的8.7%，从业人员达140万人。由于得天独厚的地理优势，再加上当地独特的民俗风情，南非的旅游资源十分丰富。另外，近几年南非政府不断完善国内交通网络，铁路、公路设施完善，空运发展迅猛，拥有非洲最完善的交通系统。除此以外，南非的饭店、宾馆等旅游基础设施也非常充足。完备的基础设施、一流的酒店，加上淳朴原始的部族文化，为南非旅游业提供了坚实的保障。沿海地区以及东北为南非的主要旅游点，不同喜好的游客都能在南非找到风格各异的景观来满足自己的爱好。南非旅游的特色在于其生态旅游与民俗旅游，例如早些年采掘黄金的约翰内斯堡，享有“天涯海角”之称的开普顿，著名的钻石生产之都金伯利。[②] 2010年6月11日至7月11日，第19届世界杯足球赛决赛在南非举行，有力拉动了当地的旅游业。2012年南非的外国旅游访客高达919万人次。在2016年经济处于低迷的情况下，南非旅游业也依然坚挺地成为了经济增长的亮点。2004年，南非旅游业为南非经济贡献了156亿美元，旅游业的产值占2004年GDP的7.4%。根据南非旅游部2016年7月份发布的数据，2016年1月至5月，南非接待的外国游客（非洲国家除外）同比增长了19%，其中中国游客同比增长50%，印度游客同比增长37%，美国和德国游客数量也有明显增长。[③] 旅游产业为南非经济带来强劲的增长动力。

另外，近年来南非的电讯、信息技术产业也发展迅猛。南非的电信发展水平位于世界第20位，来自南非的电信公司TELKOM是非洲最大的电信公司，南非的DIDATA和DATATEC两家信息技术公司在英美市

① http：//www.fmprc.gov.cn/web/gjhdq_ 676201/gj_ 676203/fz_ 677316/1206_ 678284/1206x0_ 678286/.

② http：//globserver.cn/南非/旅游。

③ http：//globserver.cn/非洲/新闻/旅游业成为南非低迷经济的亮点。

场也占有一定的市场份额。米拉德公司（MIH）垄断了非洲撒哈拉以南的大多数卫星直播业务，南非的软件业也开始逐步走向国际市场。总体而言，南非的信息技术水平以及卫星技术在世界上处于领先水平，具有较强的竞争力。①

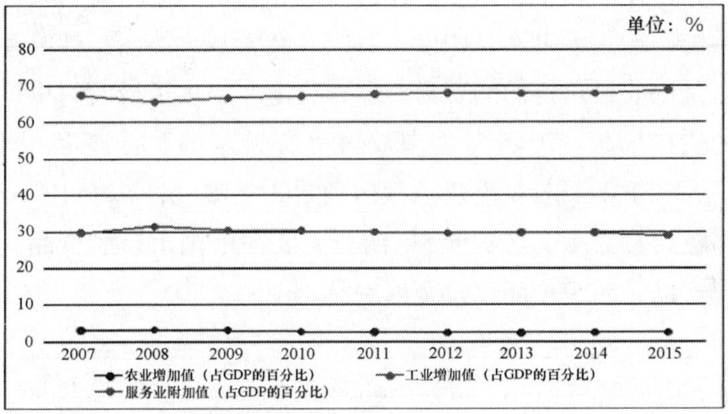

图 2　农业、工业与服务业占比

数据来源：世界银行《世界发展指标》。

（二）国际贸易

作为世界贸易组织的创始会员国，南非崇尚自由开放的贸易制度。南非的主要进口产品为机械设备、化工产品以及石油等，其主要出口产品则为黄金、钻石、交通运输设备、食品、饮料及烟草等产品。根据世界贸易组织 2015 年报告，南非的进口额、出口额分别位于世界第 23 位、第 27 位。根据南非税务局预测，2016 年南非出口额将增加 3.3%，2017 年增长 4.6%，进口额 2016 年增长 4.6%，2017 年达到 5.3%。随着全球金融危机的结束和成功加入金砖合作机制，南非的贸易也将呈现积极的态势。

南非处于非洲最南端，具有优越的地理位置，再加上完善的交通运输系统，丰富的矿产资源以及林木资源，南非积极地开展对外贸易。此外，南非于 20 世纪 90 年代末成为了非洲南部非洲发展共同体（SADC）的一员，此举促进了其与邻国贸易的发展。欧美国家是南非的主要传统

① http：//www.fmprc.gov.cn/web/gjhdq_ 676201/gj_ 676203/fz_ 677316/1206_ 678284/1206x0_ 678286/.

贸易伙伴，近年来亚洲、中东国家在南非对外贸易中的地位逐渐上升。根据最新贸易数据，2015 年南非贸易出口额达到 855 亿美元，进口额达到 834 亿美元。

据统计，2011 年南非的前十大出口国家为中国、美国、日本、德国、英国、印度、瑞士、荷兰、津巴布韦和莫桑比克。前十大进口国则依次是中国、德国、日本、印度、英国、意大利、法国、韩国及巴西。

中国是南非最重要的的贸易对象，为南非提供了最大的出口市场以及最大的进口来源。2013 年中南双边贸易额为 615 亿美元，同比增长了 8.7%，2014 年中南双边贸易额达到 603 亿美元，其中出口额为 446 亿美元，进口额为 157 亿美元。① 南非主要向中国出口矿产品，向中国进口电子产品、纺织产品以及金属制品。②

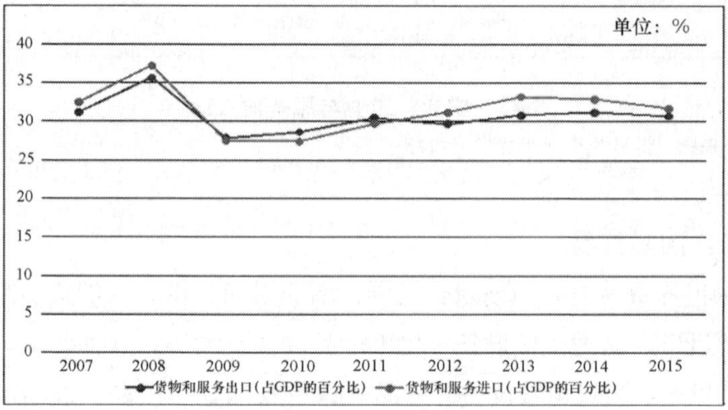

图 3　货物和服务进出口占 GDP 百分比

数据来源：世界银行《世界发展指标》。

（三）外国资本

南非成功利用外资实现了“经济奇迹”。由于相对稳定的投资环境，与其他非洲国家相比，南非获得了更多的外来投资。21 世纪初，在南大型外资企业增加了在南非的投资。2005—2010 年期间，著名的

① http://www.chinanews.com/gj/2015/01-16/6973899.shtml.

② http://www.ccpit.org/Contents/Channel_3362/2015/0119/441905/content_441905.htm.

南非酿造公司增加了50亿兰特投资额；2004年，南非的汽车制造商投资了32亿兰特，成为了5年以来的投资的最高值。在建筑业以及汽车制造业等大型投资项目的带动下，中小企业也得到了良好的发展。[①] 根据世界银行的统计数据，1980—2010年间，南非的外国投资资本存量总体处于上升的趋势，但是总体规模较小。1980—1998年期间，任何一年的资本存量都没有超过200亿美元；最高年份则是在2010年，达到了1323.96亿美元。南非的FDI主要可以分成两个阶段：1980—1998年期间是平稳阶段，平稳下降之后再缓慢上升，总体而言FDI的规模比较小；1999—2010年为第二个阶段，该阶段FDI规模明显增加，总体呈上升态势。南非的金融业、矿产业、制造业以及服务业是外国资本的主要目的地，南非所获得的外资主要来源于欧洲。[②]

南非的经济增长与外国直接投资资本关系密切。自1980年以来，南非经济总体呈上升趋势，但由于经常性的资本外逃，南非在个别年份也存在GDP总量下降的现象。[③] 1980—2010年期间，南非一共经历了9次大规模资本外逃现象。总体而言，南非的外国资本相对充足。

1957—1972年，外国资本对南非经济增长率的贡献高达40%。由于经济全球化、南非“低人权”等因素，南非在20世纪80年代拥有位居世界前列的投资利润率，成为备受外国资本青睐的投资目的地。1979年，美国在南非的投资利润率曾达到18%，比其在发达国家的平均投资利润率高出五个百分点。[④] 南非的外国资本大部分来自于欧美国家，尤其是欧洲。欧洲国家对其投资总额占南非接受的外国资本总数的一半以上，其中英国的投资最大，占比达40%，美洲国家对南非的累计投资额约占20%。外国对南非的投资主要形式是间接投资，直接投资较少。在南非投资的外企大多将资金投入采矿业、制造业、金融业以及石油加工和销售等领域。

---

① 杨立华：《南非经济——放眼非洲谋发展》，载《西亚非洲》2005年第6期，第55—62页。

② 杨立华：《南非经济——放眼非洲谋发展》，载《西亚非洲》2005年第6期，第55—62页。

③ 樊少华：《FDI与经济增长关系：中国、南非例证》，载《贵州财经大学学报》2013年第2期，第106—111页。

④ http：//globserver. cn/南非/经济。

2008年南非吸收的外国资本为90亿美元，2013年接收的外国直接投资为83亿美元，2014为58亿美元，2015年则减少为16亿美元。① 2013年以来，由于美国推出量化宽松政策，南非出现了大量资本外流的状况。

（四）外国援助

自1994年以来，为了支持南非的“重建与发展计划”，众多国际组织和外国政府承诺向南非提供援助。世界银行、国际货币基金组织等国际机构均向南非增加经济以及物质支援，美国、英国、德国等国家也纷纷加入到援助的队伍中。②

自2000年来，由于经济发展迅速，南非接受的外国援助逐渐减少，从受援国变为援助国。南非政府十分重视对外援助工作，通过设立复兴基金向其他非洲国家提供了很多经济援助。另外，南非与其他南部非洲国家一道发起了“非洲发展新伙伴计划”，旨在推动南非与其他国家在基础设施建设、金融领域的合作，对非洲的发展起到了积极的作用。③在2008/2009财政年度，南非向津巴布韦、乌干达、马达加斯加和民主刚果等非洲国家提供了约合6800万美元的援助项目，成为非洲最大的对外发展援助国。此外，为了更有效提供对外援助，南非政府最近批准成立新的南非发展合作局（The South African Development Partnership Agency）以取代原来的非洲复兴基金。联合国发展集团（UNDG）已表示将对该新建机构提供支持和帮助。④

六、社会

（一）就业

南非的劳动力供应充足。2012年，该国拥有劳动能力的人口占总

① http：//www. fmprc. gov. cn/web/gjhdq_ 676201/gj_ 676203/fz_ 677316/1206_ 678284/1206x0_ 678286/.

② http：//www. fmprc. gov. cn/web/gjhdq_ 676201/gj_ 676203/fz_ 677316/1206_ 678284/1206x0_ 678286/

③ 杨丽华，《南非经济——放眼非洲谋发展》，《西亚非洲》2005年第6期。

④ http：//www. mofcom. gov. cn/aarticle/i/jyjl/k/201011/20101107222322. html

人口的65%。但是，在管理及专业技术人才供应方面，南非还是有较大的缺口。造成劳动力市场结构失调的原因主要是教育制度和种族隔离问题没有得到妥善解决。由于教育未普及，2011 年的 1827 万劳动人口中，仅接受过初等教育的人占劳动力总数的41.2%，接受过中等教育的占31%，而接受过高等教育的仅占16.5%。由于长期的种族隔离统治，大多数南非黑人没有接受过教育。受教育程度直接影响劳动力的素质以及技能水平。据统计，2011 年，接受初等教育的劳动力中只有48.7%的人就业，接受中等教育水平的劳动力有66.3%就业，接受到高等教育的就业比例达94.2%。[①] 由于没有接受教育或所受教育不高，大多数黑人只能从事简单的体力劳动，无缘高产的技术型劳动。劳动力市场结构失调，一方面导致黑人处于劳动市场的底端，与高端劳动力之间的收入差距拉大，另一方面影响高新技术企业在南非的发展。劳动力供给与需求不匹配，经济发展受限，由此带来的高失业率是南非长期以来面对的主要问题。虽然在 2003 年之后，由于经济形势乐观，经济增长较快，失业率有所下降，但是由于全球经济不景气，2007 年南非的失业率达到了23%，黑人的失业率更是达到了28%。2013 年南非失业率继续攀增至24%，其中青年失业率高达48.9%。由于失业率居高不下，劳资关系不断激化，大规模的罢工事件也频频发生。[②] 据南非统计局的数据，南非目前的失业率为24%，也就是说有将近 520 万人民处于失业状态。新增的失业状态给停滞不前的南非经济带来打击。[③]

2015 年前三季度，南非的 GDP 有小幅的增长，增加了 7000 个就业岗位，新增的就业人数达到了 895 万人。商业服务、贸易以及社会服务部门提供的就业岗位最多，抵消了矿产业、制造业、建筑业和交通部门的新增失业数量，电力行业就业人员则相对稳定。[④]

---

① 姚桂梅，《南非经济发展的成就与挑战》，载《学海》2014 年第 3 期，第 31—37 页。

② 杜琼、傅晓冬：《当前南非经济形势分析及展望》，载《中国经贸导刊》2014 年第 15 期，第 27—29 页。

③ http：//globserver. cn/南非/新闻/南非就业市场面临困难。

④ 关秀丽：《南非经济形势及推进中南合作的建议》，载《宏观经济管理》2016 年第 4 期，第 81—83 页。

（二）贫富差距

南非虽然是非洲最发达的国家，但国内贫富差距还是巨大。南非工会总书记司韦林泽马·瓦维曾指出目前南非的贫富差距形势严峻。统计数据显示，南非的黑人男子每月平均工资约为 343 美元，而白人约为 2714 美元，是黑人劳动力工资的 9 倍左右。约 48% 的南非人每月收入不足 46 美元，25% 的人需要靠政府的救济生存。① 约 70% 的国民收入掌握在占总人口总数 20% 的富人手上。

1994 年以来南非政府一直在为改善黑人群体的生活条件做出努力，计划通过住房保障、基础医疗保障服务来保障黑人的基本生活、改善国内贫富不均的局面。1997 年，南非政府发布《社会保障白皮书》，重点扶持贫困黑人、老人、残疾人以及幼儿。种族歧视导致的贫富差距也是南非政府一直致力解决的问题，2007 年政府出台了《黑人经济振兴政策》，规定黑人在公司的人数必须达到一定的比例，上市公司必须给黑人群体一定的股权，政府采购一半以上要由黑人公司承接，国家银行的贷款 50% 要给黑人。② 但是贫富不均以及贫困问题一直存在。由于经济增长乏力，再加上国内基础设施投入不足、基础教育未能普及、职业教育不能提供适应经济和产业发展的劳动技能，南非失业率一直居高不下。不合理的经济结构导致收入在不同群体分配不均衡，激化了国内的矛盾。2014 年金属制造协会号召罢工，因为他们认为《就业促进税收法案》更多地是为资本家服务，普通群众受益不多。严峻的罢工形势更是加剧了社会的动荡，导致外资的撤退，进而影响经济发展，从而导致就业机会进一步减少，失业问题继续激化。③

（三）文化教育与新闻出版

由于长期实行种族隔离制度，南非黑人受教育的机会远远低于白人。20 世纪 90 年代末，南非废除了种族隔离制度，开始实施儿童义务

① http：//news. xinhuanet. com/world/2010 －08/22/c_ 12470204. htm.

② http：//finance. china. com. cn/roll/20150102/2884071. shtml.

③ 杜琼、傅晓冬：《当前南非经济形势分析及展望》，载《中国经贸导刊》2014 年第 15 期，第 27—29 页。

教育制度。南非政府在基础教育制度上大量投入，不断完善教学体制、教育资金管理。课程学制主要包括学前、小学、中学、大学、研究生5个阶段。现有公立高等院校23所，学生75万人；私立高等学院90所，学生3.5万人；中小学27850所，学生1214万人；全国有教师36.6万人。2016财政年度教育预算为2970亿兰特，占政府财政总支出的20.3%。著名的大学有：斯坦陵布什大学、比勒陀利亚大学、南非大学、开普敦大学等。

南非的出版物种类繁多，发刊数量为非洲之首。报纸的种类有日报、周报等各20余种，各个省、地方也有自己的报纸，总量达到200多种，还有600多种杂志。发行量较大的主要有：《星期日时报》（英文）、《每日太阳报》（英文）、《星报》（英文）、《公民报》（英文）。其中《星期日时报》和《报道报》是在全国范围内发行的报纸。

南非通讯社（South Africa Press Association）曾是南非唯一一家全国性、非政府、非赢利性的通讯社，但2015年被非洲新闻社代替。此外，南非还有一家全国性的广播公司，即南非广播公司，南非广播公司（SABC）下辖广播电台和电视台。该广播电台用十几种语言向全国进行广播，还有一档对外节目—“非洲频道”，用4种外国语言向国外广播。南非广播公司所管辖的电视台有4个频道，其中两套为公共性的服务节目，两套为商业电视节目。

七、加入金砖国家机制的历程

在加入金砖国家之前，南非和中国、印度、俄罗斯以及巴西等国已经建立了较为密切的战略关系。在21世纪初，中国与南非建立了伙伴关系，并发表了《比勒陀利亚宣言》。该伙伴关系于2004年升格为官方的战略合作关系，两国之间保持着平等互利和共同发展的关系。2006年，两国发布《中南关于深化战略伙伴关系的合作纲要》，进一步深化了两国的战略合作关系。2010年，中国与南非通过了全面战略伙伴关系协议。同年，巴西也与南非之间建立了官方合作关系。南非与印度之间的战略伙伴关系于2003年通过《德里宣言》得以确定。2006年，南非还与俄罗斯通过签署友好条约确定了战略合作关系。[①]

2010年底，南非在首尔举办的20国集团会议上提出加入“金砖四国”的议案。2010年12月，作为“金砖国家”合作机制轮值主席国的中国，与其他金砖三国决定将南非纳入“金砖国家”合作平台，“金砖四国”由此变成“金砖五国”，并重新改名为“金砖国家”（BRICS）。

南非加入金砖国家一举受到关注。部分人质疑南非加入金砖国家，认为南非的经济总量并不如已有金砖四国强大，不认为南非的加入会给金砖国家增光添彩。[②] 南非经济学家、边境咨询首席执行官马丁·戴维斯认为南非加入金砖合作机制并不会给中国或者其他金砖国家带来重大的影响，“金砖国家”只是一个名词，它代表的只是一个松散的组织，无非就是成员国有着庞大的经济体量，而“金砖国家”的称号之于南非不过就是提升其国家形象，政治意义大于经济意义。他反驳南非加入金砖国家会给成员国带来很多好处，因为中国、印度等新兴国家在南非加入金砖组织以前早已建立起了紧密的经济联系，无需“金砖国家”这一平台来推动。[③]

但是也有人看好南非加入金砖国家。首先是因为南非作为非洲的首富国家，地处非洲大陆，作为南部非洲的门户，与非洲其他国家有相同的风俗。南非之于非洲大陆的意义非凡，是非洲大陆最大的经济体。巴西、俄罗斯、印度和中国与南非之间贸易关系紧密，金砖四国是南非乃至整个非洲大陆的最大贸易伙伴，南非作为非洲的门户，金砖四国充分认识到其巨大的发展潜力，将抓住机遇实现合作共赢。在未来几年内，非洲将发展地区内部的自贸区，包括南部非洲发展共同体、东南部非共同发展市场以及西部非洲经济共同体。南非很乐意为金砖其他伙伴进入非洲市场提供桥梁，同时也希望加入金砖合作机制之后能够为非洲经济发展提供更多机会。[④] 四国投资和贸易如若通过南非中转，借助南非企

---

① 徐国庆：《南非加入“金砖国家”合作机制探析》，载《西亚非洲》2011年第8期，第93—105页。

② 李新烽：《南非抱“金砖”意义非凡》，载《当代世界》2011年第2期，第24—27页。

③ 周馨怡：《南非成为“新金砖”对中国或其他金砖国家没有太多影响》，载《21世纪经济报道》2010年第12期。

④ http：//politics. people. com. cn/GB/1026/14390744. html.

业在南部非洲已有的网络，将增加信息渠道，降低信息成本，使金砖国家能够更快、更便利地进入各南部非洲发展共同体国家，从而提高回报率。另外，南非一直是黄金、铂金以及其他重要资源的重要出口国，其市场规模非常可观，在保证全球出口方面的作用十分明显。① 南非的加入会增加金砖国家的经济实力，当然相比于南非加入金砖国家的经济意义，政治意义更为明显。通过加入金砖国家，南非还可以与其他金砖国家统一协调全球治理立场，争取自身利益，共同创造一个平衡的国际治理体系。将南非纳入金砖国家合作机制，使新兴经济体为非洲利益发声，从而更具综合代表性。②

另一方面，南非加入金砖合作机制的利弊也存在争议。在 2013 年德班峰会召开前，南非政界与学术界对南非加入金砖大多持否定态度，认为南非加入金砖国家会阻碍其发展。南非相比其他四大金砖国家来说经济体量小，经济增长速度低，在政治以及经济体系上存在的差异会导致南非加入金砖国家后弊大于利。③ 南非一些分析师认为南非加入金砖国家后，贸易非但不能得到改善，还会导致与美国等西方经济体的关系僵化。④ 中国的制造业、印度的服务业都是南非的竞争对手，加入金砖合作机制后南非如何与这些国家协调利益关系又是一个问题。⑤ 更有甚者认为金砖国家成员吸纳南非的主要目的是掠夺南非资源。⑥

但是随着金砖开发银行的建立，南非逐渐对加入金砖合作机制的前景充满信心，并期待着金砖合作机制给南非带来发展的新动力。⑦ 新动

---

① 李新烽：《南非抱“金砖”意义非凡》，载《当代世界》2011 年第 2 期，第 24—27 页。

② 徐国庆：《南非加入金砖国家合作机制的背景、影响与前景》，载《亚非纵横》2012 年第 3 期，第 7—13 页。

③ Herman Waserman，“Brics Through the Media's Eyes：Studies of Media Content in South Africa Have Shown a Preference for India and China When It Comes to Coverage”，*The Star*（*South Africa*），2013 - 03 - 26.

④ “Will These Rub off on SA?”，*The Star*（*South Africa*），2013 - 03 - 22.

⑤ Martyn Davies，” SA Needs to Justify Its Inclusion in Brics”，*Sunday Times*（*South Africa*），2013 - 03 - 17.

⑥ “Brics Summit in Durban Is the High Point on Government’ s Foreign Policy Calendar”，*The Star*（*South Africa*），2013 - 03 - 22.

⑦ 郑华、程雅青：《南非对金砖国家身份的认同感研究——基于主流印刷媒体报道的分析（2013—2014 年）》，载《同济大学学报（社会科学版）》2015 年第 6 期，第 40—46 页。

力主要体现在以下几个方面：首先是经济发展，2000—2009 年金砖四国的国内生产总值与世界生产总值之间的比值从 8% 上升至 15.6%，预计到 2020 年四国国内生产总值将与美国生产总值持平，2050 年左右四国将成为主导世界经济的主要力量。[①] 由于金砖国家的经济发展潜力，国际货币基金组织曾表示金砖国家占全球经济增长的 61%，南非与金砖国家在矿业、通信等产业的合作势必将推动南非社会经济的发展，加入金砖国家为南非带来引进外资的机会，推动贫困和失业问题的解决。其次是推动了能源发展。由于南非能源来源比较单一，主要依靠火力发电等传统的发电方式，陈旧的电力设施导致南非电力供不应求，制约了经济的发展。最近几年南非政府大力推广清洁能源，增加核能、太阳能、风能等新能源的发电占比。金砖五国之间的合作包括商业合作，其中能源是金砖国家合作的重点。其他金砖国家可以发挥自身在新能源方面的优势，帮助南非加快新能源的推广。例如中国先进的太阳能技术、巴西的生物能源以及俄罗斯的新能源技术都值得南非借鉴。同时，南非的煤制油技术处于世界领先水平，也值得其他金砖国家学习。[②] 另外，与金砖国家结盟有利于南非在国际舞台上发声，扩大自身参与全球治理的力度。南非专家认为南非加入金砖国家无疑会提高其地位以及国际知名度。南非的《比勒陀利亚新闻报》也发文称南非加入金砖国家表明其国际地位的进一步提升，成为全球地区性大国可以帮助南非提升其在世界政治中的代表性和地位。通过金砖国家这一平台，可以促进新兴国家的南南合作。南非驻中国大使兰加表示金砖合作机制是一个表达自身观点立场以及争取自己在世界政治、经济以及金融监管的利益的良好平台。[③] 马沙巴内部长也表示，南非加入金砖国家也考虑到自身对于全球政治、经济、以及金融体系的平衡多元化发展的诉求，加入这一合作机制无疑会促进世界政治经

---

① 徐国庆：《南非加入“金砖国家”合作机制探析》，载《西亚非洲》2011 年第 8 期，第 93—105 页。

② 百度百科，http：//baike. baidu. com/link？ url = zTJMD5hQCroecJ3 gQhrmmV-VQ4A12vjrsBhFatFGvX_ khm7CY_ aZW5u-qnYePtkHAdvI2Legm9zlppFgP0vmM36Vfxp4emJY06F_crh93lRk37IBcXa21CeplTBIgA5av * 。

③ 陈楠：《加入“金砖五国”，开启“非洲时刻”——专访南非共和国驻中国大使兰加》，载《商务周刊》2011 年第 Z1 期，第 30—33 页。

济的多边化发展，提升南非的国家形象。①

借用“金砖国家”创始人奥尼尔的话，因为南非与印度和巴西之间的贸易往来已久，而且近几年与中国的贸易越来越紧密，其中一些国家的企业还在南非起到了很关键的作用，南非才能成为金砖国家的一员。南非加入金砖国家也使得这些企业继续造福南非。例如设立在南非的很多印度公司享有好评，最著名的是信息技术公司塔塔集团。它曾资助南非消除种族歧视，通过设立技校来提高黑人的技能，从而帮助他们脱离困境，提高生活质量。巴西在新南非建立后也和南非开展积极的贸易活动，巴西的一些知名大公司也进入了南非，在资源和建筑市场发挥着重要的作用。南非的矿产业和金属行业也能见到俄罗斯企业的踪影，俄罗斯也积极开拓南非市场，诺里尔斯克镍业公司和叶夫拉兹钢铁就是典型的代表。中国自2009年起成为南非最大的出口国以及进口国，同时中国还在南非的矿产业、电信业以及银行业等领域进行投资，投资额达到60亿美元。两国银行界也保持良好的合作关系，例如工行与南非标准银行、建行与南非第一兰特银行之间的合作被视为南非对外合作的典范。②

从长期来看，金砖扩容对于金砖五国来说是互利共赢的举措。虽然金砖成员国所处的政治经济条件存在差异，但是秉持着求同存异的态度，共同开创合作共赢局面的信念，一定会在国际政治、经济社会方面发挥重要影响。这样看待南非加入金砖合作机制，不论是对金砖组织还是南非来说都是好处大于坏处。而且随着金砖峰会的机制化、金砖发展银行的建立和发展，金砖国家将会从一个软机制化的概念转变为服务于能源、金融合作的实质机制。

（任琳　王洋　罗姣姣）

① 李新烽：《南非抱“金砖”意义非凡》，载《当代世界》2011年第2期，第24—27页。

② 李新烽：《南非抱“金砖”意义非凡》，载《当代世界》2011年第2期，第24—27页。

第八章

中国国情概貌

“中国”意为“中央之国”。最早见诸公元前11世纪西周青铜器何尊铭文——“宅兹中国，自兹乂民”。此“中国”指为以河南洛阳盆地为中心的中原地区。《尚书·梓材》云：“皇天既付中国民，越厥疆土，于先王肆。”《诗经·民劳》亦云：“惠此中国，以绥四方。”“中国”指周王朝统治的地域。可见，古代华夏人认为其统治的地区“居天地之中”，故为“中国”，而蛮夷戎狄“居天地之偏”，为臣属之地，称为“四夷”。在历史上，中原政权和史家往往以“中国”指代中原政权和正统朝代。汉朝称其统治的中原地区为“中国”。南朝宋、齐、梁、陈，“中国”通常指中原地区和中原政权。五代十国，北方中原和中原政权自称并被视为“中国”，而南方吴、南唐、吴越、楚、闽、南汉、前蜀、后蜀、荆南等并未自称或被视为“中国”。宋金对峙时期，金国以据有中原区域而自称“中国”，南宋以传承前朝政治和文化正统也自称“中国”。明朝在对外文书中首次使用“中国”，明太祖赐日本国书云：“朕本中国之旧家，耻前王辱，兴师振旅，扫荡胡番。”清朝开始以“中国”称其全部统治区域，1689年与俄国签订《尼布楚条约》首次将“中国”作为正式国号。1911年中华民国成立后国号简称“中国”，“中国”成为具有现代民族国家意涵的正式名称。1949年中华人民共和国成立后，国号亦简称“中国”。总之，“中国”指从三皇五帝到中华人民共和国之一系列朝代和政权的连贯历史的整体。“中国”的代称有“华夏”、“中华”、“神州”、“中土”等。

中国位于北半球，在亚洲的东部和中部，太平洋的西岸，东南面向海洋，西北伸向内陆，是一个海陆兼备的国家。国土纵横经纬跨度大，东西之间自东端黑龙江与乌苏里江汇合处东经 135 度 3 分至西端帕米尔高原喀拉湖东岸东经 73 度 22 分，跨经度约 62 度间距 5200 千米；南北之间自南端曾母暗沙附近北纬 35 度 1 分至北端漠河县以北黑龙江主航道北纬 53 度 34 分，跨纬度约 50 度间距 5500 千米。总面积约 960 万平方千米，占亚洲陆地面积的四分之一、全世界陆地面积的十五分之一，仅次于俄罗斯和加拿大，居世界第三位。地形多样，类型齐全，山地、高原、丘陵、盆地、平原、戈壁、沙漠等无不典型壮观。地势西高东低，平原少，山地多，山地高原丘陵等约占总面积的 66%，平地约占 34%。青藏高原平均海拔 4000 米以上，号称“世界屋脊”。全球 12 座高于 8000 米的山峰中 7 座在中国，珠穆朗玛峰海拔 8848 米，为世界最高峰。中国陆地边界长两万多千米，毗邻朝鲜、俄罗斯、蒙古、哈萨克斯坦、吉尔吉斯斯坦、塔吉克斯坦、阿富汗、巴基斯坦、印度、尼泊尔、锡金、不丹、缅甸、老挝、越南等 15 国；东与韩国、日本，东南与菲律宾、文莱、马来西亚、印度尼西亚等国隔海相望。

中国是人类文明起源和世界文明古国之一。经过漫长的原始社会，公元前 21 世纪前后出现第一个王朝——夏；此后经过约四千年的专制王朝统治，1911 年辛亥革命终结君主制，中华民国成为东亚第一个共和国；1949 年 10 月 1 日，中华人民共和国成立，中国进入实现中华民族伟大复兴之“中国梦”的新时期。根据《中华人民共和国宪法》的规定，中国是工人阶级领导的、以工农联盟为基础的人民民主专政的社会主义国家。中国的一切权力属于人民，人民行使国家权力的机关是全国人民代表大会和地方各级人民代表大会。国旗是五星红旗。旗面为红色，象征革命；形状为长方形，长高比为 3 比 2；旗面左上方缀 5 颗黄色五角星，一星较大，居左，四星较小，环拱在大星之右，象征中国共产党领导下的革命人民大团结。国徽中间是五星照耀下的天安门，周围是谷穗和齿轮，它象征着中国人民自“五四运动”以来的新民主主义革命斗争和以工人阶级领导的、以工农联盟为基础的人民民主专政的中华人民共和国的诞生。首都是北京。国歌为《义勇军进行曲》。

一、历史进程

作为人类文明的发祥地之一，中国历史悠久，经历从原始社会进入文明社会的过渡时期——先秦（公元前221年以前），封建专制王朝时期——秦汉（公元前221年—公元220年）、三国两晋南北朝（220—589年）、隋唐五代（581—960年）、宋辽西夏金（947—1279年）、元明清（1271—1911年），以及民主共和国时期——中华民国（1912—1949年）、中华人民共和国（1949年10月1日始）。

从约170万年前的元谋人到公元前21世纪夏朝的建立是中国的原始社会，历经原始人群和氏族公社两个时期。原始人群的标志是元谋人、蓝田人、北京人和山顶洞人，氏族公社的代表是仰韶文化、龙山文化、河姆渡文化、大汶口文化等。据传说，中华“人文初祖”黄帝是约四千多年前黄河流域的部落联盟首领，倡导种植五谷，驯养牲畜，开创农耕文明。后来黄帝部落与炎帝部落结盟，在黄河流域生活繁衍，形成华夏族的主干。中华民族称为炎黄子孙即源于此。黄帝之后，尧、舜、禹相继成为黄河流域的部落联盟首领。他们经推选产生，尧年老时推举才德兼备的舜为继承人，尧死后业绩卓著的舜继位，舜年老时让位给治水有功的禹，这种首领更替方式史称“禅让”。

公元前21世纪，夏朝建立，“天下归家”，父子相传或兄弟相传成为制度，家庭、私有制和国家出现，标志中国文明社会的开始。奴隶社会经历夏、商、西周三个阶段，在春秋战国时期演进为封建社会。这个阶段创造了辉煌的文化：甲骨文和青铜器是人类文明的标志；诸子百家开创“百花齐放、百家争鸣”的文化繁荣，孔子、老子等的思想影响中国文化乃至世界文化；《孙子兵法》至今被广泛应用于军事和经济领域；《甘石星经》是世界上最早的恒星表。

公元前221年，始皇帝结束战国诸侯争战局面，完成统一大业，建立中国史上第一个中央集权的多民族国家——秦。继秦之后，汉高祖刘邦和汉光武帝刘秀建立西汉和东汉（统称汉），进一步完善封建专制统治。秦汉时期建立和完善专制中央集权制，及郡县制等一系列有利于统一的措施，确立沿袭两千多年的中国封建制度。社会经济发展较快，与西域及中亚诸国交往逐渐扩大，开通举世闻名的“丝绸之路”。文化艺术和科学技术比较发达，儒学被确立为社会的“正统”，佛教由印度传入，道教从本土兴起；司马迁的《史记》、张衡的地动仪、《九章算术》、《黄帝内经》等传名至今；蔡伦的造纸术被誉为四大发明之一。

东汉末年进入豪强割据时期，后历经三国、西晋、东晋、南北朝，三百余年间除西晋短期统一外，魏、蜀、吴鼎足天下，十六国纷争不已，南北朝长期对峙，中国基本上处于分裂状态。这个时期，西北民族内迁，北方人口南移，各民族杂处融合。对外交流进一步扩大，东达朝鲜和日本，西至中亚诸国以至罗马帝国，南至中南半岛和南洋群岛。玄学盛行，佛道发展。陶渊明的诗文、刘勰的《文心雕龙》、王羲之的书法、顾恺之的绘画、敦煌石窟的窟寺艺术都是不朽之作。祖冲之第一个将圆周率算到小数点以下七位，贾思勰的《齐民要术》是世界农学史上的巨著。

581 年，杨坚建立隋朝。589 年，隋统一中国。618 年，李渊建立唐朝。907 年，朱温篡唐为梁，为五代之始；约在同期，南方出现 9 个小国，北方另立 1 个小国，合称十国（902—979 年）。隋唐五代是中国由分裂进入长期统一、而后短期分裂的时期。这一时期，中国封建社会呈现空前的盛世景象。典章制度不断完善，三省六部制、科举制、两税法等对后世影响深远。对外实施开放政策，中外经济文化交流频繁。文化昌盛，位居世界前列。唐诗成就巨大，是中国诗歌的黄金时代，两千多位诗人留下近五万首诗歌，李白、杜甫、白居易、李商隐、杜牧等的名篇传诵千古。韩愈、柳宗元的文章，颜真卿的书法，阎立本、吴道子的绘画，音乐舞蹈《霓裳羽衣舞》等流传后世。印刷术和火药是中国四大发明中的两项，天文、数学、地学、医学、建筑等方面成就突出。

960 年，赵匡胤发动陈桥兵变建立宋朝，结束五代十国的分裂局面；在此前后，契丹人建立辽（947 年），党项人建立西夏国（1037 年），宋辽西夏成鼎足之势。1115 年，女真人在北方建立金国，后于 1125 年灭辽，1127 年灭宋。宋高宗赵构南逃临安，长期偏安江南，是为南宋。这个时期，汉族政权和少数民族政权并存，民族进一步融合；

社会经济发达，张择端的《清明上河图》展现城市繁华的场景；科技成就显著，指南针、印刷术、火药三大发明付诸实用，苏颂创制世界上第一台天文钟——水运仪象台；程朱理学盛行，道教、佛教等流行；欧阳修等的散文，李清照、辛弃疾等的宋词传诵至今；话本、戏曲盛行，山水花鸟绘画生辉。

1206 年，成吉思汗建立蒙古国，随后灭亡西夏（1227 年）和金（1234 年），并三次西征，兵锋直指东欧和西亚，蒙古成为横跨欧亚的大汗国。忽必烈 1260 年即位后崇尚汉法，改革旧制；1271 年改国号大元；1279 年灭南宋而统一中国，并实施行省制度以治理各区域，极大地促进了统一多民族国家的发展。元代中国是世界上最强盛的国家，声名远播欧亚非三大洲，中外交流空前繁荣。从欧洲，不仅英国、法国、意大利等国使节接踵而至，而且商人、旅行家、传教士也纷至踏来。《马可·波罗行记》造成了许多欧洲人对中国的向往，成为大航海时代和地理大发现的诱因之一。印刷术、火药、指南针经阿拉伯传入欧洲。阿拉伯国家的天文学、医学、算学也传入中国，伊斯兰教广泛传布。非洲人出现在中国，元朝也遣使非洲国家。在民族融合和中外交流基础上，社会经济继续发展，农业、手工业别具各族特色，统一的货币流通全国。文化科技成就不凡，郭守敬等编订的《授时历》，李冶的《测圆海镜》，以及《农桑辑要》《农书》《农桑衣食撮要》在天文学、数学、农学等领域开创新风；陶瓷术承先启后，花色品种增加，成为对外贸易的重要商品；印刷术、造船术、航海术、水利工程技术等方面取得新成果；关汉卿的《窦娥冤》、王实甫的《西厢记》等元曲至今仍在舞台上演出。

1368 年，明军攻入元都，朱元璋建立中国历史上最后一个由汉族建立的大一统中原王朝——明，至 1644 年灭亡共传十二代，享国 276 年。明朝“治隆唐宋”、“远迈汉唐”，极盛时人口超过一亿，国土面积约达一千万平方千米，东北抵日本海、外兴安岭，北达戈壁沙漠，西北至新疆哈密，西南临孟加拉湾。明代经济繁荣，除农业进一步发展外，丝织业、制瓷业发达，采铁、铸铜、造纸、造船等大发展，出现商业集镇和资本主义萌芽。明朝逐步恢复唐宋时期的朝贡制度，到成祖时期开创“万国来朝”的外交格局，与亚非各国、南洋诸国，以及朝鲜、日本等国都有往来，形成完整的“朝贡体系”。航海家郑和七下西洋，历访亚非三十多个国家和地区，最远到达红海沿岸和非洲东海岸，是世界航海史上的壮举。明中叶后对外政策转向保守，受到日本及西班牙、葡萄牙、荷兰等国侵扰，1624 年荷兰侵占台湾，延至清朝（1662 年）由郑成功收复。明代以程朱理学为代表的儒家哲学体系达到完善，王阳明继承陆九渊的“心学”并发扬光大，强调“致良知”及“知行合一”。在文学艺术方面出现平民化与世俗化趋势，突破科举考试和八股文对思想的束缚，成就斐然，小说《水浒传》《三国演义》《西游记》《金瓶梅》及戏曲《牡丹亭》是不朽名作。此外，《徐霞客游记》《本草纲目》《农政全书》《天工开物》《永乐大典》等都是经典之作。

1616 年，努尔哈赤在东北建立后金。1636 年，皇太极改国号为清。1644 年，清军入关灭明，清朝开始统治中国，直到 1911 年灭亡，是中国最后一个封建专制王朝。清朝设置台湾府，击败沙俄对黑龙江流域的侵略，维护了国家主权和领土完整；粉碎噶尔丹的分裂，平定大小和卓的叛乱，加强对西藏的管辖，统一多民族国家得到巩固和发展。清朝盛时国土面积超过 1300 万平方公里，人口超过 4 亿。清代前期社会稳定、经济发展，康雍乾三朝达到鼎盛时期。中后期由于政治僵化、文化专制、闭关锁国、科技停滞等因素，国力日衰。1842 年，清朝因鸦片战争败北而与英国签订《南京条约》，加入以西方为主导的条约体系。此后，欧美列强和日本通过一系列侵略战争和不平等条约，逐步将中国沦为半殖民地半封建社会，中国历史进入反帝反封建、追求独立和现代化的阶段。一方面，割地赔款、开港通商等加剧中国人民负担，激化社会矛盾，反清反帝斗争此伏彼起，先后爆发太平天国和义和团运动等。另方面，清朝统治者也自强图存，19 世纪 60—90 年代曾国藩、李鸿章等展开以举办军工企业为核心的洋务运动，19 世纪 90 年代以康有为、梁启超为首的改良派寻求借鉴西方和日本制度而发动维新运动，20 世纪初王朝统治者效仿西方君主立宪制推行新政。但清朝已经回天乏力，1911 年辛亥革命爆发，推翻清朝的统治，终结中国两千多年的专制统治。

清代涌现不少思想家和学者，如黄宗羲、顾炎武、王夫之、魏源、龚自珍、康有为、严复、梁启超、章炳麟、蔡元培等，作为承前启后的知识分子总结批判传统学术，引进接受西方文化，积极促进传统文化之现代转型。在西方冲击下，中国现代教育开始发展，西式学校体系逐渐建立，出国留学蔚然成风，现代知识分子群体逐渐形成并成为现代化和革命运动的推手。但清代科学技术成果不大，只是到洋务运动时期才出现少量科技人才，著名者如数学家李善兰、化学家徐寿、工程师詹天佑等。当然，《聊斋志异》《儒林外史》《红楼梦》等小说和《长生殿》《桃花扇》等戏曲等，显示文学艺术在文字狱及思想禁锢下也取得一定成就。

1912 年中华民国成立，中国历史进入大动荡、大变革的年代。辛亥革命后，孙中山缔造中华民国，按照西方三权分立模式成立亚洲第一个民主共和国，主权属于全体国民。民国初年，袁世凯等主政的北洋政府（1912—1928 年）对内实行独裁统治，对外投靠列强，军阀混战，社会动荡，甚至出现复辟帝制的闹剧，孙中山和国民党人先后展开护国运动和护法运动。在此同时，激进派知识分子如陈独秀、胡适等发起新文化运动，陈独秀、李大钊接受和传播马克思主义，探寻中国革命的新出路。1919 年五四运动爆发，1921 年中国共产党成立，1924 年国共两党实现合作，1926 年国民政府誓师北伐，1928 年北洋政府的统治宣告结束，民国进入现代化建设的“黄金十年”（1928—1937 年），资本主义社会经济全面发展，特别是官僚资本企业较快成长，并在 19 世纪 30 年代后形成为国家垄断资本；民主与科学的口号深入人心，教育、科学和出版，尤其社会科学和文学艺术取得显著成就。

国民党领导的民国政府在建构现代民族国家过程中面对双重挑战。对外，民国必须争取法理上的独立与事实上的自主。民国遵循国际规则，为维护国家利益，与各缔约国进行废除或修订不平等条约的谈判，抗击日本的扩张侵略，加入国际反法西斯联盟，并取得抗日战争的最后胜利，成为第二次世界大战的主要战胜国及联合国五个主要创始会员国之一，国际地位空前提高。对内，由于国民党右派背叛革命，共产党发动南昌起义、秋收起义和广州起义，建立自己的武装，走上武装割据的道路。经土地革命战争（1927—1937 年）和抗日战争（1937—1945 年）的曲折和发展，毛泽东领导的共产党及其武装力量逐渐壮大，最后在解放战争（1945—1949 年）中推翻国民党政权，蒋介石率领国民党退踞台澎金马地区，中华民国结束在大陆的统治。

1949 年 10 月 1 日，中华人民共和国成立，中国历史进入社会主义革命和建设时期。建国后初年，新中国一方面逐步肃清国民党政权在大陆的残余，和平解放西藏；另方面推进向社会主义的改造和过渡，包括没收官僚资本企业并改造为国营企业，统一全国财政经济工作，稳定物价；完成土地改革，镇压反革命，开展“三反”、“五反”运动等。1952 年底，中国工农业生产恢复到历史的最高水平。1956 年底，“三大改造”基本完成，商品经济在中国不复存在，社会主义制度初步建立。

1956—1966 年，社会主义建设在探索中发展，虽然遭遇严重挫折，但也取得重大成就。1966 年工业固定资产增长 3 倍，钢铁和机械设备等主要工业产品产量大幅度增长，石油实现全部自给，并建成电子、石化等新兴产业部门；农业基本建设和技术改造大规模展开并渐收成效，拖拉机和化肥施用量增长 6 倍以上，农村用电量增长 70 倍；高等学校毕业生增长 4.9 倍，教育质量显著提高，科学技术也有所突破。

1966—1976 年为期十年的“文化大革命”是新中国成立以来最严重的挫折，社会、经济、文化、民主与法律制度等遭受最严重的破坏。“文化大革命”造成的社会动荡持续到 1976 年毛泽东逝世，到“四人帮”被粉碎后才结束，但它所导致的政治、思想、组织和经济混乱影响深远。1978 年，中共召开十一届三中全会，形成以邓小平为核心的第二代中央领导集体，开辟了在改革开放中实现社会主义现代化的道路。20 世纪末期和 21 世纪初期，中国逐渐从计划经济转型为中国特色社会主义市场经济，国内生产值年均增长 11.2%，2011 年国内生产总值超越日本，成为全球第二大经济体。

2012 年，中共举行第十八次全国代表大会，习近平当选为中央委员会总书记和中央军事委员会主席。2013 年，李克强在第十二届全国人民代表大会上接任国务院总理。在以习近平为核心的中共中央领导下，中国坚定不移地继续改革开放，并提出“一带一路”倡议，以解决结构不稳和增长放缓等问题。在 2014 年 APEC 峰会上，习近平表示中国经济将进入“新常态”。2015 年，中国主导成立亚洲基础设施投资银行，举办抗日战争 70 周年纪念大会，并进行两岸领导人会晤。2016 年，中国首次举办 20 国集团峰会，在东海、南海主权争议问题上逐渐摆脱了被动局面。中国正凯歌行进在逐步实现中华民族伟大复兴的“中国梦”的道路上。

二、人口、民族与语言

(一)人口

中国是世界上人口规模最大的国家，在历史上一直占世界总人口的较大比例。据估计，公元前3世纪，各诸侯国总人口已达约3000万至3500万人。19世纪，清朝人口达约4亿人，占世界总人口的三之一。20世纪中期以来，中国人口持续增长，从1949年约5.4亿人增为2015年约13.7亿人，占世界总人口的1/5左右。但因多年厉行计划生育政策，中国生育率降低，未来中国在世界人口中所占比重可能下降。(参见表1)

表1　中国人口在世界所占比重

年份	中国大陆人口（亿人）	世界总人口（亿人）	中国人口占世界比例
1950	5.44	25.25	21.5%
1960	6.44	30.18	21.4%
1970	8.09	36.82	22.0%
1980	9.78	44.40	22.0%
1990	11.55	53.10	21.7%
2000	12.70	61.27	20.7%
2010	13.41	69.30	19.4%
2020	14.00	77.89	18.0%

资料来源：国家统计局、世界银行。

根据2010年第六次人口普查，中国总人口为1370536875人，是世界上人口最多的国家。其中：大陆为1339724852人，香港为7097600人，澳门为552300人，台湾地区为23162123人。大陆人口比2000年增加73899804人，增长5.84%，年均0.57%。在性别构成方面，大陆男性人口为686852572人，占51.27%；女性人口为652872280人，占48.73%。大陆人口性别比从2000年的106.74下降为105.20，已经较为平衡。2015 年，中国总人口为 137462 万人，其中男性 70414 万人，占 51.2%；女性 67048 万人，占 48.8%。（参见表 2）

表 2　中国人口基本情况

	1982 年	1990 年	2000 年	2014 年	2015 年
年末总人口（万人）	101654	114333	126743	136782	137462
按性别分					
男性人口	52352	58904	65437	70079	70414
女性人口	49302	55429	61306	66703	67048
按城乡分					
城镇人口	21480	30195	45906	74916	77116
乡村人口	80174	84138	80837	61866	60346
出生率（‰）	22.28	21.06	14.03	12.37	12.07
死亡率（‰）	6.60	6.67	6.45	7.16	7.11
自然增长率（‰）	15.68	14.39	7.58	5.21	4.96
各年龄段人口（万人）					
0—14 岁人口	34146	31659	29012	22558	22715
15—64 岁人口	62517	76306	88910	100469	100361
65 岁以上人口	4991	6368	8821	13755	14386
总抚养比（%）	62.6	49.8	42.6	36.2	37.0
少儿抚养比	54.6	41.5	32.6	22.5	22.6
老年抚养比	8.0	8.3	9.9	13.7	14.3
平均预期寿命（岁）		68.55	71.40		76.34
男性平均预期寿命		66.84	69.63		73.64
女性平均预期寿命		70.47	73.33		79.43

注：1. 总人口包括现役军人，但不包括香港、澳门特别行政区和台湾地区人口。

2. 城镇人口中包括中国人民解放军现役军人。

资料来源：国家统计局。

中国人口存在严重的老龄化趋势。2010 年，大陆人口年龄构成为：0—14 岁人口 222459737 人，占 16.60%；15—59 岁人口 939616410 人，占 70.14%；60 岁及以上人口 177648705 人，占 13.26%，其中 65 岁及以上人口为 118831709 人，占 8.87%。与 2000 年相比，0—14 岁人口比重下降6.29个百分点，而60岁及以上人口者上升2.93个百分点，65岁及以上人口者上升1.91个百分点。2012年底，60岁以上老年人口约1.9亿，占总人口的14%，高于10%的联合国老龄社会标准。据2015年预计，未来20年中国将进入老龄化高峰，2050年老年人口将达总人口的三分之一。人口老龄化使中国劳动力人口逐渐减少，严重影响社会经济健康发展。因此，2013年，中国政府修订计划生育政策，允许父母一方为独生子女家庭生育2名孩童。

中国存在快速的城镇化和大规模的人口流动。近十年，中国城镇化发展迅速，城镇人口比率从1980年20%增长为2015年56%，虽然还低于发达国家。2010年，城镇人口为665575306人，占49.68%；乡村人口为674149546人，占50.32%。较诸2000年，城镇人口增加207137093人，乡村人口减少133237289人，城镇人口比重上升13.46个百分点。2015年，在137462万总人口中，城镇人口77116万人，占56%，乡村人口60346万人，占44%。（参见表3）同时，由于区域和城乡发展不平稳，中国人口持续从乡村向城镇、从落后地区向发达地区流动，流动人口规模庞大。2010年，全国流动人口达261386075人，比2000年增加116995327人，增长81.03%。城镇化和流动人口对社会管理和公共服务等带来一系列挑战。（参见表3）

表3　中国总人口及城乡人口构成的变迁

统计时间	年末人口（万人）	城镇人口（万人）	乡村人口（万人）	城镇人口占总人口比重（%）
2002	128453	50212	78241	39．1
2003	129227	52376	76851	40．5
2004	129988	54283	75705	41．8
2005	130756	56212	74544	43
2006	131448	58288	73160	44．3
2007	132129	60633	71496	45．9
2008	132802	62403	70399	47
2009	133450	64512	68938	48．3
2010	134091	66978	67113	50

续表

统计时间	年末人口（万人）	城镇人口（万人）	乡村人口（万人）	城镇人口占总人口比重（%）
2011	134735	69079	65656	51.3
2012	135404	71182	64222	52.6
2013	136072	73111	62961	53.7
2014	136782	74916	61866	54.8
2015	137462	77116	60346	56.10

数据来源：国家统计局。

中国人口分布非常不均衡，虽然每平方公里人口密度仅145人，但96%的人口生活在只占全国总面积36%的土地上。黑河—腾冲线体现中国人口东南和西北分布区域之差异，东部人口高度集中，西部人口比较稀少。近年来，中国人口分布出现新的变化，东部增长放慢，中西部增长加快，如2015年上海人口出现负增长，而人口净流出省份如湖北、河南、安徽、四川等出现反弹，但广东、福建等东南沿海地区常住人口依然增加，东北地区人口持续减少。这种人口空间分布与经济布局不协调，与资源环境承载力也不适应，严重影响区域协调发展。

(二) 外国居民

作为一个国际化程度与日俱增的国家，中国对外国人的吸引力不断增加，不仅数量持续较快增长，2000年以后年均约10%增加，2011年外国人入出境达5412万人次，且入境目的和身份日益多样，居留人数增多。据统计，2010年在大陆居住的外国人为593832人，其中人数前十位国家是韩国120750人，美国71493人，日本66159人，缅甸39776人，越南36205人，加拿大19990人，法国15087人，印度15051人，德国14446人，澳大利亚13286人。从居留身份看，2011年近60万外国居留者中大部分是三资企业工作人员、留学生、教师、外企驻华机构代表以及家属、亲属团聚人员。其中，持有《外国人永久居留证》的外国人为4752人，包括外籍高层次人才及家属为1735人、亲属团聚人员为3017人；外国人就业者约22万人，约占常住外国人总数的37%。

(三) 民族

中国自古以来是多民族（族群）国家，民族融合是中国历史发展的大趋势，在国家时而分裂和最终统一的循环中逐渐形成延续至今的“中华民族”，包括汉族和其他 55 个少数民族。汉族是中国最大的族群，2010 年大陆汉族人口为 1225932641 人，约占总人口的 91.51%，在西藏和新疆之外的省级行政区中是多数族群。汉族以外的 55 个民族称为“少数民族”，2010 年各少数民族人口合计为 113792211 人，约占总人口的 8.49%。较诸 2000 年，2010 年汉族人口增加 66537177 人，增长 5.74%；各少数民族人口增加 7362627 人，增长 6.92%。

2000 年全国人口普查显示，在 55 个少数民族中，人口在 100 万以上民族共 18 个，他们是：蒙古、回、藏、维吾尔、苗、彝、壮、布依、朝鲜、满、侗、瑶、白、土家、哈尼、哈萨克、傣、黎等族，其中壮族人口最多，达 1600 多万人。人口在 100 万人以下 10 万人以上民族有 15 个，他们是：傈僳、佤、畲、拉祜、水、东乡、纳西、景颇、柯尔克孜、土、达斡尔、仫佬、羌、仡佬、锡伯等族。人口在 10 万人以下 1 万人以上民族有 15 个，他们是：布朗、撒拉、毛南、阿昌、普米、塔吉克、怒、乌孜别克、俄罗斯、鄂温克、德昂、保安、裕固、京、基诺等族。人口在 1 万人以下民族有 7 个，他们是：门巴、鄂伦春、独龙、塔塔尔、赫哲、高山、珞巴（按实地普查区域的人数计算）等族。

中国实行民族区域自治，对少数民族实施倾斜政策，包括宽松的生育政策，少数民族地区社会经济较快发展，呈现人丁兴旺的景象。少数民族人口在总人口中的比重不断提高，从 1964 年的 5.8% 提高为 1982 年的 6.7%、1990 年的 8.01%、2000 年的 8.41% 和 2010 年的 8.49%。少数民族分布广泛，主要集中在西部和边疆地区，内蒙古、新疆、西藏、广西、宁夏 5 个自治区和 30 个自治州、120 个自治县（旗）、1200 多个民族乡是少数民族聚居的地方。广西、云南、贵州、新疆四省区的少数民族人口占全国少数民族人口的一半以上，加诸辽宁、湖南、内蒙古、四川、河北、湖北、西藏、吉林、青海、甘肃、重庆和宁夏，16 个省区的少数民族人口占全国少数民族人口的九成以上（91.32%）。在少数民族中，藏族主要分布在西藏、青海、四川、云南等地；满族主要分布在东北以及不少内地城市；蒙古族主要分布在内蒙古；维吾尔族主要分布在新疆；回族主要分布在宁夏；壮族主要分布在广西。中国陆地边境线全长2万多千米，绝大部分在少数民族地区。

中国以平等、团结、互助为特点的民族关系为各民族交流合作提供了良好的条件；在历史长河中和现实社会里，各民族共同因素不断增多，共同促进中华民族的发展。在21世纪，各民族间人口流动增多，不仅内地人口尤其汉族流向民族地区，少数民族更多地从边远地区迁入内地和沿海地区，并不断向全国各城市扩散。少数民族地区进一步融入全国的发展大潮之中，以崭新的面貌走向市场、走向全国、走向世界。与此同时，各民族继续保持其本民族特征，民族传统文化和生活习俗长期存在。

(四) 语言与汉字

中国的语言种类比民族（族群）更加丰富，达近300种（292种），大部分属于汉藏语系的汉语族。2000年，中国颁行《国家通用语言文字法》，规定现代标准汉语和规范汉字为官方语言文字，作为国家内部不同语言者交流的通用语，鼓励地方政府和机构推广。汉语分成官话、吴语、粤语、闽语、湘语、赣语、客家语等多种方言，现代标准汉语以北方地区使用的北方官话和北京话为基础制定，也是国际通用语言之一。

少数民族中，回族、满族主要使用汉语，其他53个民族使用一种或数种民族语言，其中23个民族有自己的文字。少数民族使用的地方性语言主要包括：壮语、蒙古语、藏语、维吾尔语、苗语、朝鲜语等。少数民族中很多人兼通汉语。中国的语言政策是平等的，允许并支持各民族使用和发展其语言文字，特别是帮助一些少数民族整理创造其民族语言特色的文字。

汉字是世界上最古老的三大文字系统之一，也是唯一沿用至今的文字。汉字既是当代世界上使用人口最多的文字，也是世界上极少数不使用字母拼写的文字之一。汉字的历史可以追溯到六千多年前的大汶口文化。作为中华文化的主要载体，汉字历经演化，其字体根据演进顺序包括甲骨文、金文（大篆）、小篆、隶书、草书、楷书、行书等。几千年来，中文发音不断演化，不同地区的方言千差万别，但作为书写符号的汉字变化不大，这在很大程度上保证各区域间的交流，对维系一个统一的中国发挥重大作用。在历史上，汉字还传入邻近国家和地区，如朝鲜半岛和日本列岛，从而形成一个汉字文化圈。

三、宗教信仰

中国是多宗教国家，各种民间信仰和道教等原生信仰与佛教、伊斯兰教、基督教等外来宗教共存，构成独具特色的“信仰中国”。中国公民可以自由地选择信仰并表明其宗教身份，他们的宗教信仰活动得到法律的保护。中国宪法规定，“中华人民共和国公民有宗教信仰自由”；“任何国家机关、社会团体和个人不得强制公民信仰宗教或不信仰宗教，不得歧视信仰宗教的公民和不信仰宗教的公民”；“国家保护正常的宗教活动”。《民族区域自治法》《民法通则》《教育法》《劳动法》《义务教育法》《人民代表大会选举法》等明确和具体地保护公民自由信仰宗教的权利。当然，中国政府的官方立场为无神论，没有设置法定宗教。中央政府设有国家宗教事务局，负责管理国内宗教事务。

中国数千年来受各种信仰和宗教运动影响，中国历史在一定程度上是“信仰中国”的形成发展史。由于主流思想儒学主张兼容并包，道教和佛教积极吸收儒学思想，儒释道长期互动形成“三教合一”的传统，即以祖先信仰、民间信仰、道教、佛教为主，兼容伊斯兰教、天主教、基督教新教、东正教等，各种宗教信仰共存发展。据 2007 年调查，中国三四成的民众信奉各种民间信仰或宗教，其中佛教、伊斯兰教、基督教（天主教、新教、东正教）等建制性宗教的信徒超过 1 亿人，活动场所十余万处，教职人员 36 万余人，宗教团体和学校 5600 多个（所），另有约 30% 至 80% 的人在不同程度上参与民间信仰活动。

（一）民间信仰与道教

作为原生的宗教信仰，民间信仰和道教浸透入中国文化和民众生活的各领域。古代中国人相信超自然力量主宰并影响人类的命运，自身的命运可以凭借祭祀神明或祖先达成改变，因此“敬天祭祖”成为中国文化中最基本的信仰要素，信仰仪式与传统文化和地域习俗密切互动，促进中国文化的多元化发展。民间信仰所尊崇的人格化神明或源于自然环境，或来自伟人祖先，或是神话人物；信奉者众的神明包括炎黄二帝、海神妈祖、财神、盘古、土地神、保生大帝等等，不仅在海峡两岸信徒众多，而且随着中国人移民海外传到许多国家和地区。在传统上，“敬天祭祖”的祭祀对象分为天神、人鬼和地祇。诸神被编入官僚系统式的等级体系，每个神的品级和爵位各有定制，并载入祀典。祭祀必须遵循严格的等级界限，天神地祇由天子祭祀，祭天的圣所是天坛；诸侯大夫可以祭祀山川；士庶黎民只能祭祀祖先和灶神。设置在都城的宗庙供奉祖先灵位；分散在各地的“家庙”或“祖堂”是供奉和祭祀祖先的祠堂。时过境迁，当代中国政府既不主持也不组织祭祀，但这类祭祀活动依然盛行于各地，成为地域性民俗文化传承的标志之一。

道教是在古代鬼神崇拜观念基础上形成的、与民间信仰密不可分的中国本土宗教。道教奉老子为教祖，以《道德经》为主要经典，视“道”为信仰核心，一切教理教义皆由“道”生。道教的基本教义是“道”和“德”。“道”无所不包，无所不在，是一切的开始；“德”是道之功、道之用、道之现。道教信徒要“修道养德”，追求与道合一，与自然、社会和谐。

道教始自春秋老子创立道家，战国后产生神仙家，秦汉时期吸收阴阳家、墨家、儒家诸家思想，经方仙道、黄老道，到东汉张道陵创立“五斗米道”正式成教，张道陵作为道教的创立者被称为“张天师”。南北朝时期经葛洪、陶洪景等之努力，道教成为与佛教并列的中国正统宗教之一。道教在唐宋时期进一步发展，形成多种流派；元以后逐步形成全真派和正一派两大流派；明清时期走向衰落，对统治者影响减弱，主要在民间活动。晚清民国时期，道教进一步衰败，虽然少数道士潜心修炼，课徒传戒，著书立说，延续教统，但多数道士素质低下，道教组织松散。新中国成立后，道教在曲折中发展壮大。1957 年，中国道教协会在北京白云观成立，道教第一次形成统一的全国性组织；“文革”时期，道教如同其他宗教遭受毁灭性破坏；1980 年，中国道教协会恢复活动，道教重获新生并不断壮大。据调查，2010 年，约 1.73 亿中国人自称信奉道教，其中约1200万人为明确的道教徒。2011年，大陆道教活动场所多达3万余座，其中宫观约9000座，包括全国重点宫观21处；道士约10万人，其中住观道士3万多人，散居道士6万多人。道教在少数民族地区传播广影响大，壮、瑶、白、苗、彝、羌、黎、土家、布依、纳西等二十余族主要信仰道教，信众超过1000万人。此外，道教在台湾、香港、澳门地区也颇盛行，台湾道教（含一贯道和民间信仰）信众超过1000万人，香港道教信众超过200万人。道教还传到海外，在韩国、越南、新加坡、马来西亚等国不仅拥有大量信众，而且还有不少由华侨华人建立的道教宫观。

诚如鲁迅论断——“中国根柢全在道教”，又如英国汉学家李约瑟评论——“中国文化就像一棵参天大树，而这棵大树的根在道家”，道教对中国文化和社会产生全面、深刻和持久的影响。道教追求突破生命极限的方术实践推动了中国古代科学技术的发展，东亚的化学、矿物学、植物学、药物学多源于道家；道教崇尚自然无为及其神仙信仰促进了中国文学艺术浪漫主义和自然主义的形成和发展；道教吸收、改造各种民间信仰，并使道教化的民间信仰回归社会，从而与中国人的日常生活和民俗文化水乳交融，在一定程度上支配中国人的思想与生活。实际上，民间信仰与道教已经一体化并根深蒂固地积淀在中国的社会传统里，影响着中国人的信仰习俗、祖宗崇拜、节日习俗、娱乐习俗和方术活动，如本命年拜太岁，祭祀先人烧纸钱，春节祭灶王、贴对联、放鞭炮、接财神、拜天公、闹元宵等。

(二) 佛教

佛教、基督教、伊斯兰教是外来宗教，其中佛教历史最为悠久，影响深远，虽源自印度，但在中国成熟和发展，堪称中国化程度最高的外来信仰。佛教公元前后传入后积极吸收中国文化因素而迅速发展，南北朝进入兴盛阶段，隋唐达到鼎盛时期，佛寺遍布全国，教徒人数大增，佛教发展为中国特色的宗教，佛教中心也转移到中国。宋元时期，佛教与中国文化已从冲突走向融合，儒释道合一渐成潮流。明清两朝和近代时期，佛教走向衰微，但不断融入民间信仰，并与儒道调和，成为中国传统文化的重要组成部分。1949年新中国成立，佛教在曲折中发展。据统计，2010 年中国有佛教寺院 3.3 万余座，出家僧尼约 20 万人；中国佛教信徒约达 2 亿人，占世界佛教人口的近一半。

由于传入的时间、途径、地区不同，以及各地民族文化、社会背影的差异，佛教在中国形成三大系，即汉地佛教（汉语系）、藏传佛教（藏语系）和云南地区上座部佛教（巴利语系）。其中，汉地佛教在发展中形成天台宗、三论宗、唯识宗、华严宗、律宗、真言宗、禅宗、净土宗等八大宗派，佛寺遍及各地，僧尼信徒众多，是汉族地区的佛教主流，并传入朝鲜半岛和日本列岛。据统计，汉语系佛教有寺院万余座，僧尼 5 万余人，还有众多在家居士。藏语系佛教分两路从印度和内地传入青藏高原，逐渐发展为民族性和地域性的宗教即藏传佛教，并形成宁玛派（红教）、萨迦派（花教）、噶举派（白教）等教派，主要流行于西藏、云南、四川、青海、新疆、甘肃、内蒙古等省区，并传入蒙古、俄罗斯、尼泊尔等国。藏族、蒙古族、裕固族、门巴族、珞巴族、土族等少数民族是藏传佛教的主要信徒。目前，藏传佛教有喇嘛尼姑约 14 万人，活佛近 2000 人，寺庙 3000 余座。巴利语系佛教即上座部佛教，俗称小乘佛教，即中国的南传佛教，从缅甸和泰国传入，主要分布于云南省的西双版纳、德宏，以及思茅、临沧、保山等地区。目前，南传佛教的傣族、布朗族、阿昌族、佤族等少数民族信众达 130 万人，共有寺庙 1700 多座，比丘 2000 多人，沙弥近 6000 人。

(三) 天主教

天主教（基督教）在中国的传播发展几经周折，7 世纪唐代开始传入，称为“景教”；13 世纪元代再度传入，元亡后几近绝迹；明末清初重新传入，并推进本土化运动，同时引进西方科技。清代罗马教廷禁止中国教徒祭天祀祖，清政府禁止天主教在中国活动。1840 年中国被迫开国后，欧美传教士接踵而至，先在开港口岸后深入内地设立教堂、修道院，兴办学校、医院、孤儿院，千方百计传播天主教，天主教迅速发展，到 1949 年教徒已达 300 万人。1949 年后，中国天主教着手建立“自治、自养、自传的新教会”，于 1957 年成立中国天主教友爱国会（1962 年更名为“中国天主教爱国会”），并在政治上、经济上割断与罗马教廷的关系，走上独立自主自办教会的道路。改革开放后，天主教在中国发展迅速，信徒从不到80万剧增为1982年300万人，1991年450万人，1997年达1000万人。据估计，2010年，中国天主教（基督教）信徒达3500万人，其中天主教分设97个教区，有60多位主教，2000余位神甫，5000余位修女，信徒550万人，开放大小教堂、会所约6000处，开办大小神哲学院8所；新教信徒约2305万人，传道人员3.7万余人，教堂2.5万余座，简易活动场所（聚会点）3万余处。

(四) 伊斯兰教

中国伊斯兰教源自7世纪穆罕默德之叔出使中国，后由阿拉伯商人传入南方沿海地区，并在广州建成中国首座和世界最古老清真寺之一的怀圣寺。宋元明时期，伊斯兰教发展较快并不断扩大影响力，如南宋穆斯林控制出入口贸易，元代穆斯林主持设计和修建元大都，明代穆斯林郑和指挥世界空前的舰队七下西洋。在历史上，伊斯兰教逐渐“中国化”，穆斯林移民后代在语言、姓名及习俗方面不断融入中国社会，从唐宋时代的“化外之民”到元代发展为本土意识强烈的中国穆斯林，伊斯兰教成为与佛道并行的独立信仰。不仅回回民族、撒拉族、东乡族等合称“回回”的几个民族成为信仰伊斯兰教的民族，而且新疆地区的维吾尔族和蒙古、回、汉、藏等族混血形成的保安族也先后皈依伊斯兰教，中国境内许多地区出现穆斯林居住区，伊斯兰教随着穆斯林人口的增长而发展。1949年新中国成立、1953年中国伊斯兰教协会成立后，伊斯兰教进一步发展。2001年，中国伊斯兰教教务指导委员会成立，一方面主张在法律和政策范围内，依据伊斯兰教经典，结合中国国情宣传伊斯兰正道，对当代中国穆斯林遇到的问题做出符合时代发展要求的解释，另方面反对利用伊斯兰教搞极端主义，积极引导伊斯兰教与社会主义社会相适应，伊斯兰教在中国出现前所未有的发展气象。中国伊斯兰教以逊尼派为主，回、维吾尔、哈萨克、乌孜别克、塔塔尔、塔吉克、柯尔克孜、东乡、撒拉、保安等十个少数民族是基本信众，2006年信徒合计约2000万人，在非穆斯林为主的国家中排名第三，主要分布在新疆、宁夏，以及甘肃、河南、青海、云南、山东等省市。2007年，中国有清真寺3.5万余座，伊玛目、阿訇4.5万余人，此外还有伊斯兰教经学院 10 所。

四、经济

(一) 经济发展

古代中国是世界上最发达的经济体，在世界经济中占据最重要的地位。明清时期，中国经济政策趋向保守并实施海禁，而西方国家实现工业革命并推进对外扩张，中国经济逐渐落后于西方。1840—1949 年，中国以富国强兵为目标的经济现代化艰难曲折，甲午战争证明洋务运动的失败，日本侵略毁灭“南京十年”的成果。1949 年新中国成立时，中国还是一个落后的农业国，工农业总产值 466 亿元，重工业仅占 7.9%。

1949—1978 年，中国推行计划经济，工厂按照国家计划生产产品，农村按照国家计划种植农作物，商业部门按照国家计划进货和销售，各种产品的种类、数量和价格都由政府部门统一制定。这种体制使中国经济有计划、有目标地稳定发展，但也严重地束缚其活力和发展速度。20 世纪 70 年代末期，中国实施改革开放，大力推进中国特色社会主义市场经济建设，经济获得前所未有的快速发展，成为世界上增长最快的经济体。1978—2007 年，中国国内生产总值年均增长 9.8%，国民生产总值增长近十倍；2007—2011 年，中国经济增长速度相当于八国集团国家的总和。2010 年，中国国内生产总值达 413030.3 亿元，约合 6.04 万亿美元元，超过日本的 5.47 万亿美元，成为世界上第二大经济体。

进入 21 世纪 10 年代后，中国经济依然持续增长，并且维持较高增长率，经济规模进一步扩大。据统计，2015 年全年国内生产总值为 676708 亿元，比 2014 年增长 6.9%。其中，第一产业增加值 60863 亿元，同比增长 3.9%；第二产业增加值 274278 亿元，同比增长 6.0%；第三产业增加值 341567 亿元，同比增长 8.3%。第一产业增加值占国内生产总值的比重为 9.0%，第二产业增加值比重为 40.5%，第三产业增加值比重为 50.5%，首次突破 50%。人均国内生产总值 49351 元，同比增长 6.3%。全年国民总收入 673021 亿元。以美元计，2015 年中国国内生产总值为

11.2 万亿美元，位居世界第二，虽然不及世界第一美国的 18.1 万亿美元，但远多于世界第三日本 4.2 万亿美元。①（参照图 1，表 4）

图 1　2011—2015 年中国国内生产总值及其增长率

数据来源：国家统计局。

2013 年，中国提出“一带一路”倡议，获得全球 60 多个国家的响应，这些国家总人口约 44 亿，经济总量约 21 万亿美元，分别占全世界的 63% 和 29%。中国有望实现第四次崛起，重登历史巅峰。

随着经济总量不断扩大，中国人民生活水平逐渐提高，已初步达到小康，人口贫困率从 20 世纪 70 年代末的 64% 下降至 2004 年的 10% 以下。但中国人均国民收入依然不高，即使 2010 年取代日本成为世界第二大经济体后也只有日本的十分之一，按国际标准还是不折不扣的“发展中国家”。

(二) 产业结构与地区差异

经过 1949 年新中国成立后、特别是 1978 年改革开放后的发展，中国逐步建立体系化的工业和日渐发达的服务业，逐渐从农业国转型为产业结构比较合理的现代化国家。从国内生产总值的比重变化看，第一产业的比重持续下降，内部结构逐步得到改善；第二产业的比重经历不断波动的过程，长期维持 40%—50%，工业内部结构升级；第三产业的比重不断上升。从增加值的比重变化看，国民经济总量增长从主要由第

① 2014 年国际货币基金组织根据国际汇率计算中国国内生产总值为 10.557 万亿美元，仅次于美国为世界第二大经济体；依购买力平价达 18.228 万亿美元，已是世界最大经济体。

一、二产业带动转为主要由第二、三产业带动。2015 年，中国国内生产总值 676708 亿元，其中第一产业增加值 60863 亿元，占国内生产总值的比重为 9.0%；第二产业增加值 274278 亿元，增加值比重为占 40.5%；第三产业增加值 341567 亿元，增加值比重为 50.5%，首次突破 50%。（参见图 2，表 4）同时，第二产业特别是工业的增长是中国经济快速增长的主要动力。按可比价计算，1979—2005 年国内生产总值增长 9.6%，其中 5.3 个百分点来自第二产业，3.1 个百分点来自第三产业，1.2 个百分点来自第一产业，制造业增加值占全部商品增加值的比重从 1978 年 30.5% 增为 2005 年 52%。2015 年，国内生产总值增长 6.9%，其中 3.7 个百分点来自第三产业，2.9 个百分点来第二产业，只有 0.3 个百分点来自产业（参见表 5）。中国已经成为世界制造业第一大国，超过 200 种制品产量和出口量居世界首位，数十种产品出口量占世界 70% 以上。

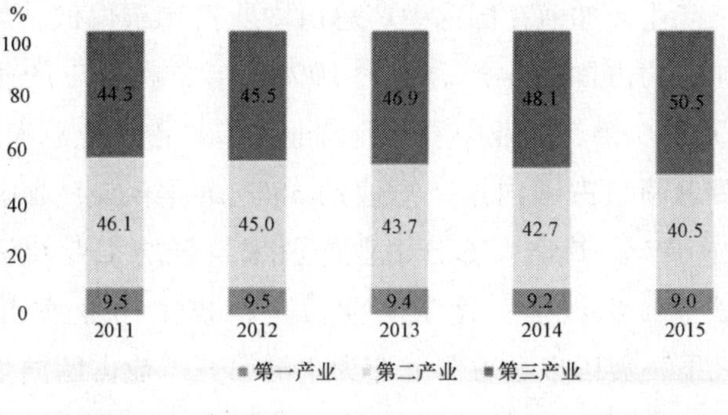

图 2　2011—2015 年三次产业增加值占国内生产总值的比重

数据来源：国家统计局。

表 4　2006—2015 年中国产业构成的变化

指标	2015	2014	2013	2012	2011	2010	2009	2008	2007	2006
国内生产总值（%）	100	100	100	100	100	100	100	100	100	100
第一产业增加值（%）	8.9	9.1	9.3	9.4	9.4	9.5	9.8	10.3	10.3	10.6
第二产业增加值（%）	40.9	43.1	44	45.3	46.4	46.4	45.9	46.9	46.9	47.6
第三产业增加值（%）	50.2	47.8	46.7	45.3	44.2	44.1	44.3	42.8	42.9	41.8

数据来源：国家统计局。

表 5　2006—2015 年三次产业对国内生产总值增长的贡献

指标	2015	2014	2013	2012	2011	2010	2009	2008	2007	2006
国内生产总值增长（百分点）	6.9	7.3	7.8	7.9	9.5	10.6	9.4	9.7	14.2	12.7
第一产业对国内生产总值增长的拉动（百分点）	0.3	0.3	0.3	0.4	0.4	0.4	0.4	0.5	0.4	0.6
第二产业对国内生产总值增长的拉动（百分点）	2.9	3.5	3.8	3.9	5	6.1	4.9	4.7	7.1	6.3
第三产业对国内生产总值增长的拉动（百分点）	3.7	3.5	3.7	3.5	4.2	4.2	4.1	4.5	6.7	5.8

数据来源：国家统计局。

然而，中国产业结构依然存在第一、第二产业比重偏高，第三产业比重明显偏低，而且内部结构不合理、效益偏低的格局。与发达国家相比，中国第三产业增加值在国内生产总值中所占比重偏低。如 2015 年，第一产业增加值约占国内生产总值的 10%；第二和第三产业增加值各约占 40% 和 50%。第三产业中服务业就业人口只占就业总人数的 30%，居民社会消费总额只占国内生产总值的 35%。而第二产业中仅房地产行业产值即占 10%，其他大部分工业产值来自轻纺工业及污染严重的采矿业、钢铁业、水泥业、化学工业，高新技术产业所占比重不到 10%。相形之下，美国以金融服务业为主的第三产业占国内生产总值的比重超过 80%，而以农业为主的第一产业只占 1%，以新能源、新材料、生物科技、高新技术产业为主的第二产业约占 20%。现代服务业占据产业链的最高端，具有较高的附加值并对第一产业、第二产业形成整合功能。服务业就业人口占全部就业人口的 70% 以上，居民社会消费总额占国内生产总值的 80%。

同时，中国还存在地域差异扩大的现象。1978 年前，东部、中部、西部在国内生产总值中所占比重相对平稳，但从 1978 年开始三大地带的比重逐渐变化，东部逐渐上升，而中部和西部不断下降，尤其西部在 1990 年后大幅度下降，到 2005 年东部、中部和西部所占比重分别为 59：24：17。人均国内生产总值的变化显示，三大地带间的差距更加悬殊。1978 年前，各地带人均国内生产总值处在较低的水平。但从 1978 年开始，东部增速明显快于中部和西部，中部增速快于西部。2005 年，东部、中部和西部的人均国内生产总值分别为 22942 元、11261 元、9024 元，相互间差距显而易见。这种地域不平衡如果任其发展，势必造成贫富差距扩大，既不利于保持社会稳定，也不利于国民经济健康发展以及共同富裕目标的实现。因此，中国提出西部大开发战略，大力推进区域经济格局的平衡发展。

(三) 对外经济关系

以经济区域化和全球化为背景，中国对外贸易和经济合作迅速发展，2011 年对外贸易总额为 3.6 万亿美元，2014 年达 4.3 万亿美元，2015 年为 3.95 万亿美元（参见表 6），位居世界第一，是世界上最大出口国及第二大进口国。对外贸易结构随着工业化推进而变化，20 世纪 80 年代，半数以上出口为原料等初级产品，机电产品只占 7.7%；1992—1996 年，工业制成品出口达 5008 亿美元，占出口总额的 83.8%。2015 年，机电产品和高技术产品出口达 1.2 万亿美元，占出口总额的 85.7%；以对美国出口为例，大宗商品依序是手机与广播设备、电脑、电脑设备、影音设备等。中国已经与大多数国家和地区建立双边经济关系，美国、欧盟、东盟、日本、韩国是中国最重要的贸易伙伴。中国还积极与非洲国家发展双边合作和贸易，2012 年中非贸易总额超过 1600 亿美元；强化与南美洲国家的联系，是金砖国家之一巴西最大的贸易伙伴。同时，中国积极参与多边关系以促进国际经济发展，是世界贸易组织、G20 峰会、上海合作组织、亚太经济合作组织、孟中印缅区域合作论坛、亚洲相互协作与信任措施会议及金砖国家等组织的成员国。2013 年，中国提出“丝绸之路经济带”和“21 世纪海上丝绸之路”即“一带一路”倡议，积极推动与沿线国家的经济交流和合作。

表 6　2006—2015 年中国对外贸易的变化

指标	2015	2014	2013	2012	2011	2010	2009	2008	2007	2006
进出口总额（人民币）（亿元）	245502.93	264241.77	258168.89	244160.21	236401.99	201722.15	150648.06	179921.47	166924.1	140974
出口总额（人民币）（亿元）	141166.83	143883.75	137131.43	129359.25	123240.6	107022.84	82029.69	100394.94	93627.1	77597.2
进口总额（人民币）（亿元）	104336.1	120358.03	121037.46	114800.96	113161.4	94699.3	68618.37	79526.53	73296.9	63376.86
进出口差额（人民币）（亿元）	36830.73	23525.72	16093.98	14558.29	10079.2	12323.54	13411.32	20868.41	20330.2	14220.3
进出口总额（美元）（百万美元）	3953032.72	4301527.35	4158993.47	3867119	3641860	2973998.32	2207535	2563255.23	2176180	1760440
出口总额（美元）（百万美元）	2273468.22	2342292.7	2209004	2048714.42	1898381.46	1577754.32	1201611.81	1430693.07	1220060	968978
进口总额（美元）（百万美元）	1679564.5	1959234.65	1949989.47	1818405	1743483.59	1396244.01	1005923.2	1132567	956115	791460.87
进出口差额（美元）（百万美元）	593903.73	383058.05	259014.53	230309	154897.87	181510.31	195687	298123	263940	177520

数据来源：国家统计局、商务部。

表 7　2006—2015 年外商对中国的直接投资

指标	2015	2014	2013	2012	2011	2010	2009	2008	2007	2006
合同利用外资项目（个）	26575	23778	22773	24925	27712	27406	23435	27514	37871	41473
合同利用外商直接投资项目（个）	26575	23778	22773	24925	27712	27406	23435	27514	37871	41473
实际利用外资额（万美元）	12626700	11970500	11872100	11329400	11769800	10882100	9180400	9525300	7833900	6707600
实际利用外商直接投资金额（万美元）	12626660	11956200	11758600	11171600	11601100	10573500	9003300	9239500	7476800	6302100
实际利用外商其他投资额（万美元）	0	14400	113400	157800	168700	308600	177100	285800	357200	405500

资料来源：国家统计局、商务部。

表 8　中国对外直接投资统计

指标	2015	2014	2013	2012	2011	2010	2009	2008	2007
对外直接投资净额（万美元）	14566715	12311986	10784371	8780353	7465404	6881131	5652899	5590717	2650609
截至本年对外直接投资存量（万美元）	109786459	88264242	66047840	53194058	42478067	31721059	24575538	18397071	

*含银行、证券、保险。

数据来源：国家统计局、商务部。

利用外商（今港澳台商和海外华商）投资以促进经济发展和转型升级，既是中国对外经济合作的重要领域，更是中国特色发展模式的重要内容。1978 年后，中国外资政策及侨务政策、港澳台政策逐渐完善，吸引外商投资的法规体系日趋完备，投资环境日臻完善。因此，中国成为外商投资的乐土，迅速发展为利用外资的大国。1994 年，批准外商投资项目 47490 个，协议投资 814.06 亿美元，实际利用外资 337.87 亿美元，成为世界上利用外资规模最大的发展中国家。2002 年，批准外商投资项目 34171 个，协议投资 827.68 亿美元，实际利用外资 527.43 亿美元，跃居美国之上成为世界上利用外资规模最大的国家。近十年，外商投资依然维持较高水平，2015 年外商直接投资（不含银行、证券、保险）新设立企业 26575 家，比 2014 年增长 11.8%；实际使用外商直接投资 7814 亿元（约 1263 亿美元），同比增长 6.4%。（参见表 7）随着“一带一路”倡议的实施，沿线国家外商直接投资持续增长，2015 年新设立企业 2164 家，增长 18.3%；实际使用外商直接投资 526 亿元（约 85 亿美元），增长 25.3%。

在外商投资中国的潮流中，海外华商及港澳台同胞成为先锋和主力。凭借与生俱来的社会资本优势，华商采取多元化的资本运作和经营方式投资大陆。据统计，华商 1979—1991 年在中国投资超过 220 亿美元，1992—1997 年投资约 1300 亿美元，1998—2005 年投资约 2600 亿美元。1979—2005 年，中国累计利用外资 6224 亿美元，其中约 4170 亿美元来自华商，约占 67%；累计批准设立外商投资企业 55 万家，其中华资企业约占 70%。截止 2007 年，中国累计利用外资约 6650 亿美元，其中华资占 60%；累计批准设立外资投资企业 57 万余家，其中华资企业达 34 万余家。较之金砖国家其他成员——俄罗斯、印度、巴西、南非，大规模利用华裔资本是改革开放后中国经济发展的特色之一。

进入 21 世纪后，中国开始积极地推行“走出去”策略，逐渐发展为跨国资本的重要来源，成为经济区域化和全球化的主要推手之一。统计显示（2003 年中国开始发布年度对外直接投资统计数据），中国对外直接投资持续快速增长，2002—2014 年年均增速高达 37.5%，2014 年流量是 2002 年的 45.6 倍。2006—2010 年，对外直接投资年增 34.3%。2011 年底，共向 132 个国家和地区投资 651 亿美元，对外投资累计约

4247亿美元，居发展中国家首位。2014年，对外直接投资创下1231.2亿美元的历史最高值，同比增长14.2%；与吸引外资仅差53.8亿美元，双向投资接近平衡。同时，中国对外直接投资存量不断增加，2014年末达8826.4亿美元，同比增加2221.6亿美元，占全球外国直接投资流出存量的比重从2002年0.4%提升为3.4%，位居世界第六，首次步入全球前十行列。2015年，中国对外直接投资额（不含银行、证券、保险）7351亿元（约1180亿美元）（参见表8），同比增长14.7%；其中对“一带一路”沿线国家的直接投资额达148亿美元，同比增长18.2%。

五、政治

(一) 人大制度与国家机构

1. 人民代表大会

人民代表大会（简称“人大”）是中国国家权力机关，人大由民主选举产生，包括：全国人大；省、自治区、直辖市人大；设区的市、自治州人会；县、自治县、不设区的市、市辖区人大；乡、民族乡、镇人大。全国人民代表大会是最高国家权力机关，地方各级人民代表大会是地方国家权力机关。

全国人大每届任期五年，每年第一季度举行一次会议，由全国人大常委会召集。全国人大行使的职权包括：修改宪法；监督宪法的实施；制定和修改刑事、民事、国家机构的和其他的基本法律。选举国家主席、副主席；根据国家主席的提名，决定国务院总理的人选；根据国务院总理的提名，决定国务院副总理、国务委员、各部部长等的人选；选举中央军委会主席；选举最高人民法院院长；选举最高人民检察院检察长等。审查和批准国民经济和社会发展计划和计划执行情况的报告；审查中央和地方预算及中央和地方预算执行情况的报告，批准中央预算和中央预算执行情况的报告。批准省、自治区、直辖市的建置；决定特别行政区的设立及其制度；决定战争和和平的问题，等等。

全国人大常委会是全国人大的常设机关，对全国人大负责并报告工作，由委员长、副委员长若干人，秘书长、委员若干人组成。委员长主持全国人大常委会的工作，召集全国人大常委会会议。全国人大常委会会议一般每两个月举行一次；有特殊需要的时候，可以临时召集会议。全国人大常委会委员长、副委员长、秘书长组成委员长会议，处理常委会的重要日常工作。全国人大设立民族委员会、法律委员会、财政经济委员会、教育科学文化卫生委员会、外事委员会、内务司法委员会、华侨委员会、环境与资源保护委员会、农业与农村委员会和其他需要设立的专门委员会。全国人大闭会期间，各专门委员会受全国人大常委会的领导。

全国人大常委会行使的职权包括：解释宪法，监督宪法的实施；监督国务院、中华人民共和国中央军事委员会、最高人民法院和最高人民检察院的工作；决定驻外全权代表的任免；决定同外国缔结的条约和重要协定的批准和废除；规定军人和外交人员的衔级制度和其他专门衔级制度；规定和决定授予国家的勋章和荣誉称号；决定特赦；在全国人大闭会期间，如果遇到国家遭受武装侵犯或者必须履行国际间共同防止侵略的条约的情况，决定战争状态的宣布；决定全国总动员或者局部动员；决定全国或者个别省、自治区、直辖市进入紧急状态，等等。

全国人大及其常委会是国家立法机关。中国现行立法体制是中央统一领导和一定程度分权的，多级并存、多类结合的立法权限划分体制，包括全国人大及其常委会立法、国务院及其部门立法、一般地方立法、民族自治地方立法、经济特区和特别行政区立法，其中全国人大及其常委会立法是中国立法制度的重要组成部分，是中国最高国家权力机关依法制定和变动的，效力可以及于中国全部主权范围的规范性法律文件活动的总称。全国人大立法是国家立法，是中央立法的首要组成部分，在中国立法体制中具有最高性、根本性、完整性和独立性。而全国人大常委会立法则与全国人大立法共同构成国家立法的整体，是中央立法的非常重要的方面，在中国立法体制中，以地位高、范围广、任务重、经常化和具有相当完整性、独立性为其主要特征。

全国人大常委会历任委员长为刘少奇、朱德、叶剑英、彭真、万里、乔石、李鹏、吴邦国，现任委员长是张德江。

2. 国家元首

中国的国家元首是中华人民共和国主席（简称“国家主席”）。每届任期为5年，连续任职不得超过两届。由全国人大主席团提出候选人名单，一般采用等额选举办法。有选举权和被选举权的年满45周岁的中华人民共和国公民可以被选为国家主席。国家主席缺位时，由副主席继任。国家主席、副主席都缺位时，由全国人民代表大会补选；在补选以前，由全国人民代表大会常务委员会委员长暂时代理主席职位。

根据宪法，国家主席的基本职权，对内是“根据全国人民代表大会的决定和全国人民代表大会常务委员会的决定，公布法律，任免国务院总理、副总理、国务委员、各部部长、各委员会主任、审计长、秘书长，授予国家的勋章和荣誉称号，发布特赦令，宣布进入紧急状态，宣布战争状态，发布动员令。”对外是“代表中华人民共和国，进行国事活动，接受外国使节；根据全国人民代表大会常务委员会的决定，派遣和召回驻外全权代表，批准和废除同外国缔结的条约和重要协定。”

中国历任国家主席为毛泽东、刘少奇、宋庆龄（名誉主席）、李先念、杨尚昆、江泽民、胡锦涛，现任主席为习近平。

3. 国务院

中国中央行政机关是国务院。国务院即中央人民政府，是最高国家权力机关的执行机关，是最高国家行政机关，负责统一领导全国地方各级国家行政机关的工作，规定中央和省、自治区、直辖市的国家行政机关的职权的具体划分。国务院的职权包括：根据宪法和法律，规定行政措施，制定行政法规，发布决定和命令；规定各部和各委员会的任务和职责，统一领导各部和各委员会的工作，并且领导不属于各部和各委员会的全国性的行政工作；统一领导全国地方各级国家行政机关的工作，规定中央和省、自治区、直辖市的国家行政机关的职权的具体划分；编制和执行国民经济和社会发展计划和国家预算；领导和管理经济工作和城乡建设，教育、科学、文化、卫生、体育和计划生育，民政、公安、司法行政和监察等工作；管理对外事务，同外国缔结条约和协定；领导和管理国防建设事业；领导和管理民族事务，保障少数民族的平等权利和民族自治地方的自治权利；保护华侨的正当的权利和利益，保护归侨和侨眷的合法的权利和利益，等等。

国务院由总理、副总理若干人、国务院委员若干人、各部部长、各委员会主任、审计长和秘书长组成。总理每届任期5年，连续任职不得超过两届；由国家主席提名，全国人大决定，国家主席任免。国务院实行总理负责制，总理全面领导国务院工作，代表国务院对全国人大及其常委会负责；副总理、国委委员协助总理工作，并与秘书长、各部部长、各委员会主任、审计长一起对总理负责。总理对于国务院工作中的重大问题具有最后决策权，并有权向全国人大及其常委会提出副总理、国务委员、各部部长、各委员会主任、审计长、秘书长的任免人选。国务院发布的决定、命令和行政法规，向全国人大及其常委会提出的议案，任免行政人员，须由总理签署，才具法律效力。

国务院组成部门为部、委、行、署等职能及直属机构、办事机构、国家局、直属事业单位、议事协调机构和临时机构等，其中部、委、行、署是在国务院统一领导下，负责领导和管理某一方面的行政事务，行使特定的国家行政权力，包括：宏观调控部门——国家发展和改革委员会、财政部和中国人民银行；专业经济管理部门——交通部、农业部、商务部、工信部等；社会保障部门——劳动和社会保障部、人事部；资源管理部门——国土资源部；外交、内务和保障部门——外交部、民政部、司法部、公安部、国家安全部、国防部等；教科文卫管理部门——教育部、科学技术部、文化部、卫生部等。各组成部门如各部、各委员会实行部长、主任负责制。

4. 中央军事委员会

中国最高国家军事机关是中央军事委员会，负责领导全国武装力量。由主席、副主席若干人、委员若干人组成。实行主席负责制。中央军事委员会每届任期5年，可以连选连任。中央军事委员会实行主席负责制，没有任职资格的限制；主席对全国人大及其常委会负责。

为了体现“党对军队的绝对领导”，中共党章和中国军事制度规定，“中国共产党坚持对人民解放军和其他人民武装力量的领导”，“未经中共中央、中共中央军委的授权，任何组织或个人不得插手、过问或处理军队问题，更不允许擅自调动和指挥军队”；“国家中央军事委员会与中共中央军事委员会是同一机构。”因此，中共中央军委主席和国家军委主席通常由同一个人（中共中央主席或总书记）担任。中共中央军委主席由中共中央委员会根据党章决定，国家军委主席由全国人大根据宪法选举，后者只是对前者在宪法程序上的认可。中央军委历任主席为毛泽东、华国锋、邓小平、江泽民、胡锦涛，现任主席是习近平。

5. 司法体系

中国已经建立一整套比较严密的人民司法制度体系，包括侦查制度、检察制度、审判制度、监狱制度、仲裁制度、司法行政管理制度、调解制度、律师制度、公证制度、国家赔偿制度、法律援助制度等，人民法院、人民检察院、公安机关、司法行政机关构成为中国的司法体系。

根据宪法规定，人民法院是国家的审判机关。国家设立最高人民法院、地方各级人民法院和军事法院等专门人民法院。各省、自治区、直辖市设有高级人民法院，以下为中级人民法院和基层人民法院。人民法院审理案件，除法律规定的特别情况外，一律公开进行。被告人有权获得辩护。人民法院依照法律规定独立行使审判权，不受行政机关、社会团体和个人的干涉。最高人民法院是最高审判机关，监督地方各级人民法院和专门人民法院的审判工作，并对全国人民代表大会及其常务委员会负责。

人民检察院是国家的法律监督机关。国家设立最高人民检察院、地方各级人民检察院和军事检察院等专门人民检察院。人民检察院依照法律规定独立行使检察权，不受行政机关、社会团体和个人的干涉。最高人民检察院是最高检察机关，负责领导地方各级人民检察院和专门人民检察院的工作，对全国人民代表大会及其常务委员会负责。

公安机关的职责是预防、制止和侦查违法犯罪活动；防范、打击恐怖活动；维护社会治安秩序，制止危害社会治安秩序的行为；管理交通、消防、危险物品；管理户口、居民身份证、国籍、入境事务和外国人在中国境内居留、旅行的有关事务；维护国（边）境地区的治安秩序；管理集会、游行和示威活动；监督管理公共信息网络的安全监察工作等等。公安部作为国务院组成部门，主管全国公安工作。各级人民政府设有相应的公安部门。

司法行政机关是中国国家政权的重要组成部分，在中国司法体系和法制建设中占有重要地位，其职能和任务包括 12 项，主要是：监督和指导全国监狱执行刑罚、改造罪犯的工作，监督和指导全国劳动教养工作；制定全国法制宣传教育和普及法律常识规划并组织实施，指导和检查各地区、各行业的依法治理工作，指导对外法制宣传工作，管理法制报刊；监督和指导全国的律师工作和法律顾问工作，管理社会法律服务机构和在华设立的外国（境外）律师机构；组织参加联合国有关预防犯罪领域的会议和活动，承办联合国有关对口部门的往来业务，组织参加国际有关人权问题的法律研讨和交流活动，开展政府间的法律交流与合作；参加与外国签订司法协助协定的谈判，负责国际司法协助协定执行的有关事宜等。司法部是国务院专门负责司法行政工作的组成部门，各级人民政府设有相应的司法部门（司法厅、司法局）。

（二）执政党——中国共产党

中国共产党（简称“中共”）成立于1921年7月，1949年10月以来是代表工人阶级领导工农联盟和统一战线，在中国大陆实行人民民主专政的唯一执政党。中共党章规定，中共是中国工人阶级的先锋队，中国社会主义事业的领导核心，中国各族人民利益的代表者；以马克思列宁主义、毛泽东思想、邓小平理论、“三个代表”重要思想和科学发展观为行动指南；最终目的和终极目标是实现共产主义的社会制度。中共坚持的政策宣示包括：解放思想，实事求是，与时俱进；全心全意为人民服务；民主集中制；以经济建设为中心；四项基本原则；改革开放；和平共处五项原则；和平统一，一国两制；党领导人民解放军等其他力量等。中共强调党的领导主要是政治、思想和组织的领导。

作为当代中国的执政党，中共设有系统化的中央组织和地方各级组织，中央领导机构为：中央委员会总书记、中央政治局、中央政治局常务委员会、中央书记处（中共中央政治局及其常委会的办事机构）、中央军事委员会、中央纪律检查委员会（简称“中纪委”）。中央政治局、中央政治局常委会在中央委员会全体会议闭会期间行使其职权。中共十八届中央领导机构为总书记习近平；中央政治局常委习近平（国家主席、军委主席）、李克强（国务院总理）、张德江（全国人大委员长）、俞正声（全国政协主席）、刘云山（书记处书记）、王岐山（中纪委书记）、张高丽（常务副总理）。

中共是当今世界基层组织最多、党员人数最多的政党，截至2015年12月31日有基层组织441.3万个，其中基层党委21.3万个，总支部27.6万个，支部392.4万个；党员总数为8875.8万人，其中女党员2227.8万人，占党员总数的25.1%。少数民族党员618.0万人，占党员总数的7.0%。大专及以上学历党员3932.4万人，占党员总数的44.3%。特别是从入党时间看，2002年十六大后至2012年十八大间入党的2679.5万人，占党员总数30.2%；十八大以来入党的715.4万名，占党员总数的8.1%。由此可见，中共在中国社会具有超强的吸引力和生命力，将继续作为核心力量领导中国人民推进实现中华民族伟大复兴的“中国梦”。

(三) 多党合作和政治协商

在当代中国，中国共产党与各民主党派共同致力于建设中国特色社会主义，形成以“共产党领导、多党派合作，共产党执政、多党派参政”为基本特征的政党制度，包括多党合作和政治协商制度，在中国政治和社会生活中展现独特的政治优势和强大的生命力，发挥了不可替代的重大作用。中共领导的多党合作和政治协商制度是中国特色的基本政治制度，中国宪法明确规定这项制度将长期存在和发展。

多党合作制度即中国共产党是中国的唯一执政党，八个民主党派在接受中国共产党领导的前提下，具有参政党的地位，与中共合作，参与执政。在中国，中共和各民主党派都必须以宪法为根本活动准则，维护宪法尊严，保证宪法实施。中共与各民主党派合作的基本方针是：“长期共存，互相监督，肝胆相照，荣辱与共”。八个民主党派是：中国国民党革命委员会、中国民主同盟、中国民主建国会、中国民主促进会、中国农工民主党、中国致公党、九三学社、台湾民主自治同盟，它们都是具有政治联盟特点的，接受中国共产党领导、同中国共产党通力合作，进步性与广泛性相统一、致力于中国特色社会主义事业的参政党。

中国国民党革命委员会（简称“民革”）成立于1947年，以同原中国国民党有关系的人士、同民革有历史联系和社会联系的人士、同台湾各界有联系的人士、社会和法制专业人士以及其他人士为对象，着重吸收其中有代表性的中上层人士和中高级知识分子。截至2012年6月，民革共有30个省级委员会、267个市级委员会、52个县级委员会，共有党员101865人。历任主席为李济深、何香凝、朱蕴山、王昆仑、屈武、朱学范、李沛瑶、何鲁丽、周铁农，现任主席是万鄂湘。

中国民主同盟（简称“民盟”）成立于1941年，主要由从事文化教育以及科学技术工作的高、中级知识分子组成，具有政治联盟的特点。截至2014年底，民盟共有省级组织30个市、县级组织412个，成员25.8万余人，其中高教界占23.7%，普教界占31.2%，文化艺术新闻出版界占5.8%，科学技术界占9.0%，医卫界占8.6%。历任主席为黄炎培、张澜、沈钧儒、杨明轩、史良、胡愈之（代主席）、楚图南、费孝通、丁石孙、蒋树声，现任主席是张宝文。

中国民主建国会（简称“民建”）成立于1945年，主要由经济界人士组成，具有政治联盟的特点。目前，民建在全国30个省、自治区、直辖市和大中城市建有组织，成员14万余人，大多数为经济界和其他方面的代表性人士。历任主席为黄炎培、胡厥文、孙起孟、成思危，现任主席是陈昌智。

中国民主促进会（简称“民进”）成立于1945年，以从事教育文化出版工作的高中级知识分子为主要成员。截至2014年底，民进在全国29个省、自治区、直辖市建立了地方组织，有市、县级组织326个，基层组织7484个，会员14.5万余人。历任主席为马叙伦、周建人、叶圣陶、雷洁琼、许嘉璐，现任主席是严隽琪。

中国农工民主党（简称“农工党”）成立于1947年，以医药卫生、人口资源和生态环境领域高中级知识分子为主要成员。目前，在30个省、自治区、直辖市建有组织，党员总数为14.4万人。历届领导人和主席为邓演达、黄琪翔、章伯钧、季方、周谷城、卢嘉锡、蒋正华、桑国卫，现任主席是陈竺。

中国致公党（简称“致公党”）1925年成立于美国旧金山成立，1947年在香港举行第三次代表大会进行改组，从此接受中国共产党领导并成为中国的参政党，由归侨、侨眷中的中上层人士和其他有海外关系的代表性人士组成。目前，在北京、上海、天津、重庆、广东、广西、福建、云南、四川、江苏、浙江、辽宁、湖南、安徽、山东、海南、贵州、湖北、陕西、河南等省、市都有地方组织。历任主席为陈其尤、黄鼎臣、董寅初、罗豪才，现任主席是万钢。

九三学社成立于1946年，是以科学技术界高、中级知识分子为主的政党。截止2014年12月底，共有地方组织334个，其中省级组织30个，省辖市级组织276个，县级组织28个，基层组织6007个，社员总数达149797人。历任主席为许德珩、周培源、吴阶平，现任主席是韩启德。

台湾民主自治同盟（简称“台盟”）成立于1947年，是由台湾省人士组成的社会主义劳动者、社会主义事业建设者和拥护社会主义爱国者的政治联盟。目前，台盟在18个省和直辖市建有组织，成员2700多人。历任主席为谢雪红、蔡啸、苏子蘅、蔡子民、张克辉，现任主席是林文漪。

而政治协商制度则指在中国共产党领导下，各民主党派、各人民团体、各少数民族和社会各界的代表，对国家的大政方针以及政治、经济、文化和社会生活中的重要问题在决策之前举行协商和就决策执行过程中的重要问题进行协商。政治协商既是中共统一战线的形式之一，也是中共领导的多党合作的最主要政治内容和组织形式。政治协商以中国人民政治协商会议（简称人民政协）为组织形式。

1948年4月，中共中央提议召开新的政治协商会议以成立民主联合政府，各民主党派、各人民团体、无党派民主人士及国外华侨积极响应。1949年6月，新政治协商会议筹备会在北平（今北京）开幕，23个单位的代表共134人参会。9月17日，新政治协商会议筹备会第二次全体会议正式决定将新政治协商会议定名为“中国人民政治协商会议”。9月21日，第一届全体会议在北平举行，宣告中国人民政治协商会议正式成立，46个单位的代表共662人参会。会议通过《中国人民政治协商会议共同纲领》《中国人民政治协商会议组织法》《中华人民共和国中央人民政府组织法》三个为新中国奠基的历史性文件，并通过关于国旗、国歌、国都、纪年等项决议。人民政协在当时还不具备召开普选的全国人民代表大会的条件下，肩负起执行全国人民代表大会职权的重任，完成了建立新中国的历史使命，揭开了新中国历史的第一页。

1954年9月，全国人大第一次会议在北京召开，通过并公布《中华人民共和国宪法》。代行全国人大职权的第一届人民政协圆满完成其历史使命而载入史册。而人民政协作为中共领导的人民民主统一战线的组织继续存在，在国家政治生活和社会生活以及对外友好交往活动中继续发挥多党合作和政治协商的作用，为推动社会主义革命和建设事业发展做出了重要贡献。

人民政协由中国共产党，以及8个民主党派、无党派民主人士、人民团体、各少数民族和各界的代表，台湾同胞、港澳同胞和归国侨胞的代表，以及特别邀请的人士组成，具有广泛的社会基础。其主要职能是政治协商和民主监督，组织参加人民政协的各党派、团体和各族各界人士参政议政。

人民政协设全国委员会和地方委员会。政协全国委员会每届任期5年，设主席、副主席若干及秘书长。政协全国委员会全体会议每年举行一次。政协全国委员会设常务委员会主持会务。常务委员会委员由全国委员会主席、副主席、秘书长和常务委员组成。主席主持常务委员会的工作。主席、副主席、秘书长组成主席会议，处理常务委员会的重要日常工作。并设副秘书长若干人，协助秘书长进行工作。设立办公厅，在秘书长领导下进行工作。设立若干专门委员会及其他工作机构，包括提案委员会、经济委员会、人口资源环境委员会、教科文卫体委员会、社会和法制委员会、民族和宗教委员会、港澳台侨委员会、外事委员会、文史资料委员会等专门委员会。

政协全国委员会历任主席为毛泽东、周恩来、邓小平、邓颖超、李先念、李瑞环、贾庆林，现任主席俞正声。

(四) 台湾问题与“一国两制”

台湾是中国固有领土的组成部分，但由于国共内战和冷战格局的影响，台海两岸分治局面持续至今，中国作为现代民族国家和主权国家的完全统一尚未实现。解决台湾问题，实现国家统一，是全体中国人民一项庄严而神圣的使命。而“和平统一、一国两制”则是中国政府解决台湾问题的基本方针。

台湾是中国不可分割的一部分，这不仅是历史事实，也已被国际社会所公认。所谓台湾问题，包括三方面的意涵，即：（1）台湾问题是中国内战的遗留问题，纯属中国内政，台湾问题首先是首都在北京的代表全中国人民的唯一合法政府——中华人民共和国政府，与台湾当局的关系问题，应该由海峡两岸的中国人自己来解决。（2）台湾问题是中国政府和中国人民维护国家主权和领土完整、维护民族尊严、反对外来干涉的问题。（3）台湾问题的本质是分裂与反分裂、“台独”与反“台独”的斗争，焦点是一个中国与“两个中国”的斗争。中国政府和中国人民坚持“一个中国”原则，坚决反对任何旨在分裂国家、分裂民族的各种阴谋，坚决反对任何制造“两个中国”、“一中一台”或搞“台湾独立”的图谋。

20 世纪 50 年代，中国政府开始寻求以和平方式解决台湾问题，如 1955 年，周恩来总理在全人大常委会会议上表示，中国人民愿意在可能的条件下，争取用和平的方式解决问题。从 70 年代末开始，中国政府本着尊重历史、尊重现实、实事求是、照顾各方利益的原则，提出“和平统一、一国两制”的方针。1979 年，全国人大常委会发表《告台湾同胞书》，宣告中国政府和平解决台湾问题的大政方针，呼吁两岸商谈以结束军事对峙状态。1981 年，全国人大常委会委员长叶剑英发表谈话，表示“国家实现统一后，台湾可作为特别行政区，享有高度的自治权”；1982 年，中国领导人邓小平提出“一个国家、两种制度”，即在国家实现统一的大前提下，国家主体实行社会主义制度，台湾实行资本主义制度；1983 年，邓小平进一步表述关于实现台湾与大陆和平统一的构想，强调问题的核心是祖国统一。“和平统一、一国两制”政策宣告形成。

中共中央总书记习近平在十八大报告中明确指出，“解决台湾问题、实现祖国完全统一，是不可阻挡的历史进程。和平统一最符合包括台湾同胞在内的中华民族的根本利益。实现和平统一首先要确保两岸关系和平发展。必须坚持‘和平统一、一国两制’方针，坚持发展两岸关系、推进祖国和平统一进程的八项主张，全面贯彻两岸关系和平发展重要思想，巩固和深化两岸关系和平发展的政治、经济、文化、社会基础，为和平统一创造更充分的条件。”他强调大陆要始终坚持一个中国原则，持续推进两岸交流合作，努力促进两岸同胞团结奋斗，坚决反对“台独”分裂图谋，号召“全体中华儿女携手努力，……在同心实现中华民族伟大复兴进程中完成祖国统一大业”。

总之，“和平统一、一国两制”是中国政府既定的方针。然而，正如每一个主权国家都有权采取自己认为必要的一切手段包括军事手段，来维护本国主权和领土的完整，中国政府在采取何种方式处理台湾问题上并无义务对任何外国或图谋分裂中国者做出承诺。

六、外交

(一) 对外关系发展与外交政策

1949年新中国成立后，中国外交结束百年屈辱，不仅逐渐与世界绝大多数国家建立平等的外交关系，而且积极参加国际组织，在国际事务中发挥与日俱增的作用，作为“崛起的大国”逐步走向世界舞台的中心。

在东西方冷战的20世纪五六十年代，中国一方面积极建立并全面发展与苏联等国的关系，是社会主义阵营的主要成员国；另方面坚持原则性与灵活性相结合原则，推进与不少非社会主义国家的交流合作。1964年1月，中法建交，中国与西方国家关系实现重大突破。在此同时，中国同印度、缅甸共同倡导“和平共处五项原则”；参与万隆会议，提出“求同存异”的方针；推动并参加日内瓦会议，支持印支国家争取独立，倡导通过谈判解决国际争端。此外，中国先后与缅甸、尼泊尔、蒙古、巴基斯坦、阿富汗等国签订边界条约或协定，逐步解决历史遗留的边界问题；并根据不同情况，同印度尼西亚等国解决华侨的双重国籍问题。

在世界格局巨变的20世纪70年代，中国全面回归国际社会。1971年10月，联合国大会通过提案，恢复中华人民共和国在联合国的合法权利。1972年2月，美国总统尼克松访华，中美签订《上海联合公报》，两国关系走向正常化；1979年1月，中美建交，两国关系揭开新篇章。1972年9月，日本首相田中角荣访华，中日签订《联合声明》，实现邦交正常化；1978年8月，中日签署《和平友好条约》，两国政治、经济、文化关系迅速发展。在70年代，中国不仅与西欧多数国家建立外交关系，而且与欧洲共同体建立正式关系；还与加拿大、澳大利亚、新西兰等国建立外交关系。总之，中国与西方国家的合作交流稳步发展，进一步融入现代世界体系。

从20世纪80年代到进入21世纪，中国坚持实行对外开放政策，外交政策更趋灵活务实，在国际社会更加活跃。中国积极推动南北对话和南南合作，根据“平等互利、讲求实效、形式多样、共同发展”的原则，推进与非洲国家多形式的经济交流合作。中国分别与英国、葡萄牙举行香港、澳门回归谈判，于1984年12月、1987年4月签署《联合声明》，最终于1997年7月1日、1999年12月20日恢复对香港、澳门行使主权，为和平解决历史遗留的国际争端提供新的经验。1989年5月，中苏依据“结束过去、开辟未来”的原则，实现两国两党关系正常化。随后，中国与俄罗斯等独联体国家建立外交关系，双边政治、经济、科技、贸易合作显著发展。中国还与印度恢复两国政府首脑互访，改善彼此关系；为公正解决柬埔寨问题而不懈努力，促使各方达成和平协议；与越南实现两国两党关系正常化，改善和发展与周边国家的合作关系。总之，中国积极开展国际活动，在区域性和全球性事务中发挥越来越大的作用；中外经济、科学、文化交流合作的内容和形式日益广泛，与世界各国及国际组织的合作在广度和深度方面取得重大进展。

经过近七十年的充实和完善，中国已经形成独立自主的和平外交政策，基本特点是：（1）独立自主地决定对国际问题的态度和政策，反对霸权主义和强权政治；（2）维护世界和平，促进共同发展，为国家现代化建设创造和平的国际环境；（3）在互相尊重主权和领土完整、互不侵犯、互不干涉内政、平等互利、和平共处五项原则的基础上，同所有国家发展关系；（4）加强同第三世界发展中国家的团结与合作，同周边国家发展睦邻友好关系；（5）倡导在和平共处五项原则的基础上建立国际关系和国际政治经济新秩序。

中国与外国建立外交关系的原则是，凡愿遵守平等、互利及互相尊重领土主权等原则的任何外国政府，中国政府均愿与之建立外交关系。世界上只有一个中国，台湾是中国不可分割的领土。凡与中国建交的国家，要表明与台湾当局断绝一切外交关系，承认中华人民共和国政府为中国唯一合法政府。中国决不容忍任何国家搞“两个中国”或“一中一台”的阴谋活动，决不容忍同中国建交的国家再同台湾当局建立任何形式的官方关系。根据这项原则，至2016年12月，中国已同174个国家建立外交关系，其中亚洲45个国家，非洲52个国家，欧洲44个国家，南北美洲23个国家，大洋洲10个国家。

作为“崛起的大国”，中国积极参与建构国际政治新秩序，并提出自己的主张，包括：（1）每个国家都有权根据本国国情选择自己的政治、经济和社会制度；（2）世界各国特别是大国必须严格遵守不干涉他国内政的原则；（3）国家之间应当互相尊重，求同存异，和睦相处，平等相待，互利合作；（4）国际争端应通过和平方式合理解决，而不应诉诸武力或以武力相威胁；（5）各国不论大小强弱都有权平等参与、协商解决世界事务。

总而言之，中国外交政策的宗旨是维护世界和平、促进共同发展。在21世纪，中国将继续坚持独立自主的和平外交政策，始终不渝地走和平发展道路，始终不渝地奉行互利共赢的开放战略，在和平共处五项原则的基础上同所有国家建立和发展友好合作关系，推动建设持久和平、共同繁荣的和谐世界。中国将继续致力于深化同周边国家的睦邻友好关系，积极参与周边各种合作机制，推动区域合作深入发展，共同营造和平稳定、平等互信、合作共赢的地区环境；加强与广大发展中国家团结合作，深化传统友谊，扩大互利合作，推动实现联合国千年发展目标，维护发展中国家的正当权益和共同利益；加强与各大国的战略对话，增进战略互信，拓展合作领域，推进相互关系长期稳定健康发展；积极参与多边事务和全球治理，推动国际秩序朝着更加公正合理的方向发展。

(二) 政党交流与民间外交

1. 中共对外交往的原则与现状

作为执政党，中国共产党对外关系是国家总体外交的重要组成部分。中共开展对外交往的目的是为中国现代化建设争取和平的国际环境，促进中国同世界各国在和平共处五项原则基础上的国家关系健康、稳定地发展，为维护世界和平、推动经济发展、促进人类进步做出应有的贡献。中共不计较意识形态和社会制度的差异，努力同各国政党建立和发展多种形式的交流与合作，增加彼此了解和友谊，寻求利益汇合点，以扩大互利合作，促进国家关系的发展。中共遵循“独立自主、完全平等、互相尊重、互不干涉内部事务”四项基本原则，积极与各国政党展开交往。

中共历来重视对外交往工作，改革开放以来对外交往更趋活跃，形式和内容也更加丰富多彩。目前，中共已同140多个国家和地区的400多个政党和组织建立不同形式的联系和交往。其中，既有执政党、参政党，也有在野党和无邦交国的政党；既有共产党和工人党，也有社会党、工党和保守党；既有欧美日等发达国家的政党，也有亚、非、拉等发展中国家的政党。此外，中共与社会党国际、基民党国际等政党国际组织也有联系。通过不同形式、不同层次、不同渠道的友好交往，中共与各种政党就共同关心的各种问题交换意见，从而加深彼此的了解与合作，推动国家关系的全面发展，进而助力世界和平、发展和进步。

中共主张同各国政党发展新型党际交流与合作关系。所谓“新”，即：顺应时代和形势发展的要求，致力于和平与发展；吸取历史经验和教训，遵循党际关系的四项原则；超越意识形态的差异，与一切愿与中共交往的各国政党联系往来；通过开展全方位、多渠道、宽领域的党际交流与合作，促进国家关系的发展。

2. 民间外交与友好城市

作为政府外交和政党外交的补充，以中国人民对外友好协会（简称“全国友协”）为主导的民间外交在中国对外关系中发挥不可忽视的作用。全国友协于1954年成立（初称中国人民对外文化协会，1966年改称中国人民对外文化友好协会，1969年改称现名），会址设在北京，并在各省、自治区、直辖市及部分市、区、县设有地方对外友好协会。以增进人民友谊、推动国际合作、维护世界和平、促进共同发展为宗旨，全国友协在国际社会和世界各国广交深交朋友，奠定和扩大了中国与世界各国友好关系的社会基础。在中国政府支持和社会各界赞助下，全国友协已设立46个中外地区和国别友好协会，与世界上157个国家近500个民间团体和组织机构形成合作关系。

全国友协开展各种对外活动，主要包括：（1）开展中外民间友好交往，组织代表团互访，举办纪念庆典，倡议和主办研讨会、洽谈会、论坛等交流活动；（2）推动国际合作，建立交流机制，搭建合作平台，促进中外双方在经济、科技、人才等多领域的务实合作；（3）开展中外民间文化交流，派出和接待文化艺术团体和人士进行友好访问，举办演出和展览；（4）协调管理中国同外国建立和发展友好城市关系的工作，推动中外地方和城市的交流与合作，作为世界城市和地方政府联合组织的成员，代表中国地方政府参与国际合作；（5）作为在联合国经社理事会具有全面咨商地位的非政府组织，广泛参与联合国的事务，积极参加其他国际非政府组织的交流活动；（6）发展中外民间友好力量，建立对不同地区和国家的友协团体，联系各国对华友好组织、社会团体和人士，向为民间友好做出重要贡献的组织和人士，分别授予“人民友好使者”荣誉称号、“人民友谊贡献奖”、中外两国友好使者荣誉称号和中外两国友好贡献奖；（7）声援各国人民争取国家发展、社会进步、维护主权和安全的正义斗争，等等。

“友好城市”是中国地方政府发展对外交流合作的重要形式。1973年，中国开始推动中外城市及地方政府缔结友好关系，以加强双方在经济、科技、文化等方面的交流与合作。中国城市根据“讲友谊、讲互利、讲实效”的原则，与外国城市开展大量富有成效的合作与交流。1992 年，中国国际友好城市联合会成立，如今已有大陆 400 多个会员城市，在大力推动中外友城发展的同时，努力开展同各国友好城市组织和国际机构的合作关系，已与日本、美国、韩国、俄罗斯、澳大利亚、德国、法国、意大利、巴西、英国、新西兰、泰国、菲律宾等国的友好城市组织及联合国文明联盟、欧洲委员会地方和地区政权代表大会、欧洲—地中海地方和地区政权伙伴关系常务委员会、东南欧地方政府协会联盟、非洲维多利亚湖地区地方政府合作组织等国际性组织建立合作关系。

从 1973 年到 2016 年，中国城市累计与 135 个国家 602 省州的 1769 城市结成 2371 对友好城市。

七、与其他金砖国家的关系

（一）中国与巴西关系

1974 年 8 月，中国与巴西正式建立外交关系；1993 年，中巴两国建立战略伙伴关系；2012 年，两国关系提升为全面战略伙伴关系。2014 年 7 月，中国国家主席习近平出席在巴西举行的金砖国家领导人第六次会晤、中国—拉美和加勒比国家领导人会晤并对巴西进行国事访问，中巴发表关于进一步深化中巴全面战略伙伴关系的声明。2015 年 7 月和 11 月，习近平主席出席金砖国家领导人第七次会晤和气候变化巴黎大会期间与巴西总统罗塞夫举行双边会见。此外，李克强总理、张德江委员长、李源潮国家副主席、汪洋副总理先后访问巴西，高层互动频繁推动两国战略伙伴关系深化发展。中巴两国在联合国、世界贸易组织、20 国集团、金砖国家等国际组织和多边机制中合作密切，并就国际金融体系改革、气候变化、发展中大国合作等重大国际问题保持良好沟通与协调。巴西坚持一个中国政策，在台湾、涉藏等重大问题上理解并支持中国的立场。

建交以来，中巴经贸关系取得长足发展。据中国海关统计，2015 年双边贸易额为 715.97 亿美元，其中中国出口额 274.30 亿美元，进口额 441.67 亿美元。巴西是中国第十大贸易伙伴和在拉美地区最大贸易伙伴，中国是巴西第一大贸易伙伴、出口对象国和进口来源国。中国主要出口机械设备、计算机与通信技术设备、仪器仪表、纺织品、钢材、运输工具等，主要进口铁矿砂及其精矿、大豆、原油、纸浆、豆油、飞机等。近年中国逐渐展开对巴西的投资。据中国商务部统计，截至 2014 年底中国累计对巴实际投资 189.4 亿美元，投资主要涉及能源、矿产、农业、基础设施、制造业等行业。同期，巴西在华投资 5.4 亿美元，主要涉及支线飞机制造、压缩机生产、煤炭、房地产、汽车零部件生产、水力发电、纺织服装等项目。中国企业在巴西承建火电厂、天然气管道、港口疏浚等大型基础设施项目。

同时，中巴两国已在航空航天、信息技术、生物技术、农牧林业、水产养殖、医药卫生、冶金等领域签署合作协议。中巴联合研制地球资源卫星项目被誉为南南合作的典范，已成功发射 4 颗卫星，卫星数据广泛应用于非洲、南美洲、亚太地区，并免费向非洲国家提供图像。双方还建有农业联合实验室、气候变化和能源创新技术中心、纳米研究中心、南美空间天气实验室，并正在筹建气象卫星联合中心和生物技术中心。

两国文化交流合作也不断发展。1985 年至今，两国先后签订 6 个年度文化交流计划，在音乐、型艺术、电影、图书等领域开展一系列交流活动。近年，中国在巴西成功举办中国文化节、文物展览、艺术作品展等大型文化活动，巴西在华举办“走近中国—巴西国家展”、“巴西的亚马逊”图片展等活动。2013年，两国分别在对方国家互办“文化月”活动。孔子学院总部在巴西建有10所孔子学院和2所孔子学堂。

以两国在政治、经贸、司法、旅游、运输、科学技术、文化教育等领域签订的一系列合作文件为基础和规范，中巴关系健康发展。

(二) 中国与俄罗斯关系

中国与俄罗斯于1996年建立战略协作伙伴关系，2001年签署《中俄睦邻友好合作条约》，2011年提升为平等信任、相互支持、共同繁荣、世代友好的全面战略协作伙伴关系，2014年全面战略协作伙伴关系进入新阶段。近年，中俄关系稳定发展，处于历史最好时期。两国高层交往频繁，形成元首年度互访的惯例，并建立总理定期会晤、议会合作委员会以及能源、投资、人文、经贸、执法安全、战略安全等各级别交往与合作机制。政治互信不断深化，在涉及国家主权、领土完整、安全发展等核心利益问题上相互支持。积极开展两国发展战略对接和“一带一路”与欧亚经济联盟建设对接合作，务实合作取得重要成果。在重大国际和地区问题上，中俄两国立场相同或相近，共同推动成立上海合作组织，建立金砖国家、中俄印、中俄蒙合作等机制，在联合国、20国集团、亚太经合组织等共同参与的多边机制框架内密切沟通和合作，共同维护二战胜利成果和国际公平正义，推动建立以合作共赢为核心的新型国际关系，推动国际秩序向更加公正合理的方向发展。

中俄经贸关系不断发展，人文交流和地方合作蓬勃发展。在经贸领域，2015年双边贸易额为680.6亿美元，同比下降28.6%。2016年1—5月双边贸易额258亿美元，同比增长2.7%。双方确定将双边贸易额2020年提升至2000亿美元的目标。在人文领域，双方分别于2006年和2007年、2009年和2010年、2012年和2013年互办国家年、语言年、旅游年；2014—2015年举办青年友好交流年；2016—2017年举办中俄媒体交流年。目前长短期留学交流人员达7万余人，2020年留学人员总数可望增为10万人。在地方合作领域，双方已建立120对友好城市，并启动中俄地方领导人定期会晤机制，建立中国长江中上游地区和俄罗斯伏尔加河沿岸联邦区地方合作机制，成立中国东北地区和俄罗斯远东地区地方合作理事会。

总之，中俄两国世代友好的理念深入人心，人民相互了解与友谊不断加深，两国在国际和地区事务中保持密切战略协作将有力维护地区和世界的和平稳定。

(三) 中国同印度关系

1950 年建交后，中国与印度关系曲折发展。20 世纪 50 年代，两国共同倡导和平共处五项原则，交往密切。1959 年，西藏叛乱，中印关系恶化。1962 年，中印爆发大规模武装冲突。1976 年，中印恢复互派大使，两国关系逐步改善。此后，高层频繁互访推动两国关系升级发展。2003 年印度总理瓦杰帕伊访华，双方签署《中印关系原则和全面合作的宣言》；2005 年中国总理温家宝访印，双方宣布建立面向和平与繁荣的战略合作伙伴关系；2006 年中国国家主席胡锦涛访印，双方制定深化两国战略合作伙伴关系的“十项战略”；2008 年印度总理辛格访华，双方签署《中印关于二十一世纪的共同展望》。通过 2010 年中印建交 60 周年、2011 年“中印交流年”、2012 年“中印友好合作年”的一系列活动，近年两国关系进一步发展。2013 年，中国国家主席习近平在出席南非金砖国家领导人峰会期间会见印度总理辛格；2014 年是“中印友好交流年”，习近平主席与莫迪总理在出席金砖国家领导人第六次会晤期间举行双边会见，后对印度进行国事访问，双方发表《关于构建更加紧密的发展伙伴关系的联合声明》；2015 年，习近平主席在乌法出席金砖国家领导人第七次会晤期间会见印度总理莫迪。中印两国在重大国际和地区事务中有着广泛的共识，在中印俄三方合作、发展中五国、金砖国家等国际机制平台密切合作，在国际金融危机、气候变化、能源和粮食安全等重大问题上协调立场，共同维护广大发展中国家权益，推进国际政治经济新秩序的建立。

中印经贸关系健康发展，人文领域和地方层面的交流合作不断扩大。在经贸领域，近年两国先后举行经贸科技联合小组、战略经济对话及经贸联合小组等会议，完成中印区域贸易安排联合可行性研究，经贸合作领域不断拓展。2015 年双边贸易额 716.2 亿美元，同比增长 1.5%，其中中国对印出口 582.4 亿美元，同比增长 7.4%；自印进口

133.8亿美元，同比下降18.2%。中国对印主要出口机电产品、化工产品、纺织品、塑料及橡胶、陶瓷及玻璃制品等，自印主要进口铁矿砂、铬矿石、宝石及贵金属、植物油、纺织品等。至2015年底，中国在印累计签订承包工程合同额657.8亿美元，完成营业额440.1亿美元；对印非直接投资累计金额35.5亿美元。在人文领域，“感知中国·印度行—四川周”和“泰戈尔中国之旅”等活动先后在印度和中国举行，中印青年传统文化交流大舞台成为促进两国青年友谊的平台。在地方层面，2013年和2014年，北京、成都、昆明、上海、广州分别与印度德里、班加罗尔、加尔各答、孟买、艾哈迈达巴结成友好城市，广东省与古吉拉特邦缔结友好省邦。2015年，首届中印地方合作论坛在北京举行，四川省与卡纳塔卡邦、重庆市和金奈市、青岛市和海德拉巴市、敦煌市和奥朗加巴德市建立友好省邦/城市关系。

在此同时，中印在军事领域的交流与合作也进一步发展，两国于2006年签署《中印防务领域加强交流与合作的谅解备忘录》，自2007年开始举行陆军联合反恐训练，两国军方代表团多次互访。尽管如此，由于历史发展及地缘政治等原因，虽然中印边界谈判继续向前推进，两国边境地区总体保持和平与安宁，但是边境问题的最终解决依然任重道远。

(四) 中国与南非关系

中国与南非于1998年正式建立外交关系，随后两国关系全面、快速发展。2000年签署《中华人民共和国与南非共和国关于伙伴关系的比勒陀利亚宣言》；2004年确立平等互利、共同发展的战略伙伴关系；2006年签署《中南关于深化战略伙伴关系的合作纲要》；2008年建立战略对话机制；2010年签署《中华人民共和国和南非共和国关于建立全面战略伙伴关系的北京宣言》，将双边关系提升为全面战略伙伴关系。2013年，中国国家主席习近平对南非进行国事访问，双方发表联合公报，中南全面战略伙伴关系迈上新台阶。2014年，南非总统祖马总统对中国进行国事访问，双方签署《中华人民共和国和南非共和国5—10年合作战略规划2015—2024》，为中南关系进一步深入发展注入了新的强劲动力。2015年7月，习近平主席在出席俄罗斯乌法金砖国家领导人第七次会晤期间同祖马总统举行双边会晤；9月祖马总统应邀来华出席纪念抗日战争暨世界反法西斯战争胜利70周年纪念活动并与习近平主席举行双边会见；12月，习近平主席对南非进行国事访问并与祖马总统共同主持中非合作论坛约翰内斯堡峰会。

建交后，两国经贸关系全面开展，双向投资规模不断扩大。中国是南非最大贸易伙伴，南非是中国在非洲最大贸易伙伴。2004年，南非承认中国的市场经济地位。2014年双边贸易额603亿美元，同比下降7.6%，其中中国出口157亿美元，进口446亿美元；2015年双边贸易额460亿美元，同比下降23.66%，其中中国出口158亿美元，进口302亿美元。中国对南主要出口电器和电子产品、纺织产品和金属制品等，从南主要进口矿产品。截至2015年底，中国对南投资存量约130亿美元，涉及矿业、金融、制造业、基础设施、媒体等领域。南非在华实际投资约6.6亿美元，集中在啤酒、冶金等行业。

同时，两国在文化、教育等领域顺利展开多层次、多渠道的交流合作。在文化领域，两国签署合作协定及执行计划，中国在南非举办“中国文化非洲行”、“感知中国·南非行”等活动，南非派团来华参加“国际民间艺术节”、“相约北京—非洲主宾周”等活动；两国互办国家年，“南非年”于2014年在华举办，“中国年”于2015年在南举办。在教育领域，中国10余所大学与南非的大学建立合作关系，两国大学结成合作伙伴入选中非合作论坛框架内的“中非高校20+20合作计划”。目前，中国共约7100人赴南留学，并接收南非奖学金留学生199名。南非9所院校设有孔子学院或孔子课堂。另在地方交流领域，两国已有30对省市结好友省友市关系，包括北京市与豪登省、上海市与夸祖鲁/纳塔尔省、山东省与西开普省、浙江省与东开普省、江苏省与自由州省、杭州市与开普敦市等。

南非是中国游客最向往的非洲国家之一，2002年成为中国公民出境旅游目的地国，并迅速发展为接待中国游客最多的非洲国家之一。2015年，中国公民赴南旅游8.49万人次，南非约有6.55万多人次来华。频繁的人员往来进一步促进中南两国人民相互了解和友谊，助推两国关系进一步深化发展。

（陈文寿）

第九章

金砖国家厦门峰会相关的国家及国际组织

一、东南亚国家

厦门是“21 世纪海上丝绸之路”的重要支点城市，与东南亚国家往来频繁，也是中国与东盟国家经贸往来、文化交流的主要窗口，在经贸合作、互联互通及文化交流等领域互动频繁，因此除了金砖国家以外，厦门金砖峰会也将是东盟国家进一步与中国交流合作的重要平台。

(一) 印度尼西亚

印度尼西亚由诸多岛屿组成，是全球最大群岛国家，常被称为“万岛之国”，主要岛屿包括爪哇岛、巴厘岛、苏门答腊岛以及婆罗洲。

2015 年，印尼全国人口数量达到 2.57563815 亿人，是世界上第四大人口大国。国内族群众多，约有 300 多个族群分布在各个地区。其中，爪哇族是印尼的主体民族，占总人口的 42%，主要居住在爪哇岛上。巽他人、马来人和马都拉人是三个主要的少数民族。印尼华人主要源自闽南地区的移民，虽然只占总人口的 3%—4%，但在印尼的经济社会中具有举足轻重的地位，印尼大量私企由华人所经营，印尼华商网络在东南亚华人商业圈中发挥着重大的作用。

印尼是一个多宗教的国家，其中伊斯兰教徒占 87%，是世界上穆斯林最多的国家。另外，也有部分人口信仰基督教、天主教、印度教和佛教。印尼的宗教随着历史变迁而不断变化。公元 5—8 世纪是印尼的印度化时代，印度教和佛教传入，夏连特拉王朝在 9 世纪时修建的婆罗浮屠是佛教在爪哇兴盛的标志，13 世纪兴起的满者伯夷王国继续信奉佛教。巴厘岛目前依然是印尼为数不多的信仰印度教的地方。而伊斯兰教则由东来贸易的阿拉伯商人带入，在苏门答腊和爪哇岛沿海港口扎根，15 世纪后逐渐传播到印尼各主要岛屿，确立起在印尼的宗教多数地位。地理大发现后，葡萄牙人和荷兰人先后给印尼带来了天主教和基督教。

印尼地区自 7 世纪开始是世界上重要的商业交易和商品交换区域之一，古国三佛齐（又称室利佛逝，约 7—15 世纪）及满者伯夷国（13—15 世纪末）曾与北方的中国和西方的印度、中东等国家和地区进行贸易。当地统治者在频繁的对外交往中吸收外来文化、宗教和政治形态，印尼历史因此深受外来权力的影响。荷兰殖民者在 16 世纪后逐渐垄断该地区的香料贸易，并先后通过荷兰东印度公司和“巴达维亚共和国”统治印尼近 4 个世纪。印尼人民掀起持续的反荷斗争，19 世纪上半叶蒂博·尼哥罗领导的爪哇人民大起义沉重打击了荷兰殖民者。

二战期间印尼被日本占领。荷兰在二战后力图重返印尼，先后对印尼开展两次“警察行动”，并发动殖民战争。印尼人民在苏加诺领导下进行了不屈的抗争，国际社会也纷纷谴责荷兰的行径，最终在联合国安理会调停下，荷兰在 1949 年末承认了印尼的独立。

到 20 世纪 50 年代末，苏加诺、印尼共和印尼军方成为印尼政坛的三驾马车。苏加诺利用印尼共的力量平衡军方的势力，于 1959 年恢复《1945 年宪法》，倡导“有领导的民主”。1965 年“9·30”事件后，苏哈托取代苏加诺建立起军事独裁统治。苏哈托统治时期印尼的经济持续增长，成为亚洲“四小虎”之一。但与此同时，苏哈托在统治期间大肆掠夺国内财富，印尼高居世界银行“贪污腐败富翁榜”榜首，引发了巨大的经济和社会问题。

虽然 20 世纪下半叶印尼多奉行威权体制，但威权政府对政党活动限制不多，这导致印尼国内党派繁多，分化兼并频繁。2014 年国会选举时，印尼国内的主要政党有印尼民主斗争党、专业集团党、建设团结党等等。党派繁多导致民主斗争党虽在选举中胜出，但其得票率不足 20%，因此需要与国家民主党等联合才可提名总统候选人。这显示印尼国内政治势力分布和权力斗争极为复杂。

随着近年银行业和国内消费的增长，印尼经济发展态势良好，在

2007—2008 年的经济危机中表现坚挺。2015 年 GDP 为 8619 亿美元。印尼拥有大量自然资源，包括石油、天然气、金、铜、锡等，棕榈油产品占世界总产量的一半。近年，印尼致力于推进矿物加工产业建设，鼓励高附加值的矿物产品出口。作为东盟最大的经济体，印尼吸引了大量亚洲投资者的目光。其中，中国企业主要投资印尼的基础设施行业和劳动密集型产业，2016 年 1 月中国与印尼合作建设的雅加达至万隆高铁项目正式动工。

随着印尼经济的持续发展，部分印尼人的财富也迅速增加，逐渐赶上甚至超过了华人。印尼国内的种族冲突在 1998 年骚乱后已经大为缓和。2014 年，钟万学成为雅加达省史上首位华裔省长，他追求实效，打击腐败的施政显示了印尼政坛的新气象。然而 2016 年末，由于钟万学在讲话中引述《古兰经》，引发印尼国内极端伊斯兰组织的强烈不满，11 月初爆发 10 万人大游行，12 月初形成 20 万人的“和平集会”，大批穆斯林抗议钟万学“亵渎宗教”。这也反映出印尼国内宗教问题仍是社会生活中十分敏感的话题。

印尼地处亚欧板块和印度洋板块的交界带，易受极端自然灾害的影响。2004 年 12 月 26 日，由地震引起的巨大海啸席卷苏门答腊岛，印尼遇难人数超过 23 万，其中三分之一是儿童，还有许多圣诞节来度假的各国游客。国际社会纷纷对印尼提供援助。这次造成巨大人员财产损失的空前海啸促使包括印尼在内的印度洋各国重视对海啸预警系统的建设。

(二) 马来西亚

马来西亚，首都吉隆坡，大致位于北纬 1—8 度，东经 99—120 度之间，国土面积 329847 平方公里，主要由马来半岛南部的西马来西亚和北婆罗洲的东马来西亚两部分组成。西马的北部与泰国接壤，南边隔柔佛海峡与新加坡相邻，东马与文莱和印尼接壤。

据 2016 年统计，马来西亚人口达 30949962 人，居世界第 42 位。马来西亚国内有多个族群，主要分布在西马的马来人、华人和印度人是三大族群，分别占 68.1%、23.8% 和 7.1%。土著民族主要居住在东马。

马来西亚以标准马来语作为官方语言，英语在马来社会中也有非常广泛的使用。另外，各族群也有自己的民族语言，其中华人因祖籍地主要是闽粤两省，因此华人语言包含闽南话、潮州话、粤语、客家话、海南话等诸多方言以及普通话。印度人主要使用泰米尔语。

以 1957 年 8 月 31 日马来亚联合邦宣布独立为分界线，马来西亚历史可以分为前后两部分。前部分为马来西亚的古代文明和近代时期，后部分为当代马来西亚联邦时期。

古代文明大概从公元初到 16 世纪，马来亚地区先后受到印度文明和伊斯兰文明的强大影响。10 世纪以前，由印度传入的印度教（婆罗门教）和佛教文化主导了马来亚地区。10 世纪开始伊斯兰教逐渐传播扩散，到 14—15 世纪站稳脚跟。这时期的主要政权有 7—14 世纪以马来半岛为核心的三佛齐（室利佛逝）和 15 世纪以马六甲地区为中心的满剌加王国。

近代时期从 16 世纪欧洲殖民者入侵开始，至 1957 年马来亚联合邦宣布独立结束。马来亚地区日渐受到欧洲文明的影响，并逐渐沦为列强的殖民地，至 20 世纪初英国控制了马来亚地区。殖民政权对马来亚的大规模开发吸引了大量外来移民，早期以阿拉伯人和印度人为主，后期则是华人，其中华人在经济领域取得了巨大的成就。1957 年马来亚脱离英国统治建立马来亚联合邦。1963 年，联合邦与原英属沙捞越、沙巴和新加坡合并成马来西亚联邦，但是新加坡于 1965 年退出联邦独立建国。马来西亚于 1974 年与中国建交。

马来西亚是东南亚唯一的联邦制国家，由 13 个州与 3 个联邦直辖区构成。政体上实行君主立宪制，最高元首由吉打、吉兰丹、森美兰、柔佛、彭亨、雪兰莪、登嘉楼、霹雳和玻璃市 9 个州苏丹共同推选产生，每 5 年改选一次，不可连任。最高元首任命下议院多数党党魁为国家总理，并根据总理提名任命联邦政府官员。马来西亚立法权分为联邦与各州立法机构，最高立法机构是国会，由最高元首、上议院和下议院组成。马来西亚的中央政府即联邦政府采取责任内阁制，内阁是最高行政机关，向议会负责，内阁总理担任联邦政府首脑。联邦政府、州政府和地方政府构成了马来西亚行政体系的三级。2015 年 7 月，马来西亚总理纳吉布宣布改组内阁，组成了新一届内阁。

马来西亚主要执政党包括马来民族统一机构（巫统）、马来西亚华人公会、马来西亚印度人国大党，“国民阵线”主要由这三个党组成，巫统主席代表国民阵线出任政府总理。马来西亚主要反对党包括伊斯兰党、民主行动党、人民公正党，这三个党联合组成“人民联盟”。

在宗教上，马来西亚尊伊斯兰教为国教，宪法规定马来人生来信仰伊斯兰教。全国信仰伊斯兰教的人口比例达64%，信仰佛教、基督教、印度教的比例分别为19.2%、9.1%和6.3%。马来西亚国家清真寺是东南亚地区最大的清真寺，位于首都吉隆坡的中心地区。作为伊斯兰世界现代化程度最高的国家之一，马来西亚历届政府都注重在经济发展中注入伊斯兰因素。2006年，马来西亚宣布了“伊斯兰金融中心计划”，积极推动马来西亚伊斯兰金融业迈向国际化，以整合利用伊斯兰世界的金融资源。

马来西亚是一个中等收入国家。20世纪70年代至今马来西亚从一个依赖初级产品出口的农业国逐渐向出口导向型经济转型，调整产业结构，第二产业制造业、建筑业、电子业和第三产业服务业迅速发展。2015年三大产业比重为农业8.5%，工业37.7%，服务业53.8%。现任总理纳吉布为推动经济加快发展推行一系列经济改革项目，以吸引在高科技工业、生物技术领域和服务业的投资增加产品的附加值，力图在2020年迈入高收入国家水平。2015年GDP为11568.81亿林吉特，合2961亿美元，年增长率达到5%；人均GDP为37324林吉特，合9552美元，年增长率为3.6%。对外贸易是马来西亚国民经济的支柱，马来西亚主要出口产品包括：半导体和电子设备、棕榈油、石油、液化天然气、林木产品、橡胶、纺织品、化学药品和太阳能电池板；主要进口产品包括：成品油、塑料制品、钢铁制品、汽车、机器等。2015年出口额达1757亿美元，进口额达1477亿美元。

中国与马来西亚的双边贸易关系十分密切，马来西亚是中国在东盟的第一大贸易伙伴，亚洲第三大贸易伙伴。2015年中马双边贸易额达973.6亿美元，中国对马来西亚出口440.6亿美元，从马来西亚进口533亿美元。2015年中国是马来西亚的第二大出口国和第一大进口国，分别占马来西亚出口额和进口额的13%和18.8%。2015年中国对马来西亚的投资额实现跨越式增长，对马来西亚投资项目达17个，成为马来西亚第四大投资来源地。中国对马来西亚非金融类直接投资达4.08亿元美元，同比增长237%。2009—2015年，中国在制造业领域对马投资总计达136亿美元。马来西亚华人在推动中马友谊中扮演着重要的角色。

(三) 新加坡

新加坡共和国，又称“狮城”，旧称“星岛”、“星洲”，是东南亚也是世界上唯一的岛屿城市国家，位于马来半岛的最南端，北部隔柔佛海峡与马来西亚柔佛州相邻，南部与印度尼西亚苏门答腊岛隔新加坡海峡相望。全国面积714平方公里，人口553万，是世界上人口最密集的地区之一。新加坡在赤道附近，全年高温多雨，是典型的热带雨林气候。

华人占新加坡总人口的74.1%，是东南亚地区华人占据多数的国家。马来族占13.4%，印度人占9.2%，另外还有包括欧亚混血的其他人种。在新加坡华人中，闽南人占多数，潮州人和广府人次之。族群的不同带来了语言、风俗习惯的差异。新加坡以英语作为官方语言，英语在政治、商业、教育各领域都有广泛应用。但在语言使用人数上，讲中文普通话的人占36.3%，超过英语使用者的29.8%。另外，华人中讲闽南话、广府话、潮州话的群体仍有一定比例，但近年随着普通话和英语的推广普及而呈衰退趋势。

在宗教信仰方面，新加坡三分之一的国民信仰佛教，11.4%的人信仰道教，这是华人群体主要信奉的两大宗教。基督教在新加坡也颇具影响力，18.8%的国民是基督徒。马来人主要信仰伊斯兰教，穆斯林占全国人口的14.3%，印度人信奉的印度教约占5.2%。

现代新加坡起源于1819年。是年，斯坦福德·莱佛士（Stamford Raffles）从当地苏丹手中“合法地”获得对新加坡地区的治理权，着手建设自由贸易港作为英国东印度公司在东南亚地区的转运港，开启了新加坡作为世界几大核心中转港的历史。随着19世纪前半叶英国对马来半岛的殖民入侵，新加坡地区正式被割让给英国，1826年成为英国海峡殖民地的一部分（其余主要区域为槟榔屿、马六甲和拉布安）。19世纪英殖民政权为建设海峡殖民地，招徕大量华工，华人为新加坡的建设和开发做出了重要贡献。

二战期间，日本曾短暂占领新加坡，并发动对英勇反抗的新加坡华人的大屠杀。战后，海峡殖民地于 1946 年解散，新加坡与其他马来亚地区居民开始向英国政府要求更大的自治权。经过与英国近 10 年的磋商和谈判，新加坡获得独立，1963 年加入由马来半岛地区其他原英属殖民地所构成的马拉西亚联邦。然而，联邦内部由于在各政治实体的发展水平、国会议席等问题上矛盾重重，加上新加坡因其“华裔”色彩及其与中国的联系而被怀疑支持共产党势力，因而新加坡被迫于 1965 年脱离马来西亚联邦。同年底，新加坡成立共和国，李光耀出任总理。经过最初几年的内外动荡，尽管缺乏自然资源、经济腹地和商品市场，但新加坡逐渐呈现高速发展势头，特别是凭借在对外贸易、劳动力和中转港等方面得天独厚的优势，新加坡在冷战期间的东南亚地区犹如猛虎一般飞跃式前进，成长为东南亚乃至世界的商业贸易、金融中心，并发挥着交通运输枢纽作用。

1965 年脱离马来联邦后，新加坡成为一个单一制、多党制和议会制的共和国。自独立以来，新加坡实行“威斯敏斯特体系”式的一院制议会和政府。虽然新加坡党派林立，但独立以来人民行动党（The People's Action Party）始终作为执政党领导议会和政府。该党赢得自 1959 年以来每届议会和领导人的选举。在外交上，新加坡长袖善舞，颇有作为。在处理与东南亚其他各国的关系上，新加坡作为东盟的五个创始成员之一拥有较大发言权和经济实力；在处理亚太关系上，新加坡是亚太经合组织秘书处的东道国和东亚峰会的成员，与中、美、日、韩等亚太政治经济大国保持密切的往来；在世界格局中，新加坡作为不结盟运动和英联邦的成员，在发达国家圈和第三世界国家圈中拥有不小的发言权。

新加坡是一个高度发展的市场经济体，这得益于长期以来的转口贸易。新加坡不仅是全球第三大外汇兑换中心和金融中心，还拥有全球第二大赌博市场、第三大炼油中心、全球最大的石油钻井生产商，也是全球最重要的物流枢纽地。新加坡与韩国、中国香港、台湾地区在 20 世纪 60—80 年代实现了经济的高速发展，被誉为“亚洲四小龙”。在 2015 年经济自由度指数评比中，新加坡高居世界第二。新加坡也被视为富有创新力、竞争力和投资潜力的商业社会。2015 年新加坡 GDP 为 2927 亿美元，人均 GDP 高达 5 万多美元，位居亚洲第一、世界第六。新加坡经济也受益于东盟的合作，新加坡积极推动东盟自由贸易区和东盟投资区的设立，这对于东盟走向市场共同体具有重要意义。

新加坡是东南亚最后一个和中国建交的国家，双方于 1990 年正式建交。新加坡的国父李光耀在世时多次访问中国。中国与新加坡的经贸合作十分密切，2015 年中国是新加坡最大的贸易伙伴，中国约有 1500 家企业在新加坡投资。

(四) 菲律宾

菲律宾共和国位于亚洲东南部，首都马尼拉，国土面积 29.97 万平方公里，全国由 7107 个岛屿组成，素有“千岛之国”的称号。主要岛屿包括吕宋岛、棉兰老岛、巴拉望岛、民都洛岛、苏禄群岛等，北隔巴士海峡与中国台湾省相望。

据 2016 年 7 月统计，菲律宾人口达 1.2 亿人，居世界第 13 位。马来族是菲律宾第一大族群，占全国人口的 85% 以上，包括他加禄人、伊洛戈人、邦班牙人、维萨亚人和比科尔人。少数民族包括华人、阿拉伯人、印度人、西班牙人和美国人等，另外还有人口较少的原住民。其中，移居菲律宾的华人以闽南人为主。菲律宾把基础他加禄语和英语作为两大官方语言，各族群也拥有自己的方言。

菲律宾是东南亚仅有的两个天主教国家之一（另一个是东帝汶）。天主教徒占菲律宾人口的 82.9%，天主教自西班牙人传入以来在菲律宾社会发挥着重要的影响。伊斯兰教徒占人口的 5%，主要集中在南部的棉兰老岛和苏禄群岛等地区。另有少数人信奉菲律宾独立教会及基督新教，华人多信奉佛教。

菲律宾人的祖先是来自亚洲大陆的移民。14 世纪以前，当地仍处于氏族部落时期。根据中国古籍记载，东吴曾派遣官员巡抚东南亚国家，抵达今菲律宾境内的臣延、耽兰和杜薄。这是中国古代政权与菲律宾群岛发生接触的最早记录。

14 世纪菲律宾开始出现国家组织。1390 年，苏门答腊岛移民米南加保人在今菲律宾南部地区建立苏禄苏丹国。此后菲律宾群岛出现过数个政权，但并未形成统一的国家。这一时期菲律宾群岛多个政权与中国保持友好关系。明永乐帝曾接待来自苏禄群岛的三王联合使团。

1521 年，麦哲伦的西班牙船队到达菲律宾，此后西班牙逐渐侵占菲律宾。“菲律宾”一词亦源于当时的西班牙国王菲利普二世。1565—1898 年菲律宾处于西班牙殖民统治时期，但依然存在少数独立的政权。1726 年，苏禄国王曾遣使朝贡清朝。1898 年美西战争爆发后，菲律宾成立共和国。西班牙战败后，美国成为菲律宾宗主国，直到二战结束。二战期间，日本曾短暂占领过菲律宾群岛。

1946 年，菲律宾在美国允许下获得完全独立。独立后，由自由党和国民党轮流执政。其中任期最长的总统是马科斯，任期从 1965 年到 1985 年。1986 年以来，科拉松、拉莫斯、埃斯特拉达、阿罗约、阿基诺三世先后担任总统，现任总统为罗德里格·杜特尔特。

菲律宾政治体制受美国的影响极大。宪法上，现行宪法以美国宪法为蓝本，于 1987 年经全民投票通过生效；国体上，实行总统共和制，与美国不同的是菲律宾总统由选民直接选举产生，任期 6 年，不得连选连任；政体上，实行美国式的三权分立制度，但议员选举、任期等方面与美国存在差异。

菲律宾是亚洲最早实行政党政治的国家，其政党制移植自美国，但具有明显的当地特色。目前，菲律宾的主要政党有自由党、民族主义人民联盟、全国团结党等，还有诸如菲律宾工会大会、全国工人反贫困联盟等政治压力团体，它们在各阶层中拥有一定影响力。此外，菲律宾国内还存在诸多反政府势力，如摩洛民族解放阵线、摩洛伊斯兰解放阵线等，这些组织是菲律宾国内的不稳定因素。

菲律宾拥有丰富人力和物力资源，20 世纪 50—70 年代菲律宾是亚洲最富裕的国家之一，1982 年被世界银行列为“中等收入国家”。21 世纪以来，菲律宾将消除贫困、发展经济作为施政重点，加大对基础设施建设和农业领域的投入，扩大出口和内需。2015 年国内生产总值为 132852.4 亿比索，约合 2920 亿美元，同比增长 5.9%，人均 GDP 为 2879 美元。大量的外劳汇款、高速发展的服务业和迅速增长的进出口贸易，是推动菲经济发展的三驾马车。2015 年菲律宾出口总额达 710.7 亿美元，主要出口产品包括：半导体、电子产品、机械和运输设备、服装、铜制品、石油、椰子油、水果等；进口总额达 558.3 亿美元，主要进口产品包括：钢铁、电信设备、谷物及谷物制品、矿物燃料、纺织品、塑料制品等。中国是菲律宾的第二大贸易伙伴，双边贸易额达 176.5 亿，占菲律宾贸易总额的 13.6%。

在外交上，菲律宾奉行独立的外交政策，目的是在保障国家安全的前提下，推动菲律宾社会的进步。菲律宾是东盟创始国之一和亚太经合组织成员国，同时也是美国在亚太地区重要的盟国之一，而日本则是菲律宾重要的战略盟友、经济伙伴和援助来源。菲律宾 1975 年与中华人民共和国建交，中菲领导人曾多次互访，两国政府和民间交流频繁，但近年因南海问题，两国在外交层面发生过多次摩擦。阿基诺三世执政期间挑起“南海仲裁案”，使中菲关系严重恶化。

2016 年 6 月新总统杜特尔特上台后，对内严厉打击毒品犯罪，以铁腕手段稳定社会秩序，对外改善中菲紧张关系，搁置“南海仲裁案”，释放出对华友好的积极信号。10 月下旬，杜特尔特对中国进行国事访问，标志着中菲关系的全面缓和，对两国未来合作产生了重要影响。另一方面，杜特尔特对待毒贩的铁血政策也引发以美国为首的西方国家的批评，美菲关系的发展趋势有待进一步的观察。

(五) 泰国

泰国是中南半岛上的国家，旧称暹罗，首都曼谷位于北纬 13 度 45 分，东经 100 度 31 分。泰国东边与老挝、柬埔寨相邻，西边濒临缅甸与安达曼海，南临马来西亚和暹罗湾，国土面积 51.3 万平方公里，大部分地区为热带季风气候。全国人口 6800 万，河谷地带人口密度较高，昭披耶河（湄南河）是泰国各族人民的母亲河。

泰民族是泰国的主要种族，占总人口的 75%。泰语是官方语言。华族占 14%，大部分源自广东省潮汕地区的移民，通行潮汕话，泰国潮商在泰国经济社会中具有重要的影响力。

泰国是典型的佛教国家，93.6% 的人信奉上座部佛教，素有“黄袍佛国”的美名。僧侣在社会上备受尊重，上到王室贵族下至平民百姓都以佛教作为日常行为的规范，男子婚前出家是泰国一个独特的风俗。全国有三万多所寺庙，著名的佛寺包括金佛寺、卧佛寺、玉佛寺等，寺庙发挥着社区发展和慈善机构的重要职能。泰国在教育上是佛教教育与现代教育并重。佛教文化深入到泰国人的日常生活之中，深深影响泰国人为人处世的方式，故泰国又有“微笑之国”的美称。

泰国以农立国，农产品是主要出口商品。泰国年产大米 2000 万吨，大米是出口产品的大宗。泰国也是第一大橡胶生产国，年产 400 万吨，占世界橡胶产量的三分之一。

2015 年，泰国 GDP 为 3950 亿美元。近年，泰国旅游产业发展迅速，曼谷、普吉、清迈等旅游景点吸引了大量外国游客。旅游业及相关产业在国民经济中的比重上升到五分之一。2015 年，中国逾 800 万人次赴泰旅游，同比增长 91.62%，成为泰国最大的客源市场。

泰国的历史可以追溯到 13 世纪。13 世纪初，泰族部落联合周围部落摆脱真腊控制，泰族首领膺它沙罗铁于 1238 年建立素可泰王朝，为泰国的开国王朝。此后，泰国经历了大城王朝（阿瑜陀耶王朝）和吞武里王朝。大城和吞武里时期，泰国与中国元、明两朝的官方民间交往密切，吞武里王朝的创立者郑信是广东潮汕人，在他统治时期，大量潮汕人民迁居暹罗。16 世纪开始，泰国先后遭到葡萄牙、荷兰、英国和法国等国的入侵，同时多次与缅甸发生冲突。目前的泰国王室是 1782 年建立的曼谷王朝，又称却克里王朝。曼谷王朝的统治者总体上顺应世界发展趋势，努力维护泰国国内的稳定与繁荣。拉玛三世到拉玛五世期间，泰国一方面重新与西方国家建立联系并推行西化改革，一方面发展同中国的贸易。作为英法两强在中南半岛竞争中的“缓冲国”，泰国是东南亚近代时期唯一保持主权独立的国家。

20 世纪初泰族民族主义兴起，拉玛六世强调维护泰族的利益，改变之前历代国王优待华人的政策。1939 年披汶政府时将国名“暹罗”改为“泰国”，泛泰主义兴盛一时。

1932 年政变是现代泰国的转折点。政变终止了君主专制政体，建立现代的君主立宪体制，国王从此极少涉政，成为泰国的精神领袖和民族团结的象征。以二战后登基的普密蓬·阿杜德（拉玛九世）为例，他在位 70 年在政治上严守中立，努力缓和国内各派势力冲突，充当各利益集团的最终仲裁者，深受泰国民众爱戴。1975 年中泰建交后，普密蓬重视发展泰中关系，王室成员、历任国家领导人多有访华经历，普密蓬也多次会见中国领导人。2016 年 10 月，普密蓬去世。11 月末，泰国立法议会宣布王储哇栖拉隆功继位为新国王，即拉玛十世。

泰国宪法规定：国王为最高领袖，国家实行民主体制。最高立法机构为两院制国会。司法系统由宪法法院、司法法院、行政法院和军事法院四部分分掌。目前，国会主要政党有人民力量党和民主党。此外，社会活跃组织还有泰国反独裁民主联盟（红衫军），倾向泰国农民和下层民众的利益；泰国人民民主联盟（黄衫军）则是城市精英与法官、军队的支持者。

现代泰国政治的一个重要特色是军方在国家政治生活中扮演关键性的角色。1932 年政变即是以军官集团和文官集团为主体的人民党所发动的。自实行民主宪制以来，泰国大小军事政变接连发生，这成为泰国国内政治生活的一个显著特点。2006 年，泰国总理他信在军方发动政变后辞职并流亡国外；2011 年，他信的妹妹英拉成为泰国史上首位女总理。

泰国在外交上积极发展睦邻友好关系，维持大国平衡，重视周边外交和区域合作。中泰交往历史悠久，关系密切，泰国是中国在东盟的第一个战略性合作关系伙伴，同时也是中国在东盟的第二大贸易伙伴。泰国与美国在 20 世纪 50 年代结成盟友，双方在多领域均有紧密合作，如 1982 年开始的“金色眼镜蛇”联合军演是东南亚规模最大的年度联合军演。此外，泰国是东盟的创始国之一，积极推动东南亚地区各国的交流和协作，在东盟发挥主导作用。

(六) 文莱

文莱，意为“和平之邦”，是位于加里曼丹岛北部的主权国家，首都是斯里巴加湾市。文莱全境除了面向中国南海的一侧外，几乎全部被马来西亚的沙捞越所包围，国土面积 5765 平方公里，人口 423188 人。

中国最早对文莱的记录之一是 977 年一封由当地统治者寄给中国皇帝的信，这表明 10 世纪文莱地区已经出现政权和国家体制。直到近代，文莱与周边国家的交往一直非常密切。中国史书多称文莱为渤泥国。

13 世纪开始，文莱逐渐穆斯林化并建立伊斯兰教的苏丹国家。16 世纪中叶，西班牙殖民者从美洲来到婆罗洲，与文莱发生战争，之后文莱先后在19世纪和二战期间受到英、日两国的控制。期间，20世纪20年代末石油资源的发现及开采使文莱的战略地位显著提升。战后，文莱为反抗马来西亚的兼并与英国进行多次谈判，最终英国同意让步并宣布文莱为独立国家。1984年，文莱正式成为一个完全独立的国家，建立了君主制和伊斯兰教政教合一的国家政治框架。

在伊斯兰君主制体制下，文莱苏丹既是国家元首，也是宗教领袖，他统领国家机构并享有宪法规定的特权。苏丹以下立法院、政府和司法系统保持形式上的分立。在法律上，文莱以伊斯兰刑事法作为其政教合一体制的法律基础。此外，文莱允许政党存在，但其目的是维持伊斯兰君主制。

在外交上，文莱坚持“不结盟”和友好外交。文莱先后加入联合国、东盟、APEC等国际和地区组织，重视与邻邦和世界大国的关系。2000年，APEC会议在文莱斯里巴加湾市成功举办。中国与文莱在2013年建立战略合作关系。

经济上，文莱虽然国土狭小、人口较少，但依靠丰富的自然资源创造了大量的财富。2015年GDP为155亿美元，其中原油和天然气产品占GDP的90%以上。人均国内生产总值突破4万美元，堪称东南亚最富裕的国家。除了自然资源产品出口，文莱在海外投资也有大量收入，文莱投资局经办大部分文莱对外投资业务。

农产品方面，文莱依赖进口，其中75%来自东盟国家。近年，文莱政府力图推进食物的自给自足，为大米生产提供补贴。文莱政府推行高度的社会保障制度，为全体居民提供住房，医疗保险全覆盖。文莱还致力于建设连接欧洲和澳洲的国际性空港，发挥其交通枢纽的作用。

文莱是一个多文化交融的国家，国内65.7%人口为马来人，华人为第二大种族，占10.3%，原住民占3.4%。华人主要是在文莱发现石油后陆续移民的，居住在斯里巴加湾市和马来奕县中，其中闽南籍占80%，大部分来自金门，主要经营律师行业和餐饮服务业。

(七) 越南

越南社会主义共和国地处中南半岛的东部，首都河内位于红河三角洲地区。越南国土狭长，全国主要由四个部分组成，北部红河三角洲与中国接壤，东部沿海平原与中国海南岛隔南海相望，西部与老挝以高原为界，南部湄公河三角洲地区紧挨柬埔寨。国土面积 329556 平方公里，全国人口 9170 万，共有 54 个民族，其中主体民族京族占 87%，少数民族占 13%。

越南语是越南的官方语言。历史上越南受中华文化影响很深，13 世纪以前越南士人多使用汉字书写，越南朝廷的官修史书、科举试题也完全以汉文呈现，著名的《大越史记全书》即是用汉文书写的，而口头交流则以越南语为主。越南于 13 世纪发明喃字并逐渐普及，同汉字混用。法国殖民地时代逐渐推行罗马化的越南语拼音字即国语字，并通用至今。

越南以农立国，全国 60% 的地区为耕地和林地，非常适宜水稻种植，全国人口四分之三从事农业生产，是世界第三大大米出口国。

越南国内有 5000 多万佛教徒。其中，大多数信仰从中国传入的大乘佛教（越南人称为“北宗”），少数南部信徒信仰从泰国和柬埔寨传入的上座部佛教（越南人称为“南宗”）。天主教是在法国殖民统治时期传入和发展起来，主要分布在南方的同奈省。20 世纪，越南南方成立两个颇具影响力的宗教，即高台教和和好教，其中高台教是糅合儒教、道教、佛教、基督教而成的本土宗教。

越南在历史上与中国联系密切，大致分为秦统一前的传说时期、秦汉至唐五代十国的北属时期、10—19 世纪初的独立王朝时期、近代殖民时期和二战后时期。

传说时期，现越南京族的祖先居于越南北部，属于中国古籍中记载的百越之地。秦统一前，当地政权有鸿庞氏、“赤鬼国”、“文郎国”等等。

北属时期，又称“郡县时代”，以秦始皇征服百越设立郡县为序幕，持续一千多年。秦设郡县后，百越部分区域受象郡管理。秦亡后，原属秦的当地长官赵佗废郡自立，建立南越国，统辖今越南中北部地区。汉武帝时期灭南越国，在其故地设三郡，辖今越南中北部。东汉六朝时期继承中原王朝对越南地区的治理，隋唐时期为越南第三次北属时期，唐时置安南都护府。明初永乐年间，安南曾短暂地被纳入明的版图之中。

独立王朝时期，越南脱离中国的开端是939年吴权建朝，但正式独立是到968年丁朝建立。此后到晚清，越南成为中国各统一王朝和部分割据王朝的藩属国，中越官方和民间往来非常密切。虽然越南各朝与中原王朝偶有摩擦，但中越关系总体良好，两国宗藩关系始终保持，民间交流也十分频繁，会安港成为著名的华侨聚集区。同时，安南各朝在与南方占城王国的对抗中逐渐占据上风，从11世纪开始推行“南进政策”。到17世纪末，后黎朝吞并今湄公河三角洲地区，奠定现代越南的疆域基础。1802年阮朝建立后，清嘉庆帝封阮福映为“越南国王”，由此“越南”成为对这一区域的官方称谓。

殖民地时期从19世纪中叶持续到二战结束。这一时期，法国、日本先后对越南进行统治。1862年，法国在越南南部建立交趾支那殖民地，到1884年越南的中部和北部也沦为法国的保护领地。1887年，法国将印支三国合并成法属印度支那。这一时期越南民众积极反抗外来侵略，中国清政府和民国政府也对越南抗击外来侵略施以援手，尽管收效甚微。1930年越共成立后，越南反殖运动有了坚实的领导核心，1930—1931年印度支那共产党发起义安—河静苏维埃运动。二战日本占领越南期间，越南国内的民族主义势力已进一步发展壮大。

战后初期，法国殖民者重返印度支那，越南人民在印支共领导下展开顽强的斗争，人民军1954年在奠边府战役重创法军，1954年《日内瓦协议》签定后法国从印支撤退，越南以北纬17度线为界分成南北越，越南取得抗法斗争的胜利。之后美国取代法国介入越南问题，20世纪60年代引发越南战争。越战期间，越南军民坚持抵抗，以中国和苏联为代表的社会主义阵营提供了大量军事和经济援助，最终帮助越共取得越战胜利并于1975年统一全国。越战期间，中越两国处于“同志加兄弟”的亲密关系，越共领袖胡志明被称为“中国人民的老朋友”。

越南统一后不久开始暴露地区扩张和霸权野心，于1978年入侵柬埔寨。20世纪70年代末，越南还发动大规模排华运动，驱赶在越华侨，并不断侵扰中国，中国被迫在1979年进行对越自卫反击战。80年代末，越共开始改善对外关系，逐渐调整与各主要邻国的关系，并于1989年从柬埔寨撤军。

冷战时期结束后，越南在外交上呈现全方位、多样化的特点，重视发展同邻邦和世界大国的关系，积极参与国际和地区性事务。越南是东盟成员国、APEC 成员国，积极参与亚太尤其是东南亚事务。越南 1995 年与美国建交，越俄关系基本沿袭两国在前苏联时期奠定的合作基础，日本在与越南建交后给予大力援助。越中关系总体呈良性发展态势，但是越南至今还占据着中国西沙和南沙的部分岛礁，这是两国关系中的不稳定因素。

1986 年越南开启革新开放的政策，1995 年成为东盟第 7 个成员国，积极参与区域经济合作。20 世纪 90 年代末越南大力推进工业化和现代化，21 世纪初时越南正式确立社会主义市场经济体制，2007 年正式加入世界贸易组织。2015 年，越南 GDP 为 1936 亿美元，同比增长 6.68%，出口额和吸引外资稳定增长，中国现为越南第一大贸易伙伴。2016 年召开的越共十二大对 30 年“革新开放”进行总结，提出早日建成工业国的目标，并明确了越中友好合作占主导、以和平方式解决分歧的方针。

越南是马列主义社会主义共和制的人民共和国，实行一党制的国会制度，现行宪法于 2013 年通过，越共在越南政治中起关键的领导作用。国会作为最高立宪和立法机关，其职能与中国人民代表大会相似。越南的主要社会力量是越共领导下的越南祖国阵线和越南工会。

（八）缅甸

缅甸位于东南亚的西北端，西临安达曼海和孟加拉湾并与印度和孟加拉接壤，北部与中国云南省和西藏自治区相邻，东部与老挝和泰国交界。国土面积 678500 平方公里，2015 年全国人口约 5400 万。伊洛瓦底江、萨尔温江和锡当河是境内三条主要的河流。缅甸于 2005 年将首都从南部的仰光迁到中部的内比都。

缅甸政府认定的种族共有 135 个。缅族是缅甸的主体民族，占总人口的 68%。在各少数民族中，掸族占 10%，克伦族占 7%，若干族占 4%，华人占 3%，孟人占 2%。族群众多带来语言的多样性，缅甸国内语言分属四种语系，使用汉藏语系的主要为缅人、克伦人、克钦人、华人，掸语和孟语属于侗台语系，佤族语言是缅甸南亚语系的代表，而佛教的巴利文则属于印欧语系。其中，华人移民主要居住在缅甸南部最大的城市仰光，以闽南人和广府人为主，中缅边界的果敢华人主要是云南人。

缅甸由一个联邦特区、七个省和七个邦组成，行政区划主要依据各族群聚居地。缅族主要居住在内比都特区和七个省中，少数民族主要分布在七个邦内，分别是克钦邦、克伦邦、钦邦、掸邦、克耶邦、若开邦、孟邦。

缅甸是一个典型的佛教国家，尊上座部佛教为国教，佛教徒占全国人口的88%。佛教文化深入到社会政治文化生活的方方面面，政府部门和军队的公职也主要由佛教徒担当，文学、手工艺、建筑、教育深受佛教文化影响，寺庙是缅甸民众经济和社会活动的中心。缅甸是世界上佛塔最多的国家，被誉为“佛塔之国”，仰光大佛塔远近闻名，佛塔上有各种精美的浮雕和壁画，蒲甘被誉为“万塔之城”。佛教文化成为缅甸文化的杰出代表。

2013 年以来，受国内动荡局势影响，缅甸经济下滑较大，2015 年 GDP 约 648 亿美元。

缅甸早期文明包括上缅甸（今缅甸北部）的骠族城市国家和下缅甸（今缅甸南部）的孟族王权国家。9 世纪，缅族人进入伊洛瓦底江上游河谷，继而在 1044 年由阿奴律陀建立蒲甘王国。蒲甘以上座部佛教为国教，先后征服周边掸族和孟族政权。因此，缅族人的语言、文化和上座部佛教逐渐在国家中形成统治地位。之后蒲甘王国由于蒙古及周边国家的入侵而走向衰落。蒲甘灭亡后，下缅甸的孟族人建立勃固王朝，上缅甸由被缅族同化的掸族王建立阿瓦王朝进行统治。到 16 世纪，缅族的东吁王朝兼并阿瓦王朝和勃固王朝，基本统一缅甸全境，在一个短暂的时期内成为东南亚历史上最大的帝国。18 世纪中叶，贡榜王朝取代东吁王朝，统治范围延伸到今印度的曼尼普尔和阿萨姆地区。

19 世纪，英国经过 3 次英缅战争，先后占领下缅甸和上缅甸。19 世纪末，缅甸沦为英国殖民地，成为英属印度的一个省。二战后，缅甸在 1948 年独立，先是成为一个民主国家，后于 1962 年发生政变，建立军人政权。20 世纪 90 年代以来，随着缅甸国内反政府活动持续高涨，缅甸军方逐步让渡国家权力。2010 年，缅甸实行民主改革；2016 年，实行总统选举，组建民选政府，从而结束半个多世纪的缅甸军政府统治。

缅甸自独立以来，社会秩序长期处于不稳定状态。缅甸国内种族冲突频繁，不少民族都被卷入堪称世界上持续时间最长的内部冲突之中。在此期间，联合国和其他国际组织先后报告过缅甸国内冲突中所存在的侵犯人权的行为。最终，缅甸军方被迫同意制定宪法并建立民选政府，以缓和国内矛盾和国际压力。2008 年，军政府宣布在 5 月举行公投以通过新宪法。2011 年，缅甸军政府在 2010 年大选后正式解散，一个名义上的民选政府建立起来。虽然军方领导人仍然掌控大部分国家权力，但是已经开始一步步地放弃对政府的控制。随着昂山素季和一些政治犯的释放，缅甸开始逐步改善其人权状况和外交关系，而这也促使部分国家放松对缅贸易和经济制裁。在具有里程碑意义的 2015 年选举中，昂山素季领导的缅甸全国民主联盟赢得联邦议会两院的多数席位。2016 年总统选举，民盟候选人吴廷觉当选，成为缅甸独立半个多世纪以来首位非军人出身的民选总统，昂山素季亦在内阁中任职。

虽然缅甸国内政治民主进程总体呈良性发展，但边境地区的民族冲突依然频繁。缅甸各邦拥有自己的武装力量，中央政府对各邦的控制力十分有限。北部地区的克钦独立军、德昂民族解放军、果敢同盟军等多支少数民族地方武装多次与缅甸政府军发生武装冲突，时有炮弹落入中国境内，严重威胁中缅边境地区人民的生命和财产安全。中国政府多次呼吁缅甸冲突各方保持克制，避免局势的恶化。

2008 年宪法实施后，缅甸确立了总统制、联邦制。缅甸联邦议会实行两院制，由人民院和民族院组成。司法机构分成法院系统和检察院系统。在政党制度上实行多党制，2015 年选举后，全国民主联盟成为议会第一大党。

缅甸与中国关系密切，两国官方和民间交流频繁。20 世纪 50 年代，中缅共同倡导和平共处五项原则；60 年代，中缅通过友好协商圆满解决历史遗留的边界问题。建交以来，中缅双边关系平稳发展。虽然中缅边境地区的冲突给两国关系带来一些不安定因素，但中方始终坚持以不干涉缅甸内政为前提促成各方的和平谈判，缅甸对此亦表示欢迎。此外，缅甸作为东盟成员国，积极发展与区域国家的睦邻友好关系，尤其 2010 年民主改革后，缅甸与大部分国家的外交关系得到改善。

(九) 老挝

老挝人民民主共和国位于中南半岛的心脏地带，西北与缅甸和中国相接壤，西邻泰国，南接柬埔寨，东边隔长山山脉与越南交界，是东南亚唯一的内陆国。国土面积 236800 平方公里，发源于中国的湄公河呈南北向穿越而过，首都万象位于湄公河中游。境内大部分为山地和丘陵，全国按地形分为北部、中部、南部，其中北部的上寮地区地势最高，有“东南亚屋脊”之称。老挝利用充足的水源和多山的地势，通过水力发电解决了能源问题。

老挝全国人口 680 万，按语言可归类为三大族群，即老泰族群、汉藏族群和孟—高棉族群，官方语言是老挝语，而法语在政府部门和商业社会中仍有较广泛的应用，也是老挝中学生的必修课。随着老挝加入东盟，近年英语在老挝社会的影响力逐步增长。

老挝在 1961 年尊佛教为国教，目前约 2/3 的国民信仰佛教，寺庙遍布全国，万象塔銮佛塔雄伟壮丽，每年 4 月的泼水节是老挝最重要的宗教节日。

老挝早期居民很多是吉蔑人，8 世纪建立起真腊王国的统治，唐朝史书称之“文单国”，佬泰族在 10 世纪后迁入老挝并逐渐占据主导。现代老挝的历史和文化认同可以追溯到 14 世纪中叶建立的澜沧王国，中国史书称之“南掌国”，存在约 4 个世纪，曾是东南亚最大的王国之一，据有中南半岛的中心区域。澜沧王国由于其核心地理位置成为过境贸易的枢纽，创造了繁荣的经济和文化。经过 18 世纪初的一系列冲突后，澜沧王国解体，分裂成琅勃拉邦、占巴塞和万象三个王朝，于 18 世纪中后期逐渐沦为暹罗的藩属国。19 世纪法国势力渗透入中南半岛，老挝在 1893 年沦为法国殖民地。如今在琅勃拉邦仍可看到殖民地时代的法式风格建筑。

1953 年老挝独立之初，在国王西萨旺 · 冯领导下建立了君主立宪政体。但随后因长期的内战，稳定不久的君主政体走向瓦解。1975 年，人民政府获得胜利，巴特寮上台执政，老挝人民民主共和国的建立终结了老挝近 7 个世纪的君主制。

目前老挝实行社会主义制度，老挝人民革命党一党专政。在国家机构上，老挝借鉴西方三权分立的思想，设国会、政府、最高人民法院和检察院。

外交上，老挝坚持以和平共处五项原则为基础开展对外关系。老挝先后加入联合国、东盟等国际组织，为老挝争取外部援助开展国内建设提供了良好的外部环境，国际货币基金组织和亚洲开发银行常年对老挝施加援助。

2015 年，老挝 GDP 为 123 亿美元。大米种植业贡献了 GDP 的四分之一，冶金业是老挝的核心工业，资本密集型的矿物资源出口是国民经济的支柱。老挝十分依赖与邻国的贸易和外部的援助，中国是老挝最大的投资国和援助国。老挝旅游业近年发展迅速，万象凯旋门、佛教重镇琅勃拉邦和旧都占巴塞是著名的旅游景点。老挝林木资源丰富，出产的花梨木质量上乘，但随着商业开发而来的环境问题也日渐突出，非法伐木引发的森林覆盖率下降及随之而来的水土流失对湄公河生态的破坏日趋严重。

(十) 柬埔寨

柬埔寨王国位于中南半岛南端，西北与泰国接壤，东部与越南交界，东北与老挝相邻，西南濒临泰国湾。首都金边位于湄公河三角洲地带。气候上分雨旱两季。国土面积为 181035 平方公里，人口约 1557 万，主要定居在洞里萨湖和湄公河沿岸地区。高棉族是柬埔寨的主要种族，政府以高棉语为官方语言。

柬埔寨是一个传统的佛教国家，96.4% 的国民信仰上座部佛教，柬埔寨的佛教融合印度教、佛教密宗和本土的万物有灵论。另外，境内也有少数信仰伊斯兰教的占族人。柬埔寨的文化兼容并包，吸收了印度文化、占婆文化、法国文化等外来文化。吴哥城和吴哥窟是柬埔寨最具代表性的文化建筑群，12 世纪吴哥王朝国王阇耶婆摩二世时兴建，15 世纪后被废弃，19 世纪法国人重新发现并加以修缮，现已被列为世界文化遗产，是东方四大奇观之一，同时也是柬埔寨最热门的旅游景点。

柬埔寨是一个传统的农业国，主要生产大米和橡胶，纺织产品在出口商品中的比重高达 80%，旅游业呈稳定增长的态势。中国是柬埔寨最大的投资来源国。2015 年柬埔寨 GDP 为 180 亿美元，相较于东盟内其他国家，扮演着一个追赶者的角色。

柬埔寨作为东南亚大陆地区独立政权的历史，至少可以追溯到公元前5000年左右，但柬埔寨的建国史从公元1世纪才开始。

中国典籍中关于柬埔寨第一个古代政治体的纪录是公元1世纪下半叶的扶南国，位于中南半岛最南端，存在约5个世纪。到6世纪，真腊逐渐取代扶南，控制了除扶南故地之外的一部分地区，之后真腊内部出现分化，形成两个相对独立的政权。柬埔寨古代文明中最为辉煌的是9世纪建立的高棉帝国（又称吴哥王朝）。到11世纪，吴哥经过一系列有为帝王的经营达到实力的顶峰，之后缓慢演进，到15世纪中叶因泰国素可泰王朝的入侵而衰落。15世纪后期，柬埔寨人口受到湄公河和洞萨里湖等的影响开始东移，同时柬埔寨也被卷入东南亚庞大的海上贸易体系之中，日益受到外来民族的影响。19世纪中后期，柬埔寨沦为法国殖民地，直到二战后《日内瓦协议》签定才最终成为独立国家。

建国后，柬埔寨先后受到国内政变和外族入侵的影响，社会动荡不安，红色高棉时期还出现国内人口急剧减少的现象。直到20世纪90年代初才恢复事实上的独立，并最终建立君主立宪制国家，实现国家主权稳定和内部和解。目前，柬埔寨在君主立宪政体下实行三权分立。柬埔寨在90年代后逐步恢复并建构外交网络，加入东盟等国际组织，并同周边邻邦改善关系。中柬关系源远流长，前国王西哈努克六次访华，中国在柬埔寨建国后的困难时期给予了大力支持。柬埔寨首相洪森一直奉行对华友好政策，在有关南海争端等问题上坚定站在中国的一边。

二、国际组织

从2013年在南非德班举办的金砖国家领导人第五次峰会开始，金砖国家会议开始邀请主办国所在地区的重要国际组织与会，建立金砖国家与其他发展中国家组织的常规对话机制，共同维护地区发展和人民福祉。2013年南非德班峰会邀请非洲联盟的15国领导人参会，2014年巴西福塔莱萨峰会邀请南美国家联盟各国领导人与会，2015年俄罗斯乌法峰会邀请上海合作组织成员国及观察员国参与对话，2016 年印度果阿峰会邀请环孟加拉湾经合组织。2017 年金砖国家会议将在中国厦门举行，金砖国家组织将一如既往地加强与其他国际组织的合作，尤其是中国扮演重要角色或具有重要影响力的地区组织，亚太经济合作组织、东南亚国家联盟、上海合作组织和亚洲基础设施投资银行将是本届以及未来峰会潜在的关键对话或合作伙伴。厦门峰会将继续秉持“深化同新兴市场国家和发展中国家团结合作，打造具有国际影响力的南南合作重要平台”的理念，推动全球经济一体化和命运共同体的长远目标。

(一) 亚太经济合作组织

亚太经济合作组织（Asia-Pacific Economic Cooperation），简称“亚太经合组织”或 APEC，是推动亚太地区自由贸易区建设最主要的国际平台。截止 2016 年底，亚太经合组织共有 21 个经济体成员，分别是西太平洋沿岸的中国、日本、韩国、俄罗斯、中国香港、中国台湾、文莱、印度尼西亚、马来西亚、菲律宾、新加坡、泰国、越南，南太平洋地区的澳大利亚、新西兰、巴布亚新几内亚，东太平洋沿岸的美国、加拿大、墨西哥、智利、秘鲁。除此以外，亚太经合组织还有三个列席观察员组织，分别是东盟秘书处、太平洋岛国论坛、太平洋经济合作理事会。亚太经合组织每年举办领导人非正式会议，以及配套的部长级会议和工商领导人峰会，2016 年亚太经合组织峰会在智利利马召开，2017 年峰会将由越南中部港口城市岘港主办。

1989 年 1 月，时任澳大利亚总理鲍勃・霍克呼吁亚太地区加强经济合作以应对世界局势的变化；同年 11 月，十二国代表齐聚澳大利亚堪培拉举行第一次部长级会议，并在此次会议上宣告亚太经合组织正式成立。

亚太经合组织的成立具有鲜明的时代背景。冷战结束前夕，经济全球化和产业链分工趋势不断深化，包括亚太地区在内的世界各区域之间的经贸合作与交往越来越频繁，但是亚太地区没有一个专门针对贸易壁垒、产业分工等问题的区域对话机制，缺少一个充分调配各国优势、资源、人力、技术与资本的区域合作组织。另一方面，20 世纪 80 年代末期日本经济的强势扩张引发其他国家广泛的争论，如何协调日本经济与亚太其他发达国家和发展中国家在原材料、市场和投资等方面的分歧，也成为当时亚太地区迫切需要解决的问题。与此同时，欧洲经济共同体和北美自由贸易区快速发展，极大促进了这些地区的经济互融和共同发展。因此，亚太各国意识到必须在具有深厚区域合作潜力、经济优势高度互补的亚太地区建立一个统一的经济合作组织，并把推动亚太经济一体化和全球经济一体化作为组织的宗旨。

1991 年第三次部长级会议通过《汉城宣言》，正式以文件形式确定了组织的宗旨，同时接纳中国、中国香港和中华台北作为正式成员入会。1993 年常设秘书处在新加坡成立，负责日常运营工作。1994 年印尼峰会上，亚太经合组织签署《茂物目标》，第一次为亚太地区经贸自由化设定明确的时间表：发达经济体在 2010 年之前，发展中经济体在 2020 年之前，最终实现区域内贸易和投资的自由化。

随着世界贸易组织多边贸易谈判陷入僵局，全球一体化的路径逐渐转向区域或双边自由贸易谈判。从 2006 年河内峰会始，亚太经合组织提出要把亚太自由贸易区（Free Trade Area of the Asia-Pacific，FTAAP）作为组织发展的远景目标，旨在建立跨区域、多元化的亚太经济一体化。经过 10 年的发展，亚太地区已经出现较完善的次区域经济合作组织，包括东盟经济共同体、澳新自由贸易区、北美自由贸易区。在此基础上，亚太经合组织各成员还签订一系列的跨区域或双边自由贸易协定，例如中国—东盟自由贸易区、东盟 +3（中日韩）合作机制，以及大量国与国之间的自由贸易协定（FTA）。截止 2015 年，亚太地区已经生效的 FTA 协议数量已经高达 215 个。

双边 FTA 推动亚太经合组织各成员之间的经贸交往，在短期内有利于亚太地区贸易自由化，但是这些 FTA 也存在排他性和竞争性，不利于亚太经合组织长远目标的实现。因此，为了推动《茂物目标》和 FTAAP 的实现，大部分国家转向两个“大自由贸易区”谈判——“跨太平洋伙伴关系协定”（TPP）和“区域全面经济伙伴关系”（RCEP），并将其作为亚太经济一体化的主要路径。

2002 年 APEC 会议期间，智利、新加坡、文莱和新西兰达成一项多边贸易协定，希望借此突破多边贸易谈判进展缓慢的困境，2008 年美国加入谈判并占据主导地位，将其改名为 TPP。但是，TPP 存在明显的意识形态和政治对抗痕迹，美国旨在通过建立一个将中国排斥在外的亚太自由贸易协定，从而服务于“亚太再平衡”和遏制中国的战略。2016 年 2 月，12 国共同签署 TPP 协议。然而颇具戏剧性的是，随着 2016 年美国大选反对 TPP 的特朗普获胜，TPP 已经进入“临床死亡”阶段。

RCEP 是 2011 年东盟峰会期间，由东盟 10 国共同发起的自贸协定，并邀请中国、日本、韩国、印度、澳大利亚和新西兰参与。RCEP 与 TPP 相比，更多地强调以东南亚地区为中心，而且侧重于传统贸易。在目前 TPP 搁浅的情况下，RCEP 将成为亚太经合组织推动 FTAAP 最主要的平台。

针对区域经济协议碎片化和“逆全球化”的问题，中国屡次呼吁亚太经合组织各成员同舟共济，继续坚持亚太经济一体化的远大目标。2014 年北京峰会期间，中国推动亚太经合组织签署《FTAAP 北京路线图》，正式启动亚太经济一体化的进程。在 2016 年 11 月利马 APEC 峰会上，中国国家主席习近平发表《深化伙伴关系、增强发展动力》的主旨发言，再次呼吁亚太地区各个经济体继续坚持共建开放性自由贸易区的理念，全面深化各经济体之间的伙伴关系，并且承诺中国将加强创新和改革，坚持开放和包容的对外经济政策，致力于为全球经济复苏做出最大贡献。

(二) 东南亚国家联盟

东南亚国家联盟（The Association of Southeast Asian Nations, ASEAN），简称“东盟”，是东南亚地区和东亚地区最重要的国际组织之一，也是亚太地区经济一体化建设的重要推动者。东盟现有 10 个成员国，包括除东帝汶以外的所有东南亚国家，分别是泰国、菲律宾、印度尼西亚、马来西亚、新加坡、文莱、越南、柬埔寨、老挝和缅甸。东帝汶虽然尚未正式加入，但是其加盟问题已经得到东盟各国首肯，并已经进入东盟的议事日程。此外，巴布亚新几内亚拥有东盟的观察员国身份。东盟致力于东南亚地区与亚太地区的经贸合作，不仅重视区域内部在政治、军事、技术和文化领域的广泛合作，而且已经与区域外国家签订 6 个自由贸易协定（ASEAN + 中国、日本、韩国、印度、澳大利亚和新西兰）。截止2015年底，东盟国家GDP总和为2.43万亿美元。东盟合作机制的核心是每年举办两次的东盟领导人峰会，并在印度尼西亚首都雅加达设立秘书处。其中，2016年东盟轮值主席国是老挝，菲律宾接棒担任2017年轮值主席，并将主办第30届和31届东盟峰会。2017年还是东盟成立50周年，2017年1月5日东盟在菲律宾达沃举办东盟50周年庆典。

东盟最早脱胎于1961年成立的东南亚联盟，仅马来亚（马来西亚前身）、菲律宾和泰国参与，1963年马来西亚与菲律宾因沙巴领土争端而关系紧张，导致联盟名存实亡。1967年8月，印度尼西亚、马来西亚、菲律宾、新加坡和泰国在曼谷签署《东南亚国家联盟成立宣言》，东盟正式成立。随着区域经济整合和冷战结束，文莱（1984年）、越南（1995年）、缅甸（1997年）、老挝（1997年）和柬埔寨（1999年）相继加入东盟，因此学界常把印、马、菲、新、泰五个创始国称为东盟老五国。

早期的东盟有着强烈的冷战背景，一方面东盟老五国内部由于西方殖民的历史遗留问题，频繁发生领土纠纷和种族冲突，另一方面越南战争期间东盟老五国也有意通过政治和经济合作，对抗中国和东南亚其他社会主义阵营国家。随着越战和冷战结束，东盟的宗旨逐渐转为促进区域经济增长、社会发展，推动与其他地区和国家之间的友好合作，打造一个协商互利的东南亚国家共同体。1976年，东盟五国签订《东南亚友好合作条约》和《东南亚国家联盟协调一致宣言》，确立东南亚一体化的远景目标，并明确联盟互不干涉内政、协商一致以及和平解决争端的诸多原则。

冷战结束后，国际安全局势好转和经济全球化极大促进了东盟一体化的进程，模仿欧盟建立一个区域性的东南亚经济共同体成为东南亚国家的共识，因此20世纪90年代后越、老、柬、缅纷纷加入东盟。1997年金融危机重创东盟各国，各国领导人意识到只有一个团结合作的东盟经济共同体才能抵御重大危机，因此加快东南亚一体化的步伐。2002年1月1日，东盟自由贸易区成立。2003年，东盟峰会明确东盟共同体的推进时间表。2007年，东盟10国共同签署《东盟宪章》和《东盟经济共同体蓝图宣言》，明确在2015年建立东盟经济共同体的目标。此外，东盟还与亚太地区的其他国家建立常规合作机制，包括1997年建立的ASEAN + 3（东盟 + 中日韩）以及ASEAN + 6（东盟 + 中、日、韩、印度、澳大利亚、新西兰）。2011年东盟峰会上，东盟批准“区域全面经济伙伴关系”（RCEP），并且在ASEAN + N机制的基础上邀请上述6国共同参与，旨在以东盟经济共同体为基础打造一个跨区域的巨型自由贸易协定，以东盟自由贸易区为轮轴、以多个ASEAN + N自由贸易协定为辐条向外辐射，从而推动区域经济一体化和经济全球化，抵消全球经济危机阴影下贸易保护主义抬头和“逆全球化”等现象的负面影响。2015年12月31日，东盟对外宣布东盟共同体正式成立，成为东亚地区首个次区域共同体，也为亚太地区共同体建设提供了一个良好的示范。

东盟在向一体化进程的目标稳步前进的同时，也逐渐暴露了一些问题。

首先，东盟内部各经济体在政治制度、经济发展阶段和文化等方面存在较大的区别，这导致东盟各国在一体化的过程中经常出现分歧。东盟成员中既有新加坡这样的发达经济体，也有发展严重滞后的缅甸，各国在开放资本、技术和贸易等领域难以在广度、深度或时间表上达成一致。此外，由于东盟在机制上要求对外“声音一致”且在内部不干涉各国政策，因此东盟难以在国际政治问题上扩大影响力。如何在经济一体化的基础上向政治一体化迈进，是东盟下一个阶段需要解决的问题。

其次，东盟经济发展过于依赖域外大国。虽然东盟一体化在机制建设上是亚太地区的“模范生”，但是其经济体量决定东盟难以真正担负起亚太经济一体化的重任。东盟经济共同体虽已建成，但是东南亚各国的主要贸易伙伴和投资来源国却是邻近的中国、日本或美国等经济大国。东盟内部相互贸易总额占东盟贸易总额的比率，仅从1993年的19.2%提高到2015年的24%。因此，东盟一方面通过RCEP在机制建设上为亚太经济一体化搭建了平台，另一方面却在政治、经济和技术等领域更多依赖世界大国。经济上的依赖很可能扩展到政治和安全领域的被动，因此东盟一度被美国、日本视为“亚太再平衡”的重要抓手。

中国与东盟的对话始于1991年，时任中国外交部长钱其琛率团参加第24届东盟外长会议。针对中国与部分东南亚国家的南海领土争端问题，2002年中国与东盟各国共同签订《南海各方行为宣言》，承诺通过双边经贸合作存异求同。与此同时，中国与东盟签署《中国与东盟全面经济合作框架协议》，开启中国—东盟自由贸易区建设的进程，2010年中国—东盟自由贸易区正式建成。中国始终坚决支持东盟共同体建设，并且支持东盟在东亚经济一体化，乃至亚太经济共同体建设中发挥带头作用，积极参加东盟主导的RCEP协定谈判和中国—东盟命运共同体建设。更重要的是，中国的“一带一路”战略与东盟共同体目标高度契合，双方愿意共同推进亚太命运共同体建设的宏伟目标。

(三) 上海合作组织

上海合作组织（Shanghai Cooperation Organization），简称“上合组织”，是亚欧大陆的一个地区性国际组织。上合组织于2001年在上海正式成立，以成立地命名，是第一个以中国城市命名的国际性组织。截止2016年底，上合组织共有6个正式成员，分别是中国、俄罗斯、哈萨克斯坦、吉尔吉斯斯坦、塔吉克斯坦和乌兹别克斯坦。

上合组织遵循不结盟、不针对其他国家或组织、不对抗的原则，旨在促进成员国之间在政治、军事、经济和人文领域的交流和互信，维护欧亚地区尤其是中亚地区的安全稳定和友好合作。上合组织的最高对话机制是每年举办一次的成员国元首理事会会议，并定期举办政府首脑会议以及部长级会议，共同探讨组织框架、重大战略、经济合作以及相关专业议题。上合组织设有两个常规办事机构，分别是位于北京的秘书处和位于乌兹别克斯坦首都塔什干的地区反恐中心。上合组织还有阿富汗、蒙古、伊朗、印度和巴基斯坦5个观察员国，2016年6月上合组织与印度和巴基斯坦签订备忘录，启动印、巴两国加入上合组织的相关法律程序，预估2017年南亚两国将加入上合组织的大家庭。上合组织2016年峰会在乌兹别克斯坦塔什干举行，2017年峰会将移址哈萨克斯坦首都阿斯塔纳。

上合组织的前身是20世纪90年代的“上海5国”元首会晤机制。苏联解体以后，由于新生的俄罗斯、哈萨克斯坦、吉尔吉斯斯坦和塔吉克斯坦与中国迫切需要解决历史遗留的领土分界勘定和边境军事部署等问题，5国领导人于1996年至1997年间签署《关于在边境地区加强军事领域信任的协定》和《关于在边境地区相互裁减军事力量的协定》，通过友好合作协商的方式解决中亚地区复杂的地缘政治问题。与此同时，由于苏联解体和冷战结束，中亚地区的国际格局发生剧变。中亚地处欧亚十字路口，是古代丝路的核心，也是国际关系学界公认的亚欧大陆地缘心脏，除了中国和俄罗斯保有传统地缘政治利益以外，美国、日本、欧盟、土耳其等域外大国也纷纷展开利益扩展。另一方面，“三股势力”（民族分裂主义、国际恐怖主义和宗教极端主义）也不断加强对中亚地区的渗透，严重危害中亚国家以及中、俄的国家安全。因此，2001 年 6 月中俄哈塔吉五国和乌兹别克斯坦在上海签署《上海合作组织成立宣言》和《打击恐怖主义、分裂主义、极端主义上海公约》，宣告成立上合组织，以共同维护地区稳定和安全。随着“9・11”事件爆发和美国发动阿富汗战争，中亚问题成为世界焦点，上合组织也加快对宪章、宗旨和组织架构的完善，以应对新的地区局势进展。

上海合作组织 6 个成员国涵盖欧亚大陆 60% 的面积和全世界 25% 的人口，而且中俄两国是联合国安理会常任理事国，因此上合组织成为欧亚地区不可忽视的一个国际合作平台。上合组织已经与其他主要国际组织包括联合国、欧盟、英联邦、东盟和伊斯兰合作组织建立常规对话机制，是世界安全和区域发展的重要稳定器。由于中国和俄罗斯是世界主要大国，虽然上合组织秉持平等原则，但是中俄两国客观上具有主导作用，因此上合组织的前景也与中俄两国的经济、政治和军事发展息息相关，更与中俄关系紧密结合。

安全和军事合作是上合组织的核心议题，这也是上合组织建立的初衷。近年“三股势力”活动十分猖獗，严重侵扰中国西北边境、俄罗斯及中亚的繁荣稳定。为了打击“三股势力”的危害，上合组织成员成立多个双边联合反恐机构和多边会议机制，以塔什干的地区反恐中心为主要平台，商讨解决跨境恐怖主义、犯罪和毒品走私等问题。在此基础上，上合组织已经举行十余次联合反恐军事演习，加强多边军事合作，有力地威慑“三股势力”对中亚地区的渗透。“和平使命”年度联合军演（Peace Mission）是上合组织最重要的安全与防务合作平台，军演坚持公开原则，坚持不针对任何国家，其中“和平使命—2016”联合军演在吉尔吉斯斯坦举行。近年，上合组织逐渐将工作重点转向成员国之间的经济互利。2003 年，上合组织成员共同签署《上海合作组织成员国多边经贸合作纲要》，标志上合组织在经贸合作领域迈出关键性的一步，时任中国国家总理温家宝向上合组织各国发出共建上合组织自由贸易区的倡议。十多年来，上合组织在经济领域的合作已有诸多实质性成果，如能源领域的跨境石油、天然气和淡水资源基建工程。2006 年，上合组织银行联合体成立，进一步加强成员国在金融融资、投资和货币等方面的合作。由于中亚地区是“一带一路”倡议的核心区域，“丝绸之路经济带”正是 2013 年 9 月中国国家主席习近平访问哈萨克斯坦期间提出来的，因此上合组织自贸区建设极可能继反恐军事合作机制之后，成为该组织未来发展的又一主要成果。

尽管如此，上合组织未来合作机制的深化也面临着不小的挑战。首先，中亚各国曾是前苏联加盟共和国，也被俄罗斯视为传统利益范围，因此中国与中亚各国无论是军事反恐还是贸易能源领域的合作，都面临着如何处理中、俄、中亚三者之间微妙关系的难题。其次，中亚各国存在经济结构单一、经济总量小的问题，中亚各国普遍希望利用能源优势吸引中国投资，而对全面区域经济一体化并无迫切需求。最后，“三股势力”仍然是上合组织成员国边境经贸往来和能源合作的重大威胁，加之域外势力推波助澜，可能延缓边境货物、人员和资本自由流动的开放趋势。

（四）亚洲基础设施投资银行

亚洲基础设施投资银行（Asian Infrastructure Investment Bank，AIIB），简称“亚投行”，是中国发起倡议建立的一个地区性政府间国际金融组织，主要宗旨是为亚洲地区发展中国家的基础设施建设提供金融支持，以推动亚太经贸合作和经济一体化进程。

亚投行现有 57 个创始成员国，广泛分布于全球 5 大洲，包括 37 个亚太国家和 20 个域外国家。亚投行的开放性和包容性，极大地促进新生的亚投行与其他国际组织的联系和合作，57 个亚投行创始成员国中既有属于七国集团（G7）的英国、法国、德国、意大利等西方发达国家，又包括金砖组织的中国、印度、俄罗斯、南非、巴西等主要发展中大国，并涵盖东盟 10 国以及欧盟 28 国中的 14 国。亚投行成立以来，陆续又有包括加拿大在内的30多个国家申请加入，估计2017年亚投行成员国将进一步扩容。亚投行的组织架构分为理事会和董事会，理事会是最高决策机构，由每个成员国选派一名代表担任理事，每年定期召开理事会议。理事会做出决策后，交由董事会具体执行，由董事会负责日常运营工作。董事会共有12名董事，其中9名来自亚太地区的国家，非亚太地区有3位代表。中国是亚投行的发起者和主要出资方，因此亚投行首届行长和理事长分别是来自中国的金立群和楼继伟，5位副行长分别来自印度、印度尼西亚、韩国、英国和德国，银行总部设在北京。

东南亚、南亚等亚洲地区是当今全球发展速度最快的地区之一，拥有丰富的资源、年轻的人口和潜在的巨大市场等发展优势，但是极度缺乏推动工业化所需的基础设施和建设资金。一方面，二战后美国、日本所主导的世界银行和亚洲开发银行长期担任亚洲发展中国家借资方的角色，但是世界银行和亚开行的资金储备、借贷条件已经越来越不能满足这些地区推动基建的迫切需求。根据亚洲开发银行2010年的报告，亚洲地区在2010年至2020年至少需要8万亿美元的建设资金，而现有的国际金融借贷机构远远不能满足要求。另一方面，随着经济快速崛起，中国也需要在全球经济发展中承担更加积极的角色，而中国外汇储备和基建技术优势无疑为中国资本“走出去”奠定了坚实的基础。虽然中国屡次呼吁亚开行或世界银行积极改革，以适应新兴国家在全球经济中的地位，但是美、日等国坚持维护金融霸权，而中国、美国和日本三大经济体在亚开行的投票权重分别为5.4%、13%和13%，亚开行的改革举步维艰。因此，2013年10月，中国国家主席习近平在访问印度尼西亚期间发起创办亚投行的倡议。经过多方筹备和努力，2014年10月，21国代表齐聚北京签订备忘录，正式启动亚投行的建设工作。亚投行初始注册资本为1000亿美元，其中中国出资50%，为亚投行最大股权方，股权分配主要参考各国经济总量指标。2015年12月25日，亚投行正式在北京成立；2016年1月16日，启动运作。截止2016年底，亚投行已经批准印度尼西亚、塔吉克斯坦、巴基斯坦、孟加拉国、缅甸、阿曼和阿塞拜疆的多个基建贷款项目，涉及贫民区改造、高速公路、铁路、水电、港口和能源管道等领域，其中约半数项目是与亚开行和世界银行共同投资。

亚投行的建立是发展中国家走向世界舞台中心的重大标志，亚投行的宗旨和目标是：其一，协助亚洲国家加大对基础设施建设和工业生产环节的投入，促进亚洲各国基建互联互通、维持经济长期可持续发展并改善民众生活水平；其二，通过与其他双边或多边发展组织加强联系，促进地区之间合作共赢，提升伙伴关系，从而共同应对全球经济发展所面临的挑战。亚投行是连接中国与世界经济的重要纽带，也是中国发展战略与世界发展路径联系的大平台，还是中国崛起后有效参与全球治理和国际金融秩序改革的主要工具。首先，亚投行为发展中国家金融融资提供了多元化的选择，亚投行与传统全球金融机构相比，拥有效率高、门槛低的优势。其次，亚投行的建立与中国“一带一路”倡议相辅相成，推动中国企业和资本“走出去”，提升中国的国际形象和地位。最后，随着近年西方国家经济“逆全球化”和贸易保护主义抬头，亚投行成为推动经济全球化克服阻碍的有力工具，有助于全球发展中国家摆脱贫困和改善民生。

然而，亚投行毕竟只是国际金融界的新玩家，已知的挑战和未知的风险可能对刚刚起步的亚投行造成较大的困扰。第一，亚投行如何处理与亚开行和世界银行之间既合作又竞争的关系，亚投行以何种姿态参与国际金融新秩序的创建仍然是一个未知数，尤其是崛起中的中国与美、日之间存在结构性矛盾，因此中国与世界经济的合作难免受到国际政治的影响。第二，中国如何处理与亚投行其他成员之间的关系，亚投行各成员如何搭建机构内部的治理结构？中国既要维护自己在亚投行中合理的领导地位，又要推动其他成员参与亚投行的积极性，这需要各成员有足够的智慧达成共识。其三，亚投行的投资对象主要是不发达国家，这些地区拥有巨大的发展潜力和广阔的利润空间，但是很多地区存在较高的投资风险，这也是这些地区基建设施长期落后的主要原因，投资对象国普遍存在的金融风险频发、战乱频仍、政局动荡等问题，也亟待亚投行客观地评估，并认真地规避。

（张行）

下编

金砖国家机制研究

第十章

国外学者关于金砖国家机制的研究

一、关于国际机制的研究

“机制”（regime）一词最早由哈佛大学教授约翰·鲁杰（John G. Ruggie）引入国际关系研究领域，并得到迅速的发展，成为一项重要的研究议题①。如今，关于“国际机制”比较权威的定义源于斯蒂芬·克拉斯纳（Stephen D. Krasner），即在某一特定的国际关系领域中，各个行为主体的期望得以汇聚在一起的一系列明确的或者暗含的原则（principles）、规范（norms）、规则（rules）和决策程序（decision-making）②。他对原则、规范、规则和决策程序之间进一步作出区分，认为原则是对事实、原因和公正的信仰；规范是权利和义务的行为标准；规则是对特定行动的预见和禁止；决策程序是制定和履行集体选择的普遍惯性。这四项中原则和准则体现机制的基本特征，规则和决策程序的变化只是机制的内部变化，不会带来机制性质的改变。再者，机制制定是行为体对长期期望实现的安排，不能够只依据短期利益的计算去安排机制。克拉斯纳在其所主编的《国际机制》中指出国际机制的目的在于改变国际关系中对眼前利益的关注，代之以合作互利的长远利益，国际机制强调各国的共同责任。但这并不意味着主权的放弃

---

① John G. Ruggie and Ernst B. Haas, “International Responses to Technology: Regime, Institutions and Technocrats”, published as a special issue of *International Organization*, 29 (Summer 1975).

② Stephen D. Krasner, “Structural Causes and Regime Consequences: Regimes as Intervening Variable”, in *International Regimes*, edited by S. D. Krasner, Cornell University Press, 1983.

或损减，国际机制既为国际关系行为者提供机会，也存在道义上的限制①。

国际机制研究的兴起与20世纪70年代美国国力衰退息息相关。从1945年至1970年，国际关系理论的话语权一直掌握在现实主义学者手中，在实践领域的主导话语是蕴含现实主义内在逻辑的两极战略以及核战略理论。而进入70年代，布雷顿森林体系崩溃、美国在越战中失败以及石油危机等一系列国际事件，促使国际关系学者及政客认识到现实主义理论在表述、解释和预测这些国际关系现象时表现乏力。事实上，现实主义在认识和承认美国霸权衰落的同时，也担心国际机制随之崩落。毕竟，二战后所运行的国际机制，特别是国际经济领域的制度安排，是在美国的主导下创建的，一旦美国丧失优势地位，国际制度也可能失去基础。而这也恰好给予自由主义以一定的发展空间，自由主义从根本上认为人性是善良的，制度的好坏是决定人善恶的关键。因此，出现一波研究制度的自由主义议程，其中包括专门研究国际制度生成、存在和发展的新自由制度主义②。

1977年哈佛大学教授罗伯特·基欧汉（Robert O. Keohane）和约瑟夫·奈（Joseph S. Nye）发布《权力与相互依赖：转变中的世界政治》。该书重视对国际机制的研究，并详细探讨海洋和货币领域内的国际机制和制度，成为复合相互依赖理论的重要组成部分。③ 20世纪80年代后，新现实主义与新自由主义之间论战越来越激烈。1982年，美国《国际组织》（International Organization）发表特刊，两大阵营就国际机制问题展开激烈的讨论。修正后的新现实主义虽然守住阵地，但是新自由主义向现实主义的核心假说发起猛烈的攻势。基欧汉随后在《权力与相互依赖》的基础上，对国际机制和国际制度进行系统的梳理和研究，于1984年出版《霸权之后：国际政治经济中的合作与纷争》。该书批判以

① Stephen D. Krasner, *International Regimes*, Cornell Studies in Political Economy, Ithaca and London: Cornell University Press, 1983.

② Robert O. Keohane, *After Hegemony: Cooperation and Disorder in the World Political Economy*, Princeton: Princeton University Press, 1984.

③ Robert O. Keohane and Joseph S. Nye, *Power and Interdependence: World Politics in Transition*, Boston: Little, Brown, 1977, pp. 23 – 29.

罗伯特·吉尔平（Robert Gilpin）为代表的现实主义学者在霸权理论方面的观点，建立关于国际制度的功能性理论，认为霸权可以帮助建立国际机制，但是霸权衰退并不一定代表着国际秩序的丧失。《霸权之后》还对国际机制的形成、条件、维持和作用进行详细的分析，通过战后能源等领域的调查，对规则理论进行实证研究，重点突出国际合作问题。此外，基欧汉也指出机制不一定要建立在正式的政府间协议基础上，在分析具体的机制时要打破以国家为中心的概念框架。[①]《霸权之后》堪称对国际机制进行系统研究的第一本有价值的专著，也是新自由制度主义的第一部重要著作。

基欧汉认为只有具备以下两个条件，国际机制才可以续存：一是国际社会行为主体具有某些共同利益；二是国际社会组织化程度的变化对国际行为带来实质性的影响。[②] 而对国际机制形成发展的具体条件，斯坦利·霍夫曼（Stanley Hoffmann）深受其导师、法国现实主义大师雷蒙·阿隆（Raymond Aron）的影响，认为国际机制的形成需要三个条件：一是必须有一个在国际社会占支配地位的大国；二是相关国际关系实体之间存在共同目标，即安全和发展；三是谈判和协商手段被视为解决国际危机的最佳手段。霍夫曼进一步厘清国家利益、国家主权和国际限制三个重要概念。具体而言，国际机制反对狭隘的国家利益，强调国家的行为应当符合总体的、长远的国家利益；国际机制主张国家主权的"汇合"，强调各国应该担负共同的责任和采取一致的行动；国际机制的限制作用主要指道义上的限制，限制不应该影响发展，而应该创造有利于各国发展的国际环境。[③]

虽然在自由主义阵营中，国际机制研究备受重视，但以英国学者苏珊·斯特兰奇（Susan Strange）为代表的一批传统结构主义学者持保留意见。斯特兰奇认为国际机制的概念模糊，遮蔽权力和利益在国际社会

---

① Robert O. Keohane, *After Hegemony: Cooperation and Disorder in the World Political Economy*, Princeton: Princeton University Press, 1984.

② Robert O. Keohane, *After Hegemony: Cooperation and Disorder in the World Political Economy*, Princeton: Princeton University Press, 1984.

③ 斯坦利·霍夫曼著：《当代国际关系理论》，林伟成等译，北京：中国社会科学出版社，1990 年。

中的主导作用，批判这一术语过于松散和模糊，以至每个人的理解各不相同。她指出："在面对平衡权力分配和国际利益的谈判中那些标签式作用的国际安排很容易让各个行为体沮丧失望。"① 因此，她认为国际机制对结果和相关行为的影响是微不足道的。作为进攻性现实主义国际政治理论的代表人物，美国芝加哥大学教授约翰·米尔斯海默（John J. Mearsheimer）也认为经验证据显示制度对国家行为模式的改变是很小的，特别是在安全领域。②

二、关于金砖国家机制的研究

"金砖国家"（BRICs）这一简称最早出现在高盛公司（Goldman Sachs）首席经济学家吉姆·奥尼尔于2001年11月30日发表的全球经济研究报告《打造全球更好的经济之砖》，这篇报告第一次大胆预测四个国家的发展前途，即中国（China）、巴西（Brazil）、俄罗斯（Russia）和印度（India），并以四国英文名称的首字母拼成"BRIC"作为代称。③ 由于"BRIC"与砖块的英文词"brick"发音相似，因此在中文中被翻译成"金砖四国"。2008—2009年，四国举行系列会谈并建立峰会机制，拓展为国际政治实体。2010年南非（South Africa）加入后，其英文词变为"BRICS"，中文改称为"金砖国家"。2003年10月，高盛公司发表题为《与BRICs一起梦想》的全球经济报告。报告估计，到2050年，世界经济格局将经历剧烈洗牌，全球新的六大经济体将变成中国、美国、印度、日本、巴西、俄罗斯。事实证明，该预测还是保守了。21世纪头十年，金砖国家经济保持高速增长，成为应对史无前例的国际金融危机的重要力量，变成名副其实的"金砖"。虽然金砖国家集团并不是由相同性质的国家组成的，其成员国在经济、人口、技术

---

① Susan Strange, "A Critique of Regime Analysis", in *International Regimes*, edited by S. D. Krasner, Cornell University Press, 1983.

② John. J. Mearsheimer, *Conventional Deterrence*, New York: Cornell University Press, 1983.

③ Jim O' Neill, "Building Better Global Economic BRICs", *Global Economics Paper*, No: 66, http://www.goldmansachs.com/our-thinking/archive/archive-pdfs/build-better-brics.pdf, 30th Norvember, 2001.

和创新能力、政治组成和议程等方面都有差别，但是不可辩驳的是，金砖国家作为一个整体是全球重要的经济力量，“加在一起有30亿人口，总共的GDP达到近14万亿美元，外汇储备将近4万亿美元”①。

“金砖国家”这一概念出现后得到学术界与政界的青睐，迅速发展成为一个全新的国际合作机制，对此所进行的研究涵盖经济、政治、文化、社会等方面。国外学者关于金砖国家合作机制的研究根据其内容和视角，大致可以分为六类：一是将金砖国家合作机制视为经济体进行的研究；二是将金砖国家作为一个政治实体进行的研究；三是区分国别的研究；四是关于金砖国家参与全球治理与世界秩序重建的研究；五是关于金砖国家主权财富基金的研究；六是唱衰金砖国家合作机制的研究。

（一）经济合作机制研究

总体而言，国外期刊论文对金砖国家的论述不多，主要是从经济合作角度讨论金砖四国如何参与现有国际经济机构及区域组织。吉姆·奥尼尔的《金砖四国不应缺席全球经济决策》建议彻底改革全球经济决策架构，把金砖国家引入全球经济决策之中。他认为，自2000年以来，全球1/3的经济增长来自金砖四国，在全球决策中，金砖国家至少应该与日本、加拿大和欧盟平起平坐。1998年俄罗斯总理普里马科夫访问印度时提出俄印中“战略三角”的构想后，俄罗斯学者雅文科发表《俄印中会晤——俄罗斯、印度和中国在经济领域加强合作》，讨论俄罗斯、印度和中国在经济领域合作的可能性和前景，这也是对金砖国家经济合作机制的研究。变革主义者认为，21世纪全球增长极将从北转向南，金砖国家的出现证实了这一看法，这五个南方国家是各自区域的经济发动机。作为南方的“新增长极”，金砖国家向美国的经济霸权提出集体挑战，但美国仍然维持着全球的军事霸权。尽管如此，如今的权力不只包括军事实力，还包括经济生产力、全球市场份额、科技创新、自然资源和软实力，人们预测到2050年，金砖国家两个成

① UNECA（United Nations Economic Commission for Africa）（2013）“Africa-BRICS Cooperation：Implications for Growth，Employment and Structural Transformation in Africa”，Addis Ababa，Ethiopia，Available at http：//www. uneca. org/sites/default/files/publications/africa-brics_ cooperation_ eng. pdf.

员——中国和印度——将与美国一道成为世界三大经济体。吉姆·奥尼尔2001年已注意到四个新兴市场经济体的崛起，并建议调整世界政策论坛以纳入金砖四国的代表，这是对南方新兴市场崛起和全球权力转移的承认。

金砖国家集团的形成与源于美国的全球金融危机在时间上一致，但人们对成为金砖国家成员的资格颇有争议。① 最初有人质疑俄罗斯能否算作金砖国家，因为其并不代表崛起国家。② 2010年12月南非加入后，人们又质疑南非的成员国资格，因为与其他四个相比，或者与同处非洲的尼日利亚相比，南非的人口和经济规模小得多。

根据国际货币基金组织首席经济学家的预测，以购买力平价计算，新兴和发展中国家在20世纪80年代占世界总产值的36%，并且在80年代占世界经济增长额的43%；2010年至2015年，发展为世界总产值的56%和世界经济增长额的79%。这些正在兴起的市场神话，包括BRICS成为全球贸易投资和减少贫穷的强力催化剂，以发达国家的视角看待世界经济将是越来越过时的方法。③ 随之，“财富转移”成为BRICS发展为改变全球治理规范和机制的基础，实际上也改变二战后由美国领导建立的世界经济秩序。其中，中国作为一个新兴市场表现出色更使BRICS备受瞩目。中国的快速发展促进全球商品出口国产量的上升速度，中国自身的投资进一步推进商品供应链的发展，其“走出去”政策刺激中国企业增加在海外的直接投资，特别是在基础建设、信息和计算机技术产业（ICT）领域。④ 金砖五国作为一个投资类别的力量也

---

① 几个类似金砖国家的经济体都具有巨大增长潜力。人们将其分类为N-11（孟加拉、埃及、印尼、伊朗、墨西哥、尼日利亚、巴基斯坦、菲律宾、土耳其、韩国和越南），CIVETS（哥伦比亚、印尼、越南、埃及、土耳其、南非），MIKTA（墨西哥、印尼、韩国、土耳其、澳大利亚），最近一个分类是MINT（墨西哥、印尼、尼日利亚、土耳其）。

② S. Neil MacFarlane, “The ‘R’ in BRICs: Is Russia an Emerging Power?” *International Affairs* (*Royal Institute of International Affairs* 1944 -) Vol. 82, No. 1, Perspectives on Emerging Would-Be Great Powers (Jan., 2006), pp. 41 - 44.

③ Obstfeld, M. 2016 Chief Economist Interview. IMF Survey Magazine, 4 January 2016, Accessed on 7 January 2016, at http://www.imf.org/external/pubs/ft/ sur vey/so/2016/int010416a.htm.

④ 参见Gu, Jing, 2009, China' s Private Enterprises in Africa and the Implications for African Development, *European Journal of Development Research* 21 (4); Gu, Jing, 2011, The Last Golden Land? Chinese Private Companies Go to Africa, Brighton: IDS Working Paper 365.

发生根本的改变，从2000到2010年其明晟指数（MSCI Index）[①]达308%，标准普尔指数（Standard and Poors Index）为15%。[②]

作为概念的提出者，高盛公司偏重从经济领域进行考量，每隔一段时间发表一份关于“金砖国家”的研究报告，主要分析不同阶段金砖国家的经济发展状况。在《高盛眼中的世界》中，奥尼尔指出巴西、俄罗斯、印度、中国具有强大的人口优势和生产力优势，参与世界舞台的愿望越来越强烈。他认为，四个人口大国逐渐提高生产力，以前所未有的方式与世界其他国家打交道；倘若能够坚持下去必定成为大国。[③]

近年，高盛公司就金砖国家的技术创新、基础设施等问题相继发表多份研究报告。例如，吉姆·奥尼尔的新报告根据新兴经济体国内发展的态势以及金砖国家近年经济状况，预测2050年金砖国家组合的经济实力将可以与西方发达国家相抗衡。[④]报告估计，金砖四国在世界经济增长中的份额将从2003年的20%增长到2025年的40%；其经济总量在世界经济中的比重将从2004年的大约10%增至2025年的超过20%。2005—2015年，这些国家将有超过8亿人跨过3000美元的年收入门槛；2025年将有约2亿人的年收入超过15000美元。当然，报告也指出，高水平经济地区个人财富程度会持续超越金砖四国平均水平，到2025年六国集团成员国地区的年收入将超过35000美元，而只有2400万金砖四国居民达到相同收入水平。报告强调印度能源的大型无效率，并提及金砖四国在全球资本市场的极小代表权，认为庞大人口使金砖四国的总财富虽然容易使六国集团地区失色，但也使其年人均收入低于工业国家的基准。这些现象将持续影响全球市场。因此，奥尼尔发表《金砖四国

---

① MSCI英文全称为Morgan Stanley Capital International，即摩根士丹利资本国际公司，是美国著名的股权、固定资产、对冲基金、股票市场指数的供应商。明晟指数是全球投资组合经理最多采用的基准指数。

② O' Neill, J., A. Stupnytska, and J. Wrisdale, "It is Time to Re-define Emerging Markets", New York: Goldman Sachs Asset Management, Strategy Series. 31 January, 2011, Accessed at http://www.ivci.com.tr/uploads/goldmansachsturkey- bric.pdf.

③ ［英］吉姆·奥尼尔：《高盛眼中的世界》，吴进操译，北京：机械工业出版社，2012年版，第17页。

④ ［英］吉姆·奥尼尔：《高盛眼中的世界》，吴进操译，北京：机械工业出版社，2012年版，第17页。

不应该缺席全球经济决策》，建议彻底改革全球经济决策架构，将金砖国家引入全球经济决策之中。因为自 2000 年以来，全球约 1/3 的经济增长源自金砖四国，在全球经济决策中，金砖国家至少应该与日本、加拿大或者欧盟平起平坐，才算是真正的公平。在新著《金砖国家的经济增长机会和前景》，奥尼尔认为金砖四国及其他成长型市场的崛起改变了国际环境，为了应对这一变化必须要建立新的秩序。再如，多米尼克·威尔逊（Dominic Wilson）和罗帕·珀罗斯（Roopa Purushothaman）在奥尼尔分析的基础上提出新的预测，即：到 2035 年中国将超越美国，成为世界上最大的经济体；到 2039 年金砖经济体的 GDP 总量将超越 7 国集团。“在未来的 40 年内，‘金砖四国’将成为对世界经济产生有利影响的一股力量。四国的经济总量将超越 G6[①]；到 2025 年四国的美元总消费将达 G6 的两倍；到 2050 年，四国的美元消费总量将达 G6 的 4 倍，其实际汇率将是 2003 年的 300%。届时，G6 中只有美国和日本仍可保持经济大国的地位。”[②] 换言之，金砖国家掌握着国际格局调整的钥匙，并且拥有推动国际秩序变革的力量。总体而言，高盛公司的研究突出金砖国家之间的合作可能对世界经济运行造成的影响，但是尚未涉及经济合作机制方面。[③]

1988 年俄罗斯总理叶夫根尼·普里马科夫（Yevgeny Maksimovich Primakov）访问印度期间提出所谓中俄印“战略三角”构想，俄罗斯学者雅文科发表《俄印中会晤——俄罗斯、印度和中国在经济领域加强合作》，讨论俄罗斯、印度和中国三国在经济领域内进行合作的可能性和前景，这也比较接近于金砖国家经济合作机制的研究。奥博连斯基和科莫洛夫合著《金砖国家的经济合作潜力》从金砖国家间贸易的本币结算和成立金砖国家开发银行两方面着手，阐述各成员国在货币金融领域的合作潜力，探析金砖国家在西方主导的金融体系和国际经贸规则的改

---

① 根据高盛公司第 99 号报告，G6 指美国、日本、德国、英国、法国和意大利。

② 多米尼克·威尔逊和罗帕·珀罗斯：《“金砖四国”的梦想：到 2050 年的发展路径》，载《全球经济论文》2003 年第 2 期，第 9 页。

③ Jim O' Neill, "The Growth Map: Economic Opporrunity in the Brics and Beyond", *Portfolio Penguin*, 2011.

革中扮演的角色。[①] 古铁雷斯和马哈杨（Margarida Gutierrez and Arvind Mahajan）指出金砖国家在21世纪中期成长为最大经济体的趋势，并特别分析每国的发展优势和劣势以及金砖国家间经济合作的困难和原因，认为这将影响金砖国家成长为最大经济体的趋势。[②]

金砖五国金融合作策略是一个新的主题，这方面的研究还处在起步阶段。欧洲和美国的分析者宣称金砖国家金融合作机制是一个“武断”组成的集合体，指出金砖国家成员间的差异性将使这个组织于未来不复存在。而俄罗斯对外经济银行副行长伊万诺夫（Ivanov）则呼吁加强金砖国家间的金融合作，加大政策创新的力度。他认为诸如设立金砖国家开发银行以及应急储备安排之类的举措极大地促进形成新的国际金融体系，提升发展中国家在国际金融机构中的地位并发挥更加重要的作用。俄罗斯金砖国家研究国家委员会主席尼科诺夫（Nikonov）认为，金砖国家深度参与全球金融治理将有利于激发处于发展阶段的金砖国家及其他新兴经济体的经济潜力。南非南部非洲发展银行首席执行官达拉米尼（Dlamini）认为现行国际金融体系已越来越难以满足新兴市场的发展需求。[③] 南非高效集团首席经济学家鲁德特（Roudet）指出，非洲和金砖国家的经济有着很强的互补性，合作潜力巨大；如果西方国家不愿把其在当前全球金融治理体系中拥有的权力给新兴市场国家，后者可以创建这样的金融机构，并将这个合作机制规范化以接纳更多新成员加入。[④] 印度发展中国家研究与信息系统研究中心（RIS）主席希亚姆萨兰（Saran）指出，在世界银行体系中，西方国家常常为政治目的所驱，利用其表决权支配借贷资源，因此金砖国家参与全球金融治理合作，将有助于提升金融治理体系管理的民主程度。[⑤] 巴西工业和贸易部长皮门特尔

---

① В. П. Оболенский and О. О. Комолов. Возможности экономического сотрудничества в рамках БРИКС. Из В . А. Никонова, Г. Д. Толорая. Стратегия России в БРИКС: цели и инструменты（Москва: Российский дружбы народов, Издательство, 2013）.

② Margarida Gutierrez and Arvind Mhajan, “A Future Global Economy to be Built by BRICs”, *Global Final Joural*, 18（2007）143 – 156.

③ Oliver Stuenkel, “The Financial Crisis and the Genesis of Intra-BRICS Cooperation”, *Global Governance*, 2013: 611 – 625.

④ Maite Nkoana-Mashabane, “South Africa ' s Role in BRICS, and Its Benefit to Job”, *The World Today*, 2013（6）.

⑤ Samir Saran, “BRICS and Eurozone”, *BRICS Information*, 2013.

（Pimentel）指出，金砖开发银行的设立将极大地提高金砖国家在国际金融体系中的谈判分量，敦促发达国家面对现实，并为成员国间实现贸易的本币结算创造条件。[①]

俄罗斯认为改革国际金融和货币体系将是金砖国家合作的长期重点目标，在该领域追求的主要目标包括：一是致力于将世界经济带上强劲、可持续、平衡发展的轨道；二是以 20 国集团和国际货币基金组织会议上达成的共识为基础完成现阶段国际货币基金组织的改革；三是改革全球货币和金融体系以建立一个更加具有代表性、更稳定、更可预测的国际储备货币体系；四是降低金砖国家大规模跨境资本转移带来的货币和股市的异常波动；五是利用金砖国家的实力加强 20 国集团作为国际经济合作重要论坛的地位；六是增强本国货币在金砖国家间双边结算的地位，并基于国际准则和标准在金融市场方面增进合作，以改善双方的金融稳定性和互动效率；七是加强并改善金砖国家在经济领域的合作机制，包括定期举行财长和央行行长会议，在 20 国集团会议期间定期会晤，以及就当前利益攸关的货币和金融问题进行专家磋商。

金砖国家改革现有全球金融体系的长期努力至今没有带来实质性的变化。金砖国家在国际货币基金组织的合计资本确实增长了几个百分点，但与美国和欧盟相比不在一个水平上，这限制了金砖国家通过投票积极参与制定全球金融议程的可能性。显而易见，不只俄罗斯关注金融领域，其他金砖国家也认为这是重点领域。《德班宣言》关于国际金融和贸易机构的段落直指国际货币基金组织和世贸组织，并且包含强硬的措辞，这在以前是没有的。57 段宣言中 3 段批评现有全球金融结构，认为其不具代表性，在防止重大国际金融冲击和不平衡方面效率低下。第 17 段清楚地表明，金砖国家试图降低西方主导的和偏向西方的全球金融和商业体系的合法性，并将联合国贸易和发展会议（UNCTAD）作为一个替代。

---

① Fernando Pimentel, "Brazil forces BRICS enhance currency strategy", Reuters Online, 2012.

（二）将金砖国家作为一个政治实体进行的研究

金砖国家作为一个政治实体的构想源自俄罗斯，在俄罗斯外交政策和金砖国家政策的概念文件中第一次得以逻辑清晰地表述，并随后反映在多次金砖国家峰会的宣言中，包括2015年7月的乌法峰会宣言。[①] 金砖国家作为一个政治实体是否具有真正的国际行为能力呢？据推测，到21世纪中叶，印度将发展成为和美国一样大的经济体，而中国的经济总量将比印度和美国的总和大50%。[②] 俄罗斯之所以制定这一提议，最重要的逻辑在于，其之前是作为第二世界国家的领导者，而如今努力在全球变革中发挥更大的作用，以吸引更多成员国。其他三国（中国、印度和巴西）都认为自身是第三世界崛起的重要力量，南非期望成为崛起中的非洲的领袖。[③] 全球媒体报道和学术出版物的标题中经常出现"BRICS"（金砖国家）。对一些人来说，金砖国家在一些全球安全问题上的政治态度，被视为对冷战后单极政治秩序的挑战。例如，对美国和欧洲解决叙利亚问题和伊朗问题的方式划红线，拒绝进一步将这些冲突军事化，提倡通过外交努力政治解决，反对任何单边制裁，并对危害这些国家主权及领土完整的干涉行为提出警告。[④] 而对另一些人来说，金砖国家也以迅速增长的贸易挑战冷战后单极经济秩序，特别是在南非首脑峰会的宣言中，金砖国家表示要使用本币结算以增加彼此间的贸易量，并共同注资500亿美元设立发展银行，被视为"与国际货币基金组织和世界银行分庭抗礼"。[⑤] 新形势甚至使一些分析家和学者推导出

---

① For BRICS summit documents, see BRICS Information Center, www. bricstoronto. ca.

② Merchant, Minhaz, *The New Clash of Civilizations*: *How the contest between America, China, India and Islam will shape our century*, Rainlight-Rupa, 2013.

③ Kornegay, F. A. and N. Bohler-Muller, *Laying the BRICS of a New Global Order*, Pretoria: Africa Institute of South Africa, 2013.

④ *Global Research News*, "BRICS Challenges Unipolar World and US Dollar Hegemony: BRICS Summit draws clear red lines on Syria", Iran, April 3, 2013, http: //www. globalresearch. ca/brics-challenges-unipolar-world-and-us-dollar-hegemony/5329590.

⑤ *Global Research News*, "BRICS Challenges Unipolar World and US Dolla Hegemony: BRICS Summit draws clear red lines on Syria", Iran, April 3, 2013; *The Guardian*, "The Brics are building a challenge to western economic supremacy: Brazil, Russia, India, China and South Africa, united by rejection of the neoliberal model, plan to create their own institutions", http: //www. guardian. co. uk/commentisfree/2013/apr/02/brics-challenge-western-supremacy.

“没有西方的世界”的假设。[①] 尽管如此，对另一些分析家来说，期待金砖国家塑造新世界秩序是“不现实”和“不可能”的，因为金砖国家之间缺乏共同目标，没有一个向心力足以使之超越双边矛盾如领土争端、贸易不平衡、政治互疑。这些问题使金砖国家难以深化合作，从而使所谓的“一个替代性的世界秩序”不可设想。

实际上，全球化与跨国化进程对现有霸权国家和金砖国家来说都是一把双刃剑，机遇与挑战并存。金砖国家的崛起确实在很大程度上挑战现存国际秩序的方方面面，如体系的功能性、范围性、合法性、权威性[②]，但缺乏从根本上挑战现存国际体系的结构力量[③]（structural power）。现在的问题是，现存资本主义世界能否化解金砖国家的挑战，并将这种新的社会生产关系和社会力量内化到现存体系之中。最根本的逻辑是，国际系统处在多极转化的过程之中，美国优先的观念将让位于发言权、倡议和责任的共享与分担。[④] 正如联合国 2013 年人类发展报告《南方崛起：多元化世界中的人类进步》所指出，“正在改变的全球政治经济现状为人类发展创造了空前的挑战与机遇。当今世界面临着不断反复的金融危机、日益恶化的气候变化和逐渐积累的社会动荡，在这样一个时期全球经济和政治结构发生了动摇……二战后的国际机构和政策制定者所遵循的原则即使不需要重新制定也需要得到调整，以适应话语和权力的不断多元化，从而为长久的发展进程提供支持。”[⑤]

21 世纪初高盛公司经济学家吉姆·奥尼尔提出具有象征意义的金

---

① Naazneen Barma, Giacomo Chiozza, Ely Ratner and Steve Weber, “A World Without the West”, *Chinese Journal of International Politics*, Vol. 2 (2009), pp. 525 - 544.

② Trine Flockhart and Li Xing, “Riding the Tiger: China’s Rise and the Liberal World Order”, *DIIS Policy Brief* - December, Danish Institute for International Studies, Copenhagen, Denmark, 2010.

③ 此处的结构力量采用苏珊·斯特兰奇的概念，指“选择和塑造全球政治经济结构的力量，身处其中的其他国家的政治制度、经济企业、特别是专业人员不得不遵守这种结构”，包含四个相互联系的特征：安全防御能力、对体系中商品和服务生产的控制、对金融和信用结构的控制、对知识和思想的主导。参见：Susan Strange, “The Persistent Myth of Lost Hegemony”, *International Organization*, Vol. 41, No. 4 (Autumn 1987), pp. 565。

④ Amitav Acharya, *The End of American World Order*, Polity Books, 2014.

⑤ UNDP 2013 Human Development Report, *The Rise of the South: Human Progress in a Diverse World*, 2013, pp. 1 - 2.

砖四国概念，十年过去后他的构想被事实证明并强化了。全球重塑进程已加快，这不只是因为美国和英国同时衰落，还因为欧元区的南部国家也是如此。金砖国家崛起过程持续到现在，再平衡到来的时期大大提前，到2050年世界也许会向另一个方向发展。纳撒尼尔·波珀发表《转向发达国家的动量》，认为“世界经济增长的天平正在滑向另一端……全球经济变化的受惠人之一应该是美国……金砖经济体想要再回到之前那种飞速的增长不太可能，而那种增长速度一度被人们视为正常。”[①] 正如让·皮埃特斯（Jan Nederveen Pieterse）所断言，在金砖国家迅速崛起期结束后，现有的北—南轴心将被东—南轴心取代，“新兴社会的崛起是全球化的一个重要转折点……200年来北南关系一直居于主导地位，而现在一个东南关系的轴心正在形成。2008年的经济危机是全球再平衡过程的有机组成部分。”因此，马凯硕（Kishore Mahbubani）新著《大汇合：亚洲、西方与世界大同的逻辑》（*The Great Convergence: Asia, the West and the Logic of One World*）可能比《新亚洲半球：势不可挡的全球权力东移》（*The New Asian Hemisphere: the Irresistible Shift of Global Power to the East*）的命题更加合理。

总的来说，2008年全球金融危机发生后，金砖国家的地位更为凸显，G20峰会的诞生从某种程度上说是全球治理体系需要多元化的最好阐释，而金砖国家不无例外地跻身峰会重要成员之列。发展中国家一直争取在国际货币基金组织（IMF）中拥有平等的话语权，2010年的G20峰会达成IMF改革方案（随后世界银行改革也得到推进），同意将发展中国家和新兴市场国家目前在国际货币基金组织约43%的投票权提高至少5个百分点，将发展中国家和转轨经济体在世界银行的投票权至少增加3%。随后，金砖四国提议国际货币基金组织和世界银行分别转移7%和6%的份额和股权，以保证发达国家和发展中国家享有平等的投票权的诉求在匹兹堡峰会上部分实现，金砖国家在国际事务上的话语权进一步提升。IMF的常务董事在宣布改革决定时指出，改革是为了“完善IMF的治理，并且能够更好地体现新兴和发展

① Nathaniel Popper, “Momentum Shifts to Developed Nations”, *International Herald Tribune*, 2013-8-16, p. 13.

中国家在全球经济中的角色”，并引领四个正在兴起的市场经济体（巴西、中国、印度和俄罗斯）进入 IMF 中的十大成员国小组，同时提升非洲国家的发言权。① 然而，美国国会持反对态度，认为这将对美国的长期利益造成损害，进而危及布雷顿森林体系（Bretton Woods institutions）的传统，因此美国财长明确表示 IMF 的改革是为了“加强美国在全球经济体系中的领导角色，并且展现美国对保持该地位的决心”。②

金砖国家的模式代表一种平衡，提供了对变动中的国际秩序运行的一大挑战。当然，IMF 成员国数量的继续扩大将比想象的更复杂。金砖国家方向是扩大成员国内部通过高层和专家的引领，在政策领域广泛地进行知识交换的项目，“缓慢地在多极化秩序方面奠定基础将允许他们根据自身利益塑造全球秩序”。③ 同时，其目标是尽可能地理解正在和已经被承认作为在多极化世界中的倡议和知识的一大来源，在一个多中心的多边主义体系中或者称为“小多边主义”中正在形成一种正式制度结构的重要等级外域。④ 而在减少全球贫困的过程中，这种冒险是必不可少的，包括对财政压力的侵入以及在财政空间上再度出现的债务问题，而这也适用于一些倡议，如有条件的现金过户已证明是一种处理极度贫困的有效手段。因此，“南方国家的崛起，美国的‘衰弱’以及国际秩序的‘改革’应该置入更为广泛的框架”。⑤

事实上，金砖各国都有意增强彼此的合作和联系，但距离成为一个政治实体的目标还非常遥远，仍然是一项进行中的工作，“伴随着些许

---

① International Monetary Fund（IMF），IMF Managing Director Christine Largarde Welcomes US Congressional Approval of the 2010 Quota and Governance Reforms，IMF Press Release 15/573，18 December，2015，available at：https：//www. imf. org/external/np/sec/pr/2015/pr15573. htm.

② US Department of the Treasury，Treasury Secretary Jacob J Lew on Final Passage of the Omnibus Spending Bill，Press Release，12. 18. 2015.

③ Stuenkel，O.，The BRICS and the Future of Global Order. London：Lexington Books，2015.

④ Patrick，S.，The New “New Multilateralism”：Minilateral Cooperation，But at What Cost? Gobal Summitry. Preview available at http：//globalsummitry. oxfordjournals. org/content/globalsummitry/early/2015/12/23/global. guv008. full. pdf?%2520ijkey = M9b1Vs1wQytXInT&keytype = ref.

⑤ Kiely，R.，The BRICS，US ‘Decline’ and Global Transformations. Basingstoke：Palgrave Macmillan，2015.

积极成果和令人担忧的副作用”①。例如，金砖国家高级官员就国际发展合作问题召开会议进行商讨在 2015 年 12 月才第一次成行，而各成员国负责发展合作领域的重要官员并未达成一致意见。② 这次高官会议遵循金砖国家乌法宣言的宗旨，即金砖国家领导人决心“为了提升国际发展合作强化伙伴关系，并在提升国际发展合作中通过对话、合作和交换经验的方式开始相互融合”。③ 这是一个绝好的机会，可以在相互合作和学习过程中，通过实现各自需求而建立不断增长的共同利益。④ 这也是一种潜在的切入点，可以让金砖国家在以南方国家智库网络（NeST）为指导的基础上建立共同的检查和评估机制，以监督南南合作（SSC）的进程。⑤ 1955 年万隆会议第一次提出南南合作的目标和原则，中国于 1964 年确定对外援助的基本原则并且一直延用至今，尽管中国的经济发展水平已远远超过优惠性援助的范畴。⑥ 由于全球商业的发展，区分援助与商业越来越难，而互不干涉原则也逐渐难以维持，特别是当金砖国家在世界范围内进行大规模的商业风投行为时。⑦ 至今为止，最著名的倡议是建立新开发银行（New Development Bank，简称 NDB），金砖

---

① Bracho, G., In Search of a Narrative for Southern Providers: the Challenge of the Emerging Countries to the Development Cooperation Agenda, Discussion Paper 1/2015, German Development Institute, 2015.

② BRICS, Meeting of the BRICS Senior Officials Responsible for International Development Assistance 7 December 2015, News Release, Accessed at http://en.brics2015.ru/news/20151207/811230.html.

③ BRICS, Declaration by BRICS Heads of State, Ufa, July 2015, http://www.brics.utoronto.ca/docs/150709-ufa-declaration_en.html.

④ E. Sidiropoulos, S. Chaturvedi, T. Fues, and J. A. P. Pineda, Introduction. In Institutional Architecture and Development: Responses from Emerging Powers, eds. E. Sidiropoulos, J. A. P. Pineda, S. Chaturvedi, and T. Fues. Johannesburg: South African Institute of International Affairs, 2015.

⑤ N. A. Besharati, T. Moilwa, K. Khunou, and O. G. Rios, Developing a Conceptual Framework for South-South Co-operation. Johannesburg: Wits School of Governance/Oxfam/SAIIA, 2015.

⑥ J. Xu and R. Carey, The Economic and Political Geography Behind China's Emergence as an Architect in the International Development System. Chapter in Multilateral Development Banks in the 21st Century: Three Perspectives on the Asian Infrastructure Development Bank. Overseas Development Institute, London, 2015; Xu, J., and R. Carey, China's International Development Finance - Past, Present and Future. UNU-WIDER Working Paper No 2015/150. Helsinki, 2015.

⑦ X. Li, and R. Carey, The BRICS in the International Development System: Challenge and Convergence. IDS Evidence Paper No 58. Institute of Development Studies, Brighton, 2014.

国家作为一个政治实体承担较高的声誉风险。[①] 中国也提出包括成立亚洲基础设施投资银行和丝绸之路基金等倡议。还有一个决定是联合上合组织的新成员印度和巴基斯坦，建立上海合作组织银行。上合组织乌法会议与金砖国家峰会决定推动上合组织发展银行、“一带一路”倡议和欧亚经济联盟的协同发展。因此，俄印中联盟作为金砖国家联盟构想的部分成为欧亚经济合作战略的中心系统。中国亦通过中非合作论坛规划雄心勃勃的战略框架和融资机制促进非洲大陆的工业和发展。[②] 总的来说，所有这些有关国家发展合作的倡议为金砖国家的领导与参与机制提供了全新的视角。[③] 这些倡议也为多边发展资金注入新的活力，为旧机制和新机制间的竞争与合作提供了发展基金。[④]

（三）国别研究

金砖国家的概念原型需要追溯到20世纪90年代上半叶，最初并不是高盛公司设想的投资意义上的，而是地缘政治层面的战略构建，是两极格局终结的直接产物。当时所谓“世界社会主义体系”的“计划经济”遭到民主制的无情践踏，凯旋的民主制以经济改革或自由化为借口大行掠夺之实。俄罗斯的社会主义思想家和历史学家注意到这种破坏和劫掠与19世纪和20世纪初中国、印度的遭遇相似。一些俄罗斯东方主

---

① Jing Gu and C Zhang，A Vaz，L Mukwereza，Chinese State Capitalism? Rethinking the Role of the State and Business in Chinese Development Cooperation in Africa，Journal of World Devel-opment，Vol. 81：24 –34，2016.

② Government of China，Forum on China-Africa Cooperation：Johannesburg Summit & The 6th Ministerial Conference，Beijing：Ministry of Foreign Affairs，December，2015，Accessed at：ht-tp：//www. focac. org/eng/ltda/dwjbzjjhys_ 1/.

③ J. Xu，and R. Carey，The Economic and Political Geography Behind China' s Emergence as an Architect in the International Development System. Chapter in Multilateral Development Banks in the 21st Century：Three Perspectives on the Asian Infrastructure Development Bank. Overseas Development Institute，London，2015.

④ S. Spratt，，and B. Barone，National Development Banks in the BRICS：Lessons for the Post –2015 Finance Framework. IDS Policy Brief No 93，2015，https：//www. ids. ac. uk/publication/national-development-banks-in-the-brics-lessons-for-the-post – 2015 – development- nance-framework；UN，Addis Ababa Action Agenda，2015，Accessed at：http：//www. un. org/esa/ffd/wp-content/uploads/2015/08/AAAA_ Outcome. pdf.

义者如叶夫根尼·普里马科夫①（Yevgeni Primakov）进行类比研究，他们预测俄罗斯经济将不可避免地下行，并沦为“第三世界”的水平，为推延危机全面爆发而不得不耗费大量的资源。② 1996 年，叶夫根尼·普里马科夫（时任俄罗斯联邦外交部长，后任总理）提出多极主义作为冷战后准极权主义世界秩序的一种替代。普里马科夫认为俄罗斯的外交政策不应该完全被华盛顿控制，而应该坚持多元化的外交方向，并强调应该恢复与印度的传统友谊，培养重新发现的俄中友谊。他公开表达此前被封口的建议，即建立俄印中三边关系（RIC）作为多极世界中的一“极”和全球经济的三角中心，为半边缘国家的经济政治利益提供一些保护。他认为，俄罗斯对发展友好、互利、平等的俄中、俄印关系非常有兴趣，俄罗斯在许多方向和不同层次上致力于打造这种关系，如上海合作组织（SCO）、初期的 RIC 三角、金砖国家、20 国集团等。普里马科夫的设想经过数年才被采纳，多极的概念逐渐被认可，并随时间推移而派生出许多新内涵。西方分析家和多边机构已熟练地使用该概念，如世界银行2011 年发布的报告题目即为《多极世界：全球新经济》（Multipolarity：The New Global Economy）。在十年时期内，俄罗斯对多极的理解也从经济合作的替代性构想进化为全球治理改革的蓝图。因此，从成果数量和多样性看，俄罗斯对金砖国家合作机制的研究比较丰富，既有领导人的首创性发言，也有从各个视角切入的研究，还有专门研究机构进行长期跟踪分析，其中最著名的是俄罗斯金砖国家研究委员会（Russian BRICS Research Committee）。

金砖国家研究委员会是一个半官方组织，由俄国知识界精英组成，负责对金砖国家这个新的国际纽带进行透彻的研究，并提出一个统一的国家政策。该委员会的研究涉及金砖国家的根本使命，因此颇具启发意义，尽管其中不无具体和细节性的观点分歧。达维多夫教授（V. Davydov）为委员会副主席、俄罗斯科学院通信院士（Correspondent member），十分有影响力。他认为，金砖国家的主要任务是“对传统世界

① 戈尔巴乔夫时代和后戈尔巴乔夫时代前期著名的学者和政治家。

② ［丹麦］李形主编，林宏宇等译：《金砖国家及其超越——新兴世界秩序的国际政治经济学解读》，世界知识出版社，2015 年版，第 96 页。

经济和政治权力中心所控制的结构进行制约性平衡。换句话说，金砖国家的历史使命就是为世界体系的再平衡提供必要的先决条件和实施手段”。[①] 达维多夫对金砖国家的“历史使命”的观点是偏向政治性的，他关注金砖国家在世界竞技场中的政治作用，判断全球“经济政治权力”的平衡进一步转向“新兴”全球棋手。与此同时，委员会其他成员更愿意将金砖国家看作一个通过文明之间的对话以缓和全球紧张局势的角色，其代表人物是俄罗斯科学院远东研究所（Institute of Far Eastern Studies）主任季塔连科（M. L. Titarenko）。他认为，将金砖国家视为不同文明参与的音乐会是一个“非常棒的主意”，如果要增加其可持续性，金砖国家应该吸纳一个有同等影响力的穆斯林国家，“这五个是一个很好的组合，但缺少伊斯兰因素”。而在寻求加入的候选人当中（包括伊朗、埃及和沙特），印尼是最合适的。金砖国家所遵循的原则（即开放、实用、自主、不结盟、相互尊重和不干涉其他国家内政）是金砖国家发起文明间对话的必要充分条件，只有坚持这些原则才能进一步深化文明音乐会。

然而，2013 年 2 月，普京批准《俄罗斯加入金砖国家构想》（Concept of Participation of the Russian Federation in the BRICS）后，这种多重理论视角间的争鸣逐渐消失。这份文件没有提及俄罗斯的金砖国家战略包括文明的维度，并且低估金砖国家多维度的影响和多元的利益。文件第 6 段指出，“金砖国家的政治影响力来源于这些国家都是主要国际组织和机制中的重要成员国，比如联合国、20 国集团、8 国集团、不结盟运动、77 国集团等，并且同时也是地区性组织的重要成员国，对俄罗斯来说包括独立国家联合体、集体安全条约组织、欧亚经济共同体和关税同盟；对俄罗斯和中国来说包括上海合作组织和亚太经济合作组织；对巴西来说包括南美洲国家联盟、南方共同市场和拉美及加勒比国家共同体；对南非来说包括非洲联盟和南部非洲发展共同体；对印度来说包括南亚区域合作联盟。”这种枚举在俄罗斯政策文件中极为罕见（这类文件通常是技术性的政策文件，供国内机构使用，而不是面向国际观众的宣言），虽然表明金砖国家间洲际和跨文化的多面性，但没有指出理

① ［丹麦］李形主编，林宏宇等译：《金砖国家及其超越——新兴世界秩序的国际政治经济学解读》，世界知识出版社，2015 年版，第 98 页。

想主义的文明对话维度。要言之，这份文件在文明对话方面模糊不清，而在联盟的定性方面异常清晰，明确指出金砖国家的四个长期、根本性特点，这些特点成为金砖国家在世界竞技场上合作的基础：一是现有金融和经济结构并没有考虑到新兴市场经济体和发展中国家增长的实力，改革这种过时的结构是金砖国家共同的愿望；二是金砖国家支持国际法和国际社会公认的原则，并且拒绝权力政治和干涉他国主权；三是金砖国家在实现大规模现代化过程中面临相似的经济和社会问题；四是金砖国家许多经济部门间存在互补性。前三个特点都是显而易见的，金砖国家内外已达成共识，但最后一个特点正处于讨论之中，即使在俄罗斯也经常遭到非议。如金砖国家在自然资源方面可以划分为净进口国和净出口国，确实是互补的，但自然资源的净出口国（俄罗斯、南非以及巴西）正在尽最大努力摆脱这种依赖，以建立一个多样化的经济。对旧世界的决策核心来说，金砖国家的崛起提供了一种非敌对性的替代秩序，这深刻影响当前国际体系的方方面面，严重侵蚀准封建关系、等级制赖以存在的基础。金砖国家作为新的全球政治经济力量将对现存国际体系的民主化产生重大影响。

此外，俄罗斯学者在金砖国家研究领域的成果也比较丰富。如B·П·奥博连斯基、O·O·科莫洛夫在《金砖国家的经济合作潜力》一文中从金砖国家间贸易的本币结算和成立金砖国家开发银行两方面阐述各成员国在货币金融领域的合作潜力，探析金砖国家在西方主导的国际金融体系和国际经贸规则的改革中扮演的角色。① B·A·奥尔洛夫在《金砖国家与先进技术：合作前景与俄罗斯的利益》一文中论述俄罗斯在科技领域的国家利益，并以航天航空技术、互联网技术、核能技术和物品识别技术为视角分析俄罗斯的金砖国家战略。② O·A·波尼佐娃、A·A·阿维尔琴科夫、C·B·基谢廖夫等在《俄罗斯可持续发展视角

---

① В. П. Оболенский, О. О. Комолов. Возможности экономического сотрудничества в рамках БРИКС. ИзВ. А. Никонова, Г. Д. Толорая. Стратегия России в БРИКС: цели и инструменты（Москва: Российский университет дружбы народов, Издательство, 2013）.

② В. А. Орлов. БРИКС и передовые технологии: перспективы сотрудничества и интересы России. Из В. А. Н, Г. Д. Толорая. Стратегия России в БРИКС: цели и инструменты（Москва: Российскийдружбы народов, Издательство, 2013）.

下的金砖国家绿色经济合作前景探析》一文中讨论可持续发展与绿色经济之间的关系，并以可持续发展为出发点探讨俄罗斯与金砖国家其他成员国的潜在合作。[①] B·A·尼科诺夫和Г·Д·托罗拉伊等编辑出版《俄罗斯的金砖国家战略：目标与方法》，从金砖国家机制、国际安全合作、金融经济合作、俄罗斯经济现代化四个方面，归纳与整理俄罗斯学界关于金砖国家的研究，展现俄罗斯学者对俄罗斯加入金砖国家机制的不同理解。[②] И·B·维亚基娜、Г·A·亚历山德罗夫在《俄罗斯经济现代化：问题与解决方法》一文中从技术创新的角度探讨实现俄罗斯经济现代化的重要手段。[③] B·B·帕诺娃在《俄罗斯在金砖国家中的地位：预期与实际成果——外部因素对金砖国家机制发展的影响》一文中分析俄罗斯外交战略中的金砖国家，并尝试从竞争和互动两个截然相反的角度论述金砖国家各成员国间的相互作用与影响。[④] 俄罗斯外长C·拉夫罗夫在《金砖国家——具有全球影响的新型合作机制》一文中从实现全球战略平衡、保障世界和平与稳定两个层面，阐述金砖国家机制出现的必然性和重要性。[⑤] B·M·达维多夫在《金砖四国发展与多极世界格局的若干问题思考》一文中对扩容前金砖四国未来发展的先决条件和趋势及其在推进世界格局多极发展中的作用进行预测与评估。[⑥] 此后，内容类似的学术论文还有达维多夫的《觉醒的巨人——金砖四

---

① O. A.，Аверченков A. A.，Киселев C. B. и т. д. . Перспективы сотрудничества стран БРИКС "зелёной экономики" в интересах устойчивого развития России. Из B. A. Никонова，Г. Д. Толорая. России в БРИКС：цели и инструменты（Москва：Российский университет дружбы народов，，2013）.

② B. A. Никонова，Г. Д. Толорая. Стратегия России в БРИКС：цели и инструменты（Москва：Российский дружбы народов，Издательство，2013）.

③ ВякинаИ. B.，Александров Г. A.，"Модернизация российской экономики：проблемы и решения"，предпринимательство（№ 8，Вып. 2（165）2010）.

④ Панова B. B.，"Место России в БРИКС：видение и практические результаты. Влияние внешних игроков на взаимодействия в《клубе》"，Вся Европа（№7－8（68），2012）.

⑤ S. Lavrov，BRICS：a new-generation forum with a global reach，From J. Kirton，M. Larionova，Y. Alagh，BRICS：The 2012 New Delhi Summit，Newsdesk Media，2012.

⑥ Давыдов B. M. . Перспективы БРИК и некоторые вопросы многополюсного мира（M.，ИЛА PAH，2008）.

国》①、Б·Ф·马丁诺夫的《金砖四国的合作潜力》②。

对俄罗斯加入金砖国家，Natalita A. Vasilyeva 认为，这是俄罗斯的全球政治战略选择。③ 2013 年 2 月，俄罗斯政策性文件《俄罗斯加入金砖国家构想》肯定金砖国家在现代国际体系中的地位，简要分析金砖国家机制的发展前景，概括了俄罗斯的金砖国家战略目标和在具体领域的合作内容。④ 俄罗斯另一份文件《俄罗斯在金砖机制中：战略目标与实现手段》指出，当今国际形势是"动荡、失衡以及全球管理危机"，国际政治和经济需要金砖国家这样的新的影响力中心。欧洲大西洋体系正在丧失主要优势，金砖国家机制的出现使全球主动权转移到不久前还是边缘国家的手中。这些国家如今要向世界提供历史性的选择，承担起建构新世界秩序支柱的责任。⑤

总的来说，俄罗斯学界对金砖国家合作机制的研究大部分涉及共同利益的研究。这些学者大多对俄罗斯参与金砖国家持积极态度，认为金砖国家不是一个虚拟的框架，其合作机制在形成之中，制度化水平正在不断上升，俄罗斯有很好的机会塑造和影响金砖国家合作机制。俄罗斯外交和国防政策委员会主席费奥多尔·卢基扬诺夫认为金砖国家不是一个组织，没有协调路线，但它存在这个事实深刻地影响着国际路线。他将金砖国家称为有着远大前程的国家集团，金砖国家只代表形象，但在当今政治中形象也有物质的力量。他指出每个金砖国家与西方都有深切的利害关系，它们不愿意对西方发出挑战，"这个联盟不反对，只是绕过西方"。⑥

俄罗斯之外，涉金砖国家合作机制的其他国别研究也有不少。如巴

① Давыдов В. М.，"Пробуждающиеся гиганты БРИК"，Свободная мысль（№ 5，2008）.

② Мартынов Б. Ф.，"Потенциал правового взаимодействия стран БРИК"，Латинская Америка（№2，2010）.

③ Natalia A. vasilyev. "BRIC' s institutionalization：Russia' s world political strategy"，XXI World Congress of Political Science，Santiago，Chile，2009，pp. 1 – 6.

④ Концепция участия Российской Федерации в объединении БРИКС，Кремль，Февраль 2013.

⑤ 叶莲娜·契尔年科：《俄罗斯找到了金砖国家的意义》，俄罗斯《生意人报》2013 年 3 月 11 日。

⑥《不是反对，而是绕过西方》，俄罗斯《生意人报》2013 年 3 月 19 日，http：//www. kommersant. ru/doc/2148773。

西工业和贸易部长费尔南多·皮门特尔（Fernando Pimentel）认为，金砖开发银行的成立将极大地提高金砖国家在国际金融体系中的谈判力量，敦促发达国家更好地面对现实，并可为成员国之间实现贸易的本币结算创造有利的条件。[①] 美国威尔逊中心（Wilson Center）巴西研究所（Brazil Institute）所长保罗·索特罗（Paulo Sotero）及研究员莱斯利·阿米霍对巴西成为金砖国家成员表达其看法，他们认为从历史、地理、文化等因素上看巴西是属于西方的发展中国家。巴西的自然资源禀赋使其有资格成为潜在的大国，但与其他金砖国家相比，巴西未来是否能在国际舞台上扮演重要角色取决于巴西政府是否能够实施行之有效的国内政策以促进巴西的发展。[②]

非洲开发银行（Development Bank of Africa）的报告显示，到2020年前，非洲中低收入国家基础设施建设的资金需求是每年约930亿美元。[③] 南非总统祖马强调，未来5年金砖国家基础设施建设的资金缺口是4.5万亿美元[④]。南非南部非洲发展银行（Development Bank of Southern Africa）首席执行官德拉米尼（Dlamini）认为，现行的国际金融体系已经越来越难满足新兴市场的发展需求。[⑤] 南非高效集团首席经济学家罗德特（Roudet）指出，非洲和金砖国家的经济有很强的互补性，合作潜力巨大。如果西方国家不愿把他们在当前全球金融治理体系中的权力给予新兴市场国家，后者可以创建此类金融机构，并将这个合作机制规范化，接纳更多新成员加入。[⑥]

印度长期依赖世界银行的贷款支持其基础设施建设，但从世界银行

---

① Fernando Pimentel, "Brazil Forces BRICS Enhance Currency Strately", *Reuters Online*, 2012.

② Paulo Sotero and Leslie Elliott Armijo, "Brazil: to be or not to be a BRIC", *Asian Perspective*, Vol. 31, No. 4 (2007), pp. 48 – 50.

③ Donald Kaberuka, "Boosting Infratructure Inverstments in Africa", *World Economics*, Vol. 12, No. 2, 2011, pp. 7 – 24.

④ David Smith, "BRICS Eye Infrasturcture Funding Through New Development Bank", *The Guardian*, March 28, 2013.

⑤ Oliver Stuenkel, "The Financial Crisis and the Genesisi of Intra-BRICS Cooperation", *Global Governance*, 2013: 611 – 625.

⑥ Maite Nkoana-Mashabane, "South Africa's Role in BRICS, and It's Benefit to Job", *The World Today*, 2013.

可获得的资金越来越少，因此对建立金砖国家开发银行抱有很高的期待。印度国家智库主席萨米尔·萨兰（Samir Saran）认为，在当前世界银行体系中，西方国家常常为政治目的所驱使，利用大国的表决权支配贷款资源，金砖国家参与全球金融治理合作将有助于提高当前金融治理体系管理的民主程度。①

托马斯·雷纳德（Thomas Renard）从欧盟的角度出发进行研究，认为新时代国际体系的特征是美国的单极时代已结束却仍作为统领全球的力量存在，以金砖国家为代表的新兴国家力量的出现加速世界多极化的进程。欧盟想要在全球舞台上继续占有一席之地必须更加团结一致，在对外政策上用同一个声音说话。②

（四）关于金砖国家参与全球治理与世界秩序重建

金砖国家寻求塑造全球治理体系的一系列行动是一个充满挑战并且渐趋一致的过程。③ 实际上，俄罗斯、中国、印度、巴西和南非在组成金砖国家之前已经是全球治理体系中的重要力量，其中俄罗斯和中国还是安理会常任理事国并拥有否决权。金砖国家丰富的资源成就其地区性大国地位，进而可以在全球竞争和治理方面占据一席之地。五国分别在东亚、中亚、南亚、东欧、非洲和拉美享有这种地位，联合起来将产生全球性影响，并在全球治理中得心应手。金砖国家已确立其在地区发展中的领导地位，成为推动地区多边合作的驱动力量。

在金砖国家的影响下，世界秩序将走向何方？金砖国家强烈支持国际社会公认的原则和国际法准则。俄罗斯认为，巴西、俄罗斯、印度、中国、南非所组成的金砖国家共同体由一种新型国际关系所连结，这种关系超越冷战的偏见、新殖民主义的既得利益、零和博弈的世界观。金砖国家的合作基于联合国宪章、公认的原则和

---

① Samir Saran, *BRICS and Eurozone*, *BRICS Information*, 2013.

② Thomas Renard, "ABRIC in the world: emerging powers, Europe and the coming order", Egmont Paper 31, Academia Press, October 2009, pp. 4 – 7.

③ Li, X., and R. Carey, The BRICS in the International Development System: Challenge and Convergence, IDS Evidence Paper No 58. Institute of Development Studies, Brighton, 2014.

国际法准则，以及五国达成共识的原则，如开放、实用、自主、不结盟和不针对第三方。自金砖国家领导人在俄罗斯叶卡捷琳堡召开第一次峰会以来，金砖国家反复向世界承诺推动国际法、多边主义和联合国解决国际事务的中心地位。俄罗斯倡议金砖国家成立贸易委员会（Business Council），以寻找启动多边投资项目的新机遇，并且支持金砖国家科学界更积极地在创新项目上开展合作。在德班峰会上，普京提议金砖国家毒品管控部门负责人举行会议，2013 年 6 月该会议在莫斯科举行。此外，俄罗斯提议加强国际信息安全并提出具体步骤，希望利用金砖国家的潜力掌握主导权。

事实上，金砖国家成员国在政治、经济、发展等各类全球治理问题上相互交流、协调彼此的政策立场。在经济领域，成员国在世界银行和国际货币基金组织改革问题上团结一致，支持把更多的投票权转移给新兴市场经济体和南方国家。在 2013 年德班峰会上，金砖国家重申它们的关切，认为需要改变未能反映全球经济现实的经济秩序。它们特别就国际货币基金组织和世界银行的“负遗产”进行游说，强调这些机构应该按照新兴市场经济体在全球经济中的“相对分量”进行重组，即将更多的投票权转移给新兴市场经济体和南方国家。所有的金砖国家峰会都提出一个共同的议程，其中重要的政治议程经五年演变，目前包括扩大联合国安理会、在现行的全球治理结构下进行改革、以多边方式解决共同关注的问题。中国和俄罗斯作为安理会常任理事国，支持巴西、印度和南非在联合国发挥更大的作用。在国际地缘政治方面，金砖国家发出“节制与谨慎的声音”，限制了西方国家“干涉主义的冲动”，如对叙利亚内战问题和伊朗核问题，在 2013 年圣彼得堡 G20 峰会上，金砖国家一致反对军事打击叙利亚。但在 2013 年 3 月联合国人权理事会（UNHRC）上，成员国在斯里兰卡违反人权的问题上并没有联合起来，印度和其他 24 个国支持美国提出的斯里兰卡破坏人权的提案，但中俄反对进一步的行动，认为这违反不干涉原则。①

现在要求金砖国家就全球治理加强合作的呼声越来越高，如俄罗斯

① ［丹麦］李形主编，林宏宇等译：《金砖国家及其超越——新兴世界秩序的国际政治经济学解读》，世界知识出版社，2015 年，第 98 页。

呼吁金砖国家之间定期沟通，与全球性、区域性组织保持联系，并且与联合国和其专门机构发展系统性的合作关系。俄罗斯总统普京在德班峰会上提议将峰会最终文件作为官方文件提交联合国秘书长和联合国大会主席。金砖国家注意到互联网在促进全球经济、社会、文化发展方面的重要、积极作用，一致认为营造一个和平、安全、开放的网络空间是十分必要的。金砖国家强调，以社会普遍接受的准则、标准和惯例安全地使用信息和通讯技术（ICTs）具有重要意义。俄罗斯及其伙伴国积极推进现有互联网管理体系的改革，如果改革能够顺利实施，将对全球政治和经济产生巨大影响。

实际上，对金砖国家参与全球治理和世界秩序重建的思考与将该合作机制视为政治实体的研究有较密切的联系，正是对金砖国家政治影响力的关注，才可能有对其作为一个整体参与全球治理的思考。虽然有不同的声音，对金砖国家合作机制的政治意义也有不同考量，或否定，或肯定，但都是积极的探索。例如，美国国际新闻社记者约翰·弗雷泽在《中国是金砖国家银行的关键》中认为金砖是由中国、俄罗斯、印度、巴西和南非组成的一个俱乐部，实际上并不具备成为一个政治实体的基础。① 乔治在《外交事务》（Foreign Affairs）发文表示，对像金砖国家这样的发展中国家，虽然诸如金融和贸易协商等世界事务需要其参与和意见，但是发展中国家不应该在重要世界组织中被授予主导权力，因为金砖国家等发展中国家虽然在经济发展上占优势，但在政治和外交方面还不具备很大的影响力。②而加拿大的安德鲁·F·库柏和波兰的阿加塔·安特克维茨则从肯定的角度出发，在《全球治理中的新兴国家》中介绍 2007 年在德国海利根达姆召开的八国集团峰会中主要发达国家与发展中大国就当前全球性问题开展的对话。安德鲁·赫利尔（Andrew Hurrell）在《霸权、自由主义和全球秩序》中分析金砖四国对美国霸

① 董雯：《金砖国家合作：动因与前景》，外交学院硕士学位论文，2011 年，第 3 页。

② Forge G. Castaneda, "Not Ready for Prime Time: why including emerging powers at the helm would hurt global governance", Foreign affairs, Vol. 89, No. 5 (September/Oetober, 2010), PP. 121 – 122.

权以及改变国际社会属性的反应，以及四国可能采取的外交政策。[①] 莱斯利·阿米霍（Leslie Elliott Armijo）从经济自由主义、现实主义及自由制度主义三个角度，详细量化分析金砖国家的实力地位及其对全球经济体系产生的效应，认为这些国家存在的共同利益很少，合作机制基础比较薄弱。[②] 马克·布劳尔（Mark Brawley）从美国的角度出发认为金砖国家的崛起对美国主导下的国际体系造成威胁，选择何种方式应对它们对美国至关重要。他认为，要保持美国领导地位并不能简单地阻碍金砖四国各方面的成长，而是要想办法阻止它们寻求改变其国际地位现状的想法，主张美国采取"民主和平论"，促成金砖国家向民主国家方向转变。[③] 辛西娅·罗伯茨在《政体论坛：挑战者还是利益相关者？金砖国家和自由的世界秩序》一文中从世界体系中的金砖国家、全球权力转移的开始、金砖国家的目标等视角，对金砖国家在全球治理体系中的地位与作用、产生的影响和发展前景进行研究与分析。她后来发表的《金砖国家逐一建立世界新秩序》一文持论相似。[④] 此外，俄罗斯外长拉夫罗夫在《金砖国家——具有全球影响的新型合作机制》一文中从实现全球战略平衡、保障世界和平与稳定两个层面阐述金砖国家机制出现的必然性和重要性。[⑤] 达维多夫对扩容前金砖四国未来发展的先决条件和趋势、以及在推进世界格局多级发展中的作用进行预测与评估。[⑥]

对金砖国家国际政治影响的讨论说明它已在国际系统中提供一种挑战性的功能。金砖国家还参与20国集团体系，支持2015年联合国协议中的三大组成部分，即全面可持续发展目标、发展超越政府援助的融资

---

① Andrew Hurrell, "Hegemony, liberalism and Global Order: What Space for Would-be Great Powers", *International Affairs*, Vol. 82, No. 1, 2006, pp. 1 – 19.

② Leslie Elliott Armijo, "The BRICs Countries (Brazil, Russia, India and China) as Analytical Category: Mirage or Insight", *Asian Perspective*, Vol. 31, NO. 9, 2007, pp. 7 – 42.

③ Mark R. Brawley, "Building Bolocks or a BRIC Wall? Fitting U. S. Foreign Policy to the Shifting Distribution of Power", *Asian Perspective*, Vol. 31, No. 4, 2007, pp. 151 – 175.

④ Cynthia Roberts, "Polity Forum: Challengers or Stakeholders? BRICS and the Liberal World Order", *Polity*, Vol. 42, No. 1, January, 2010; "*Building the New World Order BRIC by BRIC*", *The European Financial Review*, February-March, 2011.

⑤ S. Lavrov, *BRICS: A New-generation Forum with Alobal Reach* From J. Kiiton, M. Larinova, Y. Alagh. BRICS: The 2012 New Delhi Summit, Newsdesk Media, 2012.

⑥ В. М. Перспективы БРИК и некоторые вопросы многополюсного мира (М., ИЛА РАН, 2008).

以及气候变化，而这三个协议导致了全球治理体系的重大变革。[①] 金砖国家面临选择，要么通过自己的方式建立新的全球治理模式，并在现有和未来的国际机构中获得主导地位；要么接受其他行为体已设计好的模式，而这并没有考虑到新兴发展中国家的利益。第三种选择是加强部分现有国际组织的能力，首选是联合国，这些组织的政府间性质可以解决全球治理的合法性问题，而俄罗斯已有牢固的地位、经验和非正式的联系。实际上，最可能的选择是将三种方式结合起来，同时突出第三种方式。作为独立的新兴国家，金砖国家现在不会，在可预见的未来也不会将全球治理置于自己的主权地位、国家利益和组织功能之上，因为金砖国家成员国经过多年努力已经享有足够的国际合法性，可与传统的“旧”强国平等地参与全球决策和行动，并且作为一个整体，这种趋势在加强。全球治理现在已基于新、旧棋手共同创造的合法性之上，决议的实行依赖于金砖国家成员国本身或者由金砖国家提供资源支持的国际组织。尽管如此，主要的原因还在于金砖国家是崛起的强国，五国直到最近才真正作为独立的国家崛起（不仅在国际法意义上，还在实际意义上），绝不会同意限制其主权或允许超国家机构在涉及其利益的重大领域限制其决策和行动的可能性。

（五）关于金砖国家主权财富基金的研究

2007 年以来，国际货币基金组织、经济合作与发展组织、美国主权财富基金研究院、彼得森国际经济研究所、摩根斯坦利投资银行、牛津大学、德意志银行和金融时报等著名研究结构与媒体对主权财富基金进行集中的、有针对性的研究和报道，在全球刮起一股研究主权财务基金的热潮。[②] 金砖国家主权财富基金研究是主权财富基金研究的一部分，对主权财富基金的研究亦包含对金砖国家主权财富基金的观察。作

---

① UN, Addis Ababa Action Agenda, Accessed at: http: //www. un. org/esa/ ffd/wp-content/uploads/2015/08/AAAA_ Outcome. pdf; UN, Transforming our World: The 2030 UN Agenda for Sustainable Development, Accessed at: https: //sustainabledevelopment. un. org/ post2015/transformingourworld; UNFCC, Paris Agreement on Climate Change, Accessed at: http: //unfccc. int/resource/docs/2015/cop21/eng/l09. pdf.

② 李峰：《主权财富基金的兴起，经济效应与中国的战略选择》，杭州：浙江大学出版社，2011 年版，第 9 页。

为国际社会关注的焦点，金砖国家主权财富基金研究近几年才逐渐开展，系统的专门研究至今还很少。

金砖国家中，中国和俄罗斯是两个最重要的国家，两国的主体经济模式也分别代表出口大国和能源大国。巴西到 2008 年才开始组建国家主权基金，印度和南非还处于讨论何时建立国家主权基金的阶段。因此，对金砖国家主权财富基金的研究主要是围绕在中国和俄罗斯展开的。各国专家学者的研究集中在两个方面：第一是金砖国家主权财富基金和西方发达国家的关系。世界主要金融机构和国际经济组织对金砖国家主权财富基金持乐观的看法，如世界银行的斯蒂法诺·克托（Stefano Curto）认为主权财富可以有效推进南南合作的进程，进而促进全球繁荣，增加投资效率和提高剩余资金的使用率。[①] 道富基金（State Street）的约翰·纽基（John Nugee）指出，金砖国家主权基金应该尽量避开其目的是政治驱动还是经济使然的绝对性表态，因为这将激起投资接受国保护主义的抵制。金砖国家主权财富基金已经关注到其投资的市场和国家所流露的担忧和怀疑，并希望与发达国家建立有效的互动和交流机制。[②] 而由于习惯性地将意识形态或者政治企图和商业行为捆绑在一起，西方学术界对金砖国家主权财富基金持消极态度，如塔夫兹大学教授丹尼尔·德雷兹纳（Daniel W. Drezner）认为“非民主国家”的主权财富基金规模持续发展将给世界其他国家提供另一种经济成功的榜样，从而动摇西方国家在全球经济中的影响力和软实力。[③] 第二是金砖国家主权基金对国际金融市场的影响。欧洲央行 2008 年报告中表示，与规模稳定的中东相对比，金砖国家主权财富基金（主要是中国和俄罗斯）的规模将持续扩大，甚至会把传统的外汇储备也转移至主权基金之上，进而对国际资本的流动产生影响。假如金砖国家抛售其现在投资于低风险的美国国债的资金，并通过主权财富基金转向高回报、高风险的美国

---

① Stefano Curto，“*Sovereign Wealth Funds in the next decade*, *Economic Premise*”，April 2010，No. 8，The World Bank.

② John Nugee，“Sovereign Wealth Funds’ coming age：Unrivaled Titans to Uncertain Mortals”，*Soveriegn Wealth Funds*：*Emerging form financial crisis*，Visison 2009. Sttate Street Corporation，Vol. 1 V. Issue1.

③ Daniel W. Drezner，“While Whale or Red Herring? Accessing Soverign Wealth Funds”，*Grass Forum*，2008.

股票市场，势必造成市场恐慌，影响资产价值和汇率，而且还可能出于政治考量突然抛售资产并扭曲价格，对国际金融市场造成剧烈的动荡。[①]

根据美国主权财富基金研究院的统计，中国拥有中国华安投资公司、中国投资公司、香港金管局投资组合、国家社保基金和中非发展基金五个主权财富基金；巴西拥有巴西主权财富基金；俄罗斯拥有国家财富基金（含稳定基金）、俄罗斯直接投资基金两个主权财富基金。[②] 2010 年，印度石油行业要求政府创建主权财富基金，以与中国在获取全球能源资产的竞争中抗衡，但至今尚未成立。据南非媒体报道，南非政府正在酝酿建立主权财富基金，以更有效地经营其外汇储备，并为保持其币值相对平稳进行必要的干预。

中国的 5 个国家主权财富基金分别为：

一是中国华安投资有限公司（SAFE Investment Company Limited），1997 年成立于香港，资本金 200 亿美元，是中国国家外汇管理局进行股权投资的载体，资金来源是外汇储备。据美国主权财富基金研究院的统计，截至 2011 年 7 月，华安投资有限公司的资产规模达 5679 亿美元。[③] 华安投资公司章程显示，该基金资金可投资各种金融工具，包括证券、外汇和商品等，代理外管局管理外汇储备及经外管局所授权批准的其他所有相关货币财务事宜；在全球范围内管理投资基金以及管理国家外汇储备或从事其他经中央银行授权批准的业务。由此可见，华安投资有限公司是国家外汇管理局通过市场化手段进行外汇市场调节的辅助工具，有时也从事营利的投资活动，主要从事外汇储备的运营管理，行使央行外汇市场调控功能。华安投资主要以欧洲市场，特别是英国的证券市场为目标，属于较为保守的投资者。

二是中国投资有限责任公司（China Investment Corporation，简称中投公司），2007 年 9 月 29 日在北京成立，是依照《中华人民共和国公司法》（以下简称《公司法》）设立的、经中国国务院批准设立的、从

---

① Roland Beck and Michael Fidora, "The Impact of Sovereign Wealth Funds on Global Financial Market", *Occasional Paer Series*, No. 91, July 2008, European Central Bank.

② http：//www. swfinstitute. org/fund/brazil. php.

③ http：//vvww. swfinstitute. org/swfs/china-investmeni-company/.

事外汇资金投资管理业务的国有独资公司，隶属于国务院，由国务院副秘书长楼继伟任董事长，注册资本金为2000亿美元，来源于中国财政部通过发行特别国债的方式筹集的15500亿元人民币，然后通过中介机构（中国农业银行）与等额价值外汇储备置换，最后注入中投公司，是全球最大主权财富基金之一。公司实行政企分开、自主经营、商业化运作的模式；持有、管理和投资其受托资产，业务以境外金融组合产品的投资为主，并在可接受的风险范围内争取长期投资收益最大化，以实现股东利益最大化。其主要业务是基于经济和财务目的，在全球范围内对股权、固定收益以及多种形式的另类资产进行投资。由此可见，中投公司资金来源属于国家外汇并以营利为目的，在国际市场上进行中长期投资，是真正意义上的主权投资公司。2009年底，中投公司的资产总额约2980亿美元；2013年9月，按照美国主权财富基金研究院的统计，中投公司规模几乎翻倍，达5752亿美元，名列世界主权财富基金资产规模的第四位。①

三是中非发展基金（China-Africa Development Fund）。2006年11月，中国国家主席胡锦涛在中非论坛北京峰会上提出对非务实合作的8项政策，其中一项主要措施是建立中非发展基金，目的是支持中国企业开展对非合作、开拓非洲市场。2007年3月14日，国务院正式批准成立中非发展基金。基金成立的前期工作由国家开发银行负责，首期出资10亿美元，一、二期投资总计30亿美元，全部由国家开发银行出资。②2007年6月26日，中非发展基金正式挂牌营业，它是国内第一支由国家主席宣布设立、国务院领导揭牌开业的基金。中非基金目前是国内最大的官办私募股权基金，也是第一支专注于对非投资的股权投资基金。自成立以来，中非基金采取自主经营、市场运作、自担风险的方式运作和管理，致力于搭建中非经贸合作的桥梁与纽带；致力于增强非洲发展的“造血”机能；积极履行投资的环境与社会责任；以市场化运作促进中非互利共赢。作为股东，国家开发银行拥有丰富的项目评审和管理经验、较为完善的专家资源库；通过已投资的五支基金及三家专门基金

① http：//vvww. swfinstitute. org/swfs/china-investmeni-corporation/.

② http：//www. cadfund. com/NewsInfo. aspx？ NId = 10.

管理公司，已建立较成熟的基金运行管理和风险控制机制。①

四是全国社会保障基金。2000 年 8 月，中国政府决定建立“全国社会保障基金”，同时设立“全国社会保障基金理事会”负责管理运营。全国社会保障基金定期向社会公布收支、管理和投资运营的情况。国务院财政部门、社会保险行政部门、审计机关对全国社会保障基金的收支、管理和投资运营情况实施监督。社保基金的投资以中国国内为主，近来也开始向新兴市场和欧洲市场投资，并准备把 20% 的资金交给第三方的基金经理管理。② 按美国主权财富基金研究院 2013 年 9 月的统计，中国社保基金的规模约 1606 亿美元。③

五是香港金融管理局投资组合。香港金融管理局（Hong Kong Monetary Authority，HKMA，简称金管局）成立于 1993 年 4 月 1 日，由外汇基金管理局与银行业监理处合并而成，是中华人民共和国香港特别行政区政府辖下的独立部门，负责香港的金融政策及银行、货币管理，担当类似中央银行的角色，直接向香港特别行政区政府财政司负责。香港金管局投资组合是由金管局管理的主权财富基金，1993 年开始投资运作，到 2013 年 6 月资金规模达 3267 亿美元，成为影响举足轻重的主权财富基金之一。④

俄罗斯的两个国家主权财富基金是俄罗斯国家财富基金和俄罗斯直接投资基金。俄罗斯的国家主权基金与俄罗斯经济对能源出口的过分依赖有关，长期以来俄罗斯财政预算收入受国际原油市场价格波动影响较大，而且能源资源的使用毕竟是有限的。因此，2003 年底，俄联邦财政部提出建立稳定基金机制，即成立国家主权财富基金，为未来能源资源枯竭做准备。同年 12 月 23 日，俄罗斯颁布第 184 号联邦法律并作为第 13.1 章列入《俄罗斯预算法典》，规定俄罗斯联邦于 2004 年 1 月 1 日建立俄罗斯联邦稳定基金。2008 年 1 月 31 日，俄政府宣布，从 1 月 30 日起将稳定基金拆分为储备基金和国家财富基金，两者规模分别约 1250 亿美元和 320 亿美元。根据美国主权财富基金研究院的统计，截

---

① http：//www. cadfund. com/NewsInfo. aspx？ NId = 10.

② http：//www. swfinstitute. org/swfs/national-social-security-fund/.

③ http：//www. swfinstitute. org/fund-rankings/.

④ http：//www. swfinstitute. org/fund-rankings/.

至2013年5月，储备基金和国家财富基金的资金总规模已达1755亿美元。[1] 随着在主权投资领域实践的深入，俄罗斯已不满足低风险低收益的投资。为了获取更大收益，2011年6月俄罗斯成立直接投资基金（RDIF），是俄罗斯对外经济银行的全资子公司。这是俄罗斯在主权财富基金领域的重大举措。

2008年12月24日，巴西总统卢拉签署法令，正式批准成立国家主权财富基金。时任巴西财政部长曼特加表示，这个主权财富基金的资金主要来源于联邦政府的初级预算盈余，总额将达国民生产总值的3.8%。据美国主权财富基金研究院的统计，截至2013年5月，巴西主权财富基金的规模达53亿美元。该资金由财政部长、计划部长和央行行长组成的咨询董事会管理，对所有投资计划的预期汇报进行审核，具体运作由巴西财政部负责。巴西将6个月期伦敦银行间拆借利率（LIBOR）作为该基金投资海外的最低回报要求。投资于国内市场的最低回报则定为巴西长期利率（TJLP）。该基金成立的主要目的是为了保护巴西抵抗未来可能的金融危机，帮助巴西的公司拓展海外市场。同时，巴西主权财富基金也扮演着一个抗衡经济衰退的角色。该基金主要关注公司债务证券而不是股权。由于巴西的主权财富基金规模较小，其在金融市场所能扮演的角色属于保守型的，即使主动出击海外，收购和兼并也不是其核心战略。因此，巴西主权财富基金所能做的也只能是不通过巴西央行，而直接帮助财政部对外汇市场进行干预。

总的来说，在2008年（金融危机爆发）前，西方国家对金砖国家主权财富基金怀疑和负面的看法较多，特别是学界和政界，这一方面是由于金砖国家主权财富基金刚刚浮出水面，对其实证研究的案列缺乏，另一方面是由于西方国家经济实力日益衰落，造成悲观和孤立主义的排外情绪，同时，西方政客也习惯于通过攻击新兴市场国家特别是中国和俄罗斯，为竞选捞取政治资本。

金砖国家主权财富基金的透明度问题是一个经常被人指责的话题。美国研究全球主权财富基金的权威人物艾德温·楚曼（Edwin Truman）指出，“透明度将横向提高各利益相关体（国际和国内）的责任感，同

---

① http：//www.swfinstitute.org/fund-rankings/.

时纵向提升政策执行的可信度。"[①] 如今金砖五国的主权财富基金透明度已有明显改善，但与其他西方国家的主权财富基金相比还有一定的差距，特别是缺乏独立的审计机构进行审计。例如，2008 年金砖国家和欧美国家主权财富基金在透明度及公司治理等方面的楚曼（Truman）评分中，中投公司透明度和信任度只有 14 分，俄罗斯国家财富基金和储备基金为 50 分，与美国主权财富基金透明度 100 分相比，相差较大。[②] 作为国际金融市场主导者的美国，仍然是以其自定义的林纳伯格—曼多尔透明指数（LinaBurg-Maduell Transparency Index，LMTI）作为衡量主权基金透明度的工具，将大多数欧美主权基金的透明度定为 10 分（满分），而将中国外管局定为 2 分，社保基金定为 5 分，中投公司定为 7 分。[③] 正因为金砖国家主权财富基金在透明度方面尚有欠缺，西方国家怀疑金砖国家企图影响被投资国的安全。为防范风险，这些投资接受国往往采取各种措施阻止投资的成功，或针对透明度问题提出进一步要求。例如，2007 年，中国投资公司（CIC）提出收购澳大利亚力拓集团，澳大利亚政府率先向中国投资公司提出增加透明度的要求。2008 年后，由于各项监管措施和条例日趋完善和成熟，如由主要的国家主权财富基金国家和国际货币基金组织及世界银行共同创立的"圣地亚哥准则"的实施，以及透明度和公司治理的提高和进步，西方国家对金砖国家主权财富基金的看法有所改变，特别是一些国际组织和西方发达国家的大型金融机构。但总的来说，防备心理依然存在，构建金砖国家与西方发达国家互动互信的交流仍然是任重道远的重要工作。

（六）唱衰金砖国家合作机制的研究

金砖国家合作机制目前正经历着重要的转型期，也正是通过这些机制创新，金砖国家合作开始进入"快车道"。但不能忽视的是，金砖合作的快速发展也引起部分西方国家，特别是欧美大国的广泛质疑，认为

---

① Edwin Truman, "Sovereign Wealth Funds: The need for Greater transparency and accountabiliity", Perterson Institute for International Economics, Policy Brief Number, PB07 – 6, 2007.

② http: //www. swfinstitute. org/funds. php.

③ Alberto Quadrio Curzio, Valeria Miceli, "Sovereign Wealth Funds-Acomplete guide to State-owned investment funds", Harriman House Ltd, Great Britian, pp. 142.

金砖国家的加速结盟趋势将导致国际体系的进一步分裂，给目前已经陷入困境的 G20 和全球治理体系造成威胁和冲击。[①] 特别是金砖开发银行和金砖外汇储备库引起国际社会的广泛关注，甚至质疑，“金砖威胁论”愈演愈烈。[②]

其中一类是所谓的“金砖破裂论”，认为金砖国家的合作机制不可能走太远，由于被认为缺乏内部凝聚力而被哈佛大学教授约瑟夫·奈（Joseph Nye）称为“没有泥浆的砖”[③]。摩根士丹利投资管理部门主管新兴市场的鲁奇尔·夏尔马（Ruchir Sharma）直接将金砖国家称为“破碎的金砖”，认为受制于国内沉重发展任务和 2008 年以来急剧恶化的国际经济环境，金砖国家经济发展前景不容乐观。[④] 另一个哈佛大学教授丹尼·罗德里克（Dani Rodrik）则认为，金砖国家在 G20 和世界贸易组织等国际舞台上“既无足轻重，又畏首畏尾”[⑤]。此外，还有一些分析认为金砖国家除了是各自地区最大的经济体之外，在国内条件、政治制度、经济前景、发展模式和战略目标等方面存在巨大差异，这种差异性将损害金砖合作的进一步深化，包括难以建立紧密的地缘政治合作等。[⑥] 高盛公司在金融危机爆发后也看淡金砖国家的发展前景，建议投资者停止购买相关美股。[⑦] 因为机制化建设没有前途，所以金砖合作迟早会褪色，甚至破裂。在金砖国家经济增长受全球经济不景气大环境影响而普遍放缓的背景下，这类观点更加盛行。

---

① Dani Rodrik，“What the World Needs From the BRICS”，http：//www. project-syndicate. org/commentary/why-brics-will-not-work-by-dani-rodrik.

② Alexander Joe. “Watch Out，World Bank：Here Comes the BRICS Bank”，*AP with Reuters*，27 March，2013；Kathleen Caulderwood，“BRICS are Making their own Development BANK，But it is not going to be so simple ”，http：//www. ibtimes. com/brics-are-making-their-own-development-bank-its-not-going-be-simple – 15.

③ Joseph S. Nye，“Despite All the Confidence，the BRICS are Without Mortar”，*Daily Star*，April 10，2013.

④ Ruchir Sharma，“Broken BRICS”，*Foreign Affairs*，Vol. 91，Issue6，Nov/Dec 2012，pp. 2 – 7.

⑤ Dani Rodrik，“What the World Needs From the BRICS”，http：//www. project-syndicate. org/commentary/why-brics-will-not-work-by-dani-rodrik.

⑥ Ali Wyne，“Reflecting on the BRICs”，*East Asia Forum*，March 22，2013.

⑦《高盛看淡中国等金砖国家前景 建议停买相关美股》，证券时报网，2013 年 7 月 3 日，http：//overseas. stcn. com/2013/0703/10577306. shtml。

另一类甚嚣尘上的“金砖威胁论”认为金砖国家加强机制化合作建设的目的是为了与西方发达国家相抗衡，颠覆自由主义这一传统的全球治理理念共识和价值基础，复兴过时的“重商主义”和“主权规范”[1]；进而威胁当前大多数国际合作的进程，客观上导致整个全球治理体系陷入举步维艰的境地。[2] 支持这类观点的学者一般认为金砖国家合作的议程是为了平衡乃至制约西方大国，其存在的目的更大程度上是为了批评 G7，因此在全球治理的议程和主张上与西方是相互冲突的。[3] 他们列举的最典型例子是 G20 开始分裂成代表发达经济体的 G7 和代表新兴经济体的金砖五国，全球治理体系实际上陷入“零国集团”（G0）的无序状态[4]。

实际上，无论国际社会如何评价，金砖国家在后金融危机时代的合作不仅对其自身，更对世界发展具有重大的战略意义。

三、结语

总的来说，国外对金砖国家的研究依然是以新闻报道为主，学术期刊文章较少，学术性专著少见。其中研究最多的是美国高盛公司，从 2001 年到 2011 年每隔两三年发表一份关于金砖国家的报告，分析判断不同阶段金砖国家的经济发展状况；其他研究主要关注金砖国家的金融和投资市场、劳资关系以及技术创新等问题；另有一些研究质疑金砖国家成员构成的合理性。如维卡斯（Sona Vikas）发表在《亚太区业务管理研究杂志》的论文研究金砖四国的劳资关系，阐述政府在处理劳资关系中的作用。[5] 麦克法

---

① Zaki Laidi，“BRICS：Sovereignty Power and Weakness”，*International Politics*，Vol. 49，No. 5，2012，pp. 614 – 632.

② Amrita Narlika，ed.，*Deadlocks in Multilateral Negotiations：Causes and Solutions*，Cambridge University Press，2010.

③ Naazneen Banna，Ely Batner and Steven Weber，“A World Without the West”，*The National Interest*，Jul. / Aug. 2007.

④ 伊恩・布雷默著：《零国集团时代：谁是新世界格局中赢家和输家》，孙建中译，北京：新华出版社，2013 年版。

⑤ Sona Vikas，“Industrial relations in BRIC nations”，*Asia Pacific Journal of Research in Business Management.*（2011）Volume：2，Issue：6，pp. 135 – 157.

兰（S. Neil Macfarlane）[①] 和布鲁克斯（Karen Brooks）[②] 发表在《外交季刊》的两篇文章质疑金砖国家成员构成的合理性问题：麦克法兰不认同俄罗斯是一个新兴发展国家；布鲁克斯考察印尼的民主模式，特别是通过雅加达证券交易所对国际金融市场的影响肯定印尼在国际事务中的作用，以此为基础探讨印尼应该加入金砖四国的理由。高盛集团对金砖国家的研究主要出于经济预测及投资回报的目的，其研究报告强调金砖国家的发展之快、前景之好及实力之大，或多或少存在夸张的嫌疑，2001 年和 2003 年发表的《建设全球更好的经济之砖》、《和金砖国家一起梦想：展望 2025》是其典型。2009 年、2010 年和 2011 年三年，高盛集团就金砖国家的技术创新、基础设施等问题相继发表几份报告。总的来说，高盛集团对金砖国家的研究侧重于这几个国家的宏观经济状况，而未涉及这个合作平台本身的发展前景。最新的研究著作是 2016 年出版的《国际发展中的金砖国家》，[③] 该书收录七篇不同角度论述金砖国家的文章，除分别对金砖国家（巴西、俄罗斯、印度、中国、南非）进行深度剖析外，还从公民社会发展以及金砖国家的国际发展进程的视角进行分析，是至今国外最全面和深入研究金砖国家合作机制的著作。[④]

---

① S. Neil MacFarlane, "The 'R' in BRICs: Is Russia an Emerging Power?" *International Affairs* (*Royal Institute of International Affairs* 1944 –) Vol. 82, No. 1, Perspectives on Emerging Would-Be Great Powers (Jan., 2006), pp. 41 – 57.

② Karen Brooks, "Is Indonesia Bound for the BRICs", Foreign Affairs, 2011, 90 (6): 109 – 118.

③ Jing Gu, Alex Shankland, Anuradha Chenoy edited, *The BRICS in International Development*, Palgrave Macmillan UK, 2016.

④ Bianca Suyama, Laura Trajber Waisbich, and Iara Costa Leite, "Brazil as a Development Partner Under Lulaand Rousseff: Shifts and Continuities"; Marina Larionova, Mark Rakhmangulov, and Marc P. Berenson, "Russia: A Re-emerging Donor"; Anuradha Chenoy and Anuradha Joshi, "India: From Technical Cooperation to Tradeand Investment"; Jing Gu, Yunnan Chen, and Wang Haibin, "China on the Move: The 'New Silk Road' to International Development Cooperation?"; Neuma Grobbelaar, "South Africa: Security and Stabilityin Development Cooperation"; Melissa Pomeroy, Alex Shankland, Adele Poskitt, Kaustuv Kanti Bandyopadhyay, and Rajesh Tandon, "Civil Society, BRICS and International Development Cooperation: Perspectives from India, South Africa and Brazil"; Anuradha Chenoy, Marina Larionova, Richard Manning, and Jennifer Constantine, "Looking Across BRICS: An Emerging International Development Agenda?". In Jing Gu, Alex Shankland, Anuradha Chenoy edited, *The BRICS in International Development*, Palgrave Macmillan UK, 2016.

综上所述，国外关于金砖国家的研究主要有三个特点：一是研究涉及金融、投资市场、贸易、技术创新等方面，研究领域以经济领域为主；二是对金砖国家的研究侧重单个国家或对成员国作比较研究，而对金砖国家作为合作机制研究的较少，集中于金砖国家的产生背景、内外意义、现状及影响、促进和阻碍因素等；三是研究方法以比较研究方法和定量研究方法居多，研究深度不够，多数停留在概念介绍和分析的阶段。这些研究证明新兴经济体的群体性兴起并逐渐形成机制的合作是符合国际社会多极化、民主化发展的历史趋势的。这构成金砖国家坚定地走联合图强道路的有力证据。但是，随着合作机制的深入展开，面临的问题越来越纷繁复杂，仅从展示成绩和国际体制演变趋势进行研究已不能满足现实的需要。

除了研究的深度和广度不够之外，国外对金砖国家合作的机制研究还存在一定的偏见和不足之处，主要体现在三个方面：一是国外大多数学者和战略分析家对国际机制的研究都立足于极力维护西方发达国家利益的基础上，并没有真正从全球政治经济多极化发展趋势出发对国际关系领域的新状况进行研究，更没有对当前以金砖国家为代表的新兴经济体如何合作逐步改变不合理的国际机制，甚至是重构国际治理机制提出合理的理论和现实路径的建议。二是对金砖国家合作的研究多侧重于金砖国家机制兴起背景的历史梳理、当前经济发展现状的描述，而缺少对金砖国家发展中各自面临的问题的探究，以及对金砖合作机制中有利和不利因素的探讨等。三是对金砖合作机制问题的研究没有形成完整的成熟理论，缺乏从整个国际体系转变的视角来考量机制化问题以及合作机制构建中的不和谐因素。

（谢婷婷）

第十一章

国内学者关于金砖国家机制的研究

2017 年 1 月 1 日，国家主席习近平就中国正式接任金砖国家主席国致信俄罗斯总统普京、南非总统祖马、巴西总统特梅尔、印度总理莫迪，向四国领导人介绍中方担任主席国期间推进金砖国家合作进程的设想。中国期待同各成员国一道，围绕“深化金砖伙伴关系、开辟更加光明未来”的主题，凝聚合作共识，规划合作蓝图。这也正式拉开了 2017 年金砖国家“中国年”的大幕，标志着中国作为金砖国家主席国的工作已经全面启动。2017 年，金砖国家合作将开启第二个十年。[①]

“金砖国家”（BRICS）作为一个概念，最早是在 2001 年由时任高盛投资公司全球经济研究部主管的吉姆·奥尼尔在一份研究报告中提出。他认为全球经济增长在未来几十年中，将会由四个人口众多且有经济雄心的国家来推动，即巴西（Brazil）、俄罗斯（Russia）、印度（India）和中国（China）。他用这四国国家英文名称首字母造了一个新词“BRIC”（金砖四国）。[②] 但吉姆·奥尼尔的研究报告在当时并没有立即引起轰动，许多人对他提出的观念也不觉得蕴涵了特别深刻的意义。“BRIC”（金砖四国）概念受到国际社会广泛关注则是由于吉姆·奥尼尔的同事在 2003 年撰写的另一篇研究报告《与金砖四国一起梦想：通往 2050 之路》。该报告预测，到 2050 年，巴西、俄罗斯、印度和中国

---

① 《习近平就我国接任金砖国家主席国致信其他金砖国家领导人》，《人民日报》2017 年 1 月 1 日，第 1 版。金砖国家合作机制成立于 2006 年，自 2009 年首次领导人会晤以来，迄今已举行八次领导人会晤。

② Jim O'Neil, “Building Better Global Economic BRICs”, *Global Economics Paper*, No. 66, Goldman Sachs, 2001. 关于“BRIC”（金砖四国）的具体提出过程，参见［英］吉姆·奥尼尔：《高盛眼中的世界》，吴进操译，北京：机械工业出版社，2012 年版，第 1 章。

经济总量将分别跃升为世界第五大经济体、第六大经济体、第三大经济体和第一大经济体，世界经济总量前六名国家依次为中国、美国、印度、日本、巴西和俄罗斯。① 这一预测使“BRIC”（金砖四国）概念的重要性急剧上升。“BRIC”（金砖四国）概念也正是在这个时候开始引起国内媒体与学者的注意。②

一、“BRICs 现象”剖析

2004 年，《现代国际关系》杂志邀请中国现代国际关系研究院的六位学者，包括林利民、季志业、刀书林、宿景祥、吴洪英和方华，就高盛投资公司于 2003 年 10 月发表的研究报告《BRICs 之梦：通往 2050 年之路》（*Dreaming With BRICs*：*The Path to* 2050）进行讨论。这是国内学者最早对金砖国家问题进行的学术讨论，他们期望通过这样的讨论能引起读者对“BRICs 现象”的高度重视，并思考如何就这一现象作出更进一步的经济政治学解释。③

首先，国内学者之所以关注高盛投资公司的这份研究报告，原因“不仅在于该报告所揭示的‘BRICs 现象’，还在于中国被列入了 BRICs 之列。报告不但对巴俄印经济前景作了高调预测，关于中国经济发展前景的预测也很有意思。”换言之，中国学者对高盛投资公司的这份研究报告感兴趣，其中一个非常重要因素是该报告与中国有关。这也部分解释了这十几年来，国内学者为什么会对金砖国家问题持续关注和研究。

其次，如果高盛公司研究报告的结论成为现实，即巴西、俄罗斯、印度和中国成为世界主要经济体，那从政治影响来看“将使西方的经济

---

① Dominic Wilson, Roopa Purushothaman, “Dreaming With BRICs: The Path to 2050”, *Global Economics Paper*, No. 99, Goldman Sachs, 2003. 吉姆·奥尼尔曾承认，若没有多米尼克·威尔逊和露帕·普鲁修撒曼，或许就没有他今天的地位，参见［英］吉姆·奥尼尔：《高盛眼中的世界》，吴进操译，北京：机械工业出版社，2012 年版，“致谢”。

② 参见王伍：《高盛称中国未来四年将超过德国》，《中国证券报》2003 年 12 月 25 日，第 013 版；林利民等：《“BRICs 现象”剖析》，《现代国际关系》2004 年第 9 期。

③ 林利民等：《“BRICs 现象”剖析》，《现代国际关系》2004 年第 9 期，第 44—54 页。以下有关这次学术讨论会内容的介绍不再一一注释。

优势逐步丧失，引发世界地缘政治结构的重大转变”。因为巴西、俄罗斯、印度和中国四国都是非西方国家，它们的崛起将打破西方在国际格局中的长期优势，国家政治经济中心也将完成从大西洋沿岸到太平洋沿岸的转移，世界政治的原有矛盾如东西矛盾、南北矛盾都将在经济结构的大变动中大幅调整。另外，世界发展模式的多样化也将推动世界多极化潮流的继续发展，霸权主义和强权政治将受到更多制约，国际政治将变得更为民主化。

再次，高盛公司在世界仍受恐怖与反恐怖斗争折磨、经济前景不确定性很大的情况下，推出这份对四个新兴发展中大国经济前景的高调评估报告有其特别的背景。BRICs 命题的提出反映了世界经济发展的一种现象，即新兴大国、次大国正在焕发出巨大的活力，逐步成为影响未来世界经济格局的重要力量。这使西方产生了危机意识。高盛公司研究报告的发表正是这种危机意识，尤其是担心西方经济开始没落的一种表现。

最后，关于 BRICs 国家的未来，有三个方面需要注意：第一，BIRCs 国家的发展对未来国际秩序将产生重大冲击，世界经济格局未来的变化必将引发国际力量格局的变化，这也正是 BIRCs 所具有的政治意涵；第二，高盛公司的研究报告把巴西、俄罗斯、印度和中国四国视为一个整体，但它们不会形成一个战略联盟或者经济政治集团，因为四国没有必要的经济政治和战略驱动力，更不会推动建立一个反西方的联盟或集团来束缚自己；第三，BIRCs 国家虽然不会结盟，但确有加强合作的愿望和动力。

这是国内学者最早对金砖国家问题进行学术讨论时关注的几个重要问题。虽然那时连“BIRC”都还没有正式翻译成后来通用的“金砖四国”，但已指出 BIRCs 国家的发展将对国际秩序产生重大影响，以及巴西、俄罗斯、印度和中国四国未来加强合作的可能性与其限度等重要议题。随着金砖国家的不断发展与合作，这些重要议题也一再被重新提出，并成为国内学者讨论和研究的焦点。对于金砖国家研究来说，国内学者一开始就强调经济政治学的研究视角，这也是值得重视的。

二、金砖国家研究：学术理路与前沿问题

随着2008年全球金融危机，尤其是2009年巴西、俄罗斯、印度和中国领导人在俄罗斯叶卡捷琳堡举行首次会晤后，国内有关金砖国家问题的研究也随之日益丰富和深入。2016年8月，由徐秀军等人通力合作的《金砖国家研究：理论与议题》一书出版。这本论文集汇总了国内学者之前发表的有关金砖国家研究的重要成果，对金砖国家合作机制提供了比较全面的分析和总结。该书除了一篇关于金砖国家研究之学术理路与前沿问题的导论外，主要分成三大部分："理论篇"侧重于对金砖国家合作的理论解释，"议题篇"是金砖国家在全球金融治理、自由贸易区建设、新开发银行建设、国际能源和气候等具体议题上合作的分析，"国别篇"则侧重于对巴西、俄罗斯、印度、中国和南非外交战略中的金砖国家问题进行探讨。①

该书认为，国内外学术界关于金砖国家研究，以2009年巴西、俄罗斯、印度和中国领导人在俄罗斯叶卡捷琳堡举行首次会晤为界，前后大致可以划分为两个阶段：第一阶段的研究主要将金砖国家作为新兴市场的代表探讨其发展问题，是将四个各具特色的单个国家放在一起研究；而第二阶段的研究则拓展到将金砖国家作为新兴国家的代表探讨其合作问题，是将拥有共同利益与诉求的五个国家合在一起研究。

由于金砖国家研究尚未成为一个学科，该书从研究对象、研究视角、研究方法、研究路径和研究层次的演化和拓展上，对2001年以来学术界关于金砖国家发展与合作问题的研究进行了回顾和分析。

（1）研究对象：从"国别研究"、"跨区域合作"到"全球治理"。学术界有关金砖国家的研究始于国别研究，而且至今仍然是金砖国家问题研究中起着基础性作用的组成部分之一。这些研究主要集中在国别比较研究上，将金砖国家之间以及金砖国家与其他经济体加以比较，找出它们的异同点，并为其长期以来突出的经济表现寻找解释。2006年金

① 徐秀军等著：《金砖国家研究：理论与议题》，北京：中国社会科学出版社，2016年版。以下的内容介绍是根据该书第一章进行整理的，后面不再一一注释。

砖四国外长首次会晤后，从“跨区域合作”视角探讨金砖国家合作的研究逐渐增多。而随着2008年国际金融危机后学术界对全球治理问题的关注加大，以及金砖国家领导人会晤机制的建立，从全球视角分析金砖国家合作对全球治理和世界秩序影响的研究随之迅速增多，并成为金砖国家研究的热点问题之一。

（2）研究视角：从“经济学”到“国际政治经济学”。金砖国家作为新兴经济体，首先在经济学界受到广泛关注，早期有关金砖国家的研究也几乎都来自于经济学研究领域的专家和学者。金砖国家领导人会晤机制建立后，学术界对金砖国家研究的视角不断拓展，一些国际政治、外交学等领域的研究者开始关注金砖国家研究。近年来，这两方面研究力量的交汇与融合趋势明显，国际政治经济学视域下的金砖国家研究也随之兴起。

（3）研究领域：从“投资领域”到“多领域研究”。金砖国家最初是作为一个投资概念提出，早期学术界也集中于投资领域的研究，并在专注于投资研究的学者以及从事投资分析的经济学家那里得以延续。随着研究的深入，金砖国家研究领域和议题也不断拓展，形成了包括贸易、金融、能源、政治安全，以及网络治理、创新发展和腐败问题等一些新兴领域的多领域研究。

（4）研究路径：从“政策研究”、“战略分析”到“学理探讨”。金砖国家的政策研究主要包括企业层面的投资与经营决策研究，以及政府层面的对外政策研究。金砖国家合作进程开始后，一些金砖国家政策研究的议题上升到战略层面加以探讨，战略分析随之成为新的关注热点。近年来，一些学者尝试对金砖国家的发展与合作问题进行理论上的解释，并试图由此推进理论上进步与创新。这方面的努力包括从国家权力、共同利益、身份认同、制度非中性、政治博弈等角度和理论框架解释金砖国家合作的动因和机制建设的前景等。

（5）研究层次：从“器物层面”到“制度与观念层面”。从这十几年的发展来看，学术界对金砖国家议题的关注表现出从器物层面向更高层面发展的趋势。那种强调金砖国家的投资价值和经济实力变化的研究依然占据重要地位，但随着金砖国家积极参与国际规则制定，学术界更加侧重金砖国家合作对自身身份认同、国际制度和规则，甚至国际合作观念创新的研究。

除此之外，该书还对当前金砖国家研究中学术争论的主要议题与分歧进行了分析。这些主要议题包括：

第一，金砖国家发展与合作的动力是弱化还是强化了？这一争论主要是针对近年来金砖国家经济增速持续下滑并且出现分化，加上一些地缘政治因素的负面影响，导致“金砖褪色”、“金砖衰退”、“脆弱五国”等唱衰金砖的论调日益增多。对于这些过于悲观的论调，我们应该客观地看，消极与积极因素的同时存在必然会对金砖国家未来的发展与合作产生正面或负面的影响。因此，如何进一步推动发展与合作仍是金砖国家面临的一个重大课题。

第二，金砖国家的定位是经济伙伴还是政治盟友？这一争论主要涉及学术界对金砖国家定位的不同认识。一些学者认为金砖国家合作应定位于建立伙伴关系，并且主要基于经济合作关系，更深层次的政治合作既不现实也不必要。而随着合作的深入，有些学者则建议将金砖国家作为一个经济和政治联盟加以考虑。对此，一个比较客观的认识是，金砖国家建立传统意义上的政治盟友关系难度较大，但将政治与安全议题纳入金砖国家合作框架可能是深化合作的一种趋势。

第三，金砖国家机制的性质应该是非正式还是正式？这一争论主要是关于金砖国家的机制化前景问题，一种观点认为金砖国家应该保持当前非正式论坛形式，成为一个“松而不散”的经济合作机制或经济利益共同体，另一种观点则认为金砖国家应该致力于建立正式组织。事实上，正式机制和非正式机制各有利弊，金砖国家对此需要审慎选择。当然，学术界关于这个问题的争论也仍将继续。

第四，金砖国家的成员身份是保持开放还是封闭？这一争论主要是对金砖国家的开放性问题的质疑，表现在成员标准的不透明以及停止接受新成员的加入而使之成为一个排他性的机制上。继南非加入后，关于金砖国家未来的扩员问题，一种思路是维持现有规模，另一种思路是要适时扩大规模。两种思路的优劣问题学术界也仍将继续争论。

第五，对于现有国际经济政治秩序，金砖国家合作的功能应该是建设性还是替代性？金砖国家是现有国际经济政治秩序的建设者还是挑战者，这一直是一个富有争议的话题。认为金砖国家合作的功能是建设性与替代性的学者都有，但从金砖国家的视角来看，未来的世界经济秩序不管是朝着升级版的方向发展，还是建立一个平行秩序，都将面临着巨大挑战。这些挑战既来自金砖国家内部，还将取决于金砖国家之间以及金砖国家与现有秩序的主导国之间的政治博弈。

以上关于金砖国家未来发展趋势的学术争论既是金砖国家研究日益丰富和深入的表现，也是将来更进一步深化和理论创新的基础。正如该书最后总结的，经过十几年的研究积累，学界已构建了一个较为全面的金砖国家研究体系。当然，随着新情况、新问题、新领域、新倡议不断涌现，金砖国家合作面临的挑战以及解决途径还有很多值得研究的空间，在理论上构建解释金砖国家合作兴起与发展的框架也还有待学界的进一步努力。

三、金砖国家合作的理论解释与中国参与

自 2004 年国内学者开始对金砖国家问题进行学术讨论以来，学界已涌现了很多研究金砖国家合作机制的重要成果。要在这些成果中挑选一些有代表性的论文进行介绍，这无论按照什么标准进行，都可能出现以偏概全或顾此失彼的问题。所以，与其详细解释选择标准，不如直接说明我们关注的主要问题：金砖国家为什么会进行合作？金砖国家的合作具有哪些新特征？中国在金砖国家合作的过程中扮演什么样的角色？中国又是如何参与金砖国家合作的？这些问题涉及到金砖国家合作的理论解释与中国参与问题，下面以任琳与尹继武的《金砖国家合作的起源：一种理论解释》① 和高尚涛的《实践理论与实践模式：中国参与金砖国家机制进程分析》② 两篇研究论文为代表，对国内学者就这些问题进行的相关研究进行介绍。

---

① 任琳、尹继武：《金砖国家合作的起源：一种理论解释》，《国际政治研究》2015 年第 5 期，第 102—128 页。以下有关这篇论文内容的介绍不再一一注释。

② 高尚涛：《实践理论与实践模式：中国参与金砖国家机制进程分析》，《外交评论》2015 年第 1 期，第 55—68 页。以下有关这篇论文内容的介绍不再一一注释。

（一）金砖国家合作的理论解释

任琳与尹继武的《金砖国家合作的起源：一种理论解释》（以下简称《起源》）一文包括“问题的提出”、“金砖国家合作起源：理论脉络、变量类型和解释机制”、“案例分析：金砖国家合作起源的理论解释”和“结论”四个部分。

研究源于问题。问题既可能来自现实，也可能来自理论本身，当然问题往往是现实与理论相结合的产物。问题的质量直接决定（或体现）了研究水平的高低。《起源》源于对以下现实的关注：高盛公司首席经济师奥尼尔于2001年首次提出了“金砖四国”（BRIC）的概念，经过几年时间，国际社会已经普遍使用“金砖国家”概念来界定新兴市场国家这一特殊国家群体；2008年西方金融危机对全球经济带来系统性危害，又在客观上推动了金砖国家合作机制的形成和完善；2009年金砖国家领导人峰会的首次召开，则标志着金砖国家合作机制的正式成形，金砖国家机制从此成为全球经济治理的重要平台之一。总之，“以金砖国家为代表的新兴国家群体逐渐成为国际舞台上一支不容忽视的重要力量。‘金砖五国’也逐渐将这一名称作为一种身份认同，从一种外在的身份标签转化为一种内生的共识。”

《起源》进而指出，金砖国家机制事实上体现出一种国际合作的新形式，一方面，它区别于传统意义上的国际合作模式，表现出了一些独特的制度形式，尤其是金砖国家间存在一定的异质性和竞争性，并非是传统意义上的同质合作模式，而对于金砖合作的相关质疑也是基于此；另一方面，它汇集了多维度的合作动因，也由此引发了对合作起源基础理论的深入反思：金砖国家的合作具有哪些新特征？为何金砖国家能够超越彼此差异，形成具有自身特色的合作治理机制？金砖国家合作的起源具有何种理论上的新知识和启示？这些问题就是《起源》试图回答的金砖国家合作起源的理论问题。《起源》遵循从一般到特殊的叙述逻辑，先回顾传统理论中的合作起源问题，挖掘影响合作的诸多变量及其相应作用机制，进而剖析金砖国家合作的特殊表现，最后总结金砖国家合作对一般意义上合作研究的启发。

《起源》回顾传统理论中的合作起源研究，主要是从生物学/人类学、经济学、社会学、心理学和国际关系等学科进行介绍。在生物学中，解释合作起源的理论主要包括利他主义（出于亲属关系、基于种族同一性、出于互惠交换关系）和以互利共生为代表的利己主义。在经济学的合作研究中主要有“理性”和“情感”两个流派。在将宏观与微观层面相结合的社会学和心理学研究中，合作是行为体间互动及群体形成的重要形式和环节。此路径将合作的心理基础看作合作起源和形成的先决条件，而在决定合作的微观信任起源的诸多变量中，同质性、交往密度及共同应对外在压力等具有重要作用。至于国际合作的理论研究，则大致经历了两个阶段，第一阶段主要是基于无政府状态的体系压力，强调报偿结构、未来影响及行为体数目对于合作的重要影响，这被称为非集中合作理论。自冷战结束以来，针对这种过于强调无政府体系特征的合作理论，国际合作研究重新正视制度的作用，试图“将制度找回来”，讨论国际制度的独立性和自主性。《起源》认为，以金砖合作为代表的国际合作研究呈现了功能性和发展性的合作新特性，这是全球化时代国际治理的组织形式的一种反映。发展型合作关注了合作的可持续性和重复性，在“未来影响”的视角下看待合作，丰富了合作起源研究的理论元素。

基于外生和内生、功能和规范的两类维度划分，《起源》得出了以下的合作分析变量的类型谱（表1）。

表1　基于金砖国家合作研究的变量类型

	功能	规范
外生	系统外部环境、国际体系权力结构、国际制度环境	重复合作的报偿文化、完善公正国际规范的意愿
内生	行为体数目、互补性、国内政治	同质性的认知、内生共识（地位、身份和利益）

《起源》另外指出，虽然依据正统的合作理论理解，外生—功能变量和内生—规范变量是最为重要的，但是另外一些不常见的变量类型，比如外生—规范和内生—功能分析变量同样也值得注意。外生—规范大多指体系层面的合作规范文化，而内生—功能大多指行为体或行为体之

间的合作策略等。

《起源》对作用机制的解释，主要是借鉴了国际合作研究的非集中合作理论，即无政府状态体系之下的国际合作对于报偿结构的认知和未来影响的预期。前者强调外部与内部客观存在是合作的起源；后者则坚持既有的认知结构对合作具有塑造作用（见表2）。

表2　金砖国家合作起源的作用机制类型

	功能	规范
外生	体系报偿结构（利益的一致性）	外生未来影响（重复合作的存在）
内生	单元报偿结构（利益的一致性）	内生未来影响（认同和共识的存在）

第一，对保持报偿结构的客观判断。报偿结构是指行为体预期未来合作中所获得的奖励是与当下的行为紧密联系起来的，奖励合作的报偿结构能够促进行为体之间的合作。外生—功能和内生—功能变量都从属于对保持报偿结构的判断机制。第二，对合作未来影响的基本认知。这主要是针对单次博弈或合作所带来的背叛或消极影响即合作是否可以重复或持续。外生—规范和内生—规范变量都从属于未来影响机制。第三，实现从“报偿结构机制”驱动合作向“未来影响机制”驱动合作的转型，从而使合作常态化。合作不再是每次博弈中斤斤计较报偿结构的算计，而是形成可预期的、让渡的、主动的、习惯性的多次重复合作博弈，即“未来影响机制”发挥主要的潜在驱动作用。

另外，外生—功能象限里的变量揭示了决定报偿结构的首要因素是体系性的，即客观环境塑造利益结构，外生—规范象限里的变量强调的是集体判断对合作的塑造作用，内生—功能象限里的变量则强调单元报偿结构的即成影响，而内生—规范象限里的变量强调的是行为体认知对合作的影响。

《起源》认为，以合作的起源和发展来看，金砖合作的起源超越了地域和同质性弱的制约，同时，制度形式的选择也较为独特，为重新审视合作起源提供了理论上创新的可能。《起源》提出了两种金砖国家合作起源解释机制。

第一种解释机制是基于内生和外生的功能因素组合，讨论理性功能主义视角下的体系和单元功能因素对于合作报偿结构的影响。具体来说，体系层面的既有压力和国家层面的动力，增大了金砖国家对于（即使是单次合作中）利益一致性和合作回报的预期，因此，金砖合作的形成具备了合作博弈的团体利益一致性。根据外生功能因素及其体系报偿结构机制，得出命题一—— 随着自身实力的整体性崛起，在面对共同的全球经济风险和环境影响，以及在主流的国际制度非中性压力下，金砖国家具有更多的体系层次的利益一致性，增大了对于合作博弈的报偿判断。根据内生功能因素及其单元报偿结构机制，得出命题二—由于金砖国家的成员数量较少，在对于体系层次利益一致性及其回报的更高预期之下，随着金砖国家间内部潜在互补性合作领域的拓展，金砖国家合作的单元报偿结构的判断也随之增大。

第二种解释机制是基于内生和外生规范的因素组合，即讨论体系层次的国际规范和合作文化，以及金砖国家内生的对于国家同质性及共识信念的形成，影响或增大了金砖国家对于合作未来可重复性的预期，避免了单次博弈所造成的非合作博弈的可能选择。外生规范和内生规范通过对内外部知识的储存、处理、加工、再解释，重塑行为体对未来的认识，从而影响行为体是否选择采取合作行为。根据外生规范因素及其未来影响机制，得出命题三—随着金砖国家间构建成功国际规范文化体系共同愿望的形成及其渐进成功的实践，金砖国家合作博弈的相对成功增大了未来可持续合作的预期，因此合作博弈成为理性的选择。根据内生共识因素及其未来影响机制，得出命题四—随着金砖国家间关于自身内部的地位、身份和利益共识的逐步增大，在既有的体系压力和共同改革体系规范的愿望下，金砖国家超越了国家间同质性差异较大的现实，进一步增强了金砖国家合作的未来可持续的预期。

《起源》在系统阐释合作起源理论的基础上，将金砖国家合作起源的解释因素和作用机制联接起来考察，回答了不同因素通过不同机制作用于合作的形成。从理论意义上来说，《起源》体现为以下几点：

其一，相对于先前较多的对抗型合作类型，《起源》重点转向了功能型和发展型合作的解释，阐释合作博弈中的集体理性和利益的起源。这既梳理了金砖国家的合作特性，同时也是对于先前合作类型及其前提认识的推进。

其二，金砖国家的同质性存在较大差异，而且也有声音质疑金砖国家的代表性。从此意义上来说，金砖国家是与西方主流的国际制度假定之一即同质国家合作论有区别的。金砖国家合作超越了国家间同质性差异，创造了多元和包容合作的范例。

其三，国家的能动性对于合作起源和发展的重要作用。与简单的强调结构压力的合作起源不同，在金砖国家合作起源解释中，还可以看到国家的策略选择和认知的重要性，比如，国家间互补性的发展和调节，国家间对于利益一致性的判断和塑造，以及塑造一种良好国际规范的预期。关于同质性同一性的知觉及身份、地位和利益共识的增强等，都有力地促进了金砖国家合作的形成。实际上，金砖国家合作的起源体现了国家的能动策略。

其四，传统合作起源的理论解释大多是因素解释，讨论各种理性和有限理性因素是如何作用于合作的共同愿望和默契的形成。《起源》的研究综合了因素和机制的解释框架，进一步将四种维度的原因变量及其作用机制剖析出来。因此，这是一种动态的因果解释理论，强调因素和过程的结合。

《起源》最后还对未来可在若干领域不断深化金砖国家合作起源的理论研究作了建议，如：金砖国家合作为何是 2009 年形成；金砖合作为何选择非制度化机制的形式；在文中所提出的四类作用机制中，它们是如何相互作用的等等。《起源》认为，未来研究的开展需要进一步综合借鉴组织社会学和行为学、制度理论及合作情感等方面的前沿成果。

（二）中国参与金砖国家机制进程分析

中国是金砖国家最重要成员国之一，因此中国在金砖国家合作过程中所扮演的角色以及中国是如何参与金砖国家合作的问题就成为学术界尤其是国内学者研究的重要议题。高尚涛的《实践理论与实践模式：中国参与金砖国家机制进程分析》（以下简称《实践》）一文试图通过国际关系理论中的实践理论来解释中国参与金砖国家机制的实践进程。

《实践》的学术思想背景是，近年来致力于构建中国国际关系理论的学者，把西方国际关系理论研究中的“实践转向”与中国的马克思主义实践学说和毛泽东的实践论结合起来，提出了一个具有中国特色的实践理论。这一理论通过观察和归纳人类实践活动的基本进程，提出了实践条件、实践模式和实践与身份的因果关系。《实践》试图通过分析中国参与金砖国家机制的实践进程来回答这一问题：实践理论是否可以有效地解释中国参与国际体系的实践活动？而中国的实践活动又对其具有怎样的启示呢？

《实践》一文首先对实践理论的基本框架作了介绍。《实践》指出，实践理论的核心概念主要是参与实践和身份承认。该分析框架认为，以国家行为体的参与实践为自变量，以行为体在国际体系内通过实践获得的身份承认为因变量，以实践逻辑为中介，可以建立起“参与实践”与“身份承认”之间的因果关系。其具体关系机制是，国家参与国际体系互动进程的实践活动可以不断创造和凝聚国际共识，这些共识经过国际制度体系确认后，可以确定国家的新身份。国家利用新身份参与新的实践活动，可以对国际体系进程产生影响，推动国际体系结构的发展变化。

根据国家加入某一国际制度体系的阶段不同，该分析框架将参与实践活动分为五种不同类型：话语实践、联盟实践、学习实践、遵约实践和创新实践。该理论同时认为，实践是在一定时空条件下进行的，这种时空条件表现为国家参与实践活动需要依赖国际体系环境和国内资源条件。国际体系主要是指国际制度体系，目前主要由西方国家创建，对后加入国而言，国际制度整体上表现出规范性、西方主导性和可渗透性的特点。国内资源主要包括三个方面：国内制度、国内利益和国内规范。另外，国家的参与实践活动不断产生新的社会共识，这些共识可以在国际制度的不同层面得以确认，界定国家的新身份。国家在国际制度内的身份承认分为形式承认、分配承认和价值承认。一个国家进入国际制度体系后，只有其成员国身份在得到所有三个层面的承认后，才成为一个具有完全身份的资深成员国。总之，实践理论为我们观察国际关系提供了一个全新的动态视角。但是，这一分析框架可以很好地分析中国参与金砖国家机制的发展进程吗？这是《实践》接下来要分析的问题。

《实践》认为，截止该文发表，金砖国家机制的发展进程可以分为两个大的关键阶段。第一个关键阶段就是金砖国家机制的筹备和初创阶段，第二个关键阶段则是金砖国家机制不断成型和实体化的六次首脑峰会，其中最主要的有三次峰会。在金砖国家机制的筹备和初创阶段，《实践》主要关注中国是在什么样的资源条件下，通过怎样的实践活动，凝聚了哪些重要共识，而这些方面是否与实践理论的描述相一致。

根据实践理论的解释，中国参与金砖国家机制的实践资源，包括中国参与国际体系的国际环境与国内资源两大条件要素，这两个条件直接影响了中国参与金砖国家机制的行为选择。首先，从国际环境来看，国际制度体系的西方主导性决定了中国不能在其中“过度”发挥，这不仅与中国日益发展的大国地位不相称，也极大地限制了中国进一步发展的空间。因此，中国将目光转向了“金砖国家”概念，希望通过一系列创新实践，将这一概念转化为一个以新兴发展中国家为主导的实体性合作机制，这也意味着国际体系环境是推动中国创建金砖国家机制的重要因素。其次，中国的国内资源条件也对参与构建金砖国家机制有利。

根据实践理论，国家参与国际体系的实践活动可分为五个基本类型，而在中国参与金砖国家机制的初期实践中，主要包括话语实践、创新实践和联盟实践三种基本类型。中国参与金砖国家机制的话语实践，初期主要是围绕“金砖国家”概念，赋予其体现中国国际组织新追求的确切含义，重新界定此前仅存于高盛研究报告中的金砖国家概念，将其定位为中国这一新兴世界大国发起且以核心成员身份组织和参与的第一个全球性的、非西方主导的国际组织，并以此指导中国的实践活动。然而，这时中国的话语实践所界定的金砖国家机制的新含义，还仅仅是中国的个体认知和个体观念，它只能从中国角度单方面界定金砖国家机制的可能轮廓和中国作为创始国的个体身份，这一个体身份有待于中国通过联盟实践形成集体共识后进行集体确认，进而形成集体身份。

中国在参与金砖国家机制之初的创新实践至关重要，它决定了金砖国家机制是否可以被相关国家接受、能否从概念变为现实。中国必须事先为想象中的金砖国家机制绘制一个美好蓝图，以吸引其他相关国家加入。为此，中国合理规划了金砖国家机制化合作框架及其发展路线图，并提出了合理的内部协商原则。事实证明，中国的这些做法取得了明显成效，俄罗斯、印度、巴西三国一致同意与中国共建金砖国家机制。

另外，实践理论认为，参与实践可以催生和凝聚集体共识，这一点在中国参与创建金砖国家机制之初的实践活动尤其是联盟实践中表现得比较明显，这些新产生的共识主要包括以下三点：第一，俄罗斯、巴西、印度对中国将金砖概念机制化的创造性构想表示认可；第二，三国同意与中国一起作为创始国创建金砖国家机制，并认可中国构想的机制化步骤；第三，金砖各国一致同意将中国提议的协商民主原则作为金砖国家的基础行为准则。

中国推动金砖国家机制发展的第二个关键阶段，亦即三个意义重大的发展节点，是金砖国家首脑第一次、第三次和第六次峰会。在这三次峰会上，中国的参与实践不断深化，新的集体共识不断产生。经过友好协商，金砖国家首脑第一次峰会不仅达成了金砖四国进行机制化合作的重要共识，确立了全球治理的功能性诉求，还就具体合作领域达成了重要共识。在中国三亚举行的第三次首脑峰会对金砖国家未来合作做出了明确规划，确定了金砖国家合作的新起点，达成了一系列重要共识，阐明了金砖国家未来合作的主要方向。在第六次峰会上，中国不仅就会议重大议题提出建议，还对设立金砖开发银行和应急储备安排的建设方式提出了可行性方案。

《实践》认为，在中国与其他金砖国家的共同努力下，金砖国家机制由概念走向现实。在这一发展过程中，中国的参与实践不断催生集体共识，这些共识不断确认中国的新身份，赋予中国新动能。首先，金砖国家机制确认中国新集体身份。自“金砖国家”概念产生以来，中国围绕这一概念积极进行意义建构，形成了中国的个体观念，建构中国的个体身份，即积极充当金砖国家机制的创始国。中国与俄罗斯、印度、巴西三国积极沟通，达成四国共建金砖国家机制的共识，金砖国家机制的平台价值和创建必要性转变为金砖国家的集体共识。这一集体共识不仅直接推动了金砖国家会议的召开和金砖国家机制的建立，而且确认了中国从金砖国家创始国的个体身份向金砖国家创始国的集体身份成功转化。只是这种确认中国新身份的方式在一开始还仅仅是形式承认。后来，中国倡导的以“平等协商”为核心的协商民主原则也为金砖国家接受，成为金砖国家机制的一个基础原则和规范。这意味着中国参与金砖国家机制的身份，进一步得到了实质性承认，既包括体现权利和利益的分配承认，也包括体现身份平等和社会正义的价值承认。金砖国家第六次领导人峰会决定成立机制内金砖国家开发银行，初始认缴资本由创始成员国平等出资，银行总部设在上海。这一共识不仅进一步确认和夯实了中国创始成员国的身份，还深化了对中国身份的分配承认和价值承认。中国作为金砖国家机制创始成员国、拥有平等权利和对等义务的集体身份被牢固确立下来。

其次，中国利用新身份影响国际进程。《实践》指出，中国在上述新身份建立之初，就开始利用这一身份和金砖国家机制平台，积极参与国际体系互动，对国际体系进程产生了重大影响，推动国际体系结构发展变化：第一，中国借助金砖国家机制平台对20国集团的影响最为突出；第二，金砖国家在世界气候变化会议上集体发声，推动了国际气候谈判进程；第三，金砖国家开发银行和应急储备安排是中国以金砖国家机制创始会员国身份、以金砖国家机制为平台，推动落实的一项足以决定金砖国家机制化发展方向并改变世界经济布局的重大的建设性措施，对国际金融格局具有重大影响；第四，中国还利用金砖国家机制平台，积极推动世界发展模式多样化和国际关系民主化。

《实践》最后得出结论认为，中国主动参与金砖国家机制创建和发展的过程，体现出清晰的实践逻辑。中国在国际体系环境和国内外资源条件驱使下，推动了创建金砖国家机制的系列参与实践活动，凝聚了创设金砖国家机制和中国作为平等成员国参与合作、集体行动的共识，这一共识在经过金砖国家机制确认后，赋予了中国参与国际交往的全新集体身份——拥有平等权利和对等义务的金砖国家机制创始成员国，而这一新身份又可以引导中国在国际体系中发挥新作用，影响国际体系的发展进程。对国际组织的创始国而言，学习实践表现得不很典型，而创新实践则十分明显。这是中国参与金砖国家机制创立的实践过程对实践理论的启示。另外，实践理论对于完善和推进有中国特色的大国外交战略也有一定启发意义。总之，实践理论是一个有解释力的理论分析和解释框架，其对中国合理构建并充分利用国际制度平台，以世界性大国角色发挥更大作用，推动有中国特色大国外交战略的发展和实施，具有重要指导意义。

（郑建成）

后　记

第9届金砖国家（BRICS）领导人峰会将于2017年9月在福建厦门召开，这是2017年中国两个主场外交之一。厦门峰会，是继APEC北京峰会、G20杭州峰会之后，近年来习近平主席力推的全球化进程的又一国际合作盛会，是2017年中国外交的盛事。

自2008年国际金融危机以来，尤其是近两年来，全球化进程遭遇空前的挑战和压力，全球化进程出现某种“逆转”与“颓势”。在此背景下，中国作为国际社会的负责任大国，毅然举起全球化的旗帜，在多个重要的国际合作平台上积极发出中国的声音，为推进全球化进程继续前行做出一个又一个的重要努力，体现了中国担当和中国责任。此次金砖国家厦门峰会依然如此。

“汇通中外，并育德才”，华侨大学始终以关心国家命运、关注世界发展作为重要的办学特色之一。在华侨大学校长贾益民教授的指导和支持下，为了更好宣扬金砖国家机制对全球化进程的战略推动作用，帮助普通公民更好了解此次厦门峰会的战略意义，华侨大学国际关系学院结合自己的学科建设方向，特编撰此书。同时，本书也是华侨大学为服务2017年厦门峰会而策划的“三部曲”之首。除此之外，华侨大学还将举办面向厦门地区公务员的“金砖国家理论培训班”和面向金砖国家学者的“金砖国家智库国际研讨会”。

本书主要由华侨大学国际关系学院部分青年教师与研究生参与编写，此外还聘请了一些研究国别的学者参与。按照姓氏拼音排序，他们是陈琮渊、谌华侨、黄日涵、胡越云、龙兴春、罗姣姣、李丛宇、马军兰、毛克疾、倪春丽、任琳、王洋、谢婷婷、张乐超、张行、郑建成、张玉。

本书主要从“金砖国家概述”、“金砖国家国情概貌”、“金砖国家机制研究”3 个方面对金砖国家做了一个概览性质的研究。探讨了金砖国家的由来、历次金砖国家峰会的概况以及 2017 年厦门峰会的前瞻；同时，为了更好理解金砖国家合作机制，我们还分别从国别研究的角度介绍了金砖国家的国情概貌；最后落脚在国内外学界对金砖国家机制的研究上，对当前国内外学界对金砖国家研究的现状做了个系统梳理。

金砖国家研究既是一个国际关系理论问题，更是一个国际关系实践问题。本书仅是对金砖国家做了一个概览性质的研究，因时间仓促，我们深知无论深度和广度都还远远不够，相关内容还有待我们继续深入研究和探讨。

另外，本书的顺利出版还得到了时事出版社领导和责编的大力支持，在此要特别感谢苏绣芳老师的帮助。

林宏宇

2017 年 1 月 28 日于北京

图书在版编目（CIP）数据

金砖国家概览/林宏宇主编．—北京：时事出版社，2017．4

ISBN 978-7-5195-0091-7

Ⅰ．①金…　Ⅱ．①林…　Ⅲ．①俄罗斯—概况②中国—概况③巴西—概况④印度—概况　Ⅳ．①K91

中国版本图书馆 CIP 数据核字（2017）第 044248 号

出版发行：时事出版社
地　　址：北京市海淀区万寿寺甲 2 号
邮　　编：100081
发行热线：（010）88547590　88547591
读者服务部：（010）88547595
传　　真：（010）88547592
电子邮箱：shishichubanshe@ sina. com
网　　址：www. shishishe. com
印　　刷：北京市昌平百善印刷厂

开本：787 × 1092　1/16　印张：21. 75　字数：310 千字
2017 年 4 月第 1 版　2017 年 4 月第 1 次印刷
定价：86. 00 元
（如有印装质量问题，请与本社发行部联系调换）